一本就懂中國史

【修訂新版】

廖彥博——著

推薦文

想一口氣看完的歷史書

國立東華大學歷史學系
副教授兼系主任
陳進金

有一天，我到市場買菜碰到豬肉攤老闆，他知道我是歷史老師時，用著敬佩的語氣對我說：「歷史好難喔！」原來，他孩子的歷史成績老是比數學成績差，所以他覺得要讀好歷史真的很不簡單。中學的歷史教科書，約可分為台灣史、中國史和世界史三個領域，每一個領域都要從上古講到當代，還要包括政治、經濟、宗教、思想、文化和典章制度等主題，對學生而言確實是一大負擔。不過，如果有一部脈絡清楚、文字雋永，又不失專業的歷史書，一定可以引人入勝，讓讀者優遊於歷史洪流中，盡情享受歷史的真與美。廖彥博先生的《一本就懂中國史》就是這麼一部令人著迷，想一口氣看完的歷史書。

中國歷史浩瀚無垠，許多人即使皓首窮經，也難以盡窺其堂奧，更遑論要寫出一部完整（善）的中國史。坊間充斥著許多演義式的史書，雖然引人注意，內容卻可能是誇大或附會，甚至是歪曲或悖離史實。之前在美國維吉尼亞大學專攻歷史博士的廖先生，受過扎實的學術訓練，又有著清新流暢的文筆，因此由他撰寫的這本《一本就懂中國史》就是一部有深度且具可讀性的中國史。《一本就懂中國史》，就是由一篇篇歷史故事所串成的史書，透過作者以洗鍊的文字呈現，無論讀者是否具備歷史學科知識，都可以很輕鬆地閱讀，可以說是一本「史普」（仿「科普」的說法）的優良讀物。

由於廖先生具有豐厚的史學素養，因此這本歷史書也參考了許多新的學術論著，提出許多發人省思與挑戰傳統解釋的論述，讀來令人擊節稱賞。例如提到王莽改制時，作者提到王莽推動的改革，是代表秦以來仁人志士推動社會改革的長期思潮；又如作者提到魏晉南北朝的「衣冠南渡」，是改變了中國歷史發展的軸線；對於唐太宗的「縱囚」，作者有別於歐陽修〈縱囚論〉的批判，而從政府行銷的角度抒發議論；將宋太祖「杯酒釋兵權」後的重文輕武政策，解釋為一種「軟實力」的表現；甚至於一直被認為禁錮傳統士人的「八股文」，作者也有不同評論。

對於歷史人物的評價，本書中也有許多與傳統觀念不一的地方，例如晉惠帝的「何不食肉糜？」、明神宗萬曆皇帝二十餘年不上朝、慈禧太后挪用北洋海軍軍費導致甲午戰敗，以及抗戰時期的「史迪威事件」等幾乎已成定案歷史評價，作者都有其合乎史實的另一種論述，發人深省。此外，本書還將歷年來重要影片、小說融入史實陳述，讓讀者有著許多立體的歷史畫面，例如作者說明一八七〇年兩江總督馬新貽被刺殺的「刺馬」和當時轟動社會的「楊乃武小白菜案」之間關連性，而與電影「刺馬」、「投名狀」和「滿清十大酷刑」連結；又如民國初年軍閥政治時期，軍紀敗壞、兵匪不分的情形，作者舉中國影星姜文自導自演的電影《讓子彈飛》為例，確實都能讓讀者對於相關歷史充滿著立體的畫面。

瀏覽整本《一本就懂中國史》，作者還有一個論述令我大為佩服，就是提到英國家庭的紅茶與美國獨立戰爭和中英鴉片戰爭的「蝴蝶效應」。作者是這麼說的：

倫敦尋常家庭裡，茶壺中冒著熱氣的紅茶，竟然直接間接地促成了美國獨立戰爭和鴉片傾銷中國，不能不說是一場蝴蝶效應。而這麼一來，白銀的流動方向頓時逆轉，「銀漏」就成為大清朝廷頭痛的問題。

這一本生動、有趣且具深度的歷史書，值得一讀再讀。

推薦文

一窺歷史奧妙：歷史如是訴說著

中國文化大學史學系副教授

連啟元

對於研究歷史者而言，最常聽到別人的疑惑，不外乎幾個問題：「歷史是什麼？」「學歷史有什麼用？」「歷史到底在講什麼？」很顯然，歷史是存在於當下，涵蓋著各項事物，雖然可以藉由過往的事件，獲得有用的啟發，但是學習歷史的目的，並不單在於理解過去，而是要準備未來。於是乎，我們常常會拿出唐太宗的經典名言：「以銅為鏡，可以正衣冠。以古為鏡，可以知興替。以人為鏡，可以知得失。」就歷史的功能性而言，這句經典確實是無懈可擊的註腳。但是，歷史就只能是這樣嗎？其實，歷史不僅可以很知性、也可以很有趣。

翻開《三國志》與《三國演義》，大家都知道前者是史書，著名的四史之一，重要的歷史著作；後者雖是小說，卻是家喻戶曉、老幼皆知的三國故事來源。或許，可以不知道建安七子的文學造詣，但一定會知道關公過五關斬六將、趙子龍長坂坡救主，以及諸葛亮如何借東風、空城計，而這些所謂的三國故事，是否就是三國歷史呢？顯然是有著一些差距。因此，歷史在「求真」的目的下，可以將事件內容寫得明白，卻往往加入艱澀的敘述，令人望之卻步，一翻卷便索然無味，最後就演變成排斥歷史、逃避歷史。反觀小說故事，在「求趣」的原則下，將歷史發揮的情節緊湊、高潮迭起，使人願意接近歷史，徜徉在歷史的喜怒哀樂之中。試問，《三國演義》所創造的三國故事熱潮，不僅在明清時代大受歡迎，即使在現代的東亞地區，乃至於全球各處，三國故事無不受人歡迎，甚至是現代的戲曲、小說、影視、動漫、電玩等，無一不見三國故事的蹤跡，甚至屢屢推陳出新，令人目不暇給，堪稱至今仍是最有產值、最暢銷的中國歷史故事。

由此可知，歷史可以很知性、也可以很有趣，甚至可以創造出實際的產值，其主要的關鍵原則在於：敘事的手法，也就是如何將歷史寫得有趣？

其實，早在司馬遷筆下的《史記》，就已經將歷史寫得出神入化，在〈刺客列傳〉、〈遊俠列傳〉等人物描寫上，精於刻劃內心情感，突顯人物性格，筆鋒夾帶感情，語氣傳神，時而悲壯、時而慷慨，字字撼動人心。可惜的是，《史記》這種具有豐富情感的敘述特色，並未延續到其他史書之上，因此史書逐漸成為專精研究學者才會接觸的東西，而歷史自然而然的就被束之高閣。

雖然，歷史因為枯燥、生澀，而使一般人怯於接近，但歷史仍有其正面的價值，可以對人生歷程或人事關係，提供不少的參考與鑑誡作用。於是，有許多有心人仍致力於推廣歷史的價值，或藉由改編成戲曲影視，或改寫成通俗故事，或寓教於樂，或鑑鏡人生，其目的都是希望從歷史之中，汲取前人的知識結晶，進而轉化為生活實用的智慧，而讓生活變得更美好。本書的目的，也在於推廣傳統歷史的價值，藉由輕鬆的敘事筆法，讓你瞭解中國歷史的發展脈絡，因此閱讀本書，或許可以是對歷史產生興趣的途徑之一。

本書的內容共分十四章，從遠古傳說到兩岸現狀，以簡明扼要的敘事筆法，將中國上下五千的歷史過程，精要的勾勒出來。而在輕鬆、詼諧的筆調之間，卻又不失歷史研究者的觀察與比較眼光。例如：提到唐太宗時，不僅提到玄武門之變對手足、父親的殘酷，更寫到唐太宗之所以被後人所尊崇的主要原因：形象塑造。特別是在蝗災吃蟲、割鬚入藥、縱放死囚等幾件事，就能理解唐太宗善於「表演政治」的高超手段。雖然，我們無法抹滅唐太宗在貞觀時期，對國家、社會所做出的極大貢獻，但這種殘酷的奪嫡手段，卻讓自己晚年的見證到兒子相殘，更為日後歷代政權起了最糟糕的示範，以致於有明初的靖難之變、清康熙末年的九子奪嫡。而唐太宗之所以成功，更在於個人的形象塑造，試看現代政治人物諸公，無不為自己的形象加以行銷，如此看來真有些異曲同工之妙。

當然，閱讀歷史還有一種古今對照的快感，既相似，卻又模糊。當我們在閱讀隋代的歷史時，很容易詫異的思考：為何隋代國力強盛，卻僅傳到第二代皇帝隋煬帝，國家瞬間就土崩瓦解？時間再跳到近代的國共戰爭，何以國民黨在短短二十多年間，就從統一中國、世界五強的巔峰，跌落到政權幾近瓦解？雖然兩個政權都經歷過巨大的軍事行動，損耗了國內的生產力，導致社會秩序產生劇烈變動，但是透過政治層面的觀察，卻可以發現，兩個政權都在於執行中央集權的速度過於躁進，政策手腕又太過強硬，致使侵犯政權原來或潛在支持者的既有利益，以致於造成統治集團的內部分裂，再加上對外戰爭，將社會生產力與動員能力壓迫至極限，進而導致國家社會控制的突然崩潰。還有許多歷史上的對照、比較，都可在書中找到不少的驚奇。

或許，讀者對歷史仍有著許多疑問或不解之處？那就一起來閱讀本書，一窺歷史的奧妙。

二〇一三年六月寫於
華岡滄浪齋

推薦文

一窺上下數千年的中國史巨流

中國文化大學史學系副教授
周健

介於學術專業與通俗演義之間，旁徵博引，文筆流暢。歷史知識常被視為用來考試的工具學科，殊不知實為擔負人文素養核心的內容學科，史學的真善美內化於字裡行間，只要再三咀嚼，則即可成為個人擁有的資產。

「一物不知，君子之恥」已成陳蹟，活在高度工業化社會中的工作奴隸，「快、狠、準」速食文化充斥，欲在有限的閱讀時光裡，一窺上下數千年的中國史巨流，本書當為首選。

推薦文

傳播歷史的使命感

作家
白先勇

廖彥博對歷史有無比的熱情，也有傳播歷史的使命感。他的《一本就懂中國史》是中國史，也是台灣史。台灣史演變到今天的現況，溯其源頭，也就是從中國史轉變來的。今天台灣大、中學的課程，中國史課程極其薄弱，廖彥博的《一本就懂中國史》正好適合作為大、中學生的課外讀物，簡明易讀的參考書。

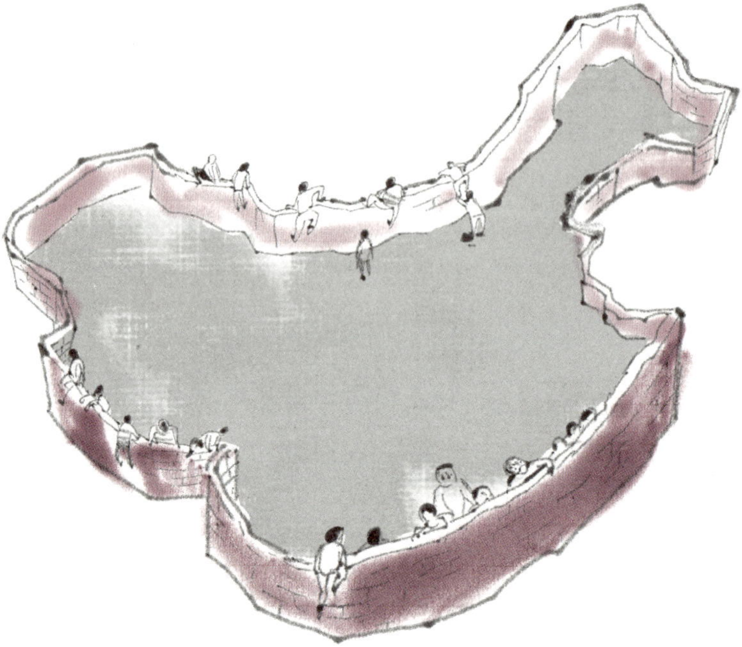

目錄｜CONTENTS

第一篇

「天下」的形成與凝聚

最遲在距今八千年以前，黃河流域一帶就有農耕文明的出現。在還沒有文字的漫長歲月裡，所有值得記憶、傳承的事物，都只能靠口耳相傳。

從西周到西漢建立的這一千餘年時間裡，政治、經濟等方面的發展方向，一直是由西向東，例如周武王滅商、秦滅六國，都是以函谷關以西作為基地，由西向東打。

到了東漢年間，南方逐漸獲得開發，歷史發展軸線改而朝南北發展。赤壁之戰，就是北方與南方力量的對抗。淝水之戰使得南北政治分立的格局繼續延續。

人文精神昂然抬頭：遠古傳說到春秋戰國

如果在幾萬光年以外的宇宙裡，真的存在著另一個高度發展的文明，或者假設日後人類的科技突飛猛進，發明了時光機，可以作時間旅行；外星人駕駛太空船，來到太陽系的第三顆行星，或者人類從污染嚴重、環境破壞殆盡的當代出發，重新回到距今七千到一萬年以前，那他們從太空中所看見的，應該是同樣一顆交疊著翠綠碧藍的美麗地球。

翠綠的是森林大地，碧藍的是浩瀚大海，中間還點綴有白色的雲系漂浮移動。太空船上的人們會看見一片廣袤的大陸，這就是歐亞大陸；歐亞大陸的東半部稱作亞洲，亞洲東北有一片平原，當時大部分還有茂密的森林覆蓋，一條大河穿越其間，黃土高原的泥沙沖刷而下，黃濁滾滾，這就是黃河。

黃河分開的平原兩岸，已經有人類的聚落，清晨黃昏都有炊煙裊裊升起，有時傳來豢養的家禽一兩下嘶吼鳴叫聲，辛苦耕作的人們偶爾抬起頭，如果天空夠晴朗，也許能看見太空船飛行過留下的噴射雲。說不定，他們以為這和流星、日蝕一樣，都是天神的示現訊息，所以趕忙奔找族中的祭司報告剛才所見。就在農耕部落一陣忙亂的同時，我們的中國史，也就要從這裡開始說起。

黃河流域發祥地

最遲在距今八千年以前，黃河流域一帶就有農耕文明的出現。人們採集植物的果實，加以播種；觀察大自然的現象（例如雷擊），懂得取火；然後，馴服野生動物，逐步豢養成家禽，可以宰殺食用，或者訓練牠們看守收成。這時候的人們已經懂得製作工具，在後世的考古發現裡，可以看見人們燒製的陶器、紡織衣物的痕跡。

在還沒有文字的漫長歲月裡，所有值得記憶、傳承的事物，都只能靠口耳相傳。遠古傳說裡的「三皇」事蹟，也就靠著父老代代相傳的故事裡傳延下來。「三皇」分別是教人在繩上打結、按時間記載事情的伏羲氏；親自遍嘗百草，教導族人醫藥與農耕的神農氏；還有發明尺規與婚嫁制度，更「煉石補天」的女媧氏。

三皇各自留下不少神話故事，比如伏羲與女媧氏都是龍（蛇）尾人身，神農氏的身軀除了頭與四肢外，全是透明。而從今天的角度來看，他們各自代表上古時期人們生活的進程：部族的生活秩序與飲食習慣，還有健康醫藥知識，是一代代累積起來的。三皇的形象是故事裡的具體代表。

「三皇」的成員，伏羲與神農固定不變，有些經典裡，則以發明鑽木取火的燧人氏來取代女媧。其實，女媧正代表著上古氏族裡母族掌權的遺跡；而女媧的形象被男性所取代，又反映出男性社會逐漸興起的趨勢。

傳說，伏羲、女媧結合，繁衍子孫，後裔之中有一位叫作少典的，成為有熊部落的領袖。有熊部落是華夏族的一部分，按照中研院院士許倬雲教授的說法，這個部族的人自稱為「夏」。非夏族類者，被稱作「夷」。「夷」這個字，看起來像一個背負大弓的人形，也就是部落的敵人。少典可能是有熊部落酋長的名稱，或許又是單指某一代的領袖。傳說，少典生有兩子，就是在今天被認為是中華民族始祖的炎、黃二帝。

又有另外一種說法，指出黃帝與炎帝各自代表居住在黃河流域的不同族群。炎帝與黃帝二族之間，進行了三次激烈的戰爭，最後黃帝獲勝，炎帝被迫歸順，黃帝成為黃河流域的共主。

「炎黃聯盟」不斷擴張勢力範圍，又與九黎族的蚩尤進行戰爭，史稱「涿鹿之戰」。蚩尤被打敗，炎黃子孫就在中原地區安居下來。有了共同承認的首領，人們在分配灌溉用水、調停地界糾紛、甚至組織救火隊、興建防洪工程時，就有主持公道的權威了。共主如果找到賢明有能力的繼承人選，可以退位，稱為「禪讓」。從黃帝開始，有五位賢明的君主領導著華夏族，他們又被稱作「五帝」。

三皇
伏羲、神農、女媧
五帝
黃帝、顓頊、嚳、堯、舜

▲上古傳說中的三皇五帝

▲嘗百草的神農氏

神權進展到王權

經過幾代相傳，各部落的共主由東夷之人舜擔任。在舜的前任，堯擔任共主的後期，發生了一場大洪水，堯指定崇伯（封在崇地的伯爵）鯀來主持救災與治水工作。鯀用防堵的辦法，在氾濫的河流旁發動百姓修築堤防；但是防堵了九年，水患依舊。這時舜已經接受堯的禪讓，成為共主，他將鯀處死，由鯀的兒子禹繼任治水。禹改用疏導的方法，率領著民工觀察地勢，開鑿水道，讓平地積水導引入河海。治水的十三年期間，禹餐風露宿，三次經過家鄉而忙得沒辦法回家看看，終於成功平息水患。

禹因為十三年治水，對各部落內部情況、地形環境，還有自然生態瞭如指掌，更因為教導族人展開災後重建，恢復耕種，獲得各部落的支持，所以舜決心把共主的位置禪讓給他。禹接掌共主之位後，曾經想按照傳統，將領導人的位置禪讓給治水有功的益，不過益沒有能得到各部的擁戴，於是將共主之位禪讓給禹的兒子啟（根據西晉時從一座古墓裡出土的《竹書紀年》竹簡記載，益是與啟發生爭執而被殺害的）。從啟擔任共主開始，部落領袖之間的禪讓就停止了；共主職位在啟的家族裡世襲傳承，這是「家天下」的開始。

啟建立的新世襲政權，就是傳說中的夏王朝。雖然目前還沒有足夠的考古發現，能支持夏王朝的存在，但是在各種古書與傳說裡，則記載夏朝共傳十四代，四百七十一年，出了十七位王，末代君主是夏桀，後來被一個叫作「商」的部落所滅。商本來臣服於夏，領袖叫作湯，他在說服各部落起來反對夏政權時，主張一種說法，認為天下不是永遠歸他夏桀一家壟斷的，只要他不夠格，我們隨時都能把他拉下馬來。這就是史家所稱的「商湯革命」，也是中國歷史上最早的一場革命戰爭。

▲ 禹治水

革命，意思是革去夏王朝的天命。而「天命」到底是什麼呢？該如何才能知道上天是否仍舊眷顧呢？商人的辦法是直接向天神問卜。他們每逢出征、祭祀、殺伐、播種時，就會乞求上天給予指示，並且將天神的意旨用尖刀刻在龜殼、獸骨和青銅器上，也就是後來的「甲骨文」。

以求神問卜來決定國家大事，甚至殺死奴隸作為獻祭，以換取鬼神的寬恕，這是商代的特色；到了周朝取代商而興起以後，人的關鍵性角色，才更進一步的突顯出來。換句話說，天命會不會更替，取決在人的作為，而不在天地鬼神的喜怒。

西周宗法置封建

周人姓姬，本來是今天陝西渭水一帶的小部族。他們是商的屬國，首領被封為西伯；周的領域處在狄、戎、鬼方這些外族之間，所以在農耕之外，也講究軍備。周人的四處征討擴展，引來商王的疑忌；商王文丁以嘉獎周人戰功名義，將當時的西伯季歷召來首都朝歌（今河南淇縣），加以囚禁，季歷就死在朝歌。

季歷死後，長子姬昌（也就是周文王）繼承西伯爵位，一方面努力奉承商王，另方面則以替商征討為名，繼續擴充武備。到了文王死去，由嫡次子姬發（周武王）繼位的時候，周人的勢力已經由西擴展向東，到達漢水、長江流域，和三分之二以上的部族結成聯盟，史稱「三分天下有其二」了。

周武王姬發即位後的第十一年（約是西元前一〇四六年一月），見情勢有利，於是在盟津（今河南孟津）大會諸侯，前來會師的據說有八百個部落。這些部落組成一支四萬五千人的聯軍，以周的三千名精銳戰士為主力，突襲商的都城朝歌。

這時商正在對東南夷用兵，一時之間來不及將主力調回，只好以大量武裝奴隸應戰。雙方在牧野（今河南新鄉市）會戰，姬發親自上陣衝殺，戰況極其慘烈，史稱「血流漂杵」（鮮血流成河，武器在上面漂浮）；商軍原本在人數上占盡優勢，但有許多奴隸倒戈，導致商軍大敗，商的末代君主紂王不肯投降，自焚殉國。周武王成為新的天下共主。因為建都在豐鎬（今西安市附近），史稱西周。

商紂王雖然死去，但是周人只是突襲得手，占據商的都城；商軍征討東夷的主力還沒有受損，東方還有許多諸侯不服周的號令。面對這樣的局勢，周人將文王時代就開始的大規模武裝殖民在東方實施，以當時的話來說，叫作「封建」。

受封的新諸侯可分為三類：首先是原來商人的勢力，比如將紂王兒子武庚封在殷，堯、舜、禹的後人也逐一分封；其次是開國功臣，例如將太公望封於齊、召公奭在燕地建立國家；最後，則是姬姓宗親。在文王、武王分封的七十一國裡，姬姓諸侯就占了五十一國（另說為五十三國）。他們環繞著漢水、渭水流域，以周的都城豐鎬為圓心，帶著族人，開墾田野，建立自己的城邦，拱衛著周朝的新政治秩序。

類型	代表人物	封地	備註
商朝舊勢力	武庚 商紂王之子	殷	武王死後反叛
開國功臣	太公望	齊	齊國始祖
姬姓宗親	唐叔虞	唐	晉國始祖

▲ **西周封建諸侯類別**

封建的核心觀念是宗法制度，這是以血緣和嫡長子繼承制建立起來的政治金字塔。金字塔的頂端是周王，他秉承天的命令治理天下，各個部族裡的子民都看得到天，所以周王聲稱自己是上天的兒子，這就是「天子」的由來。

天子的嫡長子（正妻所生的大兒

子）可以繼承王位，天子的封邑土地也最廣；再往下，就是公、侯、伯、子、男等爵位，天子的其他兒子封為公，公嫡長子外的兒子封為侯……。以此類推，每級爵位都有不同的禮儀。如果諸侯們使用禮儀有錯誤，就會被看成是對政治秩序的挑戰與冒犯，稱為「僭越」。周天子不但是這些諸侯的共主，也是諸侯們的最高仲裁者，繼位、分封，都需要周天子的認可才能生效。

春秋五霸輪興替

可是，封建制度實施久了，慢慢形成尾大不掉、頭輕腳重的局面。天子的行動，有時受限於實力強大諸侯的態度。西周的末代君主幽王在位期間（前七八一至前七七一），因為廢去王后申氏，得罪了王后之父申侯，他勾結犬戎

▲ 尊王攘夷的齊桓公

犯境，攻破鎬京，幽王被殺。諸侯迎太子宜臼繼位，是為周平王；劫後的鎬京已經殘破不堪，於是平王將都城東移到陪都雒邑（洛陽），這就是東周的開始。

東遷以後的周王朝，只能管轄雒邑附近地區，實力大不如前，無法擔負起諸侯共主的角色，在諸侯間的威望也大幅降低。周天子失去協調諸侯的能力，四鄰的遊牧民族如戎、狄等入侵中原搶掠人畜，也無法有效反應；南方的楚國甚至稱王，否認周王的最高權威。於是，較有實力的諸侯國逐漸崛起，扮演起國際糾紛的仲裁者。強大的諸侯通常藉由「會盟」的形式，召開國際和平會議，或者組織聯軍，抵抗戎狄，或維持和平，以宣示強權地位。這段時期共有兩百多年，因為孔子作《春秋》，紀錄這段時間發生的史事，所以又被稱為「春秋時代」（孔子與《春秋》的故事，將在後面提到）。

在春秋時代企圖要維持國際秩序、或者宣示強權的諸侯國君，共有五位，依照時間的先後，分別是齊桓公、秦穆公、晉文公、楚莊王、宋襄公，也就是「春秋五霸」。實際上，真正曾經達成維持國際秩序的，只有齊桓公姜小白與晉文公重耳。齊桓公是齊襄公之子，早年與另一名公子糾互爭國君之位，曾被公子糾的大臣管仲射中，裝死得以逃脫；等到奪位成功之後，公子小白成了齊桓公，他不念舊惡，任用前政敵管仲

為國相，進行軍令與政治合一、生產與訓練合一的改革，使得齊國實力大進，而能在國際間主持公道。

齊桓公提出「尊王攘夷」的口號，也就是尊重周天子，並且合作抵抗夷狄的入侵。不過，在管仲死後，齊桓公任用小人，國政一下就變得混亂不堪。他死後五個公子爭奪國君之位，沒人為他入殮，桓公的屍體停放在床榻上六十七天，蛆都流出了窗戶。

晉文公還是公子重耳的時候，受到父親晉獻公寵姬的陷害，流亡國外十九年，曾經投靠過齊桓公，最後在秦穆公的幫助下，回到晉國，取得政權（也就是成語「秦晉之好」的出處）。齊桓公曾經九次會盟諸侯，晉文公也曾主持一次國際和平會議（踐土之盟）。此外的三位國君，並沒能真正達成稱霸意圖。

春秋時代的戰爭形態，是以馬車的車戰為主，比較溫和，還能夠講道理，也存在某些規則，比如春秋五霸的最後一位宋襄公，和楚國作戰時，非要等敵人完全渡河才肯出擊（當然他因為這樣而吃了敗仗）。這樣的仁義道德，在之後的戰國時代，就蕩然無存了。

戰國七雄殺紅眼

關於戰國時代從什麼時候開始，《史記》的作者司馬遷採納秦國的史書記載，定在周安王元年（西元前四七六年）；編寫《資治通鑑》的北宋史學家司馬光則認為，戰國的起點，要從周威烈王二十三年（前四〇三），「三家分晉」開始算起。因為在這一年，晉國內部六大權力世家的鬥爭分出高下，由韓、趙、魏三家脫穎而出。周天子封原來晉國的三家大夫為正式的諸侯國，司馬光認為這是周代禮法制度崩壞的象徵，因此成為春秋時代的結束，戰國時代的開端。目前大多數的史書接受的，是司馬光的斷代（司馬光的故事，參見本書第五章）。

春秋時代的各國，經過長達數百年的戰爭兼併，到了這個時候，只剩下十幾個國家；又過了百年，小國被一一吞併，只留下七個大國：韓、趙、魏、燕、齊、楚、秦。

戰國初期，魏國首先改革，國勢最為強大；接著趙國在武靈王主持之下，軍隊的戰術、配備全部模仿北方遊牧民族，史稱「胡服騎射」，威震四鄰。最後，則是函谷關以西的秦國崛起，秦同樣進行變法，使得國富兵強，能支持發動東征戰事需要，終於滅亡六國，一統天下。

變法改革的目的，是為了增強軍事作戰力量。戰國時期的戰爭形態，已經不再是貴族們駕著數百（或數千）輛馬車，約定日期地點交戰，而是動員幾十萬步兵，在狹窄陣地上進行的慘烈廝殺。比方西元前二六二年四月，秦、趙兩國之間在今天的山西高平一帶爆發的長平之戰，趙軍人數在四十五萬人左右，而秦軍的參戰人數，可能也接近這個數字。雙方動員的軍隊加起來，到達百萬人左右，而戰爭僵持將近三年，最後又有坑殺趙國降卒四十萬的慘劇（只留下兩百四十名年幼趙兵活口，回去威嚇六國）。秦、趙兩國要能進行這樣的大規模軍事動員，背後必須要有嚴格的後勤補給、戶籍徵調作為後盾；而戰國七雄之間彼此攻伐，各自也有清楚的戰略構想。

戰國後期的國際戰略局勢，簡單說來，就是「合縱」與「連橫」兩策的對抗。由於秦國在商鞅變法之後國勢強大，屢屢向東進取，因此「合縱」指的是秦以東的六國結成縱向的同盟戰線，在軍事、外交上共同對付秦國；而「連橫」則是秦國結合另外幾個國家，東西向截斷六國的同盟。

這些大戰略，都是由外國籍的「客卿」所提出，例如提倡「合縱」抗秦的，是東周雒邑人蘇秦；而在秦國提出「連橫」的，則是魏國人張儀。不過，六國各自的利益不同，在秦國的「遠交近攻」、威逼利誘之下，反秦同盟很快就宣告瓦解。長平之戰以後，趙國的主力部隊犧牲殆盡，再也不能與秦軍相抗。西元前二五七年，秦兵大舉進攻，包圍趙國首都邯鄲（今河北邯鄲市）。

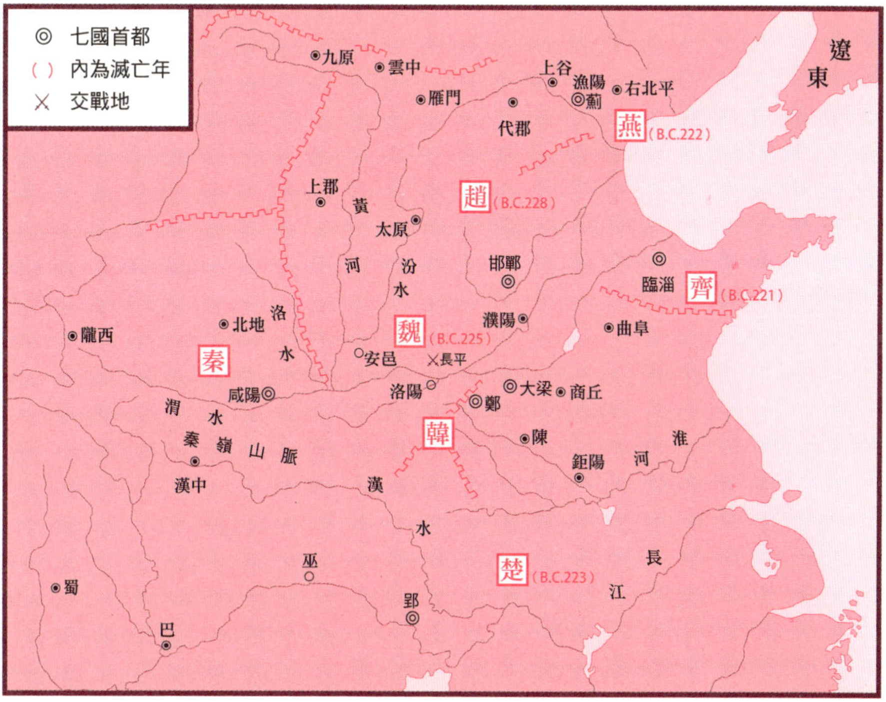

戰國七雄時代 ▲

商鞅變法的故事

商鞅本姓姬，又姓公孫，是衛國國君的後裔，因為被封在商這個地方，所以被稱為商鞅。他早年學習兵法，也吸收了不少法家「富國強兵」的學說，在魏國擔任官職。後來，秦孝公頒布「求賢令」，商鞅便西去投奔秦國。

在戰國初期各大國裡，秦的國勢其實不強。疆域只有現今的陝西、四川北部一帶，人口不多，文化程度也不如關東各國。秦孝公六年（西元前三五六年），商鞅開始實行變法，他首先頒布命令，開始拓墾荒地，並且承認土地私有，可以買賣，以促進生產力的提高。再者，他廢除模仿自周朝的封建制，貴族只有俸祿而沒有土地封邑，各地改設郡縣，實施中央集權，遇有犯罪逃亡而不報者，一律以連坐處分。如此一來，政府逐漸能掌握戶口，建立統治基層，可以抽稅、徵調兵員服役。最後，政府規定統一的度量衡標準，以利於稅收與調配各地資源。

秦孝公死後，繼任的國君與商鞅有過節，且認為商鞅功高震主，所以下令逮捕他。商鞅逃往邊界，在旅店投宿時，因為沒有攜帶身分證件，店家不敢收留，他感嘆：這就是「作法自斃」啊！商鞅秉承法家學說，認為人性自私自利，只有以嚴刑峻法，明定規矩，還有賞罰的準則，堅定執行，才能使百姓威服就範。商鞅又反對儒家所推崇的禮樂、詩書、孝悌、仁善等美德，國家唯有去除這些「蝨子」以後，才有辦法強大。他帶進秦國統治階級的思想，與他在秦所推行的改革影響深遠：秦國的興起與秦王朝最後的崩潰，都與商鞅變法當中的精神有關。

秦發兵前，先威脅燕、魏等國，說誰膽敢來救，誰就是下一個秦軍攻擊的目標。趙武靈王之子、當時擔任趙孝成王宰相的平原君趙勝向妻舅、魏國的信陵君求救，引發一段養士豪俠的壯烈故事。

養士游俠重然諾

戰國時期是人才高度流動的時代。人們時常以各種主張與見解，周遊列國，到處兜售，譬如前面提到的蘇秦，因為成功說服六國國君，而佩掛六國相印，一時之間，榮耀無比。反過來說，各國的權貴人物為了救亡圖存，也注意網羅各種各樣的人才，稱為「養士」。戰國時期有四位以「養士」聞名的權貴，他們都是國君之子，所以被稱為「戰國四公子」，分別是齊國的孟嘗君田文、楚國的春申君黃歇、趙國的平原君趙勝，以及上一段提到的魏國的信陵君魏無忌。

信陵君是國君魏安釐王之弟，對於人才，不論出身有多麼低賤，他不顧彼此身分地位的懸殊，都要親自前去請教。

信陵君聽說首都大梁（今河南開封）的城門看守小吏侯嬴是位高士，於是在府中備妥酒席，廣邀賓客，親身前往邀請。侯嬴此時已經七十多歲，看見信陵君態度如此謙卑，對他如此尊重，卻神色淡然，坦然接受，還讓公子的大隊車駕繞進曲折狹窄的市場裡，佇等他與市集小販聊天。信陵君也是人中豪傑，即使府中賓客已經雲集，就等他回去開席，市場中人人圍觀，議論紛紛，

▲ 如姬盜取虎符

他也沒有任何不耐煩的表示。

信陵君的眼光果然沒錯，侯嬴並不只是個看城門的糟老頭。根據大陸旅日秦漢史學者李開元教授的推斷，從侯嬴的行事為人來看，他很可能是隱遁於市井裡的民間領袖，素有名望於江湖，一時犯案在身，被某國通緝，只好藏身在魏。

侯嬴有人脈，通情報，更曉得信陵君無法得知的宮廷內幕。信陵君想領魏軍救援趙國，魏王懼怕秦國威勢，不敢發兵。信陵君急切之下，打算帶領三千門客拼死救趙。

這時侯嬴站了出來，建議他盜取魏王兵符（發兵用的憑證，主帥與國君各持一半）帶兵救趙；信陵君從前曾為魏王寵妾如姬報了殺父之仇，如姬一直感恩圖報，可以充當內應。如果統兵將領懷疑，不肯交出兵權，侯嬴還介紹了身手高強的游俠朱亥，作為一擊必殺的殺手鐧。

後來的故事，就是如姬為信陵君盜取兵符，信陵君持符趕往軍營，統帥心中生疑，一旁的壯士朱亥立刻出手。信陵君奪取兵權，率領十萬魏軍成功救趙。

當信陵君要出發往軍營的時候，侯嬴前來辭行，他說：「小人本該隨公子出征，可是我年紀大了，走不動，就讓我在這裡計算著公子出發的日子，等到您抵達軍營那天，我會朝北方軍營的方向自刎，來報答您厚待之恩（臣宜從，老不能，請數公子行日，以至晉鄙軍之日，北鄉自剄，以送公子）。」後來信陵君成功奪取兵符，侯嬴果然朝著北方自刎，壯烈結束自己的生命。

另一位壯士朱亥之後的遭遇如何，《史記》裡沒有交代。不過，侯嬴與朱亥的行事為人，在爭戰激烈的戰國時代，並不是特例：在國家政治動員力量之外，民間社會另有一股活力存在，他們在國家與社會的縫隙，在國際政治的法則禁令邊界游走，稱作「游俠」。這股活力有本身的正義法則，他們不輕易許諾，但是一旦答應，就會以生命來完成。

百家爭鳴儒道法

春秋戰國時期也是思想家的活躍時代。西漢初年的史官司馬談（司馬遷之父）曾經寫過一篇《論六家要旨》，歸結這時候的六大思想學派：道德、儒、墨、法、名、陰陽。

陰陽家提倡陰陽五行學說，也就是金、木、水、火、土相生相剋的理論；名家企圖在現實的事物裡（實），得出抽象的概念（名），然後端正名與實，「白馬非馬」就是他們的著名論題，這是中國邏輯的始祖；墨家重視親身的刻苦學習和實踐，要「興天下之利，除天下之害」，他們組成互助合作的團體，領袖稱為「鉅子」，千里奔襲救難，赴湯蹈火，在所不辭；法家認為人性本惡，必須使用嚴刑峻法來加以管束；在政治制度上，他們主張中央集權、以國家力量掌握民間社會。到了戰國晚期，韓國貴族韓非的學說，集法家之大成，他主張統治者必須要同時兼具法令、手腕、與強勢貫徹制度的決心，才能使人民畏服。

法家強調人間的法律秩序，而道家則反其道而行，主張自然，順勢而為。

學派	代表人物	學說
道德家	老子	主張自然，順勢而為，無為而治
儒家	孔子	重建禮法、天下秩序
墨家	墨子	興天下之利，除天下之害
法家	韓非	人性本惡，強調法律秩序
名家	公孫龍	端正名與實，中國邏輯的始祖
陰陽家	鄒衍	陰陽五行學說

▲ 春秋戰國百家爭鳴

對於道家來說，法律是人造的物事，對人類，對萬事萬物，都只有束縛，不如徹底捨去。道家的始祖是老子李耳，老子是周王室的守藏史（圖書檔案館館長），對於人生，他抱持著恬淡、柔和、不與人爭的態度，認為國家的統治者對於百姓生活，應該要盡量不加干涉，也就是所謂「無為而治」。天地之間自有一種玄明的「道」，能夠自己增損益、補不足，不需要人為的制度管理。這種素樸而柔和的治國信念，在往後中國歷史每逢大亂之後，啟發了許多的統治者。

據說，老子曾經遇過一位氣宇軒昂的高大中年人，謙恭有禮的向他詢問禮法的問題。這位中年人，心中懷抱對過往聖王時代的緬懷，以及對現世人間的悲憫，他明知禮樂崩壞、諸侯互相攻伐的亂世裡，重建禮法、實踐人間世界的公平正義，是難乎其難，但是他還是「知其不可為而為之」。他就是孔子（前五五一至前四七九），日後儒家的「至聖先師」、萬世師表，當時卻是鬱鬱不得志的失敗者，甚至被譏笑是條「喪家之狗」。

累累若喪家之狗

孔子適鄭，與弟子相失，孔子獨立東郭門。鄭人或謂子貢曰：「東門有人，其顙似堯，其項類皋陶，其肩類子產，然自要（腰）以下不及禹三寸。累累若喪家之狗。」子貢以實告孔子。孔子欣然笑曰：「形狀，末也。而謂似喪家之狗，然哉！然哉！」──《史記．孔子世家》

孔子名丘，魯國昌平陬邑（今山東曲阜市南辛鎮）人，他是老夫少妻所生的孩子（孔子誕生時，父親叔梁紇已經七十歲了）。孔子三歲喪父，十七歲時母親去世，他小時「貧而賤」，許多粗重的社會底層勞力工作，比如倉庫搬運工、管理員、牧場飼養員，他都做過。

孔子十五歲開始立志求學向上，三十歲時學問已有所成，開始收徒弟教學；三十四、五歲時到齊國旅行，聽到上古時期美好的古典音樂（聞《韶》），三個月不知肉味；五十歲以後「知天命」，回到魯國作官。西元前五〇〇年，孔子先是出任司空，繼而升任大司寇，代理宰相。

不過，魯國後來的國君魯定公對他不友善，孔子決定出國找工作，他帶著學生在各國流浪（周遊列國），這一去，就是十四年。這十四年裡，孔子到過鄭、衛、曹、宋、陳、蔡六國，但是沒有找到新工作。西元前四九二年的某一天，孔子乘坐馬車來到鄭國，和學生們走散了，他一個人站在郭城的東門外靜靜等候。這時，他已經六十歲了，有志向而不得伸，有家國而歸不得；孔子的學生子貢回頭來找老師，碰上一個鄭人，他對子貢說：東門外站著個人，額頭像堯，脖子像皋陶，肩膀像子產──這都是些聖人，腰以下則比大禹短了三寸，下半身呢？抱歉，活像條沒有家的狗！子貢後來終於找到老師，把這些話一五一十對孔子說了。孔子聽完，不但沒有生氣，還笑著說：那些形象的比較不重要，倒是那人說我像條喪家之犬，很對，很對啊！

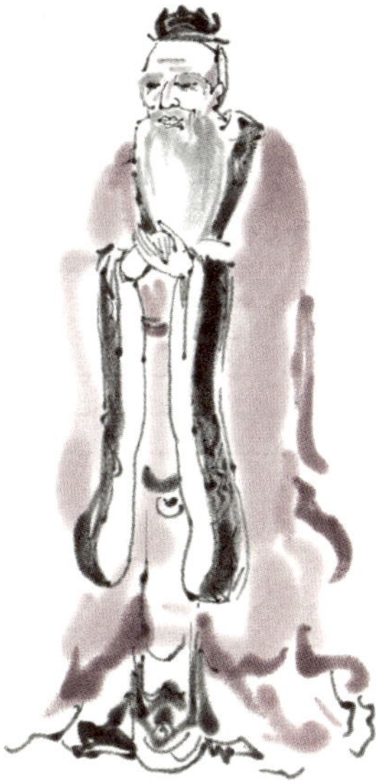

▲孔子

孔子是失敗者，但是他是中國歷史上最偉大的失敗者。孔子以前與以後的三千年歷史裡，出了許多建功立業者。這些成功者可能是帝王將相，或者是思想巨擘。但是他們在事業上的諸多成就，沒有一項能與孔子因為遭受失敗，而帶給後世的偉大相比。魯哀公十一年

（前四八四），孔子結束長達十四年的流亡，回到了面目已非的故園，在精神志業無可寄託的情況下，他將生命最後的時光專注在教育後進弟子與整理古籍。

經孔子整理過後的魯國史料，存有他的政治與文化理想，名為《春秋》；他晚年孜孜不倦所教導出的弟子，在文學、政事、德行各方面都有傑出成就。更重要的是，孔子的一生證明了他自己說過的一句話：「人能弘道，非道弘人」。孔子希望在人間重建一個合理的天下秩序，而惟有人，才能夠成就這樣的世間秩序。這個秩序，就是儒家所說的「道」。這種道的弘揚，就是人文精神的昂然抬頭。

至於，這樣一位熱情、親切而令人景仰的孔子，是如何走上神桌，成為政治文化裡神格化的至聖先師的呢？那就是下一章裡要說的故事。

春秋筆法含褒貶

在紙張還沒有發明、並且被廣泛使用以前，「書籍」是寫在竹簡上的。每片竹簡能承載的文字量有限，因此句子必須相當精簡。

孔子在作《春秋》時，就順勢運用這樣的特性，在使用文字的選擇上賦予深刻的價值判斷。這種作法，被稱為「微言大義」。這裡以《春秋》在魯隱公元年（前七二二）的記事「鄭伯克段於鄢」當例子。

鄭伯，指的是鄭莊公寤生；段，指的是莊公之弟共叔段；鄢，則是地名，在今天河南省許昌市郊。鄭莊公是鄭武公的嫡長子，母親姜氏在生產的時候，經歷很大的痛苦，因此對寤生有種天生的厭惡，而偏愛小兒子段叔。明明都是一母所生，母親卻厭惡自己，疼愛弟弟，甚至不斷對父親（武公）建言，要廢了他的繼承人之位，改立弟弟為公子；寤生心中所感受到的影響與打擊不難想見。

從幼年到即位的三十多年時間裡，他一再順應母親的要求，滿足段叔的各種欲望。段是個允文允武的翩翩公子，外貌和談吐都優於哥哥，頗受民間歡迎；他的政治野心經過時間，不斷膨脹，莊公身邊的大臣不斷提出警告，使得莊公終於下決心除掉段。這時，姜氏與段正在策畫軍事政變，姜氏想趁莊公不備，暗中打開城門，來個裡應外合，讓段叔取代哥哥。寤生先發制人，率領六百輛兵車、甲士一萬四千人進攻段的大本營鄢，段被打敗，流亡外國，母親姜氏遭到軟禁。

「鄭伯克段於鄢」的記載，翻譯成白話就是「鄭莊公在鄢這個地方，打敗了他的弟弟共叔段」。但是，短短六個字，卻隱含了許多褒貶之意。段叔壓根沒把寤生當哥哥看待，所以直書其名；用「克」這個字，表示莊公與段叔好像兩個國君，是兩個政治實體的戰爭，這說的是哥哥寤生也沒有好好管教弟弟，反而故意放縱他的野心膨脹，才導致兄弟相殘，甲兵相見，不稱「公」而將寤生「降級」成鄭「伯」，不寫段叔的流亡，也都有譴責莊公的意思。

統一帝國初次興衰：秦漢帝國與魏晉分裂

從秦王政二十六年（前二二一年），秦滅六國，建立統一王朝起算，到東漢建安二十五年（二二〇），魏王曹丕接受東漢最後一個皇帝劉協的禪讓，漢朝滅亡。這中間四百多年的時間，中國處在史無前例的統一帝國的時期。

在這一章裡，我們要說的是中國歷史上這個首次出現的統一大帝國的興衰史。秦王朝以強大的軍事力量消滅六國，又以前所未有的中央集權制度治理天下，為什麼會在短短十五年內亡國？繼起的漢朝記取秦的教訓，又是憑藉什麼方法，建立四百年天下？漢朝的統一局面為什麼會瓦解？瓦解之後，有什麼餘波？這些問題都會在本章當中一一回答。

功蓋三皇過五帝

結束戰國時期各國分立攻戰的局面，建立史無前例的大一統帝國，這個偉大的成就，在秦王嬴政的手上完成了。嬴政（前二五九至前二一〇）生於趙國的首都邯鄲，他的父親是到趙國來擔任人質的公子異人，母親趙姬原來是侍妾，服侍的是政商通吃的跨國巨商呂不韋。上一章我們提過，秦、趙長平之戰後，秦軍包圍邯鄲，這時異人趁亂逃回秦國，留下趙姬、嬴政母子。圍城之外，是祖國的大軍；圍城之內，是敵國的人質。嬴政的童年，就是這樣度過；他的玩伴之一，是日後主使「荊軻刺秦王」的燕太子丹。

歷盡一番艱辛折衝和宮廷權謀，呂不韋成功使嬴政的父親異人當上太子，日後更登基繼位，是為秦莊襄王。他在位三年死去，由十三歲的嬴政繼位為王。初即位的嬴政沒有實權，政權內部由三家外戚共同執掌，分別代表楚國、韓國、趙國的勢力，國家大政則交給呂不韋發落。這段期間，相國呂不韋和嬴政母親趙姬（後稱帝太后）一直維持藕斷絲連的關係，呂不韋擔心戀情曝光，秦王長大後遲早會察覺，於是介紹猛漢嫪毐（讀音「烙矮」）入宮，作太后的「面首」（男寵）。太后轉而與嫪毐熱戀，期間更生下兩子。秦王政八年（前二三九），嫪毐封侯；隔年，嬴政接獲密報：嫪毐正要發動兵變，將其與太后所生之子立為秦王，於是命呂不韋等發兵平亂，殺死嫪毐，軟禁帝太后。再隔年（前二三七），以嫪毐作亂，牽連呂不韋為理由，逼他服毒自盡。到此，秦王政終於大權在握。

嬴政實際掌權之後，在國政上任用李斯，在軍事上以蒙驁、王翦等人為統帥，繼續「遠交近攻」的方針，向東進展。秦的兵器，製造過程層層控管究責，因此遠比六國精良。秦國一面以軍事威逼，檯面下則不斷對六國大臣權貴進行分化。秦王政十七至十八年（前二三〇至二二九），秦軍攻滅韓國；十八至十九年，攻滅趙國；二十一至二十二年，攻滅魏國；二十三至二十四年，滅亡楚國；最後，在秦王政二十五、二十六年（前二二二、二二一），消滅東邊的燕、齊兩國，偌大的天下版圖，東到遼東、山東半島，北到內蒙古，南到長江流域，首次統一在單一的政權底下。

完成了如此偉大的成就，秦王嬴政認為，單是稱「王」，已經不足以表彰他「功蓋三皇，德兼五帝」的功業。於是秦的臣僚們在一番研議後，向嬴政呈上「泰皇」的新稱號。嬴政接受了「皇」字，在底下加上古代共主的「帝」字，「皇帝」一詞正式誕生。嬴政自稱「始皇帝」，也就是秦始皇；後代則從二世開始，預備傳延百代萬世。秦也從戰國七雄當中的一國，正式躍居為一個朝代：秦朝。

車同軌轍書同文

統一六國以後，秦重定中央行政體制：宰相總理國家政務，是行政最高首長；太尉負責軍隊調度，是軍事最高長官；御史大夫身兼副宰相與監察首長。丞相、太尉、御史大夫稱為「三公」。除此之外，朝廷還設有郎中令（宮內廳祕書長）、太僕（交通部長）、廷尉（司法部長）、衛尉（首都衛戍司令官）、宗正（皇室事務廳長）、典客（少數民族事務部長）等官職，稱為「九卿」。從此以後，「三公九卿」就成為中國歷代中央官制的基本雛形。

在地方行政制度方面，秦始皇一反封建制度，下令拆毀六國原來的城牆，沒收六國貴族原有的封邑，在全國境內實施郡縣二級制。全國分為三十六郡，各郡按中央制度，設置郡守（掌管民政）、郡尉（掌管軍政）、郡監（掌管監察）。郡守、縣令由中央朝廷派任，不得世襲，財政、軍隊之權，也歸於中央。縣以下按照秦國制度，設立「鄉亭制」：每鄉設十「亭」，每亭設十「里」，一里有百戶人家，每五家編成一「伍」，兩伍為一「什」。國家的行政力量只到縣這一層，從鄉以下，都由地方上的百姓推選出任。國家抽稅與動員時，多半以這些家有恆產的戶口男丁作為主要對象。

至於六國原來使用的文字各不相同，秦始皇決定按李斯提出的方案，廢除六國文字，以秦國原來使用的大篆作為基礎，簡化為小篆，作為全國通用字。各國原來使用的度量衡標準也不一

中央	皇帝								
	宰相			太尉			御史大夫		
	郎中令	太僕	廷尉	衛尉	宗正	典客	奉常	治粟內史	少府
地方	郡守			郡尉			郡監		
	縣令			縣尉			縣丞		
	鄉亭里伍什								

▲秦朝行政制度

致，「度」是長短尺度，「量」是物件體積，「衡」則是物件的重量。楚制一斤約等於今天的兩百六十點七公克，而秦制一斤則合兩百五十六點二五公克。秦始皇二十六年（前二二一）下令，廢棄六國度量衡制度，以商鞅變法時的度量衡為標準，在全國各地實施。新度量衡測量器具由官府統一監造發給，每件器具上，都刻有小篆寫成的銘文：

廿六年／皇帝盡并兼天下／諸侯黔首大安／立號為皇帝／乃詔丞相狀綰／法度量則／不壹嫌疑者／皆明壹之（秦王嬴政二十六年，皇帝統一了天下，上到諸侯，下到百姓，都安居樂業；秦王創立皇帝稱號，於是詔命右丞相隗狀、左丞相王綰，將不清楚一致的度量衡測量法則，全部弄清楚，統一起來。）

天下一統之後，秦朝將原來向東發展的軍事型態，立刻調整為往南向北防禦的部署。為了快速運輸軍隊，秦始皇發大批民役，修築了好幾條「馳道」與「直道」，以京城咸陽為中心，通往東北的遼東、東南的吳、越。這些馳道寬五十公尺，夯土構築，道路高出地面，分為三線，中間是皇帝巡遊專用道，官員百姓不得使用，兩旁平時供官民通行，戰時讓軍隊調遣，兩旁栽種楊柳檜柏，是歷史上最早出現的高速公路。

不過，黃土夯實的馳道，遇到雨天時積水泥濘，不同車軌的馬車，行駛速度容易受影響，因此始皇帝又下令，統一全國的馬車車轍車軌尺寸，完成「車同軌」。

宮室皇陵興繇役

嬴政是非常勤政的君主。據史書記載，他規定自己，每天要批閱重達數百斤的竹簡公文。然而，從兒時起立下一統江山的目標，一旦達成，心靈的空虛無可填補；同時，長期壓抑帶來的壓力一旦釋放，心中的焦躁與茫然，更加不知如何疏解。為了填補這些空虛，嬴政五次巡遊天下，命方士尋找海上仙山，並且開始大興土木，建造宮室。

秦始皇每滅一國，就在京城咸陽

※〈阿房宮賦〉的白話譯文參考李開元，《秦崩：從秦始皇到劉邦的祕密》（台北市：聯經出版，民國九十九年）。

近郊，按照該國王宮規制，複製一座同樣的宮殿；統一天下之後，又開始興建阿房宮。阿房宮集宮殿建築之大成，它的修建始於秦始皇三十五年（前二一一）。一千年以後，晚唐詩人杜牧（八〇三至八五二）作〈阿房宮賦〉，形容為了建阿房宮，秦人伐盡蜀地的樹木；建成之後，「宮室錯落疊壓三百餘里，遮斷眼前天日；建築起自驪山之北，折向西去連接咸陽；宮牆之內，引入渭水、樊川兩條河流；每隔五步，有一座樓；十步之遙，起一座閣；游廊曲折蜿蜒，好似美人彎腰；房簷高低有致，如同鳥雀下啄（覆壓三百餘里，隔離天日。驪山北構而西折，直走咸陽。二川溶溶，流入宮牆。五步一樓，十步一閣，廊腰縵迴，簷牙高啄）。」※阿房宮周圍，又預備修築空中閣道，將來修成，皇帝車駕騰空而過，可以直達咸陽。

阿房宮的修築只進行三年，就戛然而止；所有人力，都被轉調去興築始皇陵。始皇陵的面積廣達五十六平方公里，現在所發現的「地下軍團」——兵馬俑，只是始皇陵的外圍拱衛而已！根據《史記》記載，秦始皇陵分為上下兩層，完全按照秦始皇生前的宮殿打造。地宮之中，以水銀模仿百川大河，又以機械裝置使其周而復始的流動；還設下各種弓弩暗箭，防止盜賊進入。以二十一世紀初期的科技，也難以在開挖之後妥善保存，所以始皇陵的發掘，只

制度	統一文字、統一度量衡、統一車軌尺寸
建設	修築馳道、築宮殿、修萬里長城、造始皇陵
開疆拓土	北伐匈奴、南征南越

▲ 秦始皇的政績

能留待來日。

這些重大的工程，加上秦始皇又發兵三十萬北攻匈奴，都需要徵調百姓壯丁服役。秦代男子服役，在地方每年要服一個月的役期；在中央，一生之中至少必須要服一次大役。收到徵召令的役男，必須自帶行李，到政府指定的地點（可能是邊疆，或者是皇陵預定地）服一年勞役。

秦始皇統治時期，愈到晚年，百姓負擔的勞役愈重；國家與社會的關係，像愈來愈緊的弦。以修建阿房宮為例，需要七十萬名勞工，這七十萬人也要吃飯，糧食的轉運同樣需要勞役。根據李開元教授的推算，秦始皇執政期間，築宮殿、修長城、造皇陵、對匈奴、南越用兵，所調動的勞役人數，超過四千萬人次，遠遠超過當時的人口。這麼沉重的負擔，又有嚴厲的連坐懲處，終於引來民眾的反感與抗拒。

楚雖三戶必亡秦

秦始皇駕崩於第五次巡遊天下途中。皇帝出巡前，命原本的繼承人長子扶蘇到北方前線監軍，而帶上幼子胡亥同行，用意是要考察胡亥是否夠格接

班。顯然，最後的結論是否定的，因為秦始皇的遺命，是要扶蘇趕回京城接位。但是，就在此時，皇帝身邊的郎中令趙高隱瞞遺詔，串謀已經升任丞相的李斯發動政變，逼使扶蘇自殺，擁立胡亥繼位。

胡亥就是秦二世皇帝。他登基之後，仍然延續秦始皇晚年的做法，大肆徵調民力，服朝廷勞役，不出半年，就激起大規模民變。新皇帝只願意聽「叛亂平息」的好消息，對於關東變亂蜂起的報告，一概斥為謠傳，使者下獄治罪。二世元年（西元前二〇九年）七月，一支九百人的部隊從泗水郡開拔，要前往漁陽（今北京密雲）增援，路途中在大澤鄉遭遇滂沱大雨，耽擱行程。秦朝法律嚴苛，如軍隊不能在指定日期抵達，按「失期罪」論處，可以判處斬首之刑。既然遲到已是死罪，不如起來反抗，部隊裡有兩名屯長（管理五十名士兵的士官）陳勝、吳廣，就藉故殺死統兵軍官，扯旗造反。秦末天下大亂，就此開始。

腹地發生變亂，秦朝卻沒有可鎮壓之兵。前面提過，攻滅六國後，秦的戰略部署從東向攻擊轉為南北防禦，因此帝國的國防軍主力都駐守在北方與南部邊境，內地的防務空虛。

陳勝、吳廣利用這樣的機會，在短短的時間裡，就佔領好幾座郡城，湊集幾百輛戰車、千餘名騎兵、幾萬名步兵的實力。陳勝、吳廣都是原來楚國的子民，雖然是農民出身，但是得到六國貴族的指導、退伍軍人的投效，他們提出政治號召：建立「張楚」政權（張大楚國聲威），消滅暴虐的秦，各地有志之士紛紛響應。他們的目標，是要恢復六國王政，因此響應張楚號召的人非常踴躍。在這些人當中，有兩股未來非常重要的勢力，一是從沛縣（今江蘇省豐縣）起兵的劉季，另一支是在吳中（今蘇州市）起兵的項梁、項籍叔姪。

項籍就是項羽，他是楚國名將項燕的孫子，貴冑出身，英武過人。他的叔叔項梁老早就在籌畫反秦，一看時機來臨，就殺死郡守、招募家鄉士兵八千人渡過長江，參加反秦戰爭。反秦戰爭可以看作是六國遺民反對秦朝集權統一制度的總爆發，各國貴族紛紛復國，而領導總體戰略的人物，從陳勝、吳廣，到項羽、劉邦，都是原來楚國子民。這是「楚雖三戶，亡秦必楚」的真正意涵。

約法三章重簡約

不過，儘管陳勝、吳廣首先起事，項羽出身高貴，臨陣勇猛，對秦軍戰無不勝，最後收拾天下、重建統一政府的，卻都不是上面這些人，而是楚軍裡非嫡系的將領劉季。劉季，也就是後來的漢高祖劉邦（前二五六至前一九五），原先只是沛縣豐邑中陽里一個混混、無賴。劉季是劉老爺（劉太公）的第三個兒子，劉老爺是地方上一

▲ 漢高祖劉邦像

個富有的農民，劉季十七歲以前，還是個好學生、乖孩子，之後卻變了個樣，喜歡到處瞎混、喝酒鬧事。二十多年過去，眼看小流氓要混成中年流氓，才給劉季關說到了個「亭長」。亭長這個職位，用今天的話來說，就是派出所所長兼郵局經理。

劉季的起事過程和陳勝、吳廣類似：他奉命押送一批犯人到驪山修造始皇陵，修陵是件苦差事，很可能有命前去，沒命回故鄉，一路上不斷有人逃亡，劉季知道秦的嚴刑峻法必定連坐，不會寬貸，索性把所有人放走，自己也棄職亡命，當個土匪集團頭子。劉季這人雖然打仗本事不高，但是格局寬闊，很能接受建議，忍住脾氣，修正錯誤，天生具有領導者的氣質；反秦戰爭開始時，沛縣的屬吏們看中他這項長處，推舉他擔任領袖，給劉老三起了個像樣點的名字：劉邦。

當時已經四十六、七歲的劉邦，就以故鄉沛縣招募的三千人為基礎，開始他打天下的旅程。他時常犯錯，好幾次被打得大敗，拋妻棄子，一個人落荒而逃。可是，劉邦能屈能伸：處在極度劣勢的環境裡，他可以極度卑躬屈膝，到了局勢對自己有利時，敢把一切籌碼都押上去，賭個大獲全勝的機會。他又懂得授權用人，原來沛縣的縣丞（縣政府祕書主任）蕭何掌管後勤，韓國貴族之後張良制定戰略，從項羽處投奔過來的韓信出任大將，總管兵權。懂用人的劉邦對上不懂用人的項羽，使得他們之間的優勢天秤逐漸逆轉，倒向了劉邦這一邊。

更重要的是，劉邦和他手下的大臣們，吸取了秦朝以法家思想為基礎，一味推行極度專權，卻導致社會被役使過度的失敗教訓，改以道家不擾民、「無為而治」作為最高統治原則，使農村社會自行療癒，恢復生產機能。西元前二〇七年七月，秦宮再度發生政變：二世皇帝胡亥被迫自殺；堂哥子嬰即位，剷除趙高等勢力，但為時已晚；十月，劉邦率先進入秦的京城咸陽，子嬰投降，原先秦朝的各種苛細法律，一概廢去，只留下「殺人者死，傷人及盜抵罪」簡單三條，民心大悅；這就是「約法三章」的由來，也是五年之後，他終於能擊敗百戰百勝的項羽，最重要的關鍵。

獨尊儒術立典範

西元前二〇二年十二月，秦末天下大亂、群雄角逐江山，終於分出了高下：項羽在烏江邊自刎身亡，這年的二月，劉邦即皇帝位，由於他之前被封在漢中之地，因此就以「漢」作為新王朝的國號，定都長安。

史學家錢穆認為，有別於秦的貴族政權，漢初的政府是一個純樸的平民政權。這個政府的高層都是社會底層出身，親身經歷過秦朝那種強橫暴虐的役使，因此在漢朝初期，「無為而治」、「與民休息」的道家學說，就成為國家的最高指導思想。國家盡量減輕農村社會的賦稅與勞役（稅率由「逢十稅一」降為「三十稅一」，也就是百分之三點三三）；皇家一再提倡節儉。地方行政郡縣制，漢朝則加以折衷，修改為「郡國並行制」：雖然繼續實施郡縣制，但是同時也封建王國與侯國。這些王、侯國有獨立的行政體系，下轄一定的疆土，國君都是皇室近親，可以屏障朝廷。

如此的立國格局，從漢高祖劉邦開始，一直延續下去。漢高祖的兒子文帝劉恆、孫子景帝劉啟繼續奉行「無為而治」、不加干預的黃老政風，農村社會的經濟逐漸恢復，這段期間，因此被稱作「文景之治」。當然，就算封國諸王是近親，也難保不會生異心；漢景帝三年（前一五四），朝廷打算裁減各王國的權力，引發以吳王劉濞為首的七個劉姓國王叛亂，史稱「七國之亂」。朝廷以開國功臣周勃之子周亞夫帶兵平定亂事。

漢朝開國六十餘年累積儲存下來的國力，到了西元前一四一年，景帝駕崩、武帝劉徹登基時，終於可以大加伸展。漢武帝是歷代史家經常拿來與秦始皇相提並論的皇帝。他十七歲登基，在位五十四年，作出許多影響漢代和後世

王號	姓名	與劉邦親屬關係
吳王	劉濞	劉邦之姪，劉邦二哥劉喜長子，
楚王	劉戊	劉邦之姪孫，劉邦四弟劉交之孫
膠西王	劉卬	劉邦之孫，為庶長子劉肥之子
膠東王	劉雄渠	劉邦之孫，為庶長子劉肥之子
菑川王	劉賢	劉邦之孫，為庶長子劉肥之子
濟南王	劉辟光	劉邦之孫，為庶長子劉肥之子
趙王	劉遂	劉邦之孫，為六子劉友之子

▲ 參與七國之亂的諸王

歷史相當深遠的事情。他在即位的隔年（前一四〇），建立年號，稱「建元元年」。從此之後，每逢皇帝即位，都會建立自己的年號，稱為「改元」。

開國之後的黃老道家思想，已經不適合繼續作為漢朝的最高國策。就在建元元年，皇帝劉徹下詔，命令地方官員推薦「賢良方正直言極諫之士」，對國家大政提出建言。一個名叫董仲舒的儒士向朝廷建議，認為孔子所作的《春秋》，是「天地古今不變的道理（天地之常經，古今之通誼）」，而當今的各種邪說橫行，足以擾亂人民視聽，使百姓無所遵從，所以應該將孔子學說之外的各家一律罷黜，這樣道德法度都有統一的標準了。武帝採納他的建議，這就是著名的「罷黜百家，獨尊儒術」。孔子理想中的人間秩序，「君君，臣臣，父父，子子」的同心圓倫理關係，成為官方背書的意識形態；而當年那個惶惶奔走於列國之間，失意卻不放棄的「喪家之犬」孔子，就此甩脫凡人血肉，展開神格化的道路，一路往「大成至聖先師」的形象邁進。

漢家將賜霍嫖姚

漢朝國力增強以後，漢武帝謀思進取，長安未央宮中，他的眼光看向北方的遊牧民族匈奴。匈奴本來是生活在今天內蒙古、黃土高原北方一帶的遊牧民族。戰國時崛起，秦始皇曾經發三十萬大軍征討，將匈奴驅趕出河套之地，後退七百餘里。秦末天下大亂，匈奴又趁機入塞掠奪。漢高祖劉邦晚年，曾經親率三十萬大軍攻打匈奴，卻被圍困在白登（今山西大同東北）七天七夜，用上計謀才能脫身。朝廷從此明白，中原政權以農民組成的步兵，難以和匈奴飄忽不定的勇悍騎兵對抗，只好採取「和親政策」：寄望匈奴的單于娶了漢家女子、當了中原女婿、獲得財物珍寶之後，能夠體諒老丈人，少來入寇。這時候的匈奴，正處在國力的巔峰：有精銳騎兵三十萬人，隨時能夠動員南下。

漢武帝決心改變這種挨打不敢還手的局面。元光二年（前一三三），朝廷以財物做誘餌，在馬邑（今山西省朔州市）埋伏下二十萬漢軍，引誘匈奴南下。匈奴的軍臣單于一開始中計，傾巢

▲ 霍去病像

司馬遷與《史記》的故事

司馬遷（前一四五至前八六），左馮翊夏陽（今陝西省韓城）人，他與父親司馬談都是優秀的史官（太史令），職責是為政府收集史料、紀錄史實。司馬遷在十九歲的時候，從長安出發，作一趟全國旅行。他的足跡踏遍關東、長江、淮河流域，尋找英雄遺跡，訪問故老掌故。漢武帝元封六年（前一一〇），司馬談去世，臨終時殷殷囑託他，一定要繼承自己寫一部通史的心願；三年之後，司馬遷果然接任太史令，私下開始《史記》的寫作。

但是寫作《史記》，卻使司馬遷遭遇慘痛的磨難與打擊。先是漢武帝聽說太史令私下作史，於是取來已完成的〈孝景（景帝）本紀〉、〈今上（武帝）本紀〉一閱，看後非常生氣，認為司馬遷有意諷刺批評自己，於是命人刪去竹簡上的文字。天漢二年（前九九），漢軍以李廣利（漢武帝寵妃李姬的哥哥）為統帥，出沙漠攻擊匈奴，名將「飛將軍」李廣的孫子李陵率領五千步兵作先鋒，卻遭遇匈奴主力，兵敗被俘。司馬遷對衛青、霍去病、李廣利等靠著後宮關係得寵的將領本就不滿，再加上李陵之父李敢，是被霍去病盛氣殺害的，更是沒有好感。因此司馬遷替李陵說情，但漢武帝不接受司馬遷的解釋，反倒以「欺騙皇帝」（誣罔）罪名判處司馬遷死刑。當時有兩種方法可以免於一死，其一是繳罰款，否則就是自願被閹割，成為宮中宦者。司馬遷沒有錢可以繳納罰金，他還有《史記》沒有完成，只好選擇屈辱的宮刑。他後來入宮擔任中書令（當時是皇帝的祕書），發憤寫作，留下《太史公書》，從三皇五帝，一直到漢武帝年間的史事，後來被稱為《史記》。

司馬遷因為自己的不幸遭遇，特別同情項羽、李廣等拼盡全力、卻依然不敵命運而失敗的悲劇英雄，對於幸運成功的勝利者，或者得寵的將領，比如劉邦、衛青、霍去病，並沒有太多好感，紀載時明顯感到落差。但即使如此，「太史公」寫霍去病，或者藉當時人的評論，或者是輕描淡寫幾句話，寥寥幾筆，就將這位青年將領的奮發勇決、驕狂自大同時呈現，不愧良史之名。

而出，但是在距離馬邑百餘里的地方，捕獲一名漢軍下級校尉，從他口中得悉漢軍計謀，於是馬上退走。既然匈奴誘不來，漢武帝決心開關出擊。經過四年籌備，漢朝練出數萬名野戰騎兵。元光六年，漢朝由「飛將軍」李廣等四名將領各統騎兵一萬人，走四條路線左右包夾，圍攻匈奴。四支軍團裡，兩支在沙漠迷路，沒能與敵軍遭遇；一支被匈奴擊潰，只有夫人（漢宮中僅次於皇后的秩位）衛子夫之弟、車騎將軍衛青率領的軍團，走上谷（今河北省延慶縣）一路，突遇強敵，臨危不亂，打了勝仗。

漢朝對匈奴作戰的高峰，出現在武帝元狩二年（前一二一），原因是漢軍出現一位年輕的天才猛將霍去病（前一四〇至前一一七）。

霍去病是衛青的外甥，作戰勇敢，像極了項羽；年紀則比項羽還輕（二十歲）。他帶領騎兵從隴西出發，越過胭脂山（今甘肅省山丹縣東南），深入匈奴聚落境內一千餘里，擊破匈奴三萬餘人，河西地區落入漢朝的直接控制。匈奴人哀嘆：「亡我祁連山，使我六畜不繁息；失我胭脂山，使我婦女無顏色。」元狩四年，霍去病更率兵北進，孤軍深入兩千餘里，殺死匈奴左賢王部七萬四百四十三人，一直追殺到狼居胥山（今蒙古肯特山）與翰海（今貝加爾湖），才收兵南返。此後很長一段時間，匈奴不敢再襲擾漢朝北方邊境。

元狩六年，霍去病得急病去世，年

僅二十四歲。他六次進擊匈奴，全採攻勢，六戰全勝，斬殺匈奴十二萬餘人。霍去病曾被任命為嫖姚校尉，所以又被稱為「霍嫖姚」；他作戰勇冠三軍，因此被封為「冠軍侯」。據說，漢武帝為了獎賞霍去病所立戰功，特別在長安菁華地段修建豪宅一座，預備賜給霍去病；怎料霍去病卻豪氣干雲的表示：「匈奴未滅，無以家為（還沒有平定匈奴，哪裡能夠成家呢）！」這句話隨著司馬遷的《史記》而流傳千古。

外戚成為假皇帝

霍去病英年早逝，他的異母弟弟霍光當時只有十多歲，升任奉車都尉，入宮隨侍武帝左右。霍光謹慎小心，沒有犯過大錯，得到武帝信任。劉徹晚年，因為連年和匈奴作戰，國力耗損巨大；他本人則誤信巫師讒言，錯殺皇后衛子夫、太子劉據（衛子夫所生），在悔恨裡告別人世。臨終之時，他安排身後政治布局，由霍光等人輔佐年僅八歲的新皇帝劉弗陵。

皇后的親戚，稱為「外戚」；衛青與霍去病，全是外戚出身。霍光則是漢朝頭一個外戚出身的權臣。霍光輔佐昭帝劉弗陵，昭帝駕崩時年僅二十歲，沒有子嗣，霍光先是迎立武帝的孫子昌邑王劉賀，但是在劉賀登基二十七天後又將他廢黜，改立宣帝劉病已。霍光的權勢，在此時到達頂點。

漢宣帝在位二十五年，駕崩後傳位給太子劉奭，也就是漢元帝。漢朝原本強盛的國勢，從此時開始衰弱。元帝的皇后是王政君（前七十一至十三），在中國歷史上，她擔任皇后（以及後來的太后、太皇太后）的時間長達六十一年，只短於清世祖順治皇帝的孝惠章皇后博爾濟吉特氏（居后位六十四年）而屈居第二。因為她的關係，許多王家子弟進入朝廷任職，其中有一個侄子，擔任黃門郎（皇帝身邊近侍），他博學謙恭，清廉節儉，名聲頗佳。他的名字，叫做王莽。

王莽（前四十五至二十三），字巨君，是王皇后最年幼的弟弟王曼之子，王曼早死，王莽對擔任大司馬（軍政最高長官）的伯父王鳳十分孝順，王鳳囑咐妹妹王太后要多提拔這位王家後進。王莽就此一路加官晉爵，到了成帝綏和

▲ 王莽像

元年（前八）時，接任大司馬。此後十多年，王莽累積名望，大權逐步在握；看到皇帝一代比一代孱弱，他生出了「取而代之」的意圖。

漢平帝在位年間（前一至五），王莽命人到處製造各種祥瑞，聲稱這是天命即將有所更動的跡象。元始五年（西元五年），年僅十四歲的漢平帝不明不白的駕崩了，王莽從漢朝宗室裡挑選一名年僅兩歲的幼兒劉嬰繼位，但是因為年紀太小，所以由王莽代理皇帝職務，權且攝政，三年之後，他將稱號改為「假皇帝」。隔年，假皇帝就逼迫真皇帝讓位，王莽弄假成真，稱帝登基，建立新王朝，年號是「始建國」，國號就是「新」。

復古改制亂天下

王莽建立的「新」政權，不到十五年就宣告瓦解。平心而論，王莽雖是中國歷史上第一個篡位的外戚，但他也是一個學者性格濃厚的政治人物，有心想扭轉漢朝末期種種經濟、社會亂象；他推動的改革，也代表秦以來仁人志士推動社會改革的長期思潮。既然如此，為何好端端的「新」政權，改革到短命而亡呢？

答案在於王莽的改革，沒有能切合當時的亂象，雖然改革觸及的層面相當多，卻都成為擾民的亂政。漢朝從宣帝以後，農村社會的土地兼併情形很嚴重，許多自耕農淪為大地主的佃農，或是成為奴僕。王莽抱持著復古的政治理想，企圖將整個國家帶回西周初年的純樸時代。他將所有土地收歸國有，更改官名，全部恢復《周禮》當中的名稱；鹽、酒、鐵、幣制，全部改為國家專賣。這些改制雖然乍看之下切合弊病，實際上因為執行者都是些圖利自己、壟斷資財的大商人，完全失去當初的設計本意。於是，政策實施之後，農村社會不但沒有受惠，反而更加困擾；朝廷見到效果不如預期，再三猶豫反覆，改來改去，更使得基層百姓無所適從。

從天鳳四年（十七）開始，朝廷的亂政，加上蝗災和饑荒，使原來的農村秩序被破壞無遺，逼得各地農民起來造反。一時之間，有如星火燎原，後來逐漸形成兩股大勢力：赤眉與綠林軍。綠林的勢力尤其浩大，幾乎各地都有他們活動的身影，「綠林好漢」後來成為黑社會盜匪的代名詞。地皇四年（二三），綠林軍攻陷長安，王莽在亂軍中被殺，新朝滅亡。

綠林與赤眉兩大集團主力，都是餓壞了的農民；他們雖然也擁立漢朝的宗室作為象徵性領袖，卻提不出什麼遠大的政治綱領。在綠林軍的鬆散政治聯盟底下，存在著一支特殊的軍團，領袖是漢朝宗室的偏遠旁支劉秀。這支軍團的軍紀比較好，與動亂時期普遍兵匪不分、動不動就燒殺擄掠的風氣相比，顯得很特別，更重要的是，劉秀提出「恢

▲ 將眉毛染為紅色的赤眉軍

復漢朝舊制度」（漢官威儀）的政治號召，讓百姓懷念從前漢朝的深恩厚澤。劉秀率軍團主力脫離軍閥混戰的河南地區，渡過黃河，在河北之地獲得民眾支持，逐步壯大實力。

更始三年（二五）六月二十二日，劉秀登基稱帝，改元建武，是為漢光武帝；他建立的新政權，國號仍然是漢。由於這個新的漢政權以洛陽為首都，為了和之前以長安為首都的漢朝作區分，史家將劉秀建立的漢朝稱作東漢。

外戚宦官交相亂

東漢建武十二年（三六）十一月，漢軍攻克四川成都，掃平最後一個割據的軍閥公孫述，完成全國統一。劉秀和跟隨他一起打天下的開國功臣，超過一半都是讀書人，因此在天下底定以後，朝廷減輕農村稅賦，提倡儒術，重視孝行，甚至還作為任官出仕的評鑑標準。

光武帝在位三十三年駕崩，之後的明帝劉莊、章帝劉炟繼續這樣的政治風格，父子二代執政達三十一年，史稱「明章之治」。源起自印度的佛教，也在這個時候傳入中土。明帝永平十一年（六八），洛陽白馬寺落成，這是中原的第一所佛寺。

不過，東漢的政治在章帝之後，就進入漫長的「外戚、宦官」鬥爭公式裡。漢章帝以三十一歲的英年駕崩，太子劉肇即位時年紀不到十歲，由嫡母（正宮皇后）竇太后執政。竇太后任

蔡倫與造紙術的故事

與和帝密謀除去外戚大將軍竇憲的宦官裡，蔡倫就是其中之一。蔡倫（六三至一二一）是桂陽郡耒陽（今湖南省耒陽市）人，在漢明帝晚年就入宮擔任宦官。蔡倫做事認真，又勤於讀書，所以到了和帝繼位時，他已經從低階的黃門，升為中常侍，得以參與皇帝的機密決策。蔡倫後來轉任尚方令，監督皇家用品的製作。當時的書籍仍然以竹簡製作，相當笨重，而雖然可改用質地輕柔的布帛，但是成本太高，一般機構與民間難以負擔。蔡倫在這個時候，開始研發創新技術。他將破布、樹皮、漁網等價格低廉之物混揉在一起，製造出低成本的紙張。元興元年（一〇五），他將這項成就上奏和帝，得到皇帝嘉許。安帝元初元年（一一四），蔡倫因為這項貢獻，受封龍亭侯，他所發明的紙張，因此被稱為「蔡侯紙」。

皇帝	皇后	外戚	宦官
和帝	竇太后	竇憲 竇太后兄	永和四年，和帝與宦官鄭眾合謀誅殺竇憲。
殤帝	鄧太后	鄧騭 鄧太后兄	建光元年鄧太后死，宦官李潤、江京逼鄧家所有人自盡。
安帝	閻皇后	閻顯 閻皇后兄	安帝駕崩後，閻顯矯詔立劉懿，是為少帝；一年後，宦官孫程等十九人誅殺閻顯，改立順帝。
順帝	梁皇后	梁商 梁皇后父 梁冀 梁皇后兄	梁冀弒殺質帝。延熹二年，桓帝與宦官唐衡、單超、徐璜、具瑗、左琯等五人合謀，誅殺梁冀。
桓帝	竇皇后	竇武 竇皇后父	宦官曹節、王甫殺死竇武。
靈帝	何皇后	何進 何皇后兄	宦官張讓、段珪殺死何進。

▲ 東漢外戚宦官關係表

用她的兄長竇憲為大司馬大將軍，執掌朝廷軍政大事，位階還在丞相之上，這就重開了外戚專政的老路。和帝慢慢長大，竇憲卻不願意歸政皇帝，外廷大臣，都是竇大將軍任用之人，無法信任，皇帝只能和身邊最親近的宦者商量大計。

從東漢開始，內廷侍候皇帝、負責文書工作的人員，已經清一色由被閹割的男性出任，稱為宦官。他們參與皇帝的密謀，除掉外戚；章帝以後，東漢歷代皇帝享壽都不長，等到年幼的新君即位，太后或是皇后又引進自家勢力，新一輪權力鬥爭再度展開。

在東漢掌權的外戚之中，以在質帝、順帝時執政的大將軍梁冀最為囂張跋扈，甚至膽敢毒死皇帝。不過，在梁冀被五位大宦官誅殺之後，權勢開始往宦官這邊偏移。殺死梁冀的五名大宦官，後來全部封侯，成了可以一手遮天的巨頭，各有渾號，例如徐璜號稱「徐臥虎」、左琯號稱「左回天」、具瑗是「具獨坐」、唐衡則是「唐兩墮」。靈帝時，又出現十名大宦官，把持朝政，打壓異己，稱為「十常侍」。這十名大宦官，又以張讓、趙忠為首領；靈帝劉宏曾經說過下面這句令人匪夷所思的話：「張常侍是我爸，趙常侍是我媽。」十常侍的親戚在全國各地都封侯，貪汙收賄，成為地方大患。

東漢從開國以來就注重學術，提倡氣節，所以造就了讀書人（士人）評論時政的風氣，這種風氣形成輿論，稱為「清議」，尤其以洛陽的太學（國立學術研究院）為大本營。「清議」抨擊的目標，先是外戚，後來則是宦官。對待清議，外戚還稍有些忌憚，宦官可就心狠手辣，不顧身段，於是引發嚴厲殘酷的政治迫害，史稱「黨錮之禍」。

士人遭到宦官的大力打擊，轉而和外戚、大將軍何進合作，外戚又引進原來駐守西涼的邊防軍團入京鎮壓，殺盡宦官，結果是引狼入室：邊軍將領董卓雖然除去宦官，卻把持朝政。東漢末期

▲ 曹操像

的中央政治，就在宦官、外戚同歸於盡的情形下，淪為軍閥把持的局面。

曹操底定半邊天

漢安帝時，當時執政的鄧太后下詔，選用幾名性情溫順、做事謹慎的小黃門擔任皇太子劉保的侍從。太子後來即位，就是順帝，特別寵愛其中一位侍從，一路升他的官，作到中常侍、封費亭侯。這位大宦官名叫曹騰，是沛國譙縣（今安徽省亳州市）人，據說他雖然權勢通天，卻不曾犯大過，也沒有傷害過人。他無法生育，有一養子曹嵩（本姓夏侯），曹嵩向朝廷捐了一億錢，買到太尉的虛銜；他的兒子，就是收拾東漢晚期軍閥割據局面的曹操。由於曹家子孫後來創立王朝，追尊先祖，曹騰就成為中國歷史上惟一一位宦官出身的（追封）皇帝。

曹操的出身不好（宦官養子之子），身材不高，年輕時行為也不檢點，但是允文允武，機警而懂變通，懂搏擊也會寫詩，胸中自有想法與抱負。在北宋《三國平話》等民間說書故事將曹操形象轉為「奸雄」以前，「英雄」是曹操專用的形容詞。他因為父祖庇蔭，很年輕就擔任都騎尉（首都警察局局長）之職，親眼見到中央的政治，淪為外戚與宦官相互殘殺的戰場，接著又是董卓壟斷朝政，任意廢立皇帝，他知道朝廷已經無可救藥，於是回到家鄉，變賣家產，吸引資助，招募武裝民兵，想要以自己的力量平定天下。

朝廷在遭受董卓把持的同時，華北又有黃巾軍起事，動盪將近二十年。靈帝晚年，民間新興宗教領袖張角等人以「蒼天已死，黃天當立」為口號，吸引數十萬生活無著落的農民起來造反，他們頭綁黃巾，因此稱為「黃巾之亂」。漢獻帝初平三年（一九二），人數超過百萬的黃巾徒眾攜家帶眷，從山東往西流竄，曹操帶兵在兗州（山東省西部）一帶以寡擊眾，收降了這批黃巾大集團，他淘汰老弱，保留當中的精兵三十萬，又在兗州實施屯田，確保軍糧生產，奠定了他日後稱霸華北的基礎。興平二年（一九五），關中各軍閥混戰，漢獻帝劉協與隨扈的大臣先逃出長安，又來到同樣殘破不堪的洛陽。隔年，曹操聽從麾下謀士荀彧的建議，主動前往奉戴天子；之後，又以洛陽凋敝為理由，將朝廷遷往他的根據地許都（今許昌），開始「挾天子以令諸侯」的局面。

此時曹操的最大敵人，是雄踞黃河以北的袁紹。為了平定黃巾之亂，朝廷允許各州郡的長官截留財稅，指揮軍隊，這就成為地方諸侯割據的開始。各地諸侯裡，以大將軍袁紹的力量最強大。比起曹操，他的出身相當高貴，父祖四代相繼出任三公高官，黃河以北地區，直到遼東半島，都是他的勢力範圍。建安五年（二〇〇），袁紹動員十萬步兵，一萬騎兵，與兩萬曹軍在官渡（今河南省中牟東北）決戰。兩軍激烈攻防，僵持三個多月；曹操以少打多，情勢一度非常危急，後來出奇兵偷襲袁軍儲糧重地，好不容易反敗為勝。官渡之戰確立曹操統一華北的格局，到了建安十二年（二〇七），曹操在北方的西征北伐都已結束，袁氏殘餘力量被消滅殆盡，長江以北的江山，都在他的掌握之中。

赤壁鏖戰少勝多

建安十三年秋，統治荊州（今河南省南部、湖北、湖南省）的州牧（最高軍政長官）劉表去世，曹操趁著荊州內部權力交替不穩時，大軍壓境，不戰而逼降荊州。接著，曹操的精銳騎兵在當陽（湖北當陽）擊潰不願投降、向南撤退的劉備軍民。在收編了原來荊州的水師之後，曹操帶領二十五萬軍隊，水陸兩途，沿長江順流而下，以追擊劉備為名，兵鋒指向割據江東的軍閥孫權。曹操要是在此戰獲勝，或許能夠掃清長江流域的反抗勢力，許昌的朝廷，威信就可以到達長江以南。

劉備（一六一至二二三），幽州涿郡（今河北保定涿州市）人，同樣是在黃巾之亂時組織義勇軍平亂而崛起。他自稱是漢朝宗室後代，但其實早已經流落民間，以販賣草蓆為生。劉備用兵，勝少敗多；當陽之敗，是這位年過四十八歲的軍團首領最狼狽的一刻：就像祖先劉邦，他被曹操打得丟盔棄甲，與妻小將領全都失散，單獨一人落荒而逃。但是，也和劉邦一樣，劉備在失敗之中並不放棄奮鬥，他派出「三顧茅廬」才敦請到的首席參謀諸葛亮出使江東，與孫權結成同盟，孫權以年輕的周瑜為主將，帶領三萬水師，加上兩萬劉備殘軍，逆江而上，在赤壁（今湖北赤壁市）迎戰曹操。周瑜熟悉水文，通曉氣候，他把握十一月長江水面上吹起短暫東南風的時機，命令部將黃蓋詐降，對西北面的曹軍艦隊發起猛烈的火攻。一時之間，烈焰照亮夜空，曹軍人馬死傷非常慘重；此時曹操見敗局已定，便燒船阻敵，退回江陵。這就是周瑜、劉備以少勝多的關鍵「赤壁之戰」。

赤壁戰後，曹操專心經營北方；孫權西爭江陵，東奪合肥，卻都無功而返；只有劉備，先行征服南荊州，又進入益州（四川），再從蜀地北上，從曹操手裡奪占漢中（陝西南部），儼然成了最大贏家。建安二十四年（二一九），劉備進位漢中王，駐防荊州的首席將領關羽北上攻擊樊城，以水淹擊潰曹操派來的援軍，先遣隊已經接近許都，曹操甚至一度想要遷都避戰。不過，就在此時，孫權偷襲關羽後方，攻占荊州。關羽前方攻不下樊城，後方基地已經丟失，在曹、孫兩大勢力夾擊下敗亡。孫權取得荊州，加上原來的揚州、交州，曹操則有北方之地，劉備只剩下益州和漢中。曹、孫、劉三大集團的政治版圖，就此確定。

擊退關羽的隔年，魏王曹操去世；年底，世子曹丕逼迫漢獻帝讓位，建立國號為魏的新王朝。劉備集團認為漢獻帝已經遇害，為了延續漢朝正統，也登基稱帝，國號仍然是漢，一般稱為「蜀漢」。劉備即位以後，於蜀漢章武元年（二二一）帶領蜀地精銳部隊東征，想要收復荊州，初期氣勢如虹，但是在猇亭（今湖北宜昌市東）被孫權軍打敗。劉備帶領殘兵退回白帝城，隔年（二二三）去世，遺命以太子劉禪繼位，丞相諸葛亮執政。

這一年，是曹魏黃初四年，蜀漢章武二年，東吳黃武二年。三國時代到此正式開始，不過三國的開創者，除了孫權之外，已經先後離世。

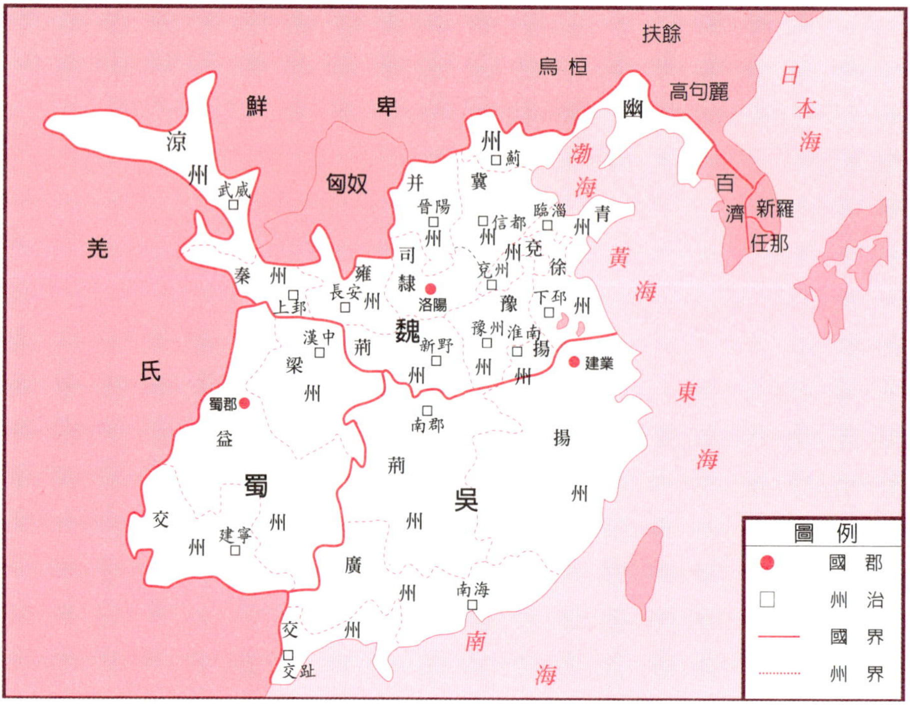

三國疆域圖▲

九品官人靠家世

赤壁之戰當然是決定「天下三分」的關鍵戰役，但是統一局面之所以一去不復返，背後有著思想與政治文化方面的深層因素。在政治文化上，統一政府所需的效忠朝廷觀念，已經沒有存在的實際必要。地方豪族不遵朝廷法令，任意兼併田地，在盜匪猖獗、黃巾作亂的時候，他們私自募集武力，推戴首領；地方軍政長官也擴充幕府，私聘幕僚，儼然是獨立政府。這些豪族幕僚，效忠的不是天子朝廷，而是他們的「主公」；最有名的例子，就是劉備集團的首席將領關羽。建安五年（二〇〇），劉備在徐州與曹操作戰，一再失利，關羽被俘；曹操欣賞關羽的武勇，以朝廷名義不斷封賞，但是關羽最終仍然選擇脫離朝廷，投奔落魄途窮的劉備。關羽的抉擇反映出當時許多人的價值取向：朝廷（中央）的封賞，比不上主公（地方割據）的恩連義結。

在學術思想上，世家對經典學問的壟斷，也促成了東漢晚年士人家世觀念強盛、國家觀念淡薄的趨勢。東漢開國以後，提倡學習儒家經典，對經典的理解、掌握與實踐，甚至成為出仕任官的評鑑標準。在東漢王朝正式結束的前一年，也就是延康元年（二二〇），尚書陳群向朝廷的實際統治者、魏王曹丕提出一項選拔官員的新制度：在各州郡挑選賢能有眼光的官員出任「中正」官，

家世	家世背景為最優先的標準
行為表現	是否符合儒家教誨
品級	分為上上、上中、上下、中上、中中、中下、下上、下中、下下九個等級

▲ 九品官人法評定標準

由郡的小中正以家世、行為表現（是否符合儒家教誨）為評定標準，查訪評定地方人才，將人才分為上、中、下三級，每級又各細分上、中、下三等，報回州的大中正，州官回覆朝廷，由吏部擇優任官。這就是此後實施達三百多年的「九品中正制」，又被稱為「九品官人法」。

在實際執行層面上，「九品官人法」並不是對現狀的改革，而是對門第家世的保障與承認。在評定人才等級時，以家世為最優先標準，因此造成「上品無寒門，下品無士族」的情形。從此，士族大家的子弟只要降生在好人家，不必苦讀，也不需努力實踐經典，保證有做高官的機會；沒有背景的人就算削尖了腦袋，十八般武藝全部通曉，註定只有低階官員可做。這就造成了兩種普遍的社會趨勢：第一，為了釐清家世背景，預防寒門偽造身世，族譜（譜牒）的編修非常熱門。其次，大族裡的讀書人既有知識上的壟斷，又有政治上做官的保障，他們的思考活動，就從儒家的人間秩序，移轉到道家的「自然無為」學說，注重人性和宇宙關係的形而上探索，這就是「玄學」的由來。

▲ 竹林七賢

玄學清談重解放

魏文帝曹丕繼承父親曹操的基業，篡漢即位，創立魏王朝；他在位六年而崩，之後曹魏的政治大權，逐漸落入司馬懿的手裡。司馬懿（一七九至二五一），字仲達，原來是曹操的年輕幕僚，後來成為曹丕的經學老師。曹丕駕崩之後，司馬懿逐漸表現出軍事才能，率兵打退蜀漢丞相諸葛亮的兩次北伐。正始十年（二四九），他趁皇帝曹芳年幼，偽造太后詔書發動兵變，殺死執政的曹魏宗室大將軍曹爽，史稱「正始之變」。從此以後，曹魏的軍政大權，就落入司馬家族的掌握。司馬懿死於兵變後的兩年，他的兩個兒子司馬師與司馬昭相繼出任相國，司馬昭學曹操的老路，逼迫朝廷封他為晉王。司馬昭學曹操，他的兒子司馬炎模仿的當然就是曹丕，日後篡位登基，創立晉朝。

但是，從曹操到司馬炎一路下來，這些政治權謀動作，除了野心、陰謀和算計之外，根本拿不出任何坦白響亮的動機與理由，能向天下交代。朝堂之上，明明上演的就是權謀詭詐，赤裸裸的索討權力，步步進逼，政府卻還拿儒家的德行做為評選官員的標準；曹魏政權與司馬氏父子明明不忠不孝，竟然還敢標榜自己是「以孝治天下」！在一些良心尚存的世家子弟眼裡，這些人滿嘴仁義道德、祖宗禮法，其實篡竊謀逆，面目可憎，只有「虛偽」兩字可以形容。

但是，在九品官人法與士族政治的框架底下，他們並沒有不做官、退出政權的自由。於是，在魏晉時期就出現了一批不務正業、成天清談玄學的人物，稱為「名士」。其中有七位代表人物，他們被當時的人叫做「竹林七賢」。

竹林七賢都有官職在身，但是他們不上班，成天在竹林裡飲酒高歌。他們的行為看來荒誕不經，比如七賢當中的劉伶，經常在酒醉後脫光衣服裸奔，有人嘲笑他時，劉伶說：「天地是我的居所，屋宇是我的衣褲，各位跑進我的內衣內褲裡來做什麼？」又譬如擔任步兵校尉（禁衛軍指揮官）的阮籍，根本不進辦公室處理公務，成天喝得醉醺醺，駕著馬車漫無目的狂奔，直到眼前再也無路，就嚎啕痛哭折返。他們的癲狂作為，實際上是對魏晉虛偽政治文化的不合作抵制，以及對於禮法名教的反抗；但是這樣的「清談」繼續發展下去，到了晉朝年間，就演變成精神上無意義的浮誇與虛耗。

八王之亂引外患

三國政權裡，蜀漢享國最短，東吳國祚最長。在司馬氏父子主持下的曹魏政權，開始準備攻擊蜀漢的計畫。魏景元四年（二六三年，蜀漢景耀六年），魏軍攻入成都，蜀漢後主劉禪出降。三年後，晉王司馬炎模仿曹丕故事，逼迫魏帝曹奐「禪讓」，登基為帝。他以王號「晉」做為國號，改年號為泰始，是為晉武帝。十四年後（二八〇），晉軍兵分多路，大舉南下進攻東吳。當時東吳由孫皓（孫權之孫）在位，他施政暴虐，喪失民心支持。晉軍逼近京城建業（今南京）時，孫皓覺得大勢已去，和劉禪一樣出城投降。三國時代結束，晉朝統一天下。

但是，晉這個統一王朝，只是大分裂時期來臨前夕的迴光返照。新建立的晉朝是一個門閥世家聯合政權，司馬氏雖然位居皇室，其實只是領銜首位的第一世家。而司馬家之所以排行第一，並不是靠野戰功勳，也沒有學術上的驚人成就，純粹是欺負曹魏皇帝年幼，宗室零落，單靠陰謀詭計而已！司馬炎這位開國之君，站在祖父、伯父、父親的肩膀上，輕鬆的接掌江山，他有鑒於曹魏皇室孤立的教訓，決定在全國分封司馬諸王。接著，朝廷又以天下安定，不需要那麼多軍隊，節省軍費開支等理由，裁減各州郡的駐軍。

王號	姓名
汝南王	司馬亮
楚王	司馬瑋
趙王	司馬倫
齊王	司馬冏
河間王	司馬顒
成都王	司馬穎
長沙王	司馬乂
東海王	司馬越

▲八王之亂諸王

這些政策不能說不對，但是晉武帝在最關鍵的問題上卻犯下了大錯：他挑錯繼承人，使得晉朝開國後沒多久就爆發內戰，走向瓦解的局面。繼位的晉惠帝司馬衷曾經說過一句流傳後世的名言。當時，大臣向他報告，老百姓已經沒有食物可吃了，他反問：「為什麼不吃肉粥呢（何不食肉糜）？」在今天，許多人往往認為，惟有一個什麼都不懂的智能不足者，才能講出這番話，甚至拿惠帝與他的這句話來比喻、諷刺當代政治人物。但很少人能夠知道，這番話的背後，隱藏著晉惠帝的無限心酸。司馬衷確實沒有任何政治才能，同樣也沒有政治野心，但是在他的身邊，包括自己的妻子，卻全都是政治野心家，眼睛全盯著司馬炎交到他手上的權位。他就像個手持珠寶，行走在匪窩裡的孩子，毫無保護自己的能力。那句「何不食肉糜？」不是一句在舒適安逸的深宮裡，不知民間疾苦的蠢話，而是在刀山劍堆、身邊隨時有耳目監視的情形裡，不得不扮癡裝傻來保全性命的悲哀。

在太熙元年（二九〇）五月，武帝駕崩之後，惠帝司馬衷就成為被各方勢力爭搶的目標。權力鬥爭從宮廷開始。起初是外戚與皇后，後來惠帝的叔公、叔伯、姪子紛紛加入，各自擁兵混戰，足足打了十六年。參加內戰的諸王主要有八位，因此史稱「八王之亂」。在八王混戰期間，惠帝形同傀儡被來回擺布；諸王則在爭奪皇位與朝廷控制權的過程裡，打光了晉朝的常備軍力，只好引進北方的遊牧民族入關助拳。光熙元年（三〇六），飽受折磨的惠帝終於駕崩，掌控朝廷的東海王司馬越擁立「皇太弟」司馬熾即位，改元永嘉。這個時候，匈奴貴族劉淵（二五一至三一〇）已經趁朝廷內鬥，在并州（今山西忻州市北）建立政權，他自認繼承了漢朝正統，所以取國號為「漢」（後來改為趙），準備大舉南侵，消滅司馬氏政權；西晉的滅亡，正在倒數計時。

王與司馬共天下

永嘉五年（三一一）六月，劉淵之子劉聰率領的前趙軍隊攻破洛陽，晉懷帝司馬熾等君臣被俘，太子司馬詮被殺，劉聰令司馬熾充當倒酒的僕役，過了兩年，將他殺害，史稱「永嘉之禍」；之後，晉朝大臣雖然在長安擁立司馬熾的侄子司馬鄴為皇帝（晉愍帝），但是晉已經沒有可作戰之兵，長安也沒有糧食了。在糧食斷絕的情況下，司馬鄴於建興四年（三一六）冬向前趙投降，晉朝滅亡。

朝廷瓦解、皇帝被殺的噩耗傳到江南，鎮守揚州的瑯琊王司馬睿（司馬懿之孫）在重臣王導的支持下，在建康即位，重建晉王朝政權。這個新的晉朝以建康為國都，為了與之前定都洛陽的晉朝區分，所以被史家稱為「東晉」。司馬睿之所以能當上皇帝、重建晉朝，全靠王導一人支撐。王導（二七六至三三九），山東臨沂人，是當時中原大族王家子弟。八王之亂時，王導看出中原動盪，於是輔佐晉朝的親王司馬睿南下經營江南。司馬睿很尊重王導，稱他是「我的蕭何」（卿，吾之蕭何也）。

這個由王導建立的新政權，仍然是

北方南下豪門	王		謝	
著名人物	王導、王敦、王羲之		謝安、謝玄、謝道韞	
南方原有世家	朱	張	顧	陸

▲ 北方南下之豪門與南方原有世家

一個以門閥聯合政權，只不過，這個政府是外來政權，需要南方士族的支持。晉朝在北方瓦解，司馬家第一門閥的地位不再；司馬睿初來乍到，在南方根本沒有威望。於是王導出面，整合北方逃難南下的豪門大族王、謝等家，以及江南原有的世家領袖朱、張、顧、陸等大姓，組成聯合執政團，由王導領銜，司馬睿和之後的皇帝，只不過是名義上的元首而已。因此當時的人都說「王與（司）馬，共天下」。

衣冠南渡與土斷

「永嘉之禍」後東晉建立，產生兩項重要的時代趨勢。首先，因為北方戰亂不安，大批中原士族往南方遷徙。他們被稱為「僑姓」（外省家族），帶來中原的精緻文化和語言、生活方式，史稱「衣冠南渡」；例如此時的福建，就有「八姓入閩」之說，也就是八個北方家族遷入閩中之地生活。

這些外省大族，南遷初期企圖要保有原先在華北時的政治地位，於是按照原來的籍貫，在南方設立北方的州郡，稱為「僑郡」，得以繼續出任該州郡的官職。譬如兗州本來位於今天的山東南部，東晉在廣陵（今揚州市附近）也設立一個兗州流亡政府，稱南兗州。

這些流亡州郡政府，並沒有實際領土；僑姓的戶籍，明明在江南出生，卻報華北戶口，日子久了，也發生錯亂。因此，到了晉成帝年間，朝廷開始實施強制「本土化」，以出生地為戶籍，稱為「土斷」。

「衣冠南渡」造就了第二項趨勢，也就是長江流域經濟力量的大幅成長，進而改變了中國歷史發展的軸線。從西周到西漢建立的這一千餘年時間裡，政治、經濟等方面的發展方向，一直是由西向東，例如周武王滅商、秦滅六國，都是以函谷關以西作為基地，由西向東打；到了東漢年間，南方逐漸獲得開發，歷史發展軸線改而朝南北發展。前面提過的赤壁之戰，就是北方（曹操）與南方（孫權、劉備）力量的對抗。

東晉太元八年（三八三），北方的前秦政權發八十萬大軍南下，預備消滅東晉，統一天下。當時東晉由士族領袖謝安（三二〇至三八五）執政，他臨危不亂，以八萬精兵對抗。雙方在淝水決戰，晉軍趁北方軍隊系統龐雜，立足不穩，發動突擊，竟然成功使前秦大軍自亂陣腳而崩潰。這場以少勝多的「淝水之戰」，使得南北政治分立的格局繼續延續，直到兩百年後，北方出現一股新的力量，南北統一的局面才再度出現。這是股什麼樣的力量？又如何在北方出現？這就是下一章故事要交待的重點所在。

第二篇

中世王朝分合與社會重組

由北周到隋，建立起以自耕農為基礎的國家秩序。隋朝雖然享國很短暫，卻定下許多重要制度，影響所及，遠到唐、宋。

晚唐以後，門閥的勢力不再，取而代之的是地方軍閥。到了北宋，以擴大科舉來造成社會流動，出身貧寒的讀書人，只要金榜題名，不需家世背景，也能出人頭地。但是這些人的身分地位，都是國家賜與，很難世襲，這就造就了「英雄不怕出身低」的庶民社會。

這些明顯而關鍵的改變，都在唐朝中後期到宋朝建國之間的兩百餘年內發生，所以這段時間又被學者稱之為「唐宋變革期」。

胡漢之間相互同化：南北朝與隋的短暫統一

如果從西晉滅東吳算起，政治上的統一局面只維持了短短三十七年。東晉南渡之後，黃河流域成為北方遊牧民族的政治競技場。從東晉元熙二年（四二〇），權臣劉裕接受晉帝禪讓，建立宋開始算起，到隋文帝開皇九年（五八九），隋軍消滅江南的陳朝政權、一統南北為結束，這一段長達一百六十九年的時期，中國歷史進入在政治上南北對立、在文化上胡人與漢族相互同化交流的階段，史稱「南北朝」。如果從北朝的魏建立時（三八六）開始算起，南北對立分治的階段更長達兩個世紀。

北朝從拓跋珪建立魏國開始，到了永熙三年（五三四），分裂為東、西兩個政權，以長安、鄴城為國都，都標榜自己才是魏王朝的正統，史稱東魏、西魏。這兩個政權沒能維持太久，分別被掌握朝政的實權人物所篡，東魏禪讓給齊（又稱北齊），西魏禪讓給周（又稱北周）。北周又被權臣楊堅所篡，建立起統一天下的隋王朝。由北周到隋，建立起以自耕農為基礎的國家秩序。隋朝雖然享國很短暫，卻定下許多重要制度，影響所及，遠到唐、宋。

南朝則從宋（又稱南朝宋）開始，歷經齊、梁、陳等朝，都以建康（今南京市）為國都，維持著世家大族的身分階級社會。我們這一章的故事，就從開創南朝的劉裕（三六三至四二二）開始說起。

劉裕篡晉開南朝

劉裕是彭城人，據說是漢高祖劉邦弟弟、楚王劉交的後裔。他從小家貧，從軍以後努力作戰，立下累累功勳，不但帶兵平定多次反對東晉的叛亂，還曾經北伐攻入關中地區，收復大片失土。就在他的官位一階階提高，成為「一人之下，萬人之上」的「宋公、相國、總

▲南朝宋開國皇帝宋武帝劉裕

百揆（最高行政首長）、督二十二州軍事」時，卻發現由於自己的寒素出身，遭受世家大族的掣肘，自己的政治藍圖，仍舊無法徹底推行。

由於世族的勢力龐大，劉裕只有讓自己成為皇帝，才能與之抗衡。於是他積極布置篡晉，排除了各個政治上的阻礙以後，在恭帝元熙二年受禪讓，定國號為宋，就此開始了南朝的第一個朝代，為了和五百年後趙匡胤建立的宋區別，又稱為南朝宋或劉宋。

從此之後，南朝的政權交替，大致就按照著劉宋立國的模式進行：開國皇帝多半是立有戰功的武將，總攬朝政之後就逼迫傀儡皇帝禪讓，建立新王朝。由於新皇帝出身寒門，又是文化程度不高的武將，得不到世家大族的真心支持，因此只能進用沒有家世的寒士。

或許是鞍馬勞苦，開國皇帝登基之後沒多久就駕崩（宋的劉裕在位只有短短兩年，齊的蕭道成三年，陳的陳霸先兩年），他們所提倡的節儉與勤政風格，因此都沒能傳承下去。繼位的君主既沒有經過父祖輩那種艱辛奮鬥的歷程，又欠缺世家大族的家教門風，於是一個個都成為史學家錢穆筆下的「胡鬧」皇帝。

例如宋前廢帝劉子業，不但封身體肥胖的叔叔劉彧為「豬王」，還命他像豬一樣，在豬槽裡吃喝拉撒；劉子業的母后病重，臨死前希望見兒子最後一面，他竟說「房間裡有很多鬼」，拒絕前往。南齊皇帝「東昏侯」蕭寶卷，任意殺害大臣，御駕每次出遊，喜歡沒路找路，定要拆毀民屋。像這樣的皇帝，自然引起臣下的不滿，從而引發武裝叛亂。平息叛亂的實權人物，通常也就是下一個政權的開國之君。

齊永元二年（五〇〇），蕭寶卷又將剛剛為朝廷平定亂事的尚書令蕭懿殺害，蕭懿的弟弟蕭衍於是起兵，推翻蕭寶卷，後來蕭衍自立為皇帝，也就是南

朝代	起訖年代	享國	開國者	繼位君主
宋	420-479	59 年	劉裕	劉義符、劉義隆、劉劭、劉駿、劉子業、劉彧、劉昱、劉準
齊	479-502	23 年	蕭道成	蕭賾、蕭昭業、蕭昭文、蕭鸞、蕭寶卷、蕭寶融
梁	502-557	55 年	蕭衍	蕭正德、蕭綱、蕭棟、蕭方智、蕭莊 *
陳	557-589	32 年	陳霸先	陳蒨、陳伯宗、陳頊、陳叔寶

▲ 南朝政權接續表

* 梁滅亡後，西魏在北荊州扶植梁宗室蕭詧稱帝，國都江陵，夾處在北齊、北周與南陳之間，史稱西梁，又維持了三十二年。

朝梁的開國之君梁武帝。

皇帝一心想出家

在南朝的開國皇帝裡，蕭衍是一個例外，他不但在位時間長達四十八年，而且出身名門蘭陵蕭氏，家世高貴，本人學問好，修訂了多種經典史籍，既能提筆為文，還懂領兵打仗。還沒有起兵建立新政權以前，蕭衍就已經是當時南朝的文化、政治領袖人物。

他登基之後，勤政好學，提倡文化，由於出身世族的關係，又能取得名門家族的支持，可以順利推行政治改革，淘汰不適任的世族官員。這段時期，梁武帝的年號是「天監」，有些史家稱之為「天監之治」。

但是，梁武帝蕭衍卻還有另外一個不光彩的例外：他是惟一一位以開國之君遭遇亡國之難的南朝皇帝。這一切要從梁武帝普通元年（五二〇）說起。從這一年開始，原來想調和儒、釋、道三儒、釋、道三教的蕭衍，逐漸偏向專一信奉佛教。梁武帝提倡佛教是身體力行，他精研佛經、禮遇僧人，廣建佛寺，真心以為自己是身兼人主和法王於一身的「皇帝菩薩」。今天在台灣街頭時常可以見到舉行「梁皇寶懺法會」的海報，「梁皇」所指就是蕭衍。

皇帝先後三次，偷偷脫下龍袍，換上袈裟，跑到佛寺裡登壇說法，「捨身出家」；幾日或一個月後，再由群臣捐上億錢給佛寺，將皇上「贖回」還俗。梁武帝這些舉動，背後自然有「以佛教治國」、政教一體的用意；但皇帝崇佛，極盡鋪張之能事，三次捨身，已經形同鬧劇，而且製造出一種法紀鬆弛、政風敗壞的姑息風氣。最後，終於引來東魏降將侯景發動武裝叛亂，肇成大禍。

南朝梁太清二年（五四八）八月，侯景引兵八千人渡過長江，攻擊京城建康。隔年三月，守軍糧食吃盡，只能開城投降。八十五歲高齡的梁武帝被叛軍囚禁在台城（今南京玄武湖南），生病不得醫治，鬱悶而逝。

侯景先前投梁時，向蕭衍請求娶江南大族王、謝家的女子為妻，但是遭到拒絕；他懷恨在心，攻破建康後大肆屠戮，尤其是王、謝家族。當時建康城倖存人口，只剩下不到三千；方圓百里內沒有人煙，死者的白骨堆積如山，遠看像是一座座丘陵（千里煙絕，人跡罕見，白骨成聚，如丘隴焉）。侯景掀起的動亂，長達三年又八個月，才被陳的開國君主陳霸先等人平定。

侯景是來自北方的羯人，但長期處在魏的統治下，已經鮮卑化。他利用北魏兩權臣高歡、宇文泰之間的矛盾，企圖從中取利，最後又投靠南朝。高歡（四九六至五四七）是鮮卑化的漢人，而他的大敵宇文泰（五〇七至五五六）則是漢化的鮮卑人，這是怎麼回事？北魏又是如何興起、分裂的？

五胡紛建十六國

北魏的興起要從西晉末年，北方遊牧民族進入中原說起；北方民族主要是匈奴、鮮卑、羯、羌、氐五族，又被稱為「五胡」。前一章提過，西晉諸王各自引這些民族為外籍兵團，參加爭權內戰，等到晉王朝的力量自相消耗殆盡，他們就在黃河流域與關中地區建立起各自的大小國家。

北魏的漢族史家崔鴻（四七八至五二五）為其中的十六國寫史，作《十六國春秋》，所以「五胡」就和「十六國」合起並稱了。

這些北方民族建立起的政權，剛建國時都按照各自部族的風俗，毀壞農田，改種牧草，豢養騎兵所需的戰馬；貴族各自圈地，搭起帳篷形成部落。但是時間一長，為了生存與發展的實際需求，這些政權的領導者逐漸認知到恢復農業生產的必要。既然要恢復農業，就必須和占多數的漢人進行合作，招攬漢族菁英參加政府。

胡人剽悍風俗與漢人精緻文化，在這些過程裡開始逐步交流。由氐族人符洪建立的前秦政權，就是一個成功的例子：東晉永和六年（三五〇），符洪在關中地區建立政權，七年之後由符堅繼位，他敦請漢人王猛（三二五至三七五）為核心幕僚，王猛有符堅在背後全力支持，一面壓抑氐人貴族的特權，一面建立法令制度，以漢族自耕農的生產來支持一支精銳的氐族職業軍隊。

靠著這支軍隊，前秦統一了北方；符堅更在壽光三年（三八三）時，親率騎、步兵八十萬人（號稱百萬）攻打東晉，意圖統一天下。但在淝水一戰而敗，霸業難以達成。

符堅戰敗退回關中後，前秦發生內亂，原來接受前秦統治的各民族又起來建國。其中有個叫拓跋珪的鮮卑首領，登國元年（三八六）在根據地平城（今山西大同）建立代國，後來又改國號為魏，拓跋珪就是北魏的開國之君道武帝。從此，這個鮮卑新興政權脫離十六國的範疇，開始北魏一百四十八年的天下。

勢所必然推漢化

北魏建國以後，先後吞併了同樣是少數民族建立的夏、北燕、北涼等勢力，獻文帝皇興三年（四六九）更攻取原屬南朝宋的山東半島，勢力涵蓋整個華北地區。不過，就在北魏版圖擴張的同時，王朝內部也面臨重整的危機。

鮮卑人在進入中原時，本來是文化程度很低的遊牧民族，他們仰賴作戰俘獲的農奴為其提供糧食生產，國家提供農奴耕地與耕牛、耕具，部落貴族分成八部以便監督。朝廷訂立法令，為國家耕種的農奴，在一定時間之後就可取得自耕農的身分。如此一來，從西元四世紀末期到五世紀中葉的六、七十年間，北魏已經逐漸從一個戰鬥遊牧部族政權，蛻變為以自耕農、佃農為生產、賦稅基礎的農業國家。

只是這樣的改變，步調並不一致。當黃河中游，洛陽、兗州一帶的鮮卑貴族已經大幅漢化、崇儒信佛的同時，留守北方邊境抵禦柔然的族人，卻仍維持原有的生活型態。如果以城市來做比喻，粗曠的平城與精緻洛陽之間的差距，就象徵著北魏內部南、北之間的分化。而國家現行的法律制度，卻無法跟上以戶為單位、以農耕為主要生產體制的需要。

為了改善這種南北之間的拉扯效應，也由於農耕賦稅的基礎不可能倒退回游牧型態，北魏皇室在漢族出身的馮太后執掌國政時（四六六至四九〇），決心正式承認這種漢化、農耕化的趨向，也就是將國家的重心，從平城南遷洛陽。

馮太后的孫子孝文帝拓跋宏親政以後，加快了漢化的步伐。太和十八年（四九四），皇帝下詔要編組軍隊南征。可是，當大軍離開平城，來到洛陽後，卻停下來不走了，孝文帝並且宣布遷都於此。接下來，皇帝頒布一系列漢化措施：鮮卑人一律改穿漢服，說漢語，改漢姓。三十歲以下的鮮卑文武官員，如果一年之內還沒辦法說流利漢語者，將遭到貶職處分。

孝文帝自己帶頭示範化胡為漢：他將御姓拓跋改為元，拓跋宏就成了元宏；其他鮮卑各複姓，比如獨孤改姓劉、賀賴改為賀，皇帝還娶了漢人大族的女兒做皇后。

可是，急切漢化的後遺症，是對原有習俗的輕率拋棄，遭致的反彈相當強烈。反對漢化的鮮卑貴族裡，甚至包括孝文帝的太子元恂。雖然孝文帝不惜處死皇太子，來表達推行漢化的強烈決心，不過邊境軍團與洛陽鮮卑貴族之間，產生社會、經濟的鴻溝，引來北邊鎮守軍團（六鎮）軍民的強烈反彈，則不是他所能夠弭平的了。

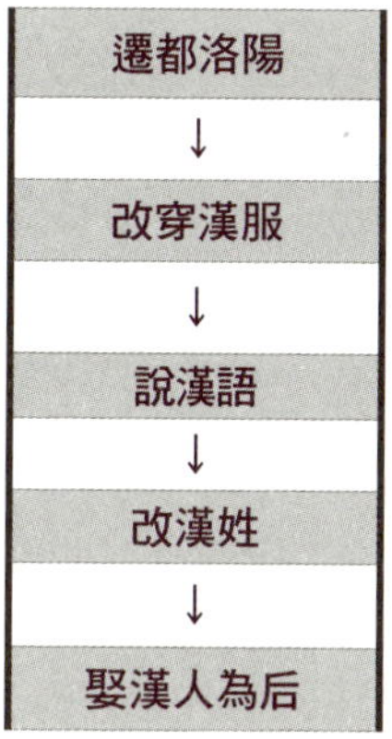

▲北魏孝文帝的漢化步伐

孝文帝於太和二十三年（四九九）四月初一駕崩，他逝世後不到三十年，北方六鎮就爆發叛亂，亂事最後被戍守晉陽的爾朱榮（四九三至五三〇）討平。但爾朱榮隨後權勢膨脹，被北魏朝廷設計殺死，他遺留下來的二十萬大軍由一名胡化的漢人繼承統領，這名將領，就是本章前面我們提過的高歡。

宇文泰扭轉劣勢

高歡是個曹操型的人物：他有曹

操的深沉與智謀，儀表堂堂更是好過曹操，他也準備走曹操「挾天子以令諸侯」的政治路線。在消滅和他作對的爾朱家族餘黨之後，他迎立孝文帝的孫子元修為帝，是為北魏孝武帝。可惜，孝武帝並不想重演漢獻帝的故事。他看出高歡獨攬大權，正一步步架空朝廷，於是祕密連絡關中地區的鮮卑將領，想要牽制高歡。高歡發現了孝武帝的計謀，於是在永熙三年（五三四），皇帝帶著愛妃從前線出逃，投奔關中的雍州刺史宇文泰。高歡只好另立元善見為皇帝（孝靜帝），並遷都到自己的大本營鄴城。現在，北魏出現了兩個皇帝，國家正式分裂成東、西兩魏。

比起高歡扶植的東魏，宇文泰控制下的西魏是樣樣條件都不如，甚至連南朝梁也比不上。

論政治號召力，宇文泰手裡雖然有投奔而來的孝武帝，但孝武帝性格強硬，宇文泰在永熙三年底就將其弒殺，另立元寶炬為帝；從精神文明來說，高歡的東魏繼承了大多孝武帝漢化後的遺產，土地也較廣，而江南的梁則被公認是中華文明的正宗，西魏偏處破敗的關中，什麼都不是；比起人口、軍隊，東魏勝過西魏；東魏控制著經濟發達的洛陽，而西魏手中，只有潼關以西、還沒從戰爭摧殘裡復甦過來的長安。

東西兩魏持續交戰，連南朝梁偶爾也發動北伐湊熱鬧，宇文泰原來統領的鮮卑職業軍團，在大統九年（五四二）的邙山之戰以後，已經損失殆盡。為了趕緊補充兵源，宇文泰轉而與關中、隴西一帶的漢人豪族合作。在北方六鎮發動叛亂時，這些地方豪族為求自保，多半會招募私人武裝，稱為「鄉兵」；鄉兵的指揮官，稱為「鄉帥」。

宇文泰以拉攏這些鄉帥、封賞官職，邀請他們進入執政集團等等手段，把鄉兵改編為正規軍隊。大統十六年（五四九），宇文泰封包括自己在內的八名軍團領袖為「八柱國」。

這些漢人豪族，加上宇文泰統治集團原有的鮮卑權貴，形成了一個影響日後北周、隋、唐三朝歷史發展的重要軍事、政治利益團體。民國時期的大學者陳寅恪研究隋唐統治集團的起源，他為這個團體取了一個名號：關隴集團。

關隴集團定基礎

「八柱國」實際上是鮮卑八個部落、六鎮軍團的舊制，但是宇文泰為了增強西魏的政治號召，採納漢人蘇綽（四九八至五四六）的建議，套用儒家經典《周官》裡的名稱，以標榜西魏繼承的是周代文化。

柱國下共設有十二位大將軍，每位大將軍有兩開府，每個開府下有兩儀同，每個儀同轄士兵一千人。如此一來，宇文泰就建立起一支四萬八千人的關隴基本部隊。

如同前面提到的，八柱國的成員胡

漢混合，包括鮮卑權貴與漢人豪族，名列柱國大將軍的除了宇文泰本人，還有匈奴人後裔獨孤信（五〇三至五五七），以及自稱是隴西漢人李氏出身的李虎。獨孤信生有八子七女，長女是後來北周明帝宇文毓（宇文泰之子）的皇后，四女則與李虎聯姻，嫁給李虎之子李昞，七女則許配給大將軍楊忠之子楊堅為妻。李虎是唐高祖李淵的祖父，楊堅後來則登基為隋文帝，所以獨孤信是唐朝開國皇帝的外祖父，隋朝開國皇帝的岳父。

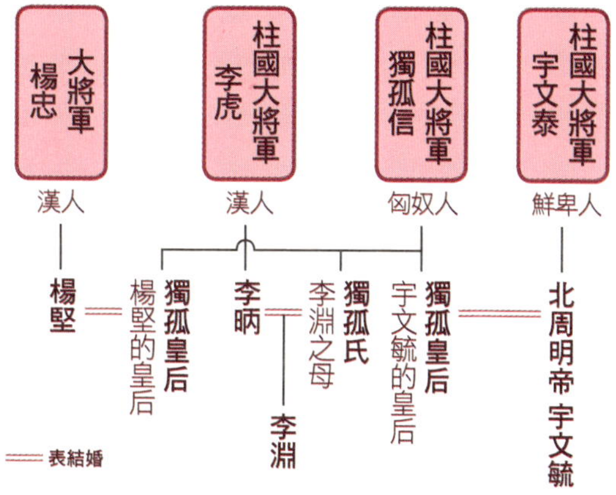

▲ 關隴集團關係圖

從這樣的關係裡，可看出關隴集團高層相互緊密聯結的程度。這個集團裡的人物，就是宇文泰政權的基本支持力量。

關隴集團部隊稱為「府兵」，職業是軍人，籍貫落在關中。府兵可看成是一種身分，被選為府兵者，是具有特殊職業（軍職）的人民，平時從事農耕，遇到召集則必須入營服役，還需要輪流到京城擔任衛戍工作，稱為「番上」。府兵的點召，靠的是國家能準確掌握戶籍，這樣的戶口體系，又是怎麼建立起來的呢？

府兵均田租庸調

西魏政權能夠掌握戶籍，靠的是徹底推行「均田制」。華北在長年戰爭之後，無主荒地大增，許多地方豪族則趁機兼併土地。早在北魏孝文帝太和九年（四八五），朝廷採納漢人李安世的建議，頒布「均田令」，開始計口授田，將國家的土地分給自耕農耕作。發放田地時，以官府登記戶口為準，十五歲以上男子授田四十畝，女子二十畝，稱「口分田」，只能種植麥、穀物，不許買賣；耕農死亡後，田地還給官府。男子另外可分得二十畝的桑田，稱為「永業田」，可以買賣，身死也不必交還。

均田制的精神，主要是為政權建立一個穩定的自耕農抽稅基層，而不在於徹底的化解土地兼併現象。受領土地的農民，有向官府繳納地租、服勞役（庸）、或是以實物折抵役期（調）的義務，這就是隋代所實行的「租庸調」法起源。

有了均田制作為生產與戶口的保障，國家對自耕農的後勤生產與兵源都能確實掌握。西魏與西元五五七年建立的北周，因此編組出一支混合鮮卑與漢人的強大武裝部隊，足以與南方的陳、

▲ 隋文帝楊堅

東邊的齊爭奪天下。宇文泰死於西魏恭帝三年（五五六），隔年他的姪兒宇文護就迫令恭帝禪讓，以宇文泰子宇文覺為帝，國號「周」，史稱北周。

北周建德六年（五七七），北周武帝宇文邕趁北齊政治動亂的機會，出兵消滅北齊，統一華北地區；隔年又出兵南下，取得陳的淮南、江北土地，陳被迫退守長江。武帝還計畫北討突厥，但就在這個時候，他突然生病駕崩，年僅三十六歲。北周武帝死後，太子宇文贇即位，是為北周宣帝，他的岳父楊堅在朝政上的影響力，因此就跟著日漸擴大。

外孫手裡得江山

宣帝即位之後，以岳父楊堅為上柱國、大司馬（軍政最高長官），後來再加大後丞、大前疑官銜（都是輔佐皇帝的最高顧問），可以說是位高權重。宣帝縱慾過度，在位不到兩年就駕崩向父皇報到，太子宇文闡繼位，年紀只有八歲，楊堅與宣帝近臣合作，矯詔（偽造先皇遺命）以楊堅為左大丞相（首席宰相），總攬朝政。

楊堅趁北周皇室母少子幼（外孫作了皇帝，太后是他的女兒）把持朝政，他下一步要做什麼，許多人心知肚明，相州（今河南安陽）總管尉遲迥就是其中之一。

尉遲迥忠於北周皇室，他在大象元年（五七九）六月於相州起兵討伐楊堅，鄖州（今湖北安陸）總管司馬消難、益州（今四川成都）總管王謙也紛紛響應。一時之間，反楊（堅）勢力大集結，聲勢浩大，占了北周全境的四分之三；楊堅控制下的北周朝廷，只剩關中一帶。

尉遲迥等人出身關隴集團，但該集團的基本部隊則掌握在楊堅手上。為了迅速平亂，並且爭取支持，楊堅請出當時已經七十二高齡、罹患重病，奄奄一息的宇文泰部將韋孝寬（五〇九至五八〇）掛帥討逆，另以襄州（今湖北襄陽）總管王誼討伐司馬消難。

韋孝寬在關隴集團內輩分非常高，朝廷派出平亂的關隴府兵戰鬥力也強過地方上收編的前北齊軍隊。八月，韋孝寬在沁水打敗尉遲迥，之後又追往鄴城，尉遲迥兵敗自殺，距離他起兵只有六十八日。亂平之後，楊堅又藉口京城裡的北周諸王和叛逆勾結，大殺宗室；

到此，在他的權力登峰之路上，已經沒有任何阻礙。

大象二年十二月，楊堅以皇帝宇文闡的名義，加封自己為「隨王、相國、總百揆」；大定元年（五八一）二月十四日，楊堅從外孫宇文闡的手上接過皇帝印璽，於長安城臨光殿即皇帝位。他將王號的「隨」字去掉「辶」字邊，定國號為隋。此時，距離他當上左大丞相，不過才十個月的時間。隋朝在內部統一之後，新皇帝楊堅整軍經武，將進取的眼光投向江南的陳。而這時的南朝，又是什麼情形呢？

井裡拖出陳後主

在南朝四個政權裡，陳朝在侯景之亂後立國，接手的是殘破的經濟，原本屬於南朝的益州之地，又被北周攻奪，因此最為弱小，人口只有兩百多萬。北齊被滅以後，陳更失去原來「三足鼎立」的態勢，獨自承受北方的強大壓力。

雖然南北朝的對峙到了此時，隨著人民之間相互貿易、交流增加，彼此的仇視心態也下降不少，不過面對北朝進攻，事關國家存亡，南朝理應部署防禦。可是，這時的陳朝，是一個完全沒有打算要防禦的政府。

陳末代皇帝後主陳叔寶，每日只曉得和嬪妃飲酒作賦，政事交由施文慶、孔範這些佞臣發落；偶爾，後主也會擔心北軍是否早晚會南下，但施、孔等人立刻安慰皇帝：「隋軍也是人，又沒長翅膀，長江江寬水闊，他們怎能飛渡？」陳叔寶便放下心，繼續縱情聲色。

隋開皇八年（五八八）十月，在暫時解除北方突厥進犯的威脅後，楊堅決定對江南用兵。他下詔指責陳叔寶的二十條罪狀，並且以次子晉王楊廣為主帥，賀若弼、韓擒虎為大將，三路大軍共五十萬人出兵攻陳。長江沿岸各地陳軍將領雖然有心抵抗，可是告急的緊急軍情送往京城，卻全沒得到回音。

開皇九年正月初一，隋軍水師戰船在廣陵渡江，南岸沒有守軍（陳軍所有水師，此時正集中建康等候不知目的為何的「校閱」，因此江面上一艘戰船也沒有）。

朝代	起訖年代	開國者	末代君主	備註
北魏	386-534	拓跋珪	元修 第 17 任	439 年滅北涼後統一華北
東魏	534-550	元善見	元善見 第 1 任	與西魏並立，都鄴
西魏	535-557	元寶炬	元廓 第 3 任	與東魏並立，都長安
北齊	550-577	高洋	高恆	取代東魏
北周	557-581	宇文覺	宇文衍 第 5 任	取代西魏，577 年滅北齊統一華北

▲北朝政權接續表

隋軍進逼建康城，正月十二日城破，群臣、侍者四散逃命，陳叔寶慌得不知所措，此時只剩尚書左僕射（尚書省政務副長官）袁憲還陪在他身邊。袁憲勸後主，擺出身為皇帝最後的尊嚴，大大方方的接見攻進城來的隋軍。但陳叔寶已經六神無主，不但不聽勸，竟然跳進御花園的井裡躲藏。

隋將韓擒虎入宮，命士兵用繩索將陳後主拖吊上來，兵丁拉得特別吃力，等人拉上來了，韓擒虎定睛一看，原來

▲陳後主與兩位寵妃躲在井裡躲避隋兵

陳叔寶跳井時，還不忘一左一右夾帶兩位寵妃！而御榻上頭，各方遞來的告急文書，都還沒有拆封呢！從渡江到攻破京城，隋滅陳只花了十二天時間。

從西晉滅亡、五胡紛建十六國、東晉南渡，一直到隋渡江攻陳，中國將近兩世紀的分裂狀態終於結束，統一天下的是興起自關中的漢人政權，隋文帝楊堅此時摩拳擦掌，正準備大刀闊斧的進行他改革天下的宏圖。

開皇之治立典範

隋文帝楊堅在位二十四年，使用「開皇」、「仁壽」兩個年號，由於他進行的各種典範確立與制度的改革，都是在開皇年間完成的，因此這段期間又被史家稱為「開皇之治」。開皇時代的制度改革，主要的精神是以漢、魏以來中國正統的繼承者自居，確立法律、改造統治階層，以及重建國家的基層組織。

重建基層，以掌握戶口為優先。南北朝時期社會動盪不安，人民依附地方豪族以求自保，或者為地主耕種，或者參加武裝自衛民團。如此一來，地方政府無法掌握戶口人數，抽稅、徵兵都要仰賴豪族的配合。隋朝以統一天下的威勢，努力進行戶口調查的工作。開皇五年（五八五），當時在一次華北地區的戶口總檢查裡，就查出了一百六十多萬隱匿人口。戶口調查不但增加勞動生產

力量，還使得政府的力量，能夠不經由豪族作為媒介，直接到達農民階層。隋文帝又修改均田制的相關規定，延遲法定成年歲數，提前老年歲數，減輕農村男性勞動人力被徵調勞役的負擔。

改造統治階層，以打破世族壟斷為優先。開皇七年（五八七），朝廷廢止從曹魏以來實行三百多年的九品官人法。九品官人法是世族門閥政治下的產物，幾百年過去，世族不屑從事公職卻必須作官，寒門努力奮鬥卻又無法得到社會、政治地位的認可，九品中正制可說是無人滿意，而且弊端叢生。

文帝改採由地方官府貢舉人才的「常貢」制度。這種辦法並不是隋代的首創，主要以漢朝「舉孝廉」的規定作為基礎衍變而來。不過新制度的精神，在於不問家世，只要有才能學問者，政府一律歡迎他們攜帶履歷，報名參加考試（懷牒自列）。這種打破世家大族壟斷，為中下社會地位的讀書人製造制度性管道的作法，是唐代科舉考試的起源；隋代的社會流動並不明顯，但科舉為中國社會帶來的巨大影響，即將在日後出現。

確立法與律，以參酌儒家經典、南北朝律令訂定法典格式為首要之務。隋朝和西魏一樣，自認承接周代以來的文化正統，所以在政治秩序底定之後，朝廷就開始編採禮樂律令，規定百姓的精神與生活秩序。

開皇三年，修訂過的《開皇律》完成。《開皇律》是一部以士大夫道德原則作為指導精神的法典，當中列舉十項違背忠、孝之道的犯罪行為，犯了這十項罪行者，律法規定：即使逢朝廷大赦，也不予以赦免，這就是後世成語「十惡不赦」的由來。對於刑罰部分，《開皇律》規定很嚴，刑罰很重，根據記載：偷錢者要處死，屍體放在市場示眾；三人合偷一瓜，不分主從犯，立即行刑，全部處死（盜一錢以上棄市，三人共盜一瓜均死，事發即時行決）。隋的開皇禮樂與律令在今天都已經失散，但我們從承襲隋律的《唐律》裡，仍舊可以看得出隋律的精神。

謀反	謀大逆
謀叛	惡逆
不道	大不敬
不孝	不睦
不義	內亂

▲開皇律十惡罪

糧倉運河大興城

在大規模的公共建設方面，隋朝有三項重要建設，分別是首都大興城的設計與建造、運河系統的貫通，以及公有糧倉的設置。

隋之前的八個朝代，都以漢長安城為京城，但是漢長安歷經幾百年來的天災人禍，早就破敗不堪；隋文帝開皇二年（五八二），在舊城之旁，開始營造新首都，隔年新都初步完工，天子將這座規劃城市命名為大興（不過仍慣稱長安），並遷都於此。

隋大興城面積為八十四平方公里，規模是明清北京城的一點四倍，唐代只在隋城的基礎上再興建大明、興慶兩座宮殿，對大興城的規模並沒有太大的改動。

隋以關隴政權統一天下，但是關中地區的經濟生產，已經不足以支撐本地所需，必須仰賴江南地區的糧食與物資供應。而隋的政治中心位於西北，對於江南與東北兩地頗有「鞭長莫及」之感，如果遇到叛變，來自關中的援軍不容易快速到達。

基於這些經濟、戰略上的理由，隋朝於是大發民工，將之前各地區政權開鑿的運河貫通，連結成一個全國性的網路，以長安為核心，往東可以到洛陽，往東南可以到江都（今江蘇揚州）。運河開通之後，各區域間的經濟、人才、思想交流成為常態，即使政治上分裂也無法扭轉這個趨勢。

與開通運河系統相配套的另一項建

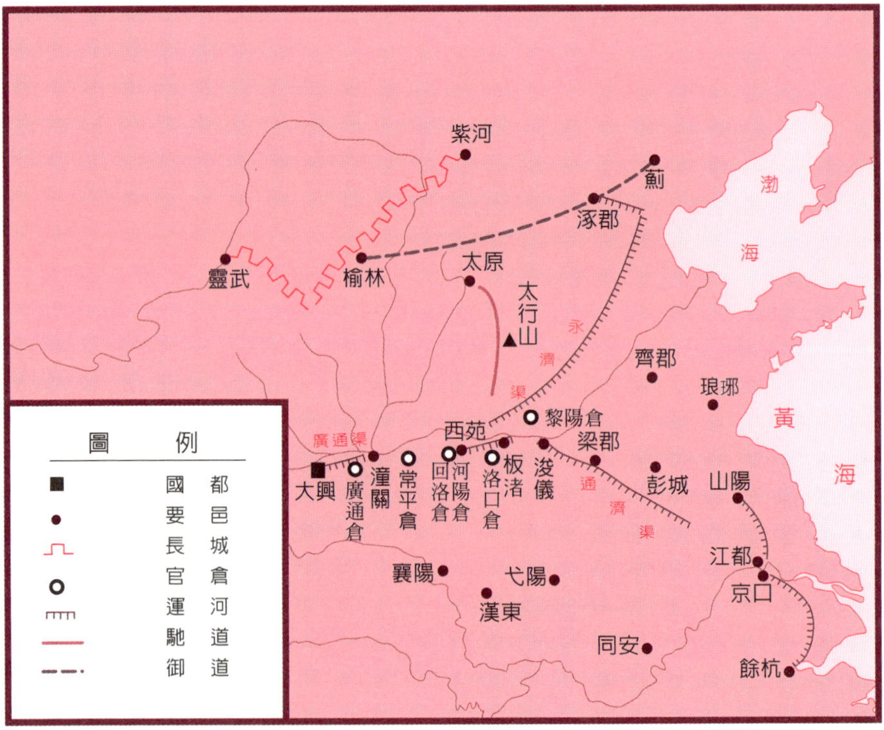

▲ 隋朝建設圖

設是設置公立糧倉。關中、長安一帶要仰賴運河運輸糧食，有時接濟不上，會發生缺糧情況。開皇三年起，朝廷於運河各個轉運要地設立大型公立糧倉。這些糧倉除了應付所在地區的需要以外，在關中遭遇旱災時，還要負起補給長安的任務。一個大型糧倉周圍可達二十里，內有三千窖，可儲存千萬石以上的糧食。

糧倉充盈，表示租庸調實行徹底，象徵隋朝對農村的強大支配力量；糧倉的設置圍繞著關中，也體現了關隴政權將重心放於西北的「關中本位政策」。

長安，運河，糧倉，科舉還有律令，都被後來的唐朝所繼承。可是，隋朝還給唐代留下了另一個先例，類似的劇情，在二十多年後在唐朝又重新上演了一回：隋文帝的次子，晉王楊廣謀害父皇，逼死原來是皇太子的兄長，即位為帝，是為隋煬帝。

楊廣敗在太超過

隋煬帝楊廣是中國歷史上道德形象最惡劣的暴君。唐朝史官給了楊廣「煬帝」這樣難聽的諡號（「煬」有「遠離群眾、違背禮法」的含意），將他撰寫成一個十足負面的人物：他生性好色奢侈，為了謀奪太子之位，卻在母后面前裝得儉樸專情；他與母后獨孤伽羅串通一氣，對懼內的文帝楊堅毀謗太子楊勇（也是獨孤后親生），終於使得楊勇被

▲隋煬帝楊廣

廢黜，楊廣順利坐上儲君寶座。等到正位東宮之後，楊廣的真面目就慢慢浮現出來了，他不但趁文帝病重時調戲父皇的愛妃（當時獨孤后已死），最後更派人弒殺文帝。

楊廣即位之後，改年號為大業，更加暴虐無道：他每年都發重役，遣百萬民工修鑿運河，或者修築長城；三次動員百萬大軍、兩百萬民伕征討不願臣服的高句麗王國（今遼寧省南部、北韓全境、南韓北部），最後全都無功而返，軍民死傷高達九成；他又三次御駕巡幸江都，兩次巡遊塞北，隨從高達二十萬人，所到之處，都要建造奢華無比的行宮（臨時宮殿）、龍舟，展現天子至高無上的威權。

大業十二年（六一六），楊廣第三次巡幸江都，這時全國各地已經烽煙四起，每天都有造亂的消息傳到行宮來，煬帝卻愈發在江都飲酒作樂，逃避現實。他本來有遷都偏安江都的打

算，可是跟隨御駕南下的「驍果」（禁衛軍）都是北方人，不願在南方久留。大業十四年（六一八）三月，江都士兵譁變，楊廣被身邊近臣宇文化及殺害，強盛的隋朝就此滅亡，享國不過三十七年。

楊廣的性格急躁浮誇，奢侈而好大喜功；但是若干他遭受傳統史家詬病的敗德行為（例如與父皇妃妾通姦、謀奪皇儲），在其他朝代的英明雄主身上其實也看得到。

平心而論，楊廣是一位頗有企圖心的皇帝，他急著想以國家政權的力量，將關隴地區以外的政治與文化統合成一體。隋朝結束南北朝的分裂局面，這個新興的大一統政府，想要重新建立以皇帝為中心的天下秩序，楊廣即位後的所作所為，就是圍繞著這樣的邏輯在進行的。但是他操之過急，過度使用隋朝方才建立的動員系統，並催用到極致，先是造成國家對基層社會控制的瓦解，最後引起關隴集團內部的離心反抗，統治宣告總崩盤。

群雄中李淵崛起

隋末的大規模民變從煬帝大業七年（六一一）爆發。民變的起因，正如前段我們所提到的，煬帝以國家力量過度動員農村社會，嚴重破壞農民的正常經濟生產活動，造成農村破產，導致群起反抗。

民變前期的領袖以土豪地主為主，訴求也偏向解除飢餓、免除差役等層面；例如在河北起事的竇建德（五七三至六二一），以及以農民作主力、專門攻擊公立糧倉、開倉賑濟災民的河南瓦崗軍，都是如此。隨著這些農民反抗軍的聲勢與規模逐漸擴張，開始有讀書人加入。前期發生變亂的地區，以原來屬於北齊的黃河中下游區域最為密集。這裡接受北周與隋的統治時間不長，地方菁英自有一套社會連結與民兵武裝，史家陳寅恪稱他們是與關隴集團對立的「山東豪傑」。

不過，山東豪傑沒能結束隋末動亂局面，天下卻是由另一個關隴政權來收拾。這個新興政權的領導人，同樣來自關隴集團內部，他就是西魏八柱國當中，李虎的孫子李淵。以親屬關係來說，李淵是隋煬帝的表哥，隋朝為了防備突厥，在晉陽設置軍區，由李淵擔任軍區統帥（太原留守）。

李淵曉得關隴集團的動員方法，手上握有精銳的邊防軍團，駐防地點距離長安又相對較群雄來得近，他還有兩名幹練的兒子：長子李建成政治手腕高明，次子李世民善衝鋒陷陣，編組軍隊無人可比，這幾點構成了他爭奪天下的優勢。

民變初起的時候，李淵觀察時局，有了取天下的雄心。他派長子建成到河東一帶連絡山東豪傑，次子世民則留在晉陽，結交死黨，整編軍隊，待命出

秦叔寶	竇建德
程咬金	劉黑闥
徐圓朗	翟讓
輔公祏	李密
杜伏威	徐世勣 李勣

▲隋末山東豪傑

擊。大業十三年（六一七）五月十五，李淵自稱大將軍，以李建成、李世民為主將，揮軍起事，攻擊關中。

十一月初九，大軍進入長安，迎年僅十三歲的代王楊侑為帝，遙尊人在江都的隋煬帝為太上皇。隔年三月，煬帝死訊傳到京城，李淵就於五月迫令楊侑禪位，登基稱帝，國號為唐，改年號為武德。

從晉陽起兵到建立唐朝，李淵只花了不到一年時間。不過，新興的唐朝所能控制的地區，只有關中一帶；河東各股群雄勢力，依舊對唐有很大的威脅。李淵以皇太子李建成安頓統治集團內部，以秦王李世民統兵出擊，鏖戰中原。他內心可能以擁有如此能幹優秀的兒子為傲；當然，太子與秦王這對親兄弟，日後竟然會爆發喋血衝突，還牽連到自己的帝位，這就不是此時的李淵能料想得到的。

漢化中也有胡化

依照傳統史家的看法，從南北朝分裂到隋的統一，在這動亂的兩百年中，北方游牧民族逐漸的被農耕的漢民族所同化，或者是有意識的向漢人學習（比如北魏孝文帝的漢化），最後由起於北方的漢人政權（隋）收拾局面，統一天下。

其實，文化的衝擊是相互影響的過程，在北方民族漢化的過程當中，漢人也深受他們的風俗影響，這就是胡化。胡化的痕跡，從音樂、舞蹈、服裝，乃至於婚姻習俗、婦女地位的改變裡，都看得出來。

尤其是遊牧民族的婦女地位遠比漢人高，北朝各代時常能看見秉持朝政的太后，社會裡對於「女主外，男主內」，或者成天遊山玩水、將家事託付給丈夫的女性，並不覺得奇怪。這種女性地位的抬頭，到了唐朝水到渠成，就促成空前絕後女皇帝的產生。

有了各種文化習俗的匯入和融合，北方社會雖然沒有南朝的精緻文化，卻從土地上扎根，產生了樸素開闊的新精神。這種融合胡漢的共同意識心態，在北周時期萌芽，在隋成長，成就了唐朝恢宏開闊的新格局。

「天可汗」到藩鎮割據：開闊的唐王朝與五代的崩解亂世

唐武德九年六月初四（六二六年七月二日），清晨。

京都長安太極宮的北宮門，也就是玄武門，是群臣上朝覲見天子的必經之路。天色才微濛，霧還沒散去，此地卻透出一股肅殺之氣。因為在宮牆之下，已經埋伏了一支武裝部隊。

他們是秦王李世民的王府親兵，在此埋伏的目的，是要擊殺預備從這裡入宮的太子李建成，以及齊王李元吉，他們是李世民的親兄弟。太子、齊王為什麼選在這天入朝，現在已經不清楚他們的動機了。也許，他們也打算對秦王下手。

這將會是一場武裝政變。秦王另派有一支部隊，正趕往內宮海池，準備挾持天子李淵。至於，兵變的主謀李世民本人，這時正在玄武門內緊張的迎接一場大戰。幾個時辰之後，太子與齊王的死訊，即將傳遍都城；三天以後，新任皇太子李世民的敕封詔書，將會頒布天下。

這就是史書上的「玄武門之變」。我們講唐朝的歷史，以及唐太宗李世民的「貞觀之治」，都要從這場皇家手足的血腥相殘開始說起。

貞觀之治懂行銷

「貞觀」是李世民的年號，他是在發動兵變，殺害手足兄弟，逼迫父親讓位的不光彩局面下登基執政的。正因為唐太宗急於想要做個好皇帝，以洗刷（或掩蓋）這段難堪的過去，他對於天子的職務和角色、政治制度的運作、國家與社會的關係，還有朝廷在百姓心目裡該是什麼形象，都有非常深刻的思考。

唐太宗接手的天下，是隋末動亂經濟蕭條，生產力還沒有恢復的局面；在政治上，他本人才剛發動「玄武門之變」，殺害了原本是唐王朝的合法皇位接班人，使得整個政府陷入一種惶惶不安的恐懼情緒裡。

太宗了解，統治集團的團結，是推行政令的基礎，所以他以天子的高度，宣布「大和解」，對前太子、齊王的官屬既往不究，不但重用自己從前秦王府的老班底，也拔擢原屬敵人的心腹。最有名的例子，就是被太宗稱為「以人為鏡，可以鑑得失」的魏徵。

太宗還不斷鼓勵臣下直言進諫，再難聽進去的話，皇帝都願意虛心聽受，因此塑造出和隋代截然不同的政治風氣；加上他兼容並蓄的用人氣度，成功的把政府團隊的向心力，重新凝聚起來。

李世民還採納秦王府老班底、中書令房玄齡的建議，精簡政府組織，然後健全體制運作。據說，整個中央政府的官吏員額在精簡過後，上到主管下至科員，竟然只剩下六百四十三人！唐代政府實行的「三省六部制」，也就是中書省制訂政策，門下省主管審核，尚書省督導六部執行（三省長官同時為宰相）的政治運作體制，只有在太宗一朝得到全面運作的機會。

中原王朝的天子角色，在唐太宗的時候進一步的擴展到西域諸國。隋末動亂的時候，蒙古草原上突厥的勢力非常強大，騎兵時常趁機進入關中，搶掠人畜；貞觀元年，突厥大軍壓境，兵臨渭水，逼得剛上台執政的李世民親自出馬，在一座便橋上和突厥首領頡利可汗談判，送了一大筆錢財後達成退兵協議，史稱「渭水之盟」；敵人都上家門口要錢來了！李世民引為奇恥大辱。隨著唐王朝經濟與軍事上的實力逐漸累積和恢復，唐太宗開始處理西北的突厥威脅。

貞觀三年（六二九），趁著突厥陷入內亂分裂的機會，他派出十萬唐軍北攻沙漠，隔年（六三

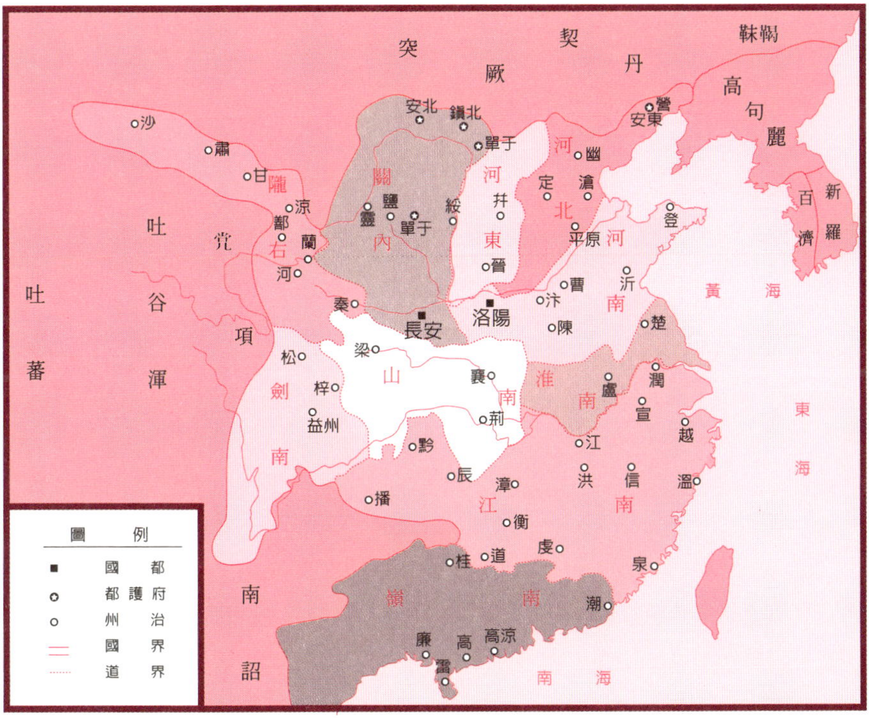

唐疆域圖▲

▲ 唐太宗李世民創造了貞觀之治

〇），頡利可汗被唐擒獲，北亞的各部族酋長看到唐的國力又強大起來，於是聚集長安，向唐太宗獻上「天可汗」的稱號。這也就是承認，唐朝皇帝是西域各國的國際盟主，他的名號代表秩序和仲裁的實力，可以保障通商與貿易的安全。

唐太宗曾經說過：「自古以來，執政者看重的，都是華夏人民，而看不起異族；只有我，不分夷人中華，全看做是一家人，所以這些部落，也都將我當成父母看待（自古皆貴中華，輕夷狄，朕獨愛之如一，故其種落皆依朕如父母）。」我們在前面提過李唐王朝的身世背景，這種「夷夏一家」的開闊胸襟，奠定了後來盛唐兼容開放的格局。

有鑒於隋朝把國家動員能力催到極致，反而導致政府對社會控制的總崩盤，唐太宗君臣的共識，似乎是「愈不擾民的政府，就是愈好的政府」。朝廷對租、庸、調的規定，都做了適度放寬的調整。只要人民能夠從事正常生產，並完成最低限度的賦徵，國家力量就不多加打擾。因此，台大的甘懷真教授就認為，貞觀之治的最大成就，並不在於經濟生產達到高峰，而是「重建一個以自耕農為基礎的社會」。

除了這些成功的內、外政策之外，李世民還是一個「表演政治」的高手。貞觀二年，關中蝗蟲為害，太宗皇帝出巡視察，抓起一隻，對牠說道：「要吃就吃我的臟腑肺腸好了，不要吃我百姓的作物！」並當眾將這隻蝗蟲吞下肚。大臣李勣生病，醫者說需以龍鬚作藥引，太宗就毫不猶豫割下自己的鬍鬚入藥。

貞觀六年（六三二），皇帝體恤死囚三百人，放他們回家探望親人，約好秋天回來接受死刑。時間到了，三百人一個沒跑，全都乖乖回籠，甚至還有人提前收假回牢。太宗因為嘉許這些囚犯遵守承諾，於是敕令赦免了他們的死罪。

三百多年後，北宋古文大師兼史學家歐陽修寫了一篇叫〈縱囚論〉的文章，批評唐太宗，說他根本就是存心找理由放了這批犯人，而犯人也早就知道回籠後，等著他們的不是砍頭，而是大赦的敕令，於是皇帝和囚犯「上下交相賊」，不合聖王之道。

歐陽修可能沒想到的是，透過這三百名死囚的「現身說法」和「法律與信義兩全」的口語傳播，唐太宗和他的施政團隊，已經在百姓心目中完成了一次高超的政府形象行銷！

安唐策百密一疏

儘管貞觀一朝社會安定、生產漸次恢復，政府運作有效率，國際聲望也空前提高，但是「玄武門之變」依舊是糾纏李世民一生的陰影。本朝開國第二位皇帝為子孫立下了非常壞的榜樣：只要手上有兵，就可以殺害合法皇位繼承人，逼迫父皇退位。

於是，從李建成開始，唐朝出現許多位「廢太子」，他們不但沒能接班登基為帝，還落得個廢黜、被殺的下場。甚至，就在太宗皇帝還在世的時候，他的兒子們就開始向父皇學習了。

按照禮法，只有皇后生的嫡子有權繼承皇位。太宗與長孫皇后生有三位嫡子，分別是李承乾、李泰、李治。雖然承乾早早就被封為太子，但是有父皇的榜樣在前，受到太宗寵愛、並認為個性與父親相類的魏王李泰，對皇帝寶座依然沒有死心。太子與魏王明爭暗鬥，各擁黨羽，為他們出謀劃策；貞觀十七年（六四三），太子圖謀發動兵變被告發，於是被廢為庶人（平民）。

李世民痛心之餘，知道首開兵變謀位風氣的人就是自己，如果改立魏王泰，無疑是鼓勵後代競相仿效，於是在這場皇位繼承人爭奪戰裡，魏王泰淘汰出局，原本與世無爭的晉王李治，就成了皇太子，也就是日後的唐高宗。

李治性情柔弱，順從性高，太宗怕他日後會受到權臣挾制，於是在貞觀的最後幾年裡，進行了被後世稱為「安唐策」的種種作為。

首先是讓李治盡量熟悉政務，並且在太宗養病期間，代理皇帝職務；其次是鞏固皇室和關隴集團幾個大姓士族的關係，為李治討來了關中大姓、太原王氏的女兒做太子妃（也就是未來的王皇后）；最後，對於可能成為威脅的權臣，盡量加以剷除、流放。

一代女皇武則天

包括電視編劇和學界在內，一般都認為在太宗崩後，和太子早有勾搭的武才人（依唐制，才人是第五等級的妃嬪）先到感業寺出家為尼，之後才被接回宮中。

不過根據已故李樹桐教授的考證，武氏實際上並沒有隨其他先帝侍妾出宮為尼，而是被新皇帝李治偷偷藏在宮中別院了。所以，傳聞中新君佛寺上香，與女尼武氏淚眼相對、「天雷勾動地火」的場景，自然也不可能發生。

武氏本名照，父親是李淵起事時提供軍費的一名贊助商，家世並不特別。她的性格剛毅堅忍，為了達成目的，不惜任何手段，包括感情在內，甚至親生子女，她都能夠割捨犧牲。這種性格的女子，在歷代皇帝的後宮裡並不少見，但是武照想要演出的，不只是「後宮武照傳」，她胸中的企圖，在當時更是沒有人能想像得到、並且被後世拿來當成電視劇的名稱：一代女皇。

高宗永徽六年（六五五），經過慘烈的後宮與外廷鬥爭之後，在武照的運作下，王皇后與另一位蕭淑妃（南方大姓之女）雙雙被廢；皇帝更不顧多位顧命重臣的反對，立武氏為皇后。明年，改年號為「顯慶」，這個年號有「大肆慶祝」的意思，而需要大肆慶祝的人，很明顯，只有武后一人。可見這個年號的改易，恐怕做主的已經不是高宗，而是武后了，這也象徵朝局的大權，正一步步落入武后之手。

高宗中年以後體弱多病，可能是血壓過高的併發症，他時發暈眩，雙眼無法見物。因此國家大政實際上全在武后的掌握之下，皇帝和皇后同時成了國家元首，前者是虛位，後者才有實權（天子拱手而已，中外謂之二聖）。但是武后的政治野心很大，幕後操縱政局並不

▲ 中國歷史唯一的女皇帝武則天

能讓她滿足，她更想要自己走上台前，親自發號施令。

弘道元年（六八三）十二月，高宗在洛陽駕崩，武后便開始她的篡唐稱帝之旅，她雖然接連立了親子中宗、睿宗為帝，但都只是傀儡而已。她代唐自立的作為，激起以關隴集團為主的李唐宗室、群臣反抗，甚至起兵舉事，但是都被武后以武力鎮壓、特務監控平定下來。她又撲殺李唐宗室、進用大批武氏子弟，進入朝廷任官。

載初元年（六九〇），社會和政府裡，再也沒有能夠反對她的力量，武后見時機成熟，於是授意她的兒子、傀儡

冤枉的「五娘」

太宗為將可能的威脅盡行剷除，甚至到了迷信與不講道理的地步。如在毫無理由的情況下，突然將元老功臣李勣貶官為疊州（今甘肅臨潭）都督；貞觀二十二年（六四八），唐太宗聽信民間讖諱流言：「唐三世之後，女主武王代有天下」，正好朝中左武衛將軍李君羨，小名就是「五娘」，竟然因此被殺。但是真正的「武家小娘」才人武氏，就在皇帝身邊服侍，而太宗卻毫無所察。

貞觀二十三年（六四九）五月下旬，太宗病重，此前他已經召來幾位重臣，囑咐他們同心協力扶保太子；他的「安唐策」已經取得成效，可能的危害也剷除得差不多了。但是，就在李世民永遠閉上雙眼之前，一定沒有發現：在御榻旁服侍湯藥的太子李治，正含情脈脈的看著自己的嬪妃：才人武氏。

皇帝睿宗李旦退位，正式登基為皇帝，改唐的國號為周，中國歷史裡，既空前又絕後的一代女皇武則天登場，時年六十七歲。

春風得意馬蹄疾

武則天和中國歷史上「臨朝稱制」（如呂后）、「垂簾聽政」（如我們在後面即將提到的慈禧）的皇太后們完全不一樣。這些皇太后是以皇帝的母親（或祖母）身分代行皇帝的政務，而武則天自己就是皇帝！她不但身著龍袍，戴冠冕，上朝和大臣議政，男性皇帝擁有的，「則天大聖皇帝」一個也不缺。比如她也有後宮（奉宸府），只不過既然皇帝是女性，嬪妃就由男性充任了。以文采著名、人又長得斯文白淨的張易之、張昌宗兄弟，就是女帝的男寵。

傳統史家對於這位空前絕後、違逆「男尊女卑」傳統的女皇帝，觀感很差，以至於史書對武周時期的政治，不是缺而不論，就是評價不高；然而，從高宗在位後期算起，到她稱帝的十五年間，武則天秉持朝政長達三十餘年，能夠維持這麼久的統治，不可能沒有高超的政治手腕，而全靠特務恐怖統治，也不可能全無歷史上的正面意義。

就史書上的記錄看來，武則天很熱中「符號政治」，除了改動官府的名稱（比如將中書省改為「鳳閣」、門下省改為「鸞臺」、尚書省改為「文昌臺」，吏戶禮兵刑工六部，則改為天地春夏秋冬等六官），她還創造出許多新字，後來被統稱為「則天新字」，比如皇帝武則天的御名改作「曌」（音照），從字面上看就是「日月當空」的意思。

唐朝皇室自稱是老子李耳的子孫，所以崇奉道教；武則天則尊信佛教，將自己塑造成彌勒佛降世，還獎勵高僧升壇講經。她還將政治中心遷往運河運輸方便的東都洛陽，改稱「神都」（據說，這也是因為皇帝陛下居於長安宮中，深受王皇后、蕭淑妃陰魂不散困擾之故）。

不過武則天對後世最大的貢獻，還在於她擴大科舉名額，重用文學之士，為後來的「開元盛世」準備好一批人才。為了擺脫關隴集團和士族豪門的掣肘，她將太宗時期科舉考

649-683年	唐高宗李治 武則天之夫
↓	
684年	唐中宗李顯 武則天三子
↓	
684-690年	唐睿宗李旦 武則天四子
↓	
690-705年	武則天稱帝
↓	
705-710年	唐中宗李顯

▲武則天時期皇帝在位時間表

試錄取的名額增加了一倍。

唐代科舉分為「進士」（考詩文、經學、時務策）、「明經」（考五經與時務策）兩科，世家子弟從小讀的就是五經，大多也從考取明經科進入公職體系，進士科就比較困難，所以有「三十老明經，五十少進士」（三十歲才考中明經科算是太老了，五十歲考取進士科，那可還是青年才俊）的諺語。

武則天擴增進士科的名額，而且開創「皇帝親自面試」的殿試制度，於是，招收進來的新科進士，都成了文采翩翩的「天子門生」。考中進士者的身分地位，瞬間有天壤之別的改變。比如時代稍後的詩人孟郊（七五一至八一四）連考了兩次都落榜，傷心的寫下「棄置復棄置，情如刀刃傷」的詩句，等到他第三次考進士科終於告捷，儘管年近五十，孟郊還是滿心歡喜，當然是「春風得意馬蹄疾，一朝看盡長安花」了。

不過，儘管武則天提拔了這麼多人才，她的武周王朝卻沒能延續下去。據說，除了「諸武」，也就是皇帝的武姓侄兒、侄孫們，人人有機會當太子，卻個個不爭氣以外，宰相狄仁傑（六三〇至七〇〇）在聖曆元年（六九八）的一次勸諫也相當關鍵。狄仁傑明白告訴女皇，天命仍在李唐皇室，如果立了姓武的作太子，朝廷恐怕要失去社會民心的支持；況且，立兒子為繼承人，則日後兒子祭祀母親，這是天經地義；但自古以來，從來沒聽過有侄子乖乖祭拜姑姑的（未聞侄為天子而祔姑於廟者也）。年老的女皇被這番話給打動，終於打消了立武氏子弟為嗣的念頭。

神龍元年（七〇五），八十二歲的女皇病重，狄仁傑提拔的宰相張柬之等復唐忠臣，聯合禁軍將領李多祚，學習太宗皇帝的榜樣，以張易之、昌宗兄弟謀反為名，衝入宮中，發動政變，武則天見大勢已去，只得下詔，禪讓帝位給被廢黜的中宗李顯，退居太上皇。李唐復辟，武周結束。

同年十一月，武則天駕崩，遺制去皇帝稱號，改稱「則天大聖皇后」，和

「請君入甕」的故事

武則天施行恐怖統治，以告密作為手段，拘捕、鎮壓反對武周政權的文臣。負責逮捕審問人犯的，是秋官（刑部）侍郎周興與御史中丞來俊臣兩名酷吏。他們以非法刑求、羅織罪狀、株連誣告等手法，製造許多冤案，迫害正直大臣。連女皇口稱「國老」而不直呼名姓的狄仁傑也被誣告謀反，可見他們囂張的程度。後來武則天接獲密報，告發特務頭子周興本人涉入謀反活動，女皇大怒，命來俊臣審問。來俊臣苦思良久，想出一條計策。他先不動聲色邀周興到府，設宴招待。酒酣耳熱之際，來俊臣故做憂愁，說是審案時，常遇到死不招認的人犯，請教周興該如何處置。周興不疑有它，建議設一大甕，底下用炭火烤熱，再讓人犯入甕，豈有不招之理？來俊臣拍手稱妙，立刻命家人照樣搬來大甕，底下生炭火，對周興說：「現在有人告君謀反，請君入甕！」周興連忙跪下認罪，後來在流放的途中被仇家殺死。

高宗合葬於乾陵。乾陵神道旁，原本該對先皇歌功頌德的功德碑上沒有文字，一生功過任人說去。

憶昔開元全盛日

武則天之後，出現一堆想要當二代女皇的女性政治人物，可是她們雖然野心可比先帝，政治手腕與頭腦卻差上一大截。經過一番政治惡鬥，中宗被自己的皇后韋氏毒死，弟弟睿宗繼位。睿宗能重得大位，他的三子臨淄王李隆基立了大功，李隆基後來接受父皇的禪讓，登基繼位，改年號為開元，是為唐玄宗。

玄宗即位之後，非常留意政事治理之道，懂得政務決策分層授權，再加上善用武周時期栽培出的人才，並且大力整頓官僚體系，注意政策的落實與調整，終於在開元六、七年（七一八、七一九）左右，締造出盛唐最輝煌的「開元之治」。曾經親身經歷這段治世光景的「詩聖」杜甫（七一二至七七〇），在他的〈憶昔〉詩裡這麼說：

憶昔開元全盛日，
小邑猶藏萬家室。
稻米流脂粟米白，
公私倉廩俱豐實。
九州道路無豺狼，
遠行不勞吉日出。
齊紈魯縞車班班，
男耕女織不相識。

杜詩素有「詩史」之名，這首詩裡確實生動描寫出開元盛世的各種景況：人口提高，小州縣也有上萬戶人家；農村作物豐收，倉儲飽滿，人地關係和諧，公家與民間均富，生產角色各盡其職，而且社會治安良好，出遠門不必看日子、選時候；商業發達，運河陸路運輸便利，百貨暢通；風雅的文學活動繁多，舞蹈書畫藝術水準精緻，真是一片興旺景象。

當時唐朝的四方邊境，也沒有嚴重的外患。北面的東、西突厥，開元時期和唐保持和平狀態；不過西北的回紇勢力正逐漸崛起，到了開元末年，占盡原來西突厥的地盤。在西域方面，唐軍和西陲新興的強國吐蕃（今青海、西藏）與大食（阿拉伯）因為爭奪中亞霸主地位，而發生幾次戰爭。但是，即使在天寶十年（七五一）的怛羅斯之役唐軍敗給大食之後，唐朝仍舊在西域諸國維持「天可汗」的威望。

在東邊的鄰邦，比如與唐朝一海之隔的日本，以及邊境相通的新羅、高麗各國，紛紛引進唐朝的政治制度、典章禮儀、還有四書五經。比如日本從隋代開始，就向中國派遣使者（遣隋使、遣唐使），在唐貞觀十九年（六四五）孝德天皇發起「大化改新」以後，更是全盤照搬隋唐當時的租庸調法和均田制（班田收受法）。開元盛世，日人來唐，即使語言不能相通，靠筆談也能與中國人溝通。

這是以唐朝為中心的「漢字文化圈」遍及東亞的象徵。在今天，為什麼海外華埠被稱作「唐人街」，為什麼唐朝會與漢朝並列為中國歷史上威服四海的代表王朝，都可以在這個時代裡找到答案。

玄宗還為開國以來的若干制度，做了一些適應現實的調整。例如為了順應宰相實權向中書省偏移的情形，開元十一年（七二三）將原本三省長官議事的政事堂改名為「中書門下」，認可中書令高於其他宰相的地位。

在禮法層面上，開元二十年（七三二）頒布的《大唐開元禮》，修正唐初時制定的律令格式與禮法。在社會經濟方面，從武周後期開始，農村逃戶開始大量出現，如此一來，戶籍不能核實，租庸調也就無從實施，留下來的耕戶，要替逃戶繳納租稅，更是造成社會不公。玄宗為了解決這個問題，改採寄寓原則，也就是同意逃戶可以就地入籍，一定時間（六年）之後再恢復納稅與勞役，不過無形之中，租庸調法與均田制就形同被放棄了。

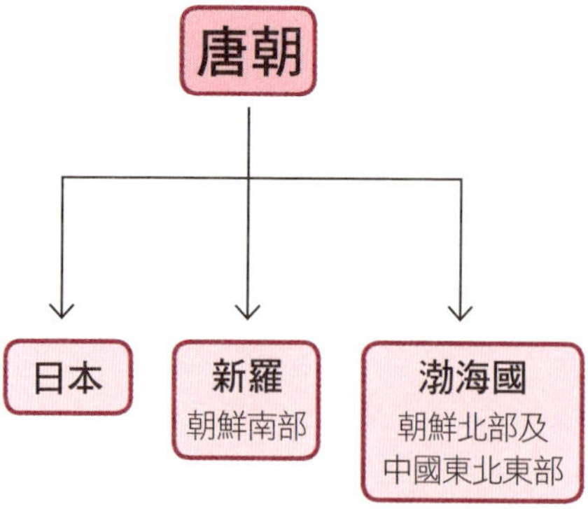

▲漢字文化圈遍及東亞

漁陽鼙鼓動地來

可是，隨著逃戶問題而來的最大隱憂，就是府兵制的敗壞。沒有準確的戶籍紀錄作為依據，兵府根本就無從掌握壯丁。到了天寶八年（七四九），兵府已經調不出一兵一丁了。朝廷只好改採募兵，但是招來的兵丁都是些市井無賴之徒，水準低落，不堪訓練，要派他們上陣打仗更是大有問題。

其次，兵力配置上出現外重內輕的情況。唐初承襲西魏、隋朝的「關中本位政策」，將全國政治、經濟資源往長安地區輸送，也屯重兵在關中地區，貞觀時府兵制的兵府有三分之二分布在關中，但是到了開元末年，全國十大邊防兵團加起來有四十九萬兵馬，而中央朝廷只有十二萬招募而來的「彍騎」。

因為太平無事許久，彍騎的戰鬥力如何，根本沒有實證的機會；相反的，地方邊防軍則因為時時有狀況，早成為實戰經驗豐富的勁旅。

尤其，唐朝的國防重心放在西北，對東北邊境（今天的遼寧、河北、熱河）實在是鞭長莫及，在府兵制名存實亡以後，唐朝允許這些地方的邊鎮將帥

（節度使）自行招募軍隊，於是，軍隊就落入邊鎮私人掌握之中。

節度使們以認養子（拜乾爹）作為攏絡中下級軍官的手段，比如身兼范陽、平盧、河東三鎮節度使（總部設在漁陽，即今日天津市薊縣）、麾下有精兵十八萬三千的安祿山，帳下就有八千「曳洛河」養子（突厥語，原意思是胡人的壯士）。

安祿山的父親是西域胡人，母親是突厥人，他本身是唐朝百年開放兼容風氣下的產物，也是一位徹頭徹尾的「外籍將領」。安祿山為人靈活，很能臨機應變，又會六種外語，很快就從一個牙郎（翻譯員）躍升為幽州節度使的養子。

到了天寶元年（七四二），安祿山升任平盧節度使，十餘年後，已經身領三鎮，手握近二十萬兵力，賜爵東平郡王。安祿山麾下的兵團，是當時唐朝作戰力最強、漢化程度（以及漢籍軍官數量）最低的軍隊。

這樣的軍隊一旦反叛，已經習慣於承平歲月的內地，上從安逸日久的皇帝，中到吟風弄月的文人雅客，下至普通的農民百姓，不但毫無戰爭心理準備，更無任何辦法可以抵擋邊軍鐵騎的衝擊。安祿山看透內地文弱的情況，所以萌生謀反的異志。這一點，唐玄宗並不是沒察覺到。所以他極力厚待安祿

太平公主

武則天以女性登基為帝，縱橫天下長達三十年，不但大幅提高唐代婦女的社會、政治地位，也直接影響許多人，起了效法的念頭，史稱「女主潮流」。但是這些武則天的模仿者，沒有一位具有女皇的政治頭腦，個個卻都自我感覺良好，勇於攬權，最後都遭遇身敗名裂的下場。高宗皇帝與武則天的小女兒太平公主，就是一個典型的例子。

武則天所生的兒子多半性格溫和，但幼女太平公主卻個性強悍，且身形、容貌都與母親相像，因此從小就得到武則天格外寵愛。太平公主於是日益驕橫，連婚姻大事亦可向母親要脅。太平公主先嫁高宗外甥、城陽公主之子薛紹，夫妻婚後生活原來頗為美滿，但薛紹之兄與反武起事有牽連，薛紹被捕下獄，於是太平公主向母親要脅，增加食邑到一千兩百戶，作為同意離異的代價。之後又改嫁武攸暨，武則天在太平下嫁前，先將武攸暨之妻處死，太平豪奢驕逸之風更是有增無減。

李唐復辟，中宗復位之後，皇后韋氏與其女安樂公主企圖效法武后掌權，之後更毒死中宗，預備對相王（即睿宗）、太平公主兄妹下手。太平公主此時趕緊與相王之子李隆基聯合，占據玄武門，發動兵變，入宮誅殺韋后與安樂公主。相王重新登基，以太平是僅存的手足，待她甚厚。宰相與皇帝議事，會後還要到公主府邸報告，七名宰相裡，更有四名是太平的黨羽。但太平卻因太子李隆基英武，難以控制，又起了將其廢黜的念頭。

景雲三年（七一二）七月，天空出現彗星，太平見機不可失，連忙唆使占天象的術士對睿宗說：彗星沖犯帝座，主皇位有變。太平的本意，原本是想挑撥睿宗與太子之間的關係，沒想到弄巧成拙，睿宗聽後，竟決定將皇帝位禪讓給太子。李隆基登基，是為唐玄宗。太平公主與其黨羽決心發動兵變，但是玄宗先發制人，於先天二年（七一三）七月初四，先行控制玄武門，殺死兩名依附太平公主的禁軍將領，接著大肆搜捕太平黨羽。太平公主得到消息，不知所措，慌忙之下，竟跑入山中寺院三日，後來回家，被賜死於家中。為時半個多世紀的「女主潮流」，終於以侄兒（玄宗）除掉姑姑（太平）而畫下句點。

山，希望他安心為唐朝鎮守東北邊境。

安幾次到長安面聖，皇帝待他親如家人，賞賜豐厚，幾乎是有求必應。玄宗這麼做的用意，安祿山也心知肚明。有一次，安祿山又到長安來面聖，玄宗指著安祿山肥厚的肚腩，對左右從人開玩笑說：「看看這個胡人，肚子裡裝的都是些什麼呢？怎麼這麼大！」機靈的安胖子馬上回答：「什麼都沒有，只有赤心而已！」玄宗聽了，放心又高興。

可是，在玄宗天寶十四年（七五五），說自己肚裡惟有赤心的安祿山還是起兵造反了，正是所謂「漁陽鼙鼓動地來，驚破霓裳羽衣曲」，這是怎麼回事呢？

宛轉蛾眉馬前死

安祿山造反的政治、軍事背景，在前面都已經交待了，但是因為他受到玄宗的厚待，本想等皇帝歸天後再反（這時玄宗已經年過七十），之所以會急著發兵，可以說完全是被宰相楊國忠給逼反的。

楊國忠忌憚安祿山的權勢，不停在朝廷裡散發「安祿山必反」的讒言，要削減邊鎮的勢力，終於激怒了安祿山，他造反的藉口，就是「有密旨，令祿山將兵入朝討楊國忠。」楊國忠是誰呢？他的堂妹，正是鼎鼎大名的楊貴妃。

受到中唐大詩人白居易（七七二至八四六）長篇敘事名作〈長恨歌〉的影響，許多人往往將玄宗一朝由盛轉衰的責任，怪罪到楊貴妃的身上，認為女色誤國。事實上，唐朝國勢從在玄宗時由盛而衰，長遠的時代因素是開國時的制度無法配合現實狀況，東北的胡化與關中內地的缺乏警戒心態，差異日漸明顯，而朝廷的對策卻只能治標。

將這樣的大形勢推給楊貴妃「紅顏禍水」，只是替真正該負責的唐玄宗開脫責任。因為，晉用楊國忠為宰相的，就是皇帝李隆基本人。改元天寶後的玄宗志得意滿，自認為功成名就，對於個性偏狹又沒有政治智慧的楊國忠，正對他苦心維繫的邊帥關係胡搞惡整，竟然一點覺察也沒有。

安祿山在天寶十四年十一月初九起兵，七天之後，朝廷才得知范陽造反的消息；玄宗趕忙布置的三道防線，兵力都還沒有湊齊，十日之內全被叛軍攻陷。十二月十二日，叛軍攻下東都洛陽。唐軍保衛京城長安的最後一道防線，只剩潼關要塞。

▲ 有著大肚楠的安祿山

潼關守將哥舒翰（另一位外籍將領）有八萬兵力，決心堅守不出戰，吸引叛軍主力困於堅城底下，使唐軍另一支由朔方節度使郭子儀（六九七至七八一）率領的軍隊從河朔（今寧夏）反攻河北，切斷范陽與洛陽之間的補給線。

唐廷的這個戰略，本來已收到效果：唐軍在潼關已經堅守了半年，安祿山部沒有取得任何突破；河北淪陷區忠於朝廷的義士，聯合郭子儀的軍隊，成功截斷洛陽與河北的聯繫，叛軍的眷屬都在范陽，軍心因而開始動搖，形勢轉向對唐朝有利的局面。

誰知道，此時楊國忠又出來壞事，他認為自己已經成功整倒安祿山，反倒是鎮守潼關的哥舒翰手握重兵，現在比較危險，於是慫恿玄宗下令哥舒翰開關出擊。哥舒翰接詔後，大哭一場，遵命領兵出潼關。六月初四，唐軍在靈寶（今河南靈寶）大敗，哥舒翰被俘；初九日，潼關落入安祿山之手。

六月初十，玄宗找來宰相楊國忠商量對策，楊國忠建議：不如先到四川去躲一陣吧（幸蜀）。玄宗同意了。六月十三日黎明，玄宗假稱要御駕親征，實際上是帶著楊貴妃、皇子、皇孫、後宮嬪妃、還有楊國忠等少數大臣，在禁軍護衛下出逃。當天政府機構還照常上班，警衛如常站崗，但稍後皇帝已經西走的消息傳出，官員士民紛紛逃離，長安頓時秩序大亂。

▲ 玄宗揮淚忍痛賜死楊貴妃

隔天（十四日），玄宗一行抵達馬嵬驛（今陝西興平市西），將士們又累又渴，楊國忠卻還端著宰相架子在罵人，混亂之中，憤怒的士兵一擁而上，亂刀砍死楊宰相，又殺死楊國忠全家，接著包圍行在（皇帝的臨時住所），要求處死楊貴妃。玄宗看到眾怒難犯，揮淚忍痛命宦官高力士將楊貴妃縊死在佛堂。楊貴妃死時三十八歲。

驕奢淫逸不一定會亡國，決策錯誤才可能身敗名裂。馬嵬驛的悲劇裡，真正該負責的是唐玄宗與楊國忠兩個男人，而楊貴妃只是個相信愛情的女子，一直到最後，她也為了保全她愛的男人，順從的踏入佛堂，情願獻出自己的性命。

但是，事情還沒有結束。六月十五日，悲痛的玄宗上馬繼續西行，這時候，一群地方父老擋住太子李亨的座騎，不讓他離開，玄宗只好留太子下來宣慰百姓，自己繼續往蜀中進發。此時，在太子的隨從裡，有一雙眼睛，正冷冷注視著這一切。

張巡壯烈守睢陽

這時候的安祿山，已經在至德元年（七五六）正月於洛陽稱大燕皇帝，年號聖武；他派遣部將攻陷京城長安，大肆燒殺。高級將領日夜縱酒，於是放鬆了對唐廷的追擊，使得玄宗能安然入蜀，太子李亨則在靈武自行即位，是為肅宗。

新皇帝肅宗上台，指揮各軍反攻。

▲張巡死守睢陽城

至德二年正月，安祿山被次子安慶緒殺死，安慶緒自稱大燕皇帝；二月，郭子儀等人建議向西北興起的部族回紇借兵，唐軍與回紇、西域諸國組成聯軍十五萬，在至德二年九月奪回長安。此時，叛軍把爭奪的重點轉向江淮地區，如果能從這裡攔截江南往關中輸送的物資，就能扼斷唐室的經濟動脈。沒想到，十幾萬大軍向南進取的軍事行動，竟然受挫於一個小小的縣令之手，長達二十一個月之久！

這個「小小的縣令」名叫張巡（七〇九至七五七），山西永濟人，當時只是真源（今安徽省亳州市）縣令。安祿山起兵，地方官通常只有三種下場：逃走，投降，或是被俘。但張巡不一樣，他是有辦法的人，先是堅守雍丘，再馳援睢陽（今河南省商丘市）。

張巡是進士科出身的文官，但是臨陣作戰毫不畏懼；他面對的是十幾萬如狼似虎、作戰經驗豐富的邊境軍團，自己麾下兵力最多的時候也不滿一萬，但是他用盡一切辦法周旋纏鬥，抱著必死的決心，打了大大小小三百餘仗，竟然敗少勝多，把十幾萬的大兵團困在睢陽十個月之久，給了唐軍主力收復洛陽的機會。

至德二年十月，睢陽城內連樹根泥土都已吃光，援軍就近在咫尺，卻遲遲不至，城終於被攻陷了，餓得連舉刀自殺都沒力氣的張巡，力盡被俘。叛軍主將尹子奇審訊張巡，問他為何每次作戰

時期	代表宦官	擁有權力
唐太宗		宦官未介入政治事務
唐玄宗	高力士	可審閱奏章，但對皇帝仍忠心耿耿。
唐肅宗至唐代宗	李輔國	掌握禁軍，弒皇后、皇子，掌握朝中大權，身兼司空、中書令、兵部尚書。
唐憲宗	王守澄	掌握朝中大權，謀殺皇帝，擁立新皇。
唐昭宗	劉季述	掌握朝中大權，囚禁皇帝，隨意辱罵皇帝，不聽話即記一罪。

▲ 唐宦官權力變化

時，總是咬牙切齒，滿嘴滿臉的血？張巡慨然回答：「我恨不得吞食你們這些叛賊，只可惜我力氣不夠（吾欲氣吞逆敵，顧力屈耳）！」尹子奇命人把他的嘴撬開，果然只剩三、四顆牙齒！張巡後來不屈被殺，麾下軍官三十六人全部就義，無一投降。

睢陽城破後七日被唐軍收復，後十日，東都洛陽光復。唐軍主帥的名字、叛軍主將的姓名，隨著動亂平息，時間過去，全都隱沒在史冊的小角落裡，無人聞問；但是張巡「守一城以捍天下」的氣魄，和明知城必破、身必死，卻奮戰到底的壯烈，一直被後世記著，今天台灣有許多祭祀「保儀尊王」的廟宇，就是在裊裊香火裡傳延張巡這段人性裡最感人肺腑的悲壯故事。

宦官的巔峰歲月

洛陽收復後，「大燕皇帝」安慶緒退保鄴城。一年之後，也就是肅宗乾元元年（七五九）三月，被部將史思明殺害，史思明回到范陽，即大燕皇帝位，把范陽改為燕京，這是「燕京」的名稱第一次出現在中國歷史中。史思明後來又被其子史朝義刺殺，叛軍開始四分五裂。到了廣德元年（七六三）正月，史朝義眾叛親離，想往北投奔契丹，被唐軍所殺。到此，為時八年的戰爭動亂終告結束，史稱「安史之亂」。

前面我們提過，唐玄宗欲西行幸蜀，卻發生了「馬嵬驛之變」，楊國忠、楊貴妃被殺，隔天，又有「地方父老」攔住太子，不讓太子跟著皇帝走。太子後來在靈武自行登基，遙尊玄宗為太上皇。這其實已經是一場預謀的奪權政變，而這場政變的主謀，就是太子的隨身宦官李輔國。

唐代宦官開始介入政治事務，要從唐玄宗的貼身侍從高力士算起。當時的宰相和皇室親貴，見到高力士都要巴結，或尊稱為「爺」，甚至叫「阿翁」。不過高力士雖然架子很大，對玄宗卻仍是忠心耿耿，還不敢任意妄為。到了李輔國竄起，事情就大不相同。

李輔國因為立下殺死太子的政敵楊國忠、「擁立」肅宗的大功，藉此掌握了禁軍（神策軍）的指揮權，由此更加囂張跋扈、氣燄薰天。他先是親率五百禁軍持刀闖入太上皇玄宗寢宮，逼迫老皇帝搬家；又趁肅宗病重時，假造太子敕令，指揮兵士入禁苑，殺害皇后與皇子。肅宗與太上皇玄宗受到這樣的驚嚇，紛紛駕崩。

太子繼位（也就是代宗），以李輔國為司空、中書令、兵部尚書，宰相見到他，都要尊稱一聲「五父」（李輔國在家排行老五）。他對新皇上說：「您裡面涼快去，外面的國家大事由我來管就行了（大家但內裡坐，外事聽老奴處置）。」不但沒把皇帝擺在眼裡，還嫌他礙事！

如果讀者以為這就是唐代宦官權勢的巔峰歲月，那就錯了，李輔國還只是序曲而已！

在李輔國之後，宦官的權勢繼續膨脹，除了控制中央禁軍之外，還掌握了皇家財政收入，無論錢還是兵，都能呼風喚雨，興風作浪。宦官們沒有生育能力，但他們也靠著認養子來延續權勢。而且，有著身在權力最高中樞的便利，皇帝的廢立成了宦官的指掌間事。

從唐憲宗李純開始的十代皇帝，有七代是宦官所挑選擁立，當中更有兩位（憲宗、敬宗）是宦官看不順眼，直接砍掉另立新君的！宦官自己也分派系，互相鬥爭；比如憲宗被弒後，兩派宦官率領軍隊，為了各自的乾爹（以及乾爹所欲擁立的皇帝人選）而奮戰，竟把堂堂皇宮大內弄成了血肉橫飛的殺戮戰場！再之後，宦官甚至可以指著皇帝（唐文宗）的鼻子臭罵，或者乾脆稱皇帝（唐昭宗）為「變了心的壞學生」（負心門生天子）。

晚唐皇帝最悲哀的一刻，也是宦官權力攀向最顛峰的一幕，出現在昭宗光化三年（九〇〇）十一月。當時，昭宗皇帝李曄被四名大宦官囚禁於少陽院，左神策中尉（大宦官）劉季述對著又累又餓、驚恐不已的天子算帳：「哪天哪件事，你竟敢不聽我的話，這是你的一條罪過（某時某事，汝不從我言，其罪一也）。」說完一條罪，就惡狠狠地用兵器在地上畫一道痕跡「記帳」。李世民要是知道他的後世子孫被閹人欺負成這樣，真不知會作何感想。

連皇帝大位要誰來坐，都要宦官點頭才能算數，那麼外廷朝臣紛紛找上內宮宦官當後台靠山，也就不令人意外了。晚唐著名的「牛李黨爭」，表面上看似兩派政見不同的大臣結黨彼此相攻、輪流上台，實則代表了宮中不同派系的宦官權力的起伏。到了最後，宦官們起了集體自覺意識，團結一致對外，士大夫們失去了「被利用」的價值，於是轉而投靠另一股勢力，也就是地方軍人世襲的藩鎮。

頭輕腳重喪元氣

藩鎮割據的形勢，在安史之亂平定後逐漸形成。為了平定亂事，朝廷將原來只在邊防重鎮設立的節度使一職，也設置在內地各州。剛開始時，這些節度使是指揮大兵團作戰的統帥，並沒有管轄州縣民政的權力。

不過，隨著時間推移，節度使們以軍情所需為名，截留本該上繳中央的稅賦、任意升免地方官吏，往往又兼任州刺史，於是就成了握有財政、軍事、民政各大權的藩鎮，也就是今天我們說的軍閥。朝廷成了他們的橡皮圖章，通常只能事後承認而已。

藩帥透過認養子的方式，和麾下的軍官集團建立起緊密連繫；在他們出外作戰，或是入朝覲見天子，必須離開大本營的時候，就任命親信（通常是兒子或養子）為「留後」，代行一切職權。節度使身故，通常也是由這些留後來繼承。所以藩鎮就成了世襲的獨立地方政權。驕兵悍將遍布全國，形成頭（中央）輕腳（藩鎮）重的格局。

最囂張的藩鎮，都在唐的東北邊境，分別是魏博、成德、盧龍三鎮，也就是原來安祿山的轄區，這裡的人民胡人比例高，「胡化」情形也高，民風與中原內地不同，政治認同也不一樣；例如發動叛亂的安祿山、史思明，在河北地區，竟被人民尊為「二聖」。

看到這裡，讀者或許會問：既然在安史之亂後，唐朝就逐漸演變成藩鎮割據、頭輕腳重的格局，為什麼唐還能繼續延續國祚一百多年，而沒有旋即滅亡呢？

要回答這個問題，必須從兩個長期的發展趨勢來觀察，一個是華北地方社會的軍事化，另一個則是江南經濟的興起。安史之亂後，作為租庸調法、均田制基礎的自耕農大部流散，不是淪為逃戶，就是成為地方豪強地主的佃農。由於正規軍不堪作戰，唐朝政府鼓勵地方上的土豪業主組織自衛武力來保護家園，並且給予他們「團練使」一類的官銜。於是，流民和佃農就成為團練武力

牛李黨爭

「牛」指的是牛黨的首領牛僧孺（七七九至八四八），「李」指的則是以李德裕（七八七至八五〇）為首的政治集團。爭端起於憲宗元和三年（八〇八）科舉，考生牛僧孺、李宗閔等人在試卷中抨擊時政，焦點集中在當時的宰相李吉甫。後來李吉甫向皇帝哭訴遭惡意攻訐，所以牛僧孺等人都沒有被錄取。但是之後牛僧孺等人仍舊進入朝廷供職，並與李吉甫之子李德裕針鋒相對。牛黨主和，李黨一定主戰；只要牛黨黨人得勢，入朝拜相，李黨黨人就會被貶出京，擔任地方官，反之亦然。北宋史學家范祖禹對牛李黨爭的政見之爭，有一針見血的評價：以私害公。大致上，牛黨代表科舉出身的庶族地主階層，而李黨則是靠門第、家世延續權勢地位的士族門閥；前者正在興起，後者已趨沒落。牛李兩黨各有宦官派系做靠山，反覆鬧了四十餘年，歷經七位皇帝，直到兩黨領袖人物紛紛去世，才告停歇。

的兵源。

他們平日從事生產，有事可以立刻武裝，久而久之，形成了以作戰為職業的武人集團。這些武人背後的關係盤根錯節，有時甚至能挾持藩帥，不聽號令。所以，不但朝廷指揮不動地方藩鎮，藩帥也無法控制麾下軍官。在這種情形下，除了河北三鎮外的多數藩鎮，多半選擇表面上服從朝廷，以換取中央告身（授官證）與財政補助的奧援。

其次，安史之亂的動盪，並沒有波及到江南地區。從唐初開始，一直到西元十世紀初，整整三百年的時間裡，江南雖然也發生多次戰事，但是規模都不大，這就培育了江南經濟的興起的環境。農業生產促成人口發展，人口繁衍又造就了絲織、茶葉等商品化的經濟活動。總之，安定的江南成了支撐唐王朝的經濟支柱，靠著運河輸送到關中的物資與稅賦，長安就能以政治中心結合江南經濟力量，與華北藩鎮的軍事力量勉強抗衡。這種平衡的局面，一直到黃巢之亂時，才算正式被打破。

趨勢	原因	影響
藩鎮割據	平定安史之亂	原來只是單純指揮兵團的軍事統帥開始掌握了地方民政、財賦權力。
華北地方社會軍事化	農民因戰亂逃亡流散	地方土豪組織流民，成為團練武裝集團。
江南經濟興起	未受安史戰亂波及	江南成為支撐唐朝的經濟支柱。

▲ 安史之亂後的趨勢變化

黃巢殺人八百萬

晚唐的地方統治，已經沒有辦法達成有效的管理，只能一味抽取稅賦。農民生活極度困難，官民關係因此變得極為惡劣。黃巢就是在這種變形關係下，走上造反之路。他是曹州冤句人（山東省荷澤縣南），讀書識字，有文化程度，曾經到長安參加科舉卻落榜，那句後來很出名的「滿城盡帶黃金甲」，就是他落榜後心懷怨憤寫出的作品。

黃巢考試不中，謀生又有問題，一氣之下，跑去販賣私鹽，加入大鹽販王仙芝的私鹽集團；當王仙芝在僖宗乾符二年（八七五）起來造反時，黃巢也跟著加入。三年之後，王仙芝被討逆官軍殺死，黃巢卻愈戰愈勇，所到之處官府潰解，人民逃散。廣明元年（八八〇）十一月，黃巢攻下東都洛陽，十二月，打入長安，唐僖宗逃往陝西，黃巢在長安自立為帝。

不過，兩年後，當唐王朝終於起用源自西突厥的外籍雇傭兵團——沙陀騎兵來平亂時，局面頓時逆轉。中和三年（八八三）正月，沙陀首領朱邪赤心（唐室賜名李國昌）派遣有「飛虎子」之稱的兒子李克用率兵參戰。李克用四個月內連

▲黃巢所向披靡，曾一度打入長安

勝五仗，收復長安。之後黃巢退出關中，受到李克用與降唐的前部將朱溫擊討，在中和四年六月自殺。

黃巢之亂，如果從王仙芝造反算起，加上他死後，部將秦宗權的繼續流竄作亂，為時長達十五年。後期的黃巢，違背了他起兵時不騷擾百姓的承諾，造成各地非常嚴重的破壞與死亡。所謂「黃巢殺人八百萬」，未必不是準確的描述。他兩次渡過黃河，四次來去長江，搶掠廣州和嶺南諸府，占領過長安與洛陽，總是能找到唐朝討逆軍的縫隙，到處突擊。

這也與在各地負責指揮圍剿的藩鎮將領存觀望之心、不出實力戡亂有關。例如，僖宗乾符六年（八七九）時，山南東道節度使劉巨容曾大破黃巢於湖北荊門，但是他在勝利後立刻收兵，並不追擊，讓黃巢從容撤走，原因是朝廷剿撫政策不定，「不若留賊，以為富貴之資。」在這種情形下，黃巢將唐王朝生存的最後憑藉、經濟的動脈——江淮漕運破壞殆盡；於是，內有宦官作亂，外有藩鎮混戰，農村經濟破產，武人囂張專權，唐朝的末日就此來到。

平定黃巢之亂，造就了兩大強藩，分別是黃巢降將、宣武節度使朱溫（後來賜名朱全忠），以及沙陀族外籍兵團的領袖、河東節度使李克用。雖然兩大強藩分別被唐室封以王爵（朱全忠封梁王，李克用封晉王），以戰鬥力和對朝廷的忠順程度來說，李克用都優於朱全忠，但是安史之亂後，唐朝原來開放的心胸逐漸封閉，對外族有嚴重的猜忌之心。李克用曾經感嘆的說：朝廷在危急需要我的時候，說我是恩同再造，當亂平以後，就過河拆橋，說我是蠻夷，把我一腳踢開。結果，唐室捨棄忠心的沙陀人李克用不用，卻成為奸狡漢人朱全忠手上的人質。

前面說過，當宦官將唐昭宗囚禁時，朝臣找上藩鎮救駕，找的就是朱全忠。他帶兵殺光了所有宦官，從此挾持皇帝、把持朝政。宦官之禍是結束了，但軍閥亂政卻就此展開。由於和李克用的戰鬥一再失利，讓朱全忠聲望大跌，他唯恐與其結盟的藩鎮叛去，便於天祐四年（九〇七）二月，在汴梁（開封）廢黜唐朝最後一任皇帝哀宗，登基為帝，改國號為梁，唐亡，享國兩百九十年。

五代十國亂紛紛

朝代	起訖年代	享國	開國者（種族）	繼位君主
後梁	907-923	16年	朱全忠 漢	朱友珪、朱友貞
後唐	923-936	13年	李存勗 沙陀	李嗣源、 李從厚、李從珂
後晉	936-947	11年	石敬塘 沙陀	石重貴
後漢	947-951	4年	劉知遠 沙陀	劉承祐
後周	951-960	9年	郭威 漢	柴榮、柴宗訓

▲五代政權接續表

唐朝滅亡以後，中國史就進入了史家所稱的「五代十國」時期。對於「五代十國」這個名詞，我們必須要稍加解釋。大致上來說，五代十國就是唐末藩鎮割據局面的延續：大軍閥在中原建立政權，小軍閥在江南、四川、閩浙、嶺南等地形成小王國。

不過，五代和十國並不是同時存在的。五代指的是朱全忠篡唐建立的梁、李存勗（李克用之子）滅梁建立的唐（李存勗自認接續唐代）、石敬塘建立的晉，劉知遠建立的漢、以及郭威建立的周。因為這些朝代名稱，之前都出現過，為了區分，史家就在朝代名前面加上一個「後」字。所以，五代就成了後梁、後唐、後晉、後漢、以及後周。

這五個朝代，享國時間都很短，最長的後梁，不過十六年，最短的後漢，才四年就向世界說再見。五代所控制的地盤，大概是北方黃、淮流域，加上華中荊襄一帶；可是，由於後來的北宋統一王朝，就是從最後一個朝代（後周）的基礎上興起的，所以史家們雖然不情願，也只好以五代作為正統。至於十國的情況，稍好一點：立國最短、也是惟一在華北的北漢，也存在了二十九年；至於存在時間最長的吳越，如果從開國君主錢鏐在唐昭宗年間據有浙江開始算起，到末代君主錢弘俶向宋朝請降為止，總共傳國八十六年（八九三至九七八年）。

這是一個每年都有戰爭爆發的時代。五代十國的開國君主，都是軍閥；有些不但是軍頭，還是流氓加軍閥。比如在四川割據一方的前蜀開國君主王建，平日無惡不作，外號「王八」。據說，在成都鬧市上，如果有人大喊一聲「王八來了！」可以把整條街的人嚇跑。

至於像殺人不眨眼、喜歡睡兒媳婦的後梁太祖朱全忠，人格之反覆無償、低下卑劣就更不必說了。很多殺人如麻的軍頭，其實自己也是受害者；比如後周開國皇帝郭威，全家老小都被後漢隱帝劉承祐殺得精光，這才發動兵變，推翻後漢。但郭威就算當了皇帝，也沒了家人，只能以妻子的侄子柴榮當養子。

皇帝既然大都是這款德性，政權輪替又像走馬燈愈換愈快，臣子實在沒有替特定政權盡忠的必要，於是會出現像馮道（八八二至九五四）這樣，侍奉過五個朝代、十位皇帝的宰相。

五代就是這麼個時代：只要你手上有兵、拳頭比人粗，你就可以搞兵變、上台過一把皇帝癮，死了被諡為「高祖」或「太祖」皇帝。在這些流氓軍閥出身的皇帝裡，要論對後代的影響，首推後晉高祖石敬塘；當然，是負面影響。

後唐清泰三年（九三六），當時還是河東節度使的石敬塘，為了當上皇帝，不惜出賣河北國防重鎮燕雲十六州給契丹人，請來契丹軍隊消滅後唐，甚至喜孜孜地認小他九歲的遼國國主耶律德光為父，由遼主冊立他當「兒皇帝」（耶律德光的故事，我們下一章再說）。燕雲十六州從此脫離中原政權的掌握，距離下一次回到中國的懷抱，還要再等上四百多年的時間。

唐代滅亡、五代十國相繼興起，這也代表自然地理優勢時代結束、運河時代正式來臨。從唐朝之後，關中的地位一蹶不振，長安再也沒有擔任過帝國的首都；五代和之後的北宋，為了經濟與運河運輸的便利，都把政治中心設在河南的開封（汴京）。長安的重要性，還有它恢弘繁華的氣象，自此一去不復返。

關鍵唐宋變革期

一去不復返的，還不只是長安的繁華，「坊市制」也跟著消失了。隋代的大興、唐代的長安，都是設計嚴整的棋盤狀格局。住宅區、行政辦公區、商業貿易區分得清清楚楚。長安有南北向大街有十一條，東西向有十四條，二十五

「長樂老」馮道的故事

馮道，字可道，瀛州（今河北泊頭市）人。年輕時在河東李存勗軍中任文官，後唐建立，他被任命為戶部侍郎，後唐明宗即位時，又任馮道為中書侍郎平章事，從此開始他的不倒宰相之路。從後唐滅亡時起，馮道就開始扮演起「專業迎降人」的角色：每當新軍閥攻入京城，他就必須出面，率領百官迎接。和這些殘暴的軍閥、甚至是外族的首領（遼主耶律德光）打交道並不容易，一不小心，就會招來殺身之禍。但馮道在各個軍閥之間處事圓滑，甚至還在這樣的亂世裡，盡力保全了不少人的身家性命。在這個戰亂連綿的時代裡，馮道還是少數興辦文化事業的人物。馮道為自己取了一個「長樂老」的別號，並且以自己在亂世中屢任要職而感到自豪。如果用現代選舉政治的術語來做比喻的話，五代的各個君主像是靠選票上台的政治人物，而馮道的角色，則像是負責日常行政的常任文官。

但等到歐陽修作《新五代史》，為馮道寫傳的時候，時代氛圍已經不同，皇帝不再是土匪，忠君觀念再次被高舉，所以馮道就被寫成「無羞恥心」、專門迎降的負面人物。不過，即便如此，身為史家，歐陽修仍然算是公允的記下了馮道在流氓土匪政權裡折衝救人的事蹟，「馮道死後，當時的人都稱讚他，說他與孔子同歲（道既卒，時人皆共稱歎，謂與孔子同壽）」，這不能不說是一種肯定。

條大道分割出一百零九個「坊」，作為住宅區。每個坊都築有土牆環繞，是城中之城，晚上坊門關閉，實施宵禁。

所以，如果我們走在唐代長安大街上，看到的不是樓房酒肆的招牌，而是一座座黃泥土牆。商業貿易活動只能在政府畫定的兩塊區域裡進行，分別是東市與西市。想要找尋醉臥酒樓的「詩仙」李白，到這裡來尋就錯不了。

唐朝中後期以後，為駐軍服務、或以交易功能為導向的「鎮」、「草市」興起，商業活動不再受到政府的嚴格管制。住商混合、沿著運河櫛次鱗比建起來的民宅樓房，成了宋代以後城市（例如汴京）的特色。

在社會上，隋代和安史之亂以前的唐朝，仍然可以算是門閥社會，世家大族還是具有政治與經濟的實力。門閥社會階級分明，靠家世背景來界定每個人在社會裡的角色。即使是皇帝，在做決策時也要考量世族的利益，爭取他們的支持。

晚唐以後，門閥的勢力不再，取而代之的是地方軍閥。到了北宋，以擴大科舉來造成社會流動，出身貧寒的讀書人，只要金榜題名，不需家世背景，也能出人頭地。但是這些人的身分地位，都是國家賜與，很難世襲，這就造就了「英雄不怕出身低」的庶民社會。

經濟稅制的方面，自從租庸調法名存實亡後，唐德宗建中元年（七八〇），採用宰相楊炎的建議，施行「兩稅法」：原來的逃戶，一律准許就地入籍；原來按人頭計，以布匹、穀物等實物繳納稅賦，新制允許可改為以戶作為單位，使用金錢納稅，分夏、秋兩季繳納。至於其他的差役雜稅，一概取消。從租庸調法到兩稅法的轉變，背後有統治原理的改變。「小國寡民」，國家可以直接對丁口進行統治的時代，已經過去了。

兩稅法的實施，還帶出了貨幣經濟的興起。日後，北宋因為鑄造錢幣的銅產量不足，出現了世界上最早的紙幣（交子）、匯兌（飛錢）的使用紀錄。

在意識形態上，唐初原本有著多元開放的恢弘格局，唐長安有居民一百八十萬人，是當時世界上最大的國際城市，深目高鼻的胡人比比皆是。外籍人士可以在政府、社會、軍隊裡自由任職，社會上下也都一視同仁；西域的穿著、飲食、音樂舞蹈、甚至體育競賽，都被唐文化所吸收包容。但是到了晚唐，經過安史之亂的教訓，「夷夏之分」受到重視。宋朝以後，對於「異族」與「華夏」的文化本位區別，更是明顯。對於外來文化的吸收能力，日漸趨於狹隘保守。

這些明顯而關鍵的改變，都在唐朝中後期到宋朝建國之間的兩百餘年內發生，所以這段時間又被學者稱之為「唐宋變革期」。這些變化的唐朝部分，我們已經在本章裡說了；至於變革之後的宋代情形，請見下章便知分曉。

積弱與先進的擺盪：兩宋與遼金西夏的和戰

大宋開寶九年十月十九日（西元九七六年十一月十四日），東京開封府皇宮大內，官家（宋人對皇帝的稱呼）的寢殿裡，今晚只有四十九歲的開國天子趙匡胤，與小他十二歲的弟弟，晉王趙光義。

今年冬天來得很早，東京才十月就北風頓起，吹起漫天飛雪。官家召晉王入宮，邊飲酒邊商議大事。不一會，晉王出來，招手將宮人內侍全屏退在外。兄弟倆說話的聲音，剛開始時低沉斷續，後來音調逐漸拔高。內侍們立在室外，只看見青布幔製成的窗簾裡燭影搖曳，不知官家對晉王說了什麼，晉王不停起身，從身影看去，好像在推辭、謝罪。官家則頻頻以玉斧（一種類似紙鎮的書房文具）柱地，發出「篤篤」的聲音，一邊淒厲的說：你好自為之、好自為之吧（好做，好做）！之後，晉王辭出，寢殿裡悄然無聲。

當晚，年齡未滿五十、一向身強體壯的趙匡胤突然離奇暴崩，趙光義接到消息，即刻重行入宮，在雪夜裡登基為帝，也就是宋太宗。

這是宋太祖、太宗帝位交接當夜發生的情景，也是千年以來史家所爭論的「斧聲燭影」疑案。今天我們說到宋朝，往往認為這是個積弱不振的朝代，但卻也有高度發達的經濟活動與各種先進的發明。宋代在積弱與先進之間的擺盪，其實正是從這風雪一夜開始的。

軍人兵變終結者

宋朝是在「陳橋兵變」當中建立的。後周顯德七年（九六〇）二月，朝廷突然接獲邊境急報：遼人聯合北漢，即將大舉入侵。消息傳來，舉朝譁然；這時五代最有作為的英主——後周世宗柴榮已經病逝，坐在龍椅上的，是不滿七歲的恭帝柴宗訓，於是朝廷連忙派遣殿前都點檢（禁衛軍最高指揮官）、歸德軍節度使趙匡胤領軍抵禦。

軍隊開拔到陳橋驛（今河南封丘縣東南陳橋鎮）時，突然譁變，掌書記（節度使麾下的文職秘書長）趙普和幾名將領拿出預先做好的黃龍袍，披在趙匡胤的身上——這就是「黃袍加身」，接著，大軍立即回師開封。一路上，軍隊對百姓秋毫無犯，趙匡胤安插在京城的人馬都已打點妥當，很少遭遇抵抗，宋代就在這場不流血的兵變當中建立起來。

這場兵變是趙匡胤等人的預謀，證據很明顯：「入侵」的遼兵，只聽得風聲不見蹤影；披上的黃袍，沿路的布置，卻井然有序，早就謀畫完成。所以，這絕對不是士兵「突然」的譁變。但是，如果我們只將陳橋兵變看做是「欺人（後周）孤兒寡母」、開啟北宋一百六十七年江山的一場政治大戲，那就未免有點小看了兵變主謀趙匡胤的細膩用心。

趙匡胤是職業軍人出身，據說武功十分高強，年輕時就投身後周太祖郭

▲ 宋太祖趙匡胤

威的軍營，和後來繼承郭威帝位的柴榮發展出親如兄弟般的交情，他們處在五代那樣一個政變頻繁、軍閥混戰的亂世裡，對於人民在因少數人私欲而發動的戰爭裡遭受的痛苦，有切膚之痛；對於如何消弭武人專權的局面、還給百姓一個太平天下，一定有過共同的商討和規劃。如果柴榮沒有英年早逝，那麼趙匡胤必定會是他最得力的助手；但是柴榮既然先走一步，能完成他們共同理想的人，就只剩下趙匡胤。

他們共同策劃的「安天下」藍圖，第一步，就是讓此後再也沒有軍閥武人可以任意發動政變。這一點，趙匡胤做到了：從宋朝以後，軍閥以兵變做為手段，造成政權（朝代）輪替的情況，再也沒有出現過。於是陳橋兵變，就成了中國歷史上最後一場改朝換代的軍事政變；發動陳橋兵變的職業軍人趙匡胤，成了武人兵變的終結者。

一馬平川無屏障

終結兵變，正是趙匡胤「重文輕武」國策的一部分。所謂「重文輕武」的最初意思，並不是後代所以為的「重視文人、輕視軍人」，而是以文明手段優先，將軍事當做最後的手段，非不得已，絕不輕易用兵。

所謂「文」，也不單指文官、文人，更廣義的來說，新王朝所重視的是文化影響力。如果遼人日漸漢化，欽慕中原文化，兩國關係和睦，日子久了，不戰而能保百年太平，也不是不可能的事！套一句今天的話，這叫做「軟實力」。

趙匡胤之所以會如此重視軟實力，很大的原因是因為先天條件的「硬實力」不如人。宋朝在開國的時候，形勢和漢、唐相差太多、太遠。

我們在上一章提過，後晉高祖石敬

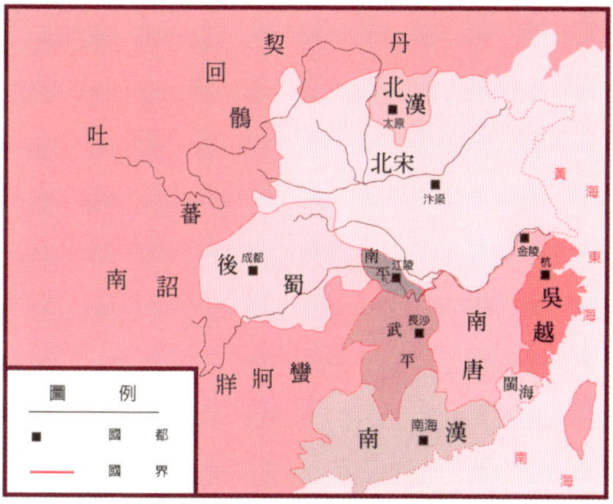

▲ 北宋開國時疆域圖

塘急著想當皇帝，將河北重鎮燕雲十六州割讓給遼國。從此以後，這塊重要的國防線落入了遼人之手。長城，這條中原王朝的防禦工事，就成為遼國的內地。遼軍的騎兵從幽州（今北京市）、瀛州（今河北河間）等地長驅直入，面前全是平原地形，根本無險可守，兩天就能衝到黃河北岸，威脅汴京。

柴榮在位時，曾經率軍北伐，奪回瀛、莫、易三州，但是戰爭因為他的去世而告中斷；趙匡胤即位，明白目前的國力無法支持和遼的戰爭，逼不得已，只好在東京開封府的北面種植大片樹林，企圖減緩敵軍鐵騎的衝擊力。

除此之外，宋朝開國時的疆土，也沒辦法和唐朝相比。趙匡胤黃袍加身所接手的政權，北邊只能控制河北、山西南部，山西有北漢這個割據政權，西南面有後蜀小王國，往南只到長江以北，江南有南漢、南唐、吳越等國家存在。

這些國家的疆土，尤其是長江以南，正是較沒有受到連年兵災影響，文化發達，賦稅生產也最為富裕的地區。要想對付北漢，以及北漢的後台遼國，並且奪回燕雲十六州，那就非先以江南的生產做為經濟基礎不可。太祖趙匡胤在位十六年，南方的七個割據政權，透過談判或是外交、軍事恫嚇，已經解決了五個。

杯酒釋兵拼經濟

於是，中國歷史上頭一回，一個新興的統一王朝，放棄了成為「軍事大國」的夢想，改以「經濟大國」做立國的宗旨，全力拼經濟。

拼經濟的首要之務，就是裁兵，同時也將唐末以來武人控制地方財稅、軍隊的權力收回中央。

乾德元年（九六三）春，官家趙匡胤找來當初一起發動「陳橋兵變」的夥伴們來皇宮喝酒。這些人，比如高懷德、石守信、王審琦、趙彥徽等將領，從小軍官起，全都和當今天子義結金蘭，交情好得不行。大家暫時放下君臣之禮，找回當年的兄弟感情，喝得正高興，官家突然長嘆一聲，面露愁容開口說：如今我身為天子，反倒日日擔心，從來沒好好睡上一覺，還不如當初做節度使時快樂啊。

諸將領忙問：大哥，你怎麼了？趙匡胤幽幽的說：要是你們手下的軍官，有人想貪圖富貴，學習我們當年的做法，拿件黃袍往你們身上一披，你們就是不想謀反，又有什麼辦法拒絕呢？這句話一出，諸將嚇得全部離席，跪在地上，懇求皇帝給他們一條生路。官家這才說出，要大家交出兵權，朝廷賜予豐厚的賞賜，讓這些開國功臣們轉投資（多積金）、買房地產（市田宅），一起拼經濟，也省去朝廷的疑猜（君臣之間，無所猜嫌），這不是很好嗎？

▲ 宋太祖杯酒釋兵權

隔天，這些功臣們紛紛上表請辭節度使，交出兵權，皇帝一一准奏，改由文官出任地方軍事長官。同時，朝廷又在各路設置轉運使，將地方財賦收歸中央統籌。這就是有名的「杯酒釋兵權」。

儘管後世的史家學者質疑「杯酒釋兵權」一事的真假，但趙匡胤給這些一起打江山弟兄的待遇，的確是由漢朝到明朝以來，各代開國功臣中所得到最好的下場。趙匡胤是個心胸寬厚的皇帝，不玩「鳥盡弓藏、兔死狗烹」那一套；他所施行的各種政策，比如重文輕武、收兵權、拼經濟等等，如果用通俗的話說，那就是「自己過得好，也讓別人過好日子」，「自己說話，也讓別人說話」。這種他所開啟的新政治風格，被已故的旅美歷史學者劉子健稱做「包容政治」。

趙匡胤勸別人多投資生財，自己卻很節儉。除了典禮穿用的袍服是錦緞織成，平時都穿布袍；宮裡宦官、侍女只有兩百五十多人；宮殿裡的窗簾，全用青布做成。政府和軍隊也一再精簡，直屬中央的禁軍留強汰弱，只留下三十餘萬精兵，還打算繼續裁減。

京城開封地勢低窪平坦，無險可守，趙匡胤計畫要遷都洛陽。從乾德三年（九六五）起，趙匡胤還在宮裡設置名為「封樁庫」的金庫，存滿一定額度就封存起來。封樁庫專款專用，預備存夠了款，將來向遼國贖買燕雲十六州。

這時候是西元十世紀，當時的世界各國還在靠手上的刀槍說話，而宋朝竟然十分先進的打算以經濟手段，來解決邊境領土爭議了！

而如果遼國不願和平談判，執意開戰呢？「我以二十匹絹購一契丹人首。其精兵不過十萬人，止費二百萬絹，而敵盡矣。」趙匡胤敵情靈通，做足功課，信心滿滿的如此表示。

可是，這一切的努力，以及一個不一樣的未來，都在開寶九年十月十九日，那個「燭影斧聲」的雪夜裡戛然而止。那一夜，太祖趙匡胤突然駕崩，皇弟晉王趙光義立刻即位，是為太宗皇帝。

造假的太宗皇帝

對於宋朝，史學家錢穆有兩個字的論斷：「貧弱」。而這個積貧積弱的情形，就是由太宗一朝開始的。

「燭影斧聲」之夜，確實疑雲密布，詭異非常。但是，千年以來，史家已經逐漸得出一個結論：即使趙光義不

「落花流水」的李後主

南唐後主李煜（九三七至九七八）四十一年的人生，前半段是浪漫無憂無慮的皇子，中期是昏庸君主，人生最後的三年餘，身懷亡國之痛，淪為宋朝的階下囚，卻讓他的文學作品由香豔柔靡轉為沉痛悲涼，為後來的宋詞開啟了一個新境界。

李煜為皇子時，先娶周后為妃，但是與其妹（後來也嫁給李煜，稱小周后）暗中偷情，事後，李煜寫了一首《菩薩蠻》，記下這段刺激香豔的經過：

花明月暗飛輕霧，今宵好向郎邊去。
剗襪下香階，手提金縷鞋。
畫堂南畔見，一晌偎人顫。
奴為出來難，教郎恣意憐。

後來南唐在宋朝大軍進逼之下土崩瓦解，李煜出降，
被帶往汴京，他寫下了《破陣子》：

四十年來家國，三千里地山河。
鳳閣龍樓連霄漢，玉樹瓊枝作煙蘿。幾曾識干戈？
一旦歸為臣虜，沈腰潘鬢消磨。
最是倉皇辭廟日，教坊猶奏別離歌。垂淚對宮娥。

宋太祖封李煜為違命侯、左千牛衛將軍，亡國俘虜生涯非常難熬，
度日如年的李煜，在夢中偶然回到往昔歲月，醒後無限悵惘，寫下《浪淘沙令》：

簾外雨潺潺，春意闌珊。
羅衾不耐五更寒，夢裡不知身是客，一晌貪歡。
獨自莫憑欄，無限江山，別時容易見時難。
流水落花春去也，天上人間。

隔年太祖暴崩，太宗趙光義即位，他不但多次強姦小周后，更賜李煜「牽機藥」，這是一種破壞中樞神經的毒藥，死時全身抽筋，非常痛苦。這也是趙光義擅用毒藥的另一個證明。

是親自下手毒殺大哥趙匡胤的殺人犯，他也必定是幕後的主使者；為他配製毒藥的人，就是晉王府的心腹策士程德玄。

日後，太宗還會以同樣的手段，毒殺投降的南唐後主李煜。他的弟弟秦王趙廷美、太祖皇帝的兩個兒子趙德昭、趙德芳，也都被他迫害，一個接一個死去。正是為了要掩蓋這段不光彩的紀錄，太宗皇帝命史官竄改、假造了他的前半生。

明明陳橋兵變時，他和母親杜太后留在開封，沒有隨軍，卻把自己給竄改成策動兵變的主謀者；明明他和兄長之間，因為政見不同而發生許多爭執，他卻將史書竄改成兄弟情深、太祖迫不急待想要傳位給他的模樣；明明是子虛烏有，他卻和昔年的政敵趙普狼狽為奸，合作炮製出一份「金匱之盟」的說法來。太宗皇帝的前半生，幾乎全是他命史官假造出來的。

為了要表明自己正當繼位，是趙匡胤的合法接班人，太宗趙光義擺出一付「繼承先皇遺志」的面孔。然而，正是這位太宗皇帝，將「重文輕武」的國策曲解成輕視武人、擴大文官員額，並且一改前朝精簡作風，提高文官福利，造成日後拖垮財政的「冗官」困局；也正是這位太宗皇帝，將禁軍擴充到百萬之眾，耗費大量預算，日後卻養出一大批無法訓練、不堪作戰的「冗兵」。

趙光義自詡文武雙全，將領率軍出征之前，他都要召見，親頒行軍布陣圖。將領按御賜陣圖打仗，打輸了可以不擔責任。靠著這種憋腳的戰法，宋軍勞師動眾，動員幾十萬大軍，好不容易打下了北漢。太宗皇帝志得意滿，以為自己算無遺策，他下一個軍事目標，指向北邊的強敵：遼國。

醃漬的太宗皇帝

虛構的「金匱之盟」

據說，趙匡胤黃袍加身，做了皇帝，他的母親杜氏也跟著做了太后。建隆二年（九六一）六月，太后病重，召官家來，問兒子說：「你能夠做上皇帝，這是什麼緣故？」趙匡胤哭哭啼啼的說：「都是祖宗積德。」太后搖頭說：「不然。你能夠得天下，是因為後周皇帝年幼，如果後周有年長皇帝，你又怎麼能得天下？所以你百年之後，一定要將皇位傳給弟弟光義，光義百年後，再傳給光美（即秦王廷美），由年長的皇子繼位，才是國家之福。」趙匡胤哭著答應，太后又要宰相趙普記下這段談話，放在金盒裡，因此又稱「金匱之盟」。

這個說法，在宋太祖在位時從來沒聽說過，而是在宋太宗登基後才出現的。「金匱之盟」由太祖時的宰相、開國元老趙普出面證實，解決了太宗皇帝得位不正的問題。但是實際上，趙普在太祖朝時，一直與暗中發展勢力的晉王趙光義為敵，這恰好證明了沒有「金匱之盟」；因為，如果真有此「傳弟不傳子」的協議，精明狡猾的趙普不可能傻到和未來的皇位繼承人處處為敵。太宗繼位後，在太祖朝因為貪汙受賄下台的趙普，為保身家安全，與在政壇東山再起的機會，這才與趙光義兩人共同串謀造偽。

「小山壓大山」的耶律倍

耶律阿保機與皇后述律平生有三個兒子：長子耶律倍、次子耶律德光、幼子耶律李胡。耶律倍從小聰明乖巧，長大後不但能統兵作戰，還精通儒學，書法、繪畫，深得父親阿保機疼愛，立為皇太子，但不知何故（或許是因為耶律倍過於傾慕中原文化，和述律后意圖保留契丹奴隸制的主張不同），卻很不得母后的歡心。天贊五年（九二六），阿保機攻滅渤海國（約在今天遼寧、吉林一帶），改為東丹國（東邊的契丹之意），封耶律倍為「人皇王」，統治該地。「人皇王」這個名稱，相對於阿保機的「天皇帝」、述律平的「地皇后」，表示阿保機將耶律倍看做是「天、地、人」三者之一，地位崇高；可是封皇太子到新打下的領地為王，形同放逐，而封次子耶律德光為「天下兵馬大元帥」，則代表述律平對耶律倍的不滿。

太祖阿保機死後，述律平臨朝稱制，以「陪伴太祖在天之靈」為由，大舉殺害支持耶律倍的契丹親貴。而為了故作公平，她召來倖存的酋長與眾臣，對他們說：「（倍與德光）都是我的愛子，不知立哪個為帝，你們想要奉誰為皇帝，可以上前扶住他的馬鞍。」於是群臣都上前包圍耶律德光的座騎。述律后假惺惺的說：「既然眾意如此，我也不好違背。」德光遂即位，也就是遼太宗。太宗對東丹國日漸強大頗有疑忌，於是在天顯五年（九三〇），突然造訪東丹國，將兄長耶律倍帶回幽州軟禁。耶律倍對母親的偏心與弟弟的猜忌排擠心生不滿，遂帶著王妃與少數親信出走，投奔後唐。臨走前，他在海邊樹立一木牌，留下一首五言詩：「小山壓大山，大山全無力，羞見故鄉人，從此投外國。」這是遼代最早的一首契丹詩。耶律倍後來在石敬塘起兵滅後唐的戰役中身亡。耶律倍雖然政壇失意，他的藝術成就卻很高，書畫都有作品傳世。今天台北的故宮博物院還收藏著他的《騎射圖》。

遼是鮮卑後裔契丹人建立的國家。契丹是居住在今天蒙古與東北一帶的遊牧民族。唐朝末年，有些漢人來到長城北邊的地帶，耕作或是從商。契丹人向這些漢人學到了耕種、築城的技術。

當中國正進入五代亂世的時候，契丹部落裡出了一個能征善戰的酋長，名叫耶律阿保機。後梁貞明二年（九一六），耶律阿保機打敗了契丹內部的對手，又征服了室韋、渤海等國，於是建立「大契丹國」，自稱「天皇帝」，年號神冊（意思是「上天神祇冊立我為主」）。

耶律阿保機在位十年駕崩，他的皇后述律平以次子耶律德光繼位。耶律德光上台後，看著中國藩鎮軍閥混戰，也起了問鼎中原的野心。

這個機會，在他即位十年之後到來：提供機會者，就是我們之前已經提過兩次的石敬塘，以割讓燕雲十六州為條件，請求契丹出兵助他攻滅後唐。耶律德光於是親率五萬精銳騎兵進入長城，在洛陽打敗後唐軍隊，石敬塘順利當上「兒皇帝」，契丹也取得了燕雲十六州國防重地。

取得燕雲十六州，等於是為契丹人提供向南進取中原的基地；這裡人口密集，以農耕為生的漢人居多，於是，為了治理這塊區域，耶律德光採行兩院制的雙重政治制度：漢人區域由南樞密院治理，施行的律法也仿效漢人；對於管理長城以外搭帳篷趕牛羊的契丹人，則設北院，依契丹習俗管理；南北兩院的長官稱南院大王、北院大王。

會同七年（九四四），契丹人入主中原的機會又來了。石敬塘的侄子石重貴當上後晉皇帝，他雖然承認自己是耶律德光的孫子，可是卻不願意繼續向契丹人稱臣。

契丹派遣使者到洛陽責問，石重貴手下的寵臣景延廣還信心十足的託使者轉告遼主：「中國兵強馬壯，如果爺爺不高興，想來打我，孫子我準備好十萬口鋒銳的長劍，隨時等著爺爺來（翁怒責來戰，孫有十萬橫磨劍，足以相待）！」於是爺爺耶律德光真的打過來了，孫子石重貴的十萬柄橫磨劍一點用處也沒有，後晉大將紛紛投降，契丹攻入開封，石重貴出降，被封為「負義侯」，送往黃龍府（今吉林農安）安置。

契丹進入開封後，仿效中原王朝，建國號為「遼」，遼既有鑌鐵之義，也是「契丹」本來的意思。

現在，耶律德光入主中原了，才發現中原不是想像中的那麼好管理。遼人不改搶奪人民農作財物的老習慣（稱為「打草穀」），引發各地百姓的強烈反抗；加上當時天氣炎熱，在冰雪裡長大的遼軍士兵無法適應，水土不服，疫疾在部隊裡蔓延。

耶律德光嘆說「中國之人難治」，被迫在大同元年（九四七）四月初一撤離汴京，引兵北返。五月，他在行經河北欒城時去世，諡號遼太宗。當時天氣濕熱，為防屍體腐壞，遼人在梓宮（棺材）裡放入大量的鹽醃漬。當時的人稱耶律德光的屍體為「帝羓」，也就是醃漬的太宗皇帝。

遼國皇后都姓蕭

到了宋太宗趙光義想要以軍事行動收復燕雲十六州的時候，遼國已經傳到第五任皇帝，也就是遼聖宗耶律隆緒。

耶律隆緒登基時年僅十一歲，由母后蕭綽（小名燕燕）執政。宋太宗大概是情報不靈，以為母（蕭太后）弱子（遼聖宗）幼，就是北伐良機；卻不知「承天皇太后」蕭綽是一位才幹可與武則天相比的厲害人物。

蕭太后的祖上原來是西域回鶻人，姓拔里氏；遼太祖耶律阿保機佩服輔佐劉邦的蕭何，於是將拔里氏賜姓為蕭，蕭家世代與皇家耶律氏通婚，所以遼朝每代的皇后幾乎都是姓蕭。

蕭綽沉穩有謀，她任用宗室耶律斜軫、耶律休哥、漢人韓德讓為大臣，提倡生產，減輕賦稅，將國事治理得井井有條，契丹人與漢人都能安居樂業，同時也沒有放鬆國防武備。

宋太平興國四年（九七九）五月，太宗趙光義挾著戰勝北漢的餘威，從太原發兵十萬攻擊遼國，意圖收復燕雲十六州。剛開始宋軍進展順利，拿下易州和涿州，於是太宗御駕親抵前線，下令對遼的南京（燕京）發動總攻。七月，宋遼兩軍在高粱河畔（今北京西直門外）會戰，遼軍耶律沙部詐敗退卻，宋軍直追，沒想到耶律斜軫、耶律休哥大軍突然殺出，左右夾攻，宋軍頓時潰不成軍，趙光義本人臀部中箭，趴在一輛驢車上落荒而逃。

雍熙三年（九八六），不死心的太宗第二次發動伐遼戰役，命大將五路進兵，結果又被打敗。這一次，宋方還損失了一員名將：西路軍主將楊業（也就是戲曲《楊家將》裡的楊老令公）因為掩護軍民撤退，不幸被遼軍俘虜，絕食而死。

這兩場敗仗，帶給宋太宗肉體與精神上的雙重打擊。肉體上的打擊，指的是官家趙光義臀部上的箭瘡，從高粱河一役以後，每年都要發作一次，第十八次發作，就要了他的命；至於精神上，宋太宗與之後的歷代宋朝皇帝，就此罹患了「恐遼症」，幾乎是談遼色變，不敢再發起軍事行動（宋自太宗幽州之敗，惡言兵矣）。畢竟，太宗皇帝動員數十萬兵力、耗用太祖時積下的千萬銀兩，也無法取勝，後世誰還敢輕啟戰端？

問題是，你不主動招惹別人，不代表別人就不來找麻煩。太宗趙光義箭傷復發，於至道三年（九九七）駕崩，太子趙恆繼位，也就是宋真宗；七年後的真宗景德三年（一〇〇四），蕭太后就以「收復失土」為名，派兵大舉進犯了。

澶淵之盟很划算

遼軍來犯，兵勢兇猛，黃河以北除了少數幾個據點還由宋軍堅守以外，都已淪陷。遼軍前鋒部隊已經打到澶州（今河南濮陽），直接威脅東京開封。

軍報傳來，真宗皇帝驚慌失措，左右大臣七嘴八舌，有的說請朝廷遷都四川，有的則要皇上行幸金陵（南京）。如果真宗皇帝真聽了這些人的意見，南宋偏安的局面就要提前出現了。

所幸，宰相寇準（九六一至一〇二三）站出來反對，他不但不主張遷都暫避，還要真宗御駕親征，親上前線鼓舞士氣。真宗在他半逼半催之下，北渡黃河，來到澶州。宋軍看到官家的黃傘蓋親臨前線，果然士氣大振，接連幾仗擊退遼軍，

時間	宋帝	遼帝	主要戰場	結果
西元 979 年	宋太宗	遼景宗	燕雲十六州 遼境	宋太宗 中箭敗逃
西元 986 年	宋太宗	遼聖宗 蕭太后主政	燕雲十六州 遼境	宋五路 進兵遭敗
西元 1004 年	宋真宗	遼聖宗 蕭太后主政	澶州 宋境	宋遼 簽下澶淵之盟

▲ 宋遼重要戰役

▲ 北宋與遼結為兄弟之邦

還以連發弩箭射死遼軍主帥蕭撻凜，蕭太后眼看戰爭要形成僵持之局，對遠征的遼方不利，便同意和宋方談和。

同年十二月初，雙方談判結束，明年（一〇〇五）初簽署和議：宋每年向遼輸「歲幣」白銀十萬兩、絹二十萬匹；宋遼結為兄弟之邦，宋朝皇帝為兄，遼國皇帝是弟，真宗稱遼國承天太后蕭綽為「叔母」；兩國相互承認，宋自稱「南朝」，遼自稱「北朝」；邊境城池，維持現狀，不得修築國防工事。這就是著名的「澶淵之盟」。

從此以後，一直到金滅遼為止，宋遼之間維持了長達一百二十多年的和平狀態。

澶淵之盟證明，宋太祖趙匡胤想以經濟手段代替軍事衝突，解決國際領土爭議的構想，是完全可行的。宋每年給遼的「歲幣」，只占政府全年總收入的百分之三，況且在兩國和平之後，宋朝在邊境的「榷場」（交易集市）就可將歲幣全賺回來。比起發動一場動員十萬兵員的戰爭，所需耗費的千萬兩白銀，宋遼間由敵國變成友邦，可說是十分划算。至於，輸「歲幣」給遼，用辭上似乎有些羞辱、不對等，但那也是太宗時發動失敗戰爭所換來的代價。

澶淵之盟簽訂後，宋遼兩國都進入長期的承平時期，可以把精力放在文治與內政的經營上。經過四十多年的恢復，兩國的經濟已經逐漸走出五代末期的蕭條。比如後來聞名世界的江西景德鎮陶瓷，就是在宋真宗景德年間開始大量燒製的。

而就宋朝的文化精神而言，即將進入一段士大夫集體自覺抬頭的時期。宋朝官員的待遇很優渥，在職時薪水豐厚，退休後還終身領俸；加上「自己說，也讓別人說話」的包容政治文化，從平民社會裡，涵養出士大夫承擔國家興亡、積極負責的進取精神。力勸宋真宗親征的寇準，就是宋代開國以後栽培出的第一代讀書人群體，而真宗之後的仁宗趙禎朝（一〇二二至一〇六三年間在位），更是讀書人精神煥發、士大夫昂揚入世的時代。這個時期的代表性人物，就是說出「先憂後樂」名言的范仲淹。

先憂後樂士大夫

范仲淹（九八九至一〇五二），字

希文，蘇州吳縣人，父親在他出生不久後就去世了，母親改嫁到山東一戶姓朱的人家，范小朋友也改名叫朱說。

朱說長大後，明白自己的身世，就拜別母親，到應天（今河南商丘）書院，發憤求學。書院雖然提供住宿與公費，但是待遇不算好。范仲淹刻苦讀書，每天只煮一鍋粥吃，天氣寒冷，粥結成凍，范仲淹將它切成四塊，早晚各吃兩塊，配些醃菜吃下肚。讀書讀到實在累極了，就用冰水洗臉提神。在這種旁人都無法忍受的艱苦環境裡，朱說讀通了各種典籍，練出了一手好文筆，也培養出安邦定國的大志向。他終於考取進士，出任公職，改回原姓，更名仲淹，迎回母親奉養。

像范仲淹這樣艱苦奮發、終於卓然有成的讀書人，在宋代並不少見；他們之所以願意如此苦熬讀書，心裡絕不是只想著做官而已，他們心中懷抱著輔佐賢明君主，在人間重建秩序的理想，我們稱這樣的理想為「得君行道」。

這種理想，自然是源自於「內聖外王」的儒家學說。在前面的章節，我們曾經簡單的介紹過，儒家是關懷生命現世的思想，不但講究自己身心的昇華涵養（內聖），也要追求合理的人間秩序（外王）。

宋代培養尊重文官、包容各種言論的政治文化，到了仁宗一朝時，開始開花結果。勇於承擔責任、思考國家未來出路的士大夫階層，就在這個時候成形。

仁宗一朝四十一年，出了許多後來聞名後世的文臣，例如文彥博、富弼、范仲淹、韓琦、歐陽修，以及被戲曲小說神化為「包青天」的包拯。

范仲淹在〈岳陽樓記〉裡面所說的「先天下之憂而憂，後天下之樂而樂」，可以說是他們這一代讀書人所共同懷抱的志業。這些人也以不同的方式與道路，嘗試實現這樣的理想，例如富弼成功辦理對遼外交，文彥博、范仲淹「出將入相」，包拯出任開封府尹時，以鐵面無私、公正執法的態度，嚴厲打擊東京特權階級的違法濫權。

范仲淹題寫〈岳陽樓記〉的時候，正是仁宗慶曆六年（一〇四六）九月，這時他已經退出朝廷決策核心，出任鄧州（今河南鄧州市）知州。八年前（一〇三八），他出任陝西經略招討副使，在西北邊境和經常入侵的西夏王國作戰。三年以前（一〇四三），他更被仁宗皇帝召回朝廷，擔任參知政事（副宰相），實際主導政府體制的改革。

可是，范仲淹的改革，僅持續一年就宣告中止，導致曾經「出將入相」的范相公，竟被貶官，外放為鄧州知州。改革為何會中挫？又為何要發起改革呢？

改革超前於時代

宋朝的「積弱」與「積貧」現象，

到仁宗時，已經成了必須嚴肅面對的問題。宋太祖起，把所有能戰的軍隊都撥歸中央禁軍，到了仁宗時，已經達一百二十萬人之多，耗費大量預算，但是不僅對外作戰經常失利，禁軍的訓練和作戰都有嚴重弊端；內外官員的人數高達兩萬多人，比起開國初期多出了五倍，許多官員不循正當管道進入政府（倖進），官官相護、關說賄賂的情況非常嚴重，並且形成人力與財力的虛耗浪費。

「冗兵」與「冗員」這兩個弊病加在一起，使得朝廷的歲收入不敷出，赤字連年增加，形成「積貧」，不得不向百姓再行加派稅捐，造成民眾的痛苦負擔，甚至逼老百姓起來造反。

仁宗皇帝與范仲淹、富弼等大臣都看出了其中必須改革的弊端，范仲淹小心謹慎，知道弊端根深蒂固，一旦發動改革，牽扯的是成千上萬既得利益官員集團的權益，反撲的力道會很強大。但是官家求治心切，親自向他與富弼垂詢意見。

於是范仲淹提出嚴加考核官員升遷（明黜陟）、限制不經正式管道擔任公職（抑僥倖）、試行府兵制，以逐漸取代募兵（修武備）等對策，由仁宗皇帝下詔實施。但是，改革觸及文官集團的

西夏的興亡

西夏是由党項族建立起來的政權，党項人本來是以放牧牛羊為生的西北遊牧民族，唐朝時依附朝廷，參加唐軍，對西邊的吐蕃作戰；有一位党項族的酋長拓跋赤辭因為作戰英勇，唐廷封他為西戎州都督，並賜他姓國姓李，於是成為後來西夏的李姓祖先。唐末時，拓跋赤辭的後裔拓跋思恭（李思恭）協助唐軍平定黃巢之亂有功，受封為定難軍節度使，管理西北五州之地，治所（辦公署）在夏州（今陝西榆林縣），這就是西夏的基本地盤；後來他們趁唐亡的亂世，建立獨立政權，就以夏州為國號；又因為夏國在宋、遼兩大國的西邊，所以又被稱作「西夏」。

宋太宗時，西夏利用宋、遼之間進行戰爭的機會，在宋遼兩國之間大玩勒索投機遊戲：如果宋方沒能給予西夏所需的銀、絹、茶葉等貨物，就威脅要投靠遼國。宋太宗與真宗兩代皇帝，因為對遼作戰失敗，得了「恐遼症」，不敢對西北再開戰端，只好一再遷就。西夏趁機擴張地盤，占領蘭州與河西走廊等地。到了宋仁宗景祐五年（一〇三八），西夏首領李元昊正式稱帝，建國號大夏，是為夏景宗；他自建年號，發行貨幣，並且仿造中國文字，創制西夏文。李元昊向遼稱臣，經常派兵攻擊宋朝邊境，擾亂搶掠西北。

西夏之所以能利用宋遼戰爭而崛起，都要歸咎到宋太宗對遼輕啟戰端，給了西夏可乘之機。到了宋仁宗時，為了因應李元昊的入侵，以夏竦、韓琦、范仲淹為正副經略招討使，士兵出身的大將狄青為主將。韓琦主攻，范仲淹主守，兩人意見不一，但都能愛護招撫邊境的羌人，與宋聯合，對抗西夏。西夏雖然在與宋的戰爭中勝多敗少，但只要一發起戰爭，與宋的邊境貿易就會中斷，影響國內的經濟，也造成糧食匱乏，於是，雖然西夏沒有打敗仗，卻主動和宋方提出議和，這就是「慶曆和議」。宋神宗時曾經以五路軍隊攻夏，遼興宗也曾派兵伐夏，但是都被西夏擊敗。西夏漢化程度很高，學校教育與科舉制度全部仿照宋朝；西夏又以武器製作精良聞名。

金國興起，並滅掉遼朝、北宋之後，西夏轉而向金稱臣，稱自己「夏國國主」，和南宋的接觸較少。蒙古興起後，西夏改走「（依）附蒙滅金」路線。西夏保義二年（一二二七），成吉思汗西征，在回師時駕崩，遺命密不發喪，全軍攻擊西夏。西夏末代君主李晛開城投降，西夏亡國。

利益，果然如范仲淹所料，反撲、攻擊的聲浪簡直是鋪天蓋地。范仲淹等人為了不讓皇上為難，於是自請罷相，這場史稱「慶曆新政」的變法，為期一年便宣告擱淺。

仁宗與范仲淹的改革失敗了，但是社會與政治的各項積弊依舊存在。於是在三十多年後，新的變法改革又起，這次的君臣主角，換成仁宗的孫子，年輕的神宗趙頊，以及趙頊素來欣賞的王安石（一〇二一至一〇八六）。

神宗剛剛即位（熙寧元年，一〇六八年），就馬上召見王安石，官家就像現代總統敦請政治人物出來組閣一樣，再三請求王安石出任宰相，主持變法。

有感於年輕皇帝（神宗當時年僅二十歲）的誠意，王安石於是出山從政，陸續提出各項變法改革方案，正式展開後來史稱「熙寧變法」的改革。熙寧是神宗的年號，這場改革歸納起來，一共有四個層面、十三項具體辦法，我們製表簡單說明：

從左頁表格來看，王安石推動的改革，包涵層面非常廣泛，不但切中宋朝當時的各項政治、國防、社會、教育積弊，改革設計裡所蘊含的精神，也相當先進。

例如「青苗法」的精神與今天的農民信用合作社非常接近，都是想以低息信用貸款來保障生產；「均輸」與「市易」兩法則具有現代銀行運作的雛形，更有「金融管制」的痕跡。

新法並不是空中樓閣的設計，若干制度，王安石在擔任地方官時，曾經實地推行過，而且收到很大的成效。新法在全國推行時，既有實際的推動經驗，更有神宗皇帝的鼎力支持，理應順利成功；可是到了最後，施行成果卻不如想像，反對聲浪則超過預期。推行改革的君臣，王安石兩次罷相，心力交瘁；神宗皇帝事與願違，壯志難酬。而原本想要「富國強兵」的新法，最後卻成了小人們用來牟利、掀起黨爭的藉口。

新舊黨小人得志

為什麼王安石的新法會無法成功？問題的答案，除了守舊派官員的反對之外，似乎可以分為社會缺乏足夠支持條件和執行發生偏差兩方面來解釋。

王安石看到了農村社會的重擔，但是當時無論是官府與農民，在實行新法時，並沒有足夠成熟的金融周轉機制與財政收支觀念相配合。於是，本來是減輕百姓負擔的善意，最後卻成了「與民爭利」的惡法。

要推動新法，要靠一批訓練有素，又能廉潔奉公的官僚來執行。但是宋神宗與王安石在推動時，太過猛進，沒有對官員實施訓練，也欠缺考核制度。

第一線執行新法的地方官員，抱著「上有政策，下有對策」的心態推行新制；比如農民明明不需要以青苗質押貸

層面	新政項目	內容說明
民政	青苗法	農民以剛插秧的青苗作抵押，向地方官府低利貸款，以防止地主土豪兼併土地。
	免役法	農民繳納免役錢，就可以免除服勞役。
財政	方田均稅法	以統一標準，丈量全國田地，以訂立徵稅準則。
	農田水利法	興修水利工程，可由百姓向官府低利貸款建造。
	市易法	朝廷設置「常平市易司」主持，平時低價收購滯銷貨物，等市面缺貨時再以高價拋售，以平抑物價。同時，向城市商人發放貸款，以防止兼併。
	均輸法	朝廷於各路設發運使，監督商人，防止囤積居奇，並就便採購上供皇室物品，以節省民力。
軍事	裁兵法	裁去冗兵五十萬人，節省軍費薪餉。
	置將、保甲、保馬、軍器監等法	朝廷於各地派遣將領，專一訓練駐紮當地的軍隊，改革過去「兵將不相知」的情況（置將）；設立保甲，逐步推行徵兵制（保甲）；由百姓代國家飼養軍馬（保馬）；由民間提供軍器設計圖樣，改良兵器（軍器監）。
教育	太學三舍法	將太學（國立大學）分為外、內、上舍三等，逐漸淘汰。上舍畢業生可視同進士任官，用來逐步取代科舉。
	貢舉法	改革科舉考試的科目與方法。

▲ 王安石的熙寧變法

款，但地方官府為了執行新法的考績，強行要求農民借款，逼迫五家為一保，共同擔保還款，若干貪贓官員，甚至在利息上動手腳、大賺黑心錢。要是遇上天災，收成沒有著落，農民擔心還不起貸款，往往好幾家人成批外逃，形成流民。

這種執行上的偏差，編寫《資治通鑑》的史學家司馬光（一〇一九至一〇八六）事前已經看出來，事後也不幸被他說中。

司馬光，字君實，山西夏縣涑水人，他長王安石兩歲，兩人原來是好友。但是司馬光發現王安石新法可能的偏差，不但無法達成富國強兵，反而會使黎民百姓遭殃，再三寫信勸阻不成，終於大力反對；司馬光並不是對王安石的人品有所懷疑，而是擔心小人混入新法團隊，藉由新法中飽私囊。為此，兩人之間通了好幾次信函，反覆論辯，立場卻南轅北轍。

司馬光與王安石都是學養深厚、人品高尚的君子，神宗皇帝希望兩人能同時參加變法，但是司馬光以政見不同拒絕，他決心退居西京洛陽編纂《資治通鑑》，神宗不但沒有生氣，還同意由官方提供經費、檔案，宋代對於司馬光這樣持不同政見者的尊重與禮遇，在之後的各代，都沒有再出現過。

王安石堅持己見，不但路走得艱辛無比，也幾乎得罪原來交往的所有朋友。於是，參加王安石變法的幹部，比如呂惠卿、章惇、曾布等人，幾乎都是些想藉新法往上爬的投機分子，他們心中並沒有福國利民的理想。這些人得志之後，打著新法的招牌，行政治迫害和任用私人之舉。

反對新法的人，被稱為「舊黨」；

支持新法者，叫作「新黨」。司馬光所憂心的事情，果然一一發生。這就是糾纏北宋後期政治的「新舊黨爭」。

新法在熙寧九年（一〇七六）王安石罷相退居江寧（今南京市）之後，仍然繼續推行。元豐八年（一〇八五），宋神宗含恨而崩，太子趙煦繼位，改年號為元祐，是為宋哲宗。

哲宗登基時年紀只有十歲，由祖母高太皇太后執政。高太后請來舊黨領袖司馬光出任宰相，將王安石所推行的新法全部罷除，新政引用的官員都遭外放，史稱「元祐更化」。

元祐元年五月，王安石病逝；接著，司馬相公也積勞成疾，在九月病逝於東京開封府。這兩位新舊黨君子領袖的逝世，象徵著北宋士大夫以國家為己任時代的結束，也是小人得勢的開始；從此以後的四十一年間，北宋政治上不斷重演著「太后攝政時任用舊黨，親政後的皇帝引用新黨」的老戲碼，一直到北宋淪亡於金人之手為止。

▲ 主持變法的王安石

女真興起金克遼

遼朝後期，東北地方興起了女真

《資治通鑑》的故事

司馬光在得知神宗皇帝支持王安石變法的立場後，就向朝廷申請退職，到西京洛陽專心編書。之前，在英宗治平元年（一〇六四），他已經編成周、秦兩朝的歷史，進呈御覽。英宗皇帝趙曙非常嘉許，特許他使用皇家檔案、藏書。神宗又允許他自己招募編修團隊，於是司馬光找來劉恕、范祖禹等人作為副主編，這些人都是當時的優秀史家，司馬光的兒子司馬康也加入編輯團隊，充任助手。神宗元豐七年（一〇八四），歷經十九年，全書終於編纂完成。神宗親自賜名為「資治通鑑」，意思是「給統治者提供借鑑的通史」。

《資治通鑑》是中國第一部編年體（按年分排列歷史事件）的史書，記載的年份，起於周威烈王二十三年三家分晉，戰國時代開始（前四〇三），終於北宋建立前一年，也就是後周世宗顯德六年（九五九）為止，一共一千三百六十二年，十六個朝代。《資治通鑑》對於隋唐到五代這一段歷史，記載特別詳盡；史料的甄選採用，也非常嚴謹。司馬光對於特定歷史事件會加以評論，由於這本書是要進呈御覽，因此評論都以「臣光曰」開頭。

《資治通鑑》站在中原王朝統治者的立場來看待分裂政權，例如對三國時期，司馬光認定的正統政權，就是曹魏而不是蜀漢，諸葛亮北伐，司馬光稱「入寇」。台北國家圖書館藏有宋版《資治通鑑》一部，共一百二十八冊，已經在民國一〇一年（二〇一二）被行政院文化部公告為中華民國國寶。

猛安謀克制

猛安與謀克本來是女真部落的聯盟組織，「猛安」是部落單位，「謀克」則是氏族單位。一個猛安通常包含八到十個謀克，猛安的首領是「勃極烈」，平時集體漁獵，有事時則成為作戰單位。在完顏阿骨打逐步統一女真各部時，將它定為一個軍事行政組織：三百戶編為一謀克，十謀克組成一個猛安。金人入主中原後，將投降的漢人與契丹人也編入猛安謀克體制當中。

人完顏阿骨打所建立的金國政權。女真人在唐朝的時候被稱作靺鞨，以打漁狩獵為生。女真人依照分布區域的南北，有生、熟之分，熟女真居住於渤海國一帶，遼太祖攻滅渤海後，女真各部成為遼的藩屬。遼朝後期，政治敗壞，時常向女真藩屬提出許多苛刻的朝貢要求，到了天祚皇帝耶律延禧在位時（一一〇一至一一二五）更是變本加厲。女真各部組成聯盟，由完顏阿骨打率領，起來反對遼的剝削。

遼天慶五年（一一一五），阿骨打統一女真各部，組成「猛安謀克」戰時行政體制，正式稱帝，起兵反遼。在決定國號的時候，阿骨打對群臣說：「遼以鑌鐵為號，鐵雖然堅硬，也終有變質鏽壞的時候，只有黃金，不變不壞。」於是定國號為金。

金兵人少，但戰鬥力非常強；遼軍人多，戰力卻已衰退，大不如前。遼國幾次派去平叛的部隊，都被阿骨打統率的金兵打得大敗。金人所居住的地方，並不如遼國的城市富庶，既然契丹人是如此不堪一擊，內部又不斷分崩離析，頻頻內鬥，於是金人就起了入侵掠奪的野心。

完顏阿骨打稱帝的隔年（一一一六），他編組六萬精兵，分為兩路，大舉進攻遼的五個主要城市（稱為「五京」）。金兵打遼軍，幾乎是摧枯拉朽。同年五月，東路軍就打下遼的東京遼陽府；遼的黃龍府、臨潢府也一一被攻陷。就在遼國遭受金猛攻的這段期間，原本和遼是百年兄弟之邦的宋，竟然背著盟國，派遣使者由山東出海，到遼東與金人簽訂合攻遼國、平分遼地的「海上之盟」條約，史稱「聯金滅遼」。

遼國朝野知道宋朝竟然背棄百年盟約，從背後偷襲，大為震驚，連忙派使臣來東京勸阻。遼國使臣對宋朝官員懇切陳辭，認為宋遼合力，必定可以壓制新興的金；如果遼被滅亡，宋朝唇亡齒寒，一定不能久存；為了眼前的一點小利，背棄交往百年的兄

▲ 人少但戰鬥力強的女真人

弟之邦，根本不該是中原文化裡應有的作為。可是宋朝皇帝聽不進去，堅持聯合金人消滅遼國，將原來給遼國的歲幣轉輸金人，然後分得燕雲十六州失地。宋軍終於出兵攻遼。

接下來的戰爭情況，非常諷刺：凡是遼金相戰，結果都是金勝遼敗；但是只要宋遼交戰，卻必定是宋軍被打得潰不成軍。最後，遼的五京全由金人拿下，宋朝的出兵，則純屬丟人現眼。

金人本來還認為宋朝是中原大邦，心中存有幾分敬畏，現在親眼見到宋軍的差勁表現，看到宋朝使臣厚臉皮討要城池的嘴臉，親身體會宋朝君臣的不講信用、沒有原則、趁火打劫、鼠目寸光，對「南蠻」（金人對宋人的稱呼）的好感全失。

一一二四年，遼天祚帝被金兵所俘，遼亡。金人看透了宋朝斤兩，只願交還燕雲六州之地，宋人得到的，還只是幾座人畜被搜掠乾淨的空城。終於，在滅遼的兩年之後（一一二六），金兵鐵騎再次南下，宋朝與中國人集體記憶中的空前大災難就要到來。

威震西域的耶律大石

遼天祚帝末年，金兵節節進逼，遼宗室、節度使耶律大石（一〇八七至一一四三）率眾出走，在今中亞一帶建立國家，仍以遼為國號，史稱西遼，耶律大石廟號西遼德宗。西遼以漢語為官方語言，也舉行科舉考試，在中亞民族眼中，這群來自中原的遼人打敗穆斯林聯軍，威震中亞，至於以「契丹」（Cathay）作為中國的稱呼。後來，馬可波羅（Marco Polo）將此傳譯回歐洲，於是發揚光大。

官家帶頭搞腐敗

主導「聯金滅遼」決策的宋朝皇帝，就是宋代第八位皇帝，徽宗趙佶。他是神宗的第十一個兒子，因為哲宗皇帝沒有後嗣，向太后（神宗皇后）選定由他繼位。

關於趙佶，一句話就能形容他的為人：藝術品味高的缺德大少爺。趙佶對繪畫有極高的造詣，觀察入微到說出「孔雀登高，必先舉左腿」這樣的名言；他的詩賦寫得好，更有一手猷勁細瘦的書法，稱之為「瘦金體」。微服出入東京的樊樓妓館，也是他不可少的休閒活動。可是，偏偏在他的個性裡，找不到治理國家該有的道德觀與責任感。

據說，在兩百多年後，元朝宰相脫脫負責撰寫《宋史》裡〈徽宗本紀〉的評語，寫完之後，不禁擲筆嘆息：「這個人做什麼都行，就是不能當皇帝啊（宋徽宗諸事皆能，獨不能為君耳）！」

司馬光與王安石縱然政見不同，他們之間仍是憂國憂民的君子之爭；新法雖然未能成功，卻為國庫積下五千萬兩白銀。這樣的政風與積累的盈餘，都將在徽宗一朝徹底化為烏有。

趙佶剛即位的時候，改年號為「建中靖國」，號召新舊兩黨和衷共濟；

可是他很快就任用蔡京為相，露出傾向新黨的真面目。蔡京（一〇四七至一一二六）從《易經》裡推導出所謂的「豐亨豫大」理論，他對年輕的官家說，如今府庫充盈，百姓安居樂業，身為太平天子，如今正應該展現出豪華的氣象啊，正所謂「財大德大」，有錢才是道德高尚。

宋徽宗是個藝術造詣高的皇帝，他看不上俗氣的金銀珠寶，卻喜歡假山奇石。他在東京設立「艮岳」——大型人工皇家園林。為了充實艮岳，蔡京等人就成立「應奉局」，專門蒐羅這類奇花異石；挑選、運輸這些奇花異石的特別團隊，稱為「花石綱」。

凡是被他們看上的東西，無論體積多大，只要貼上皇家封條，立刻充公，成為官家的玩物，原主必須小心維護，否則就是毀損皇家物品。重達幾公噸的假山奇石，在運送途中，道路太窄便拆毀周邊民宅，城門太小就拆除城門，種種擾民舉措，鬧了二十餘年，把宋王朝累積了一百四十餘年的深恩厚澤破壞殆盡，也在受害最深的浙江激起民變。

朝廷的高層，對於百姓的福祉毫不在意；王安石的新法，現在淪為斂財爭利的藉口。東京市民對把持朝政的新黨蔡京、武官童貫（宦官出身的武將，伐遼的主帥）、爪牙李彥、王黼等六人恨之入骨，稱為「六賊」。

皇帝帶頭奢侈貪汙、壓榨民力，反映出宋朝統治階層的集體貪腐和道德墮落。如果我們把這時候的宋朝比喻成一個人，那麼他就是一個身上罹患種種慢性病的病人；慢性病的病人要是慎重保養，也許有康復的機會，至少不會那麼快倒下。可是，如果病人偏偏要去吹風受涼，那就是自找死路了。

▲ 靖康之難中，北宋皇室被金國擄虐

靖康之恥猶未雪

就是在宋朝內部腐化衰弱到如此情形之下，徽宗皇帝偏還要去招惹金人，訂下聯金滅遼的海上之盟。

簽訂下如此條約也就算了，趙佶君臣卻又視和金人的約定如兒戲，譬如雙方約定，向金人投降的遼將，宋方不得收容，反之也是一樣。但徽宗卻同意本來投金的遼將張覺帶兵轉投大宋，事後金人責問，宋方無法交待，竟將張覺首級交出。這種種卑劣的行徑，加上宋軍攻遼時不堪一擊的表現，終於讓投宋的遼軍將士寒心，金兵就在他們的引路之下，於宋宣和七年（一一二六）分兩路大舉入侵。

東京八十萬禁軍，多數是所謂「假兵」，領著薪餉，占著名額，卻從來沒受過一天訓練，真正按兵籍名冊召集，臨陣全都逃散。

金兵在兩年中兩次入侵，頭一次包圍東京開封府三十三天，不能攻下，在宋割讓河北三鎮之後，解圍而去；第二次，靖康二年（一一二七）入侵，圍城二十天後攻破東京，將開封城內金銀財寶，文物圖冊蒐羅一空，擄走徽宗、欽宗兩帝、趙宋皇室、嬪妃、大臣等一萬四千餘人北上，金人令婦女赤身露體，以便沿途隨時姦淫；不願受辱、自殺殉節的女性，遭到虐殺的嬰兒、老弱，屍體填塞溝壑，史稱「靖康之難」，又稱「靖康之恥」。

經營一百六十餘年的宋王朝，因為整個朝廷加上皇室都被金人擄走，竟然一夕崩解。造成這場大難的責任，在徹底喪失抵抗意志的徽宗、欽宗父子身上。

金兵頭一次犯境，消息傳來，宋徽宗原來還不以為意，認為投宋的遼將足可抵擋；等他知道帶領金兵打到黃河邊上的，就是為宋朝鎮守燕山府的原遼將郭藥師時，嚇得驚慌失措，連忙禪位給太子趙桓，自己在幾千禁軍的保護下逃往鎮江。趙桓在金兵包圍東京、萬分危急的情形下登基，改元靖康，是為宋欽宗。

欽宗即位，雖然立刻振作，罷免「花石綱」，貶斥、誅殺「六賊」，任用主戰派大臣防守東京，一時之間氣象一新。但是金兵解圍退去之後，他覺得已經平安無事，就將太上皇徽宗接回東京，加以軟禁，並且貶斥主戰抗敵的大臣，小人重新得勢。

金兵第二次圍困東京，欽宗君臣先是誤信一個叫郭京的道士，說能招來「神兵」退敵，結果從東京市面上找來的七千七百七十七名「神兵」，一聽到金兵進軍的鼓譟聲，就嚇得四散奔逃，宋廷白白錯過部署抵抗良機；等到敵軍四面合圍，欽宗心理上「懼敵如虎」的那一面就徹底浮現了。

從此以後，他成了金人的木偶，金兵統帥開出什麼勒索條件，他無不極力配合，直到他自己也被擄北上為止；朝廷裡的勢利小人，搖身一變，賣身投靠，成了金人的鷹犬爪牙，東京市民咬牙切齒，在大街小巷貼出匿名揭帖（大字報），痛斥這些漢奸。「賣國賊」這個詞，就是在這個時候發明出來的。

宋代是一個門第消融的庶民社會，當位居政治社會中樞的皇帝放棄抵抗，甘願受敵人擺布時，基層軍民空有抗敵熱血，卻沒有人能出來組織領導全局，只能眼睜睜看著社稷朝廷被異族踐踏，國家崩解。

「靖康之難」這幕悲劇後來成為中國歷史上最慘痛的教訓，也影響明、清、民國各代在和戰關頭的抉擇。而宋朝皇帝從太宗趙光義之後「畏外敵如虎」的投降意識，不但在徽、欽二帝的行為裡重現，也在趙宋皇室惟一逃脫的康王趙構身上看到。

搜山檢海捉趙構

康王趙構是徽宗的第九個兒子，當

▲民族英雄岳飛

初金兵打到東京城下，他自告奮勇去敵營擔任人質，談判割地停戰事宜。金人嫌趙構授權不足，無法作主，於是將他放回，要求再派宗室皇子前來，趙構回程走到半路，被磁州知州宗澤（一〇六〇至一一二八）留下，因此就成了後來東京城破時，惟一的漏網之魚。

在金兵第二次包圍東京時，欽宗任命趙構為「兵馬大元帥」，組織民兵救援東京。靖康二年（一一二七），徽、欽二帝被強行擄走北上以後，趙構在南京應天府（河南商丘）登基，就是高宗皇帝，宋朝的歷史從這時起，進入「南宋」階段。

雖然朝廷遭到「砍頭」（中央政府被集體俘虜），京師被敵軍占領，中央禁軍土崩瓦解，但是金人只占了東京與河北一帶，黃河以南的土地，都還在宋朝地方官員的管治下，宋朝用來防備西夏的「西軍」，也沒有遭受損失。

金人不會統治東京這座先進的大城市，所以在擄走宋朝君臣以後，就成立傀儡政權管轄占領區；他們先是找來原宋廷的高級官員（太宰）張邦昌為「楚帝」，後來又立宋的濟南知府劉豫為「齊帝」。儘管如此，這些傀儡政權極不得民心，張邦昌很快就自請退位，東京又回到宋人之手。黃河以北，有幾十萬民兵，都願意截擊金兵，和敵寇抗戰到底。只要高宗皇帝願意返回東京，登高一呼，重新建立領導中心，起來組織抵抗，局面並不是無法收拾。

但是趙構和他的祖上、父兄一樣，也被「人如龍、馬如虎」的金兵嚇破了膽，認為金兵絕對無法戰勝，於是，他竟然在毫無理由的情形下放棄東京，一路南逃。被任命為東京留守的宗澤，連上二十四道奏章，懇切說明現在抗金形勢一片大好，絕不可任意後退，趙構置之不理，拋下河南河北數百萬軍民逕行南撤；宗澤後來憂憤成疾，死前還連呼三聲「過河，過河，過河！」

但是，渡過黃河的並不是宋朝的北伐軍，而是金軍追擊部隊。宗澤死後不久，金國以太祖完顏阿骨打第四子完顏宗弼（也就是戲文、小說裡的「金兀朮」）為主帥，一路攻擊趙構的新政權。高宗皇帝一行人從河南、安徽、江蘇，一路南逃到浙江，金兵渡過長江，在後緊追不捨，打破建康，攻占杭州，宣稱要「搜山檢海捉趙構」。

趙構驚慌逃竄，認為金人從北方來，一定不善舟船，於是從明州（今浙江寧波）登船，在東南沿海漂流半個多月，三餐不繼，暈船嘔吐，苦不堪言，趙構本人受驚過度，據說還因此喪失了生育能力，「恐金」到如此地步！

對於趙構設在船上的「海上小朝廷」，金人確實無可奈何。於是，他們放把火將占領的明州燒掉，宣布「搜山檢海已畢」，準備撤軍北返。沒想到，這枝不可一世的遠征軍，在常州突然遇到一枝宋軍部隊阻截，交戰之下，宋軍四戰四勝，完顏宗弼倉皇北撤，狼狽不堪。這枝宋軍的主帥，僅是一位小小的統制（團長級軍官），名叫岳飛。

白鐵無辜鑄佞臣

岳飛（一一〇三至一一四二），河南相州湯陰人，他出身純樸的農家，從小喜歡習武，也不忘讀書識字，尤其喜歡讀兵法。靖康元年，岳飛看見兵馬大元帥府招兵勤王的布告，決心從軍報國，他請人在背上刺上「盡忠報國」四個大字，拜別家人，離開家鄉投軍去。那年，他二十三歲。

常州一戰和接下來在建康與韓世忠合作的追擊戰，讓岳飛聲名大起；之前，他在東京留守宗澤底下作事，親身學習過這位老將的智謀，繼承了宗相公「恢復中原」的志向。岳飛麾下的軍隊稱「岳家軍」，是他自己招募編組而成。

後世有人說岳飛是軍閥，但事實是當時宋朝已經沒有正規軍，所有的部隊，幾乎都是私募而來，再由朝廷收編成官軍。岳家軍從剛開始的幾百人，發展到後期近十萬人；歸岳飛指揮的部隊，最多時占當時南宋武裝部隊的三分之二。岳飛的長期駐防地在鄂州（今湖北武昌市），他的軍隊一直在這個戰線作戰，平定過湖南的農民叛亂，對付過劉豫的齊政權偽軍，並且先後對金人發動四次北伐。

最後一次北伐最是知名：高宗紹

興十年（一一四〇）五月，完顏宗弼撕毀和南宋達成的「紹興和議」（因為對「南蠻」不必講信用），分三路大軍南下，中路完顏宗弼，立刻重占東京與河南之地；西路軍隊由完顏撒離喝率領，攻擊陝西；另一枝由河南知府李成等率領，攻打西京洛陽府。宋軍以陝西吳璘部、荊襄岳飛部、淮東韓世忠部為主力迎戰。陝西和淮東兩個戰場都打成平手，只有岳飛一線連連告捷。郾城一役，完顏宗弼偵查到岳家軍指揮部所在，以一萬五千精銳騎兵猛撲；岳飛親自上陣，率將士痛擊金兵的衝擊主力「拐子馬」，「殺死賊兵滿野，不計其數」。

但就在這時，臨安朝廷已經命距岳飛部最近的淮西各軍撤回，金兵四面合圍，岳家軍孤軍深入。七月十三日，沒有退路、失去後援的岳家軍在穎昌（今許昌市）城外與金兵拼死一戰。當日天降大雨，好幾萬人在泥濘中性命相搏；金兵的長槍大刀在近身時失去作用，岳家軍的砍刀卻發揮效果。戰鬥從早打到晚，岳家軍視死如歸，人人奮戰，終於殺得金兵全線潰退：「撼山易，撼岳家軍難」的名聲就此打響。岳飛進駐離東京開封僅二十公里的朱仙鎮，勝利在望。金兵絕不是不會戰敗，故都絕非無法重光。

然後，後續的故事就是高宗皇帝的十二道金字牌急遞（即俗稱的「十二道金牌」）召回岳飛；明面上升為樞密副使（最高軍政副長官），奪了岳飛、韓世忠兵權。接著，宰相秦檜（一〇九〇至一一五五）羅織罪狀，祕密逮捕岳飛父子。最後，紹興十一年（一一四二）的臘月二十九，臨安的家家戶戶正準備過年的同時，岳飛與長子岳雲被處死，岳飛享年三十九歲。

岳飛從此成為悲劇民族英雄的代名詞。在今天，岳飛與其子岳雲的墳，已經重修於杭州西湖畔的岳王廟旁，成為觀光景點。正對著石墳的，是構陷岳飛的秦檜夫婦與黨羽鐵鑄跪像。跪像後面有楹柱對聯：青山有幸埋忠骨，白鐵無辜鑄佞臣。閩南語裡的炸油條，就是「油炸（秦）檜」，這個名詞的背後，是千百年來的公道人心。

然而，岳飛為什麼非死不可？害死岳飛的主謀，真的是秦檜嗎？

背海半壁謀臨安

秦檜只是「殺岳」計畫的執行者，真正要除掉岳飛的人，當然是宋高宗趙構。岳飛必須死的真正原因，並不是他「功高震主」，或是擅自詢問皇儲人選，而是他妨礙了宋金之間新和議的進行。岳飛想要恢復舊山河，反對屈辱的和議；趙構嘴上也喊著恢復，但心裡其實只想當一個偏安政權的皇帝。

從趙構的這個心態出發，我們就能理解南宋的立國格局，這個格局，只要我們將南宋的形勢圖向右轉九十度，就可以看出端倪：

我們可以看見，趙構選擇將南宋新朝廷的「行在」（臨時首都）設在臨安（今杭州）。這裡能直接控制財賦與糧食生產的重心，也就是浙江與江西。朝廷不抑制商業兼併活動，以刺激經濟活絡；利用兩江的賦稅與糧食，中央政府可以逐步將影響力延伸出去：往東是淮河流域的兩淮地區，這裡可以當作金兵來犯時的軍事緩衝區；往北是襄陽一帶，此地對南宋而言很要緊，因為四川與陝南，都要靠襄陽作為聯繫的樞紐；守住襄陽，還可以掩護湖南。至於四川，離朝廷所在地最遠，則被當成「特別行政區」，委由吳玠、吳璘兄弟長期鎮守。這種背靠著出海港口（方便逃亡）控制整個疆域的安排，在中國歷史上還是首次出現。這種形勢，劉子健教授命名為「背海立國」。

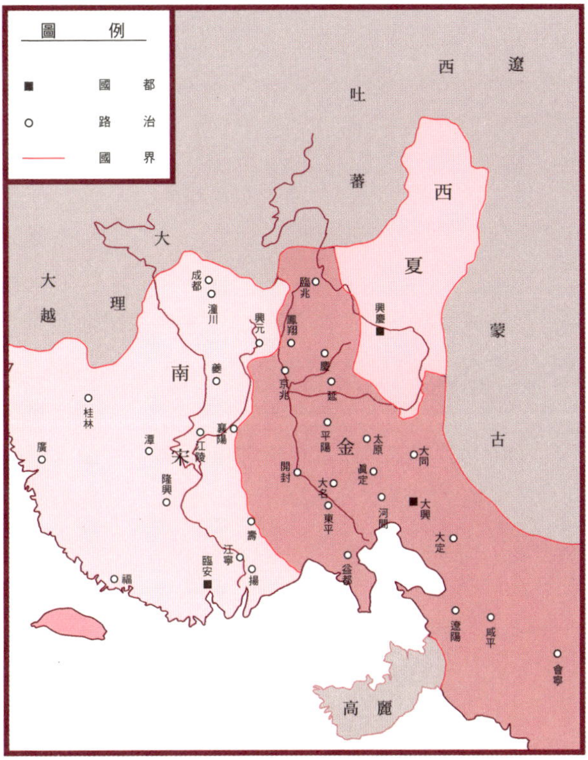

▲ **南宋背海立國形勢圖**

當局面動盪危疑、趙構不確定自己還要不要再往海上逃的時候，他允許各軍團的主帥可以截留地方稅賦，充作軍餉。等到局勢慢慢穩定，朝廷就開始著手收回各鎮帥的兵權、財源。

表面上的手法，是「杯酒釋兵權」的翻版：將統兵大將升官晉爵，在臨安市中心精華地段賜豪宅美地，調離所屬的野戰軍團。私底下，則針對特定不願配合解除兵權的對象，進行政治迫害。高宗和秦檜君臣原來首先想對付的目標，並不是岳飛，而是另一位大將韓世忠；但是岳飛卻出面揭破朝廷的「毀韓」陰謀，反而使自己惹上殺身之禍。

整肅了能作戰的鎮帥，高宗打算以屈辱外交的方式來結束宋金戰爭。岳飛被殺之後幾個月，也就是南宋紹興十一年，宋金之間就簽訂了「紹興和議」：宋主向金國皇帝稱臣，宋主穿的袍服，由金國皇帝賜與，皇帝的身分，由金國冊封；宋每年給金歲幣（銀、絹）五十萬；兩國疆界，東以淮河，西以大散關為分界。

如此屈辱稱臣的投降外交，無法獲得士大夫、讀書人的支持，尤其對那些從北方千里迢迢來投奔的忠義之士來說，根本不能交代。趙構很了解這一點，於是他宣稱自己是為了迎回被金人擄到北方的生母（韋太后，還在世）以及徽宗皇帝（已病死）的遺骨，才被迫忍辱求和的（但對於也還在世的兄長欽宗趙桓，則絕口不提）。靠著「背海立國」的設計，明暗兩面的「收兵權」作法，以及拿孝心來掩護偏安的企圖，一個穩定的半壁山河政權，終於建立起來。

養父在上中興難

「紹興和議」的和平局面只維持了二十年，因為金國皇帝完顏亮（一一五〇至一一六一年在位）南侵而宣告結束。完顏亮嚮往江南風光，紹興三十一年（金正隆六年，一一六一年）帶領六十萬大軍征宋。已經屈辱求和，金人還來進犯，高宗只好下詔親征，移駕建康應戰。當然，趙構這人作事，向來有暗的一手：他已經準備學父親徽宗的老招，禪位給養子趙昚（讀音「甚」），自居太上皇；萬一戰敗，有皇帝兒子來擔當。

所幸，宋軍在采石磯擊退金兵，又遇上金朝內部生變（完顏雍發動政變，登基為帝，也就是金世宗），完顏亮被弒，金兵北歸，高宗不必再到海上漂流；而趙昚也不是欽宗那樣的昏弱之主。

靠著戰勝餘威，新皇帝趙昚和金人簽訂「隆興和議」：雙方地位對等，歲幣減為四十萬，國界不變。趙昚是宋太祖趙匡胤的七世孫，到他這一輩，和北宋皇室的關係已經很遠，早就流落在民間。趙構趁亂登基，卻一心屈辱求和，本來就有正當性不足的問題，加上他的祖先趙光義謀殺親兄、迫害侄兒、篡位登基的內幕，這一百多年來，已經隨著太祖子孫，從皇族內部流傳到民間。

高宗皇帝在海上漂流受驚後已無法生育，為了謀求彌補，就將趙昚（當時名趙伯琮）收入宮中養育。紹興三十一年，宋軍在采石磯獲勝後不久，就傳位給他。所以，南宋的皇帝從趙昚起，都是趙匡胤的子孫。

趙構收養趙昚，為他延請師傅，給他最好的教育，還禪讓皇位給他，表面上看，恩惠真是可比山高海深。趙昚對高宗皇帝的孝敬，早上請安晚上問候，幾十年如一日，也到了無可挑剔的地步，難怪在趙昚駕崩後，被諡為孝宗皇帝。可是，孝宗與高宗這對養父子之間，卻存在著嚴重的心結。

太上皇高宗只想偏安半壁，即使是當金國藩屬也不要緊；孝宗皇帝卻奮發有為，一心要恢復北方失土。於是，高宗從五十五歲退位起，當了二十七年太上皇，一直壓制著孝宗皇帝，阻撓他的中興大業。皇帝晨昏定省，每天都要聽到太上皇隨口指桑罵槐、含沙射影，說些「有些人就是陽奉陰違、假裝孝順」的挖苦，不聽是不孝，聽了又痛苦，這對孝宗的心理狀態，造成非常巨大的壓力與影響。

淳熙十四年（一一八七），太上皇趙構駕崩。孝宗皇帝痛哭昏厥，連飯也吃不下；但是，幾十年來壓在他頭上的負擔，卻也因此而解開了。余英時教授指出，養父的育養之恩，和想要廢除養父一切政治束縛兩種念頭，這時在皇帝的心裡不停交戰激盪，最終使得孝宗身心俱疲，無法負荷皇帝的職務，在一年多以後禪讓給太子趙惇，專心為高宗守孝。

孝宗在退位前的短短一年多時間裡，連連下詔，作了許多改革措施，延攬學者入朝參贊。其中有一位，便是在理學上有集大成貢獻的「紫陽夫子」朱熹。

紫陽先生與「偽學」

朱熹（一一三〇至一二〇〇）是福建龍溪人，他一生做官的時間很短，講學做學問的時間很長；給皇帝講課的時間很短，和同時代的讀書人、門生對話的時間很長。

朱熹繼承了北宋儒家思想的復興與

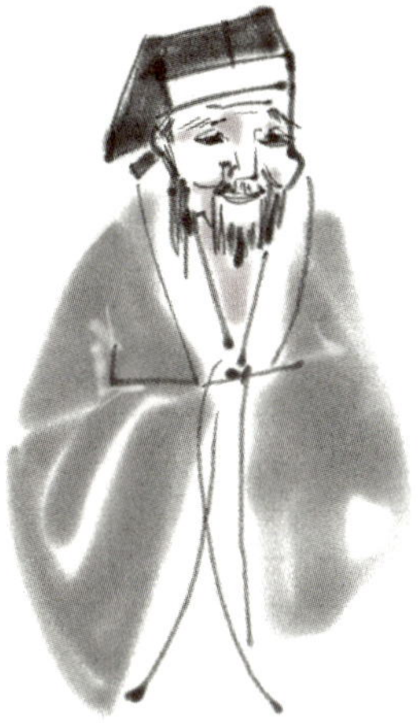

▲ 集理學大成的朱熹

發展，講求天理與人欲之間的關係；他相信天理沛沛盈盈，充塞於天地萬物之間，一個讀聖賢書的人，最重要的就是滅去心中的私欲（存天理，去人欲），探究萬事萬物的道理，在各項事物裡獲得貫通的知識，就能接近聖賢境界。這樣的學問稱為理學（或道學），這樣的進路，就叫做「格物致知」。朱熹還整理了由孔子到南宋的各儒家典籍，親自加以註釋，合《論語》、《孟子》、《大學》、《中庸》為「四書」，他對四書的解釋，成為南宋以後各朝歷代科舉考試的內容，也是學術的主流。

儒家是講究人間秩序的學問，和北宋的士大夫一樣，朱熹也有「得君行道」的理想；對於高宗的屈辱外交，他不表贊同，主張北上恢復中原。不過，朱熹反對貿貿然不明形勢就發動戰爭，想要恢復故土，就必須要順應天理、明白內心，才能洞悉情勢，獲得成功。

朱熹似乎看出孝宗在位晚期內心劇

烈的矛盾和衝突，他上書直言，恢復大業必須以「窮理盡性」為首要之務。在孝宗、光宗趙惇接連禪位的那幾年裡，他企圖以自己在學術上的地位，發揮對政治改革的影響力。

但是，正因為如此，晚年被召入朝廷，擔任皇帝講師（天章閣待制學士）的朱熹，惹來外戚權臣韓侂胄（北宋名臣韓琦的曾孫）的猜妒。韓侂胄認為朱熹是宰相、宗室趙汝愚的政治盟友，所以想要將他們一網打盡。

他先是向寧宗皇帝趙擴進讒言，迫使朱熹丟官，趙汝愚流放（後來死於途中），再將朱熹所談的學問，冠上「偽學」的罪名，進行政治迫害：凡是講理學的讀書人，都被稱作「偽學之徒」，不許就業、出任公職；朱熹編定的「四書」與「五經」（詩、書、易、禮、春秋），全部是禁書，不准公開講學，《朱熹語錄》繳出銷毀。

北宋「新舊黨爭」的戲碼，藉由「查禁偽學」的名義重新上演，當時寧宗的年號是「慶元」，所以史稱「慶元黨禁」。韓侂胄趕走了朱熹、趙汝愚，大權在手，他想做的，正是朱熹最擔心的莽撞之舉：在不明敵我情勢的情況下「無謀浪戰」，貿然北伐。

寧宗開禧二年（一二〇六），韓侂胄發動北伐戰役，宋軍剛開始在兩淮戰線獲勝，不過隨著金兵反攻，戰局逐漸僵持。開禧三年，寧宗君臣對北伐失去信心，在寧宗的楊皇后另一位權臣史彌遠的唆使之下，朝廷設計殺死韓侂胄，將他的首級送給金國停戰求和。

開禧北伐，居然在如此窩囊的情形下，黯然收場。如果朝廷的主事者對於金人的情況，能有更深入的了解，他們就會知道，有個叫蒙古的部族已經在金國的北方崛起，北伐未必沒有成功的希望。

聯蒙滅金走老路

南宋中後期的政局，就在朝廷一下子要北伐，一下子想屈辱求和的擺盪裡，慢慢走向亡國結局。南宋後期政局的另一個大問題，就是皇帝弱勢失格，導致奸相權臣一個接著一個冒出，把持政治。

從孝宗趙昚以後的皇帝，似乎都有精神或心理上的遺傳問題，例如光宗趙惇精神分裂，寧宗趙擴萬事只會說「好」；這導致他們有時連生活都不能自理，更別提履行皇帝職權了！

在這個情形下，軍事、政治、財政一把通抓，沒有人可以制衡的超級權臣不斷出現，從韓侂胄、史彌遠到最後的賈似道，掌握的權力愈來愈大，政治智慧卻愈來愈低；官家則形同木偶，供他們任意擺布。軍國大事因此成了他們輕率反復的決定，如同兒戲。到最後，終於演出「聯蒙滅金」這一齣蠢戲來。

南宋的權相，在外交路線上，各有各的方向，比如秦檜是高宗「收兵權」政策與屈辱外交的執行人，韓侂胄是反攻恢復的代表，史彌遠則又回到屈辱求和路線；到了賈似道（一二一三至一二七五），則墮落成「騙子外交」，欺上瞞下，哄騙國內，丟臉丟到外邦。

先前，蒙古派遣使者向南宋提議，南北兩路出兵，夾攻金人，事成後將黃河以南之地還給宋朝。宋理宗端平元年（一二三四），蒙宋聯軍在金國最後的首都蔡州（今河南汝南）會師，宋軍率先攻進城內，金兵雖然拼死抵抗，但終於不敵，金朝最後一位皇帝哀宗完顏守緒自殺，金亡。

宋軍乘勝想收復東京、西京、南京等河南三大城，但是中了蒙古人偷襲，敗退回南方。蒙古的窩闊台大汗更在隔年（一二三五），開始南侵戰爭；事隔一百餘年，「聯金滅遼」的往事再次重演。從這一年開始，一直到南宋祥興二年（一二七九，即元世祖至元十六年）「厓山之戰」為止，宋朝軍民前仆後繼，和所向無敵的蒙古軍隊戰鬥了四十五年之久。

蒙古人在中亞、東歐縱橫千里，沒有任何城市與政權可以阻擋，即使是同時擁有漢人文化與遊牧民族剽悍軍事能力的西夏與金，也很快被蒙古所滅。可是消滅南宋，蒙古人卻花了這麼長的時間！南宋軍隊在襄陽、四川都能長期堅守，開慶元年（一二五九），甚至在四川釣魚城以火砲擊傷親征的蒙古大汗蒙哥，蒙哥後來傷重不治，引發蒙古貴族內部的大汗爭奪戰。

但是南宋殘局，先是因為賈似道的隱瞞敗報，不救援危急的孤城襄陽，而致使守將力盡投降，中路的防禦最後終於崩潰。在東路戰線，元（蒙古）軍以伯顏為帥，在咸淳十年（一二七四）三路進攻臨安。再一次，當舉國軍民還在抵抗的時候，朝廷又是率先投降。宰相陳宜中既不敢抵抗，又不願當投降使臣，於是朝廷臨時把帶兵趕來保衛首都的贛州知州任命為右丞相，由他前往元營接洽談判。在元營裡，這位臨時委派的宰相正氣凜然，痛斥元軍主帥伯顏；通過翻譯，伯顏在這個人的身上，看到一種完全沒見過的情操，不禁大為好奇，決定將他帶回北方好好觀察。

這位宋朝大臣，名叫文天祥。

留取丹心照汗青

南宋在朝廷投降之後，忠義軍民擁立宗室皇子繼續奮戰。其中，有三位大臣在絕望的情形下，咬牙堅持到最後一刻，被稱為「宋末三傑」，他們分別是張世傑、陸秀夫，以及本節的主角文天祥（一二三六至一二八三）。

文天祥是吉州廬陵（今江西吉安）人，和其他出身貧苦、奮發向上的大人物不一樣，文天祥世代地主，家境非常富裕，但是他並沒有因此而奢靡墮落。

宋恭帝德祐元年（一二七五），蒙古軍隊渡過長江，直逼臨安，文天祥拍案而起，散盡所有家財，變賣一切田產，招募、組織了一萬餘人的民兵武裝，和精銳驍勇的蒙古人拼戰。後來他進入臨安，臨時被委派為丞相，但遭元軍俘虜北上，行經鎮江時獲救逃出。

之後他在江西、福建繼續率兵抵抗，不幸被俘。蒙古人對於南朝竟有這樣堅決剛強的人，感到非常好奇，也想在他身上了解如何統治南方，於是將他送往大都（今北京）。

文天祥被囚在最惡劣的環境裡，秉持浩然正氣，南宋已經亡國，元世祖忽必烈親自來勸，都絲毫不能動搖他的意志。終於，在元至元十九年（一二八三），忽必烈同意文天祥「速死」的要求，他刑前向南方朝拜，從容就義。

除了在大都獄中完成的《正氣歌》，文天祥另還有一首感人至深的詩〈過零丁洋〉。當時，他的義軍退到廣東海豐一帶，正在埋鍋造飯，元軍突然殺到，義軍措手不及，文天祥自殺不成被俘。宋元厓山決戰前夕，宋將張世傑帶領著最後的忠義將士，在海上聯舟列陣，要與蒙古人拼死一戰。

元將張弘範（出身華北金人）要文天祥寫信招降張世傑。文天祥斷然拒絕：「我自己救不了父母，難道還能勸別人背叛父母嗎？」張弘範再三逼迫，於是文天祥要來紙筆，在搖晃的戰船上一揮而就，寫下：

辛苦遭逢起一經，干戈寥落四周星。

山河破碎風飄絮，身世浮沉雨打萍。

惶恐灘頭說惶恐，零丁洋裡歎零丁。

人生自古誰無死？留取丹心照汗青！

人生在世，誰最後不會面臨死亡的結局呢？我不但不畏懼死亡，還要留下我這顆如鐵般熾熱灼燙的心，作出最後一擊，光耀在史冊上！孟子曾經說過，什麼樣的人才算是大丈夫？答案是「富貴不能淫，貧賤不能移，威武不能屈」（富庶顯赫的環境，不會迷亂他的心志；貧苦低劣的處境，無法動搖他的決心；以暴力恫嚇，也不能讓他屈服）。

文天祥用他的生命，徹徹底底的完成了大丈夫的完美人格。這種精神力

▲ 在獄中寫下《正氣歌》的文天祥

量，超過國家與政權的一切界限；也正是這種思想力量，蒙古人始終不能明白，這成為八十餘年後，他們失敗的關鍵。

承先啓後是兩宋

在和與戰之間一再擺盪，終於使宋王朝覆滅。從王朝與王朝之間的對比，宋代似乎是一個對外屈辱、對內貧弱的朝代；在中國歷史上，宋朝三百二十年的歷史，卻有它關鍵的承先啟後地位，對後世有很大影響。這些影響，可以分別從經濟、先進發明，以及文化意識形態三方面來說。

北宋是十一世紀全世界最強大的經濟體。宋朝的國民總生產毛額，占當時全世界的百分之八十。除了繼續鼓勵農業生產，朝廷開始重視商業活動。

大城市裡集中又興盛的交易活動，可以在北宋宮廷畫師張擇端的《清明上河圖》上看得出來。畫卷全長五百二十八公分，裡面呈現的是大難來臨、金人南侵前夕的東京開封府街市景色：汴河上有座拱橋，上頭畫有五百餘人物，有的正揹負貨物趕集，有的悠閒踱步選購。河裡穿行的舫舟，街邊樓高三層的滿座大酒樓，路上摩肩擦踵的牛、馬、驢車，忠實的紀錄下東京城最繁華的一刻。

商業密集，文化發達，自然造就了技術的突破，新發明不斷出現。仁宗慶曆年間，淮南路蘄州（今湖北英山）有個無官無職的印刷工人畢昇，在燒軟的膠泥上刻字，一字一印，等膠泥冷卻後，就成了可以重複使用的排版活字。

另外，羅盤大規模使用於航海導航，一年可以收成三次的占城稻引進中國，都發生在宋朝時期。宋朝一直給人武力不振的印象，但事實上，宋人並不是只懂得拿火藥來製作煙火。根據仁宗時《武經總要》的記載，宋軍已經配備火槍與火砲，這是世界上最早出現的火槍兵與砲兵。

最後，在文化意識形態上，從反抗金兵到南宋抗元，宋朝士大夫展現出一種文化本位主義的堅定意識；「靖康之禍」被異族侵略、國破家亡的歷史，則對從此以後的中國人留下無比鮮明的教訓。

之後宋朝南渡，朝廷依舊屈辱求和，而占據中原的金人則祭拜曲阜孔廟，以正統自居，南宋的讀書人產生了「正統史觀」，以文化精神作為認同的依歸。比如同一個三國時代，北宋時的司馬光以曹魏為正統，南宋的朱熹就改以蜀漢為正統。這樣的正統觀念，會影響往後一千年的歷史發展。

第三篇

近世中華帝國的光輝與滄桑

蒙古人在中國建立起元朝，這段時期在中國史上，可稱是十分黑暗的階段。元朝的建立，是因為蒙古人先進的軍事能力；元朝之所以失敗，則是由於他們落後的統治技術。

一講到明朝，許多人腦海中會立刻浮起一些印象：這是一個黑暗專制、特務橫行的時代，這是一個拿八股文來箝制、僵化讀書人思想的朝代，這是一個皇帝水準很低的時代，這還是一個宦官太監當家的時代

入主中原的滿洲人，是從哪裡冒出來的？大清能以少數民族入主中原，還能達成盛世之治，背後有什麼謎團？歷來的盛世，如唐朝的貞觀、明朝的仁宣之治都只延續數十年，大清怎麼能達成百年之治？而為什麼這樣的太平盛世，卻是中國歷史上的最後一次？

征服者的黑暗帝國：蒙古人與大元王朝

曾經縱橫華北的金滅亡了，商業發達的南宋也終於崩潰，這些運作百餘年行之有效的統治體制，被一個來自草原上的民族所毀滅；許多文明發達的社會，也即將要接受這支民族的統治。而他們派出的軍隊，幾乎征服了所有戰馬所踏過的土地。他們是蒙古人。蒙古人征服的不只是中國，扣除當時還沒有被歐洲人發現的美洲新大陸，蒙古鐵騎踏過的土地足足有四千餘萬平方公里，幾乎占了歐洲加亞洲總面積的四分之三。

蒙古人在中國建立起元朝，一共統治了九十八年的時間，這段時期在中國史上，可稱是十分黑暗的階段。元朝的建立，是因為蒙古人先進的軍事能力；元朝之所以失敗，則是由於他們落後的統治技術。但是，在蒙古人退回漠北以前，卻不是一無可取，至少，由於統治者技術上的野蠻落後，控制能力相對降低，反而使得民間的商業貿易能夠自由茁壯，文學藝術得以發光發熱。

究竟，蒙古人是如何能從草原上的小部落，崛起成為橫掃歐亞的大帝國呢？他們成功的背後，隱藏著什麼謎團？統治中原大地的大元王朝是蒙古帝國的一部分，他們的統治又為什麼以灰溜溜的失敗告終？這些問題的答案，就在兩個人的身上。第一個人從草原崛起，幾乎撼動了全世界；第二個人卻是個苦哈哈的放牛小子，但他竟然能夠終結第一個人的事業。我們的故事要先從第一個人開始說起。

一代天驕鐵木真

漠北草原乞顏部落的酋長也速該非常開心的迎來了兒子的誕生。蒙古人以生肖紀年，這天是壬午馬年春季裡的一天，如果按金人的年曆，則是世宗大定二年四月十六日（西元一一六二年五月三十一日）。當時的蒙古人相信，以殺死的敵方勇士為新生的嬰兒取名，可以獲得他的勇氣。也速該當時正好捕殺了一個名叫「鐵木真兀格」的塔塔兒部族人，於是鐵木真就成了自己長子的姓名。

鐵木真是個早熟的孩子，很早就脫離了日間在草原馳騁狩獵、夜裡在蒙古包和同齡少年嬉鬧摔角的時期。鐵木真從小跟在父親也速該的身邊，看父親如何調停部落裡的紛爭，設法解決部落與部落之間的衝突，他看見父親眼睛裡的疑惑，就像草原上暴風雨來襲時的天空那樣幽黯、深沉：為什麼蒙古各部落總

▲ 元太祖成吉思汗

是分崩離析，不能團結？為什麼一再有人受到金國官爵、錢財的誘惑，一次又一次的發起自相殘殺的內鬥？

鐵木真平靜的少年歲月，隨著父親的死去戛然而止。他十六歲時，父親也速該遭到塔塔兒部報復身亡，鐵木真堅強的扛起領導乞顏部的重任。他發現草原上最兇狠狡猾的，並不是豺狼，而是最難猜透的人心。本應該公平處置的金國官員卻偏袒徇私；昨天才在當面立誓並肩作戰的盟友，今天就拔刀相向；甚至，蒼天作證結成的「安達」（結義兄弟扎木合），也能奪走你的帳篷，你的牛羊，甚至你的妻子兒女，只因為他眼紅你所擁有的一切！

上級，盟友，安達，現在誰也不能相信了。既然你們不能公道處事，那我就自己來實現公道！既然你們的盟誓都是謊言，那我就以謊言對付謊言！既然你連蒼天的誓言都可以悍然不顧，那我也將奪走你所擁有的一切！大家也不必再抱怨部落間難以合作了，因為我要讓所有部落團結在我的旗幟之下！

在草原上實力最強的克烈部落王汗支持下，鐵木真一步步收拾舊部眾，開始他的復仇旅程。他好幾次和死神擦肩而過：曾經在深夜被敵人突襲，一個人落荒逃走；曾經和仇家近身搏鬥，喉嚨中箭；也曾經被打得大敗，妻子母親再次被敵人俘虜。有些人可能熬不過這樣接連的打擊，信心會崩盤，鬥志會消沉；但是鐵木真卻一次次撐了下來，而且還從中鍛鍊堅強的意志，和烈火般的復仇慾望。實力還不強的時候盡量伏低，但時機來臨，就一個也不放過。

率領著愈來愈強大的乞顏部，鐵木真先與他義結金蘭的安達札木合聯手，消滅蔑兒乞部，奪回自己的妻、母；接著又聯合克烈部王汗，打敗了與他恩怨很深的結拜兄弟札木合。鐵木真一連串的勝利獲得金朝的注目，邀請他和克烈部聯手，攻滅了蔑兒乞部。最後，在王汗受到札木合唆使，轉過來突襲鐵木真部時，幾經苦戰，終於反敗為勝，全滅克烈部。

到了金泰和六年（一二〇六），札木合部下叛變，將他綁成了肉粽送給鐵木真。這時候，鐵木真已經掃平草原各部。同一年，在斡離河畔，蒙古各部貴族推舉他為「成吉思汗」，意思是「偉大的皇帝」。鐵木真的復仇之旅，指向下一個目標：金朝。

落後摧毀了先進

接下來幾年，成吉思汗和金朝正式翻臉，接連發動猛烈進攻。這時的金朝早已經沒有了完顏阿骨打那種驃悍氣息，不但把黃河以北的土地丟個精光，還送上公主和親。雖然金人暫時還能苟延殘喘個十幾二十年，但是距離王朝的滅亡之日，也已經不遠了。

在這裡，我們要向各位讀者澄清一個觀念。歷來王朝的興衰似乎有一個反覆出現的循環：當朝代走到中後期，問題叢生，搖搖欲墜，最後就不免有關門倒店的一天，而接手經營的新政權或新王朝，再怎麼說，也比倒台的舊政權來得進步，懂得照顧百姓的需求。

事實上，這樣的認定是不符合中外歷史實況的，當較為先進的社會或政權遭到外來族群摧毀時，接著而來的往往是一段比較黑暗、落後的時期。比如像成吉思汗和他的子孫所建立的大帝國，就是一個很好的例子。

成吉思汗是個偉大的戰士，也是天才戰略家，根據史書記載，他一生「滅國四十」，也就是攻下、消滅了四十餘個城邦與國家，堪稱所向無敵。可是，臣服在成吉思汗鐵蹄馬刀之下的各國、各城百姓，從此就在嶄新的秩序底下，過著更好的生活了嗎？答案是否定的。

在小說或戲劇裡，我們常看到成吉思汗被形容為「大漠的蒼鷹」。蒼鷹翱翔在天空之上，全力衝刺搏擊，確實威武，但是你能想像這隻蒼鷹必須決定這個國家必須重農還是重商嗎？或者，鹽稅的稅率該收多少？山東麥子大熟，該由哪裡的倉儲來收納，以平衡穀價呢？

翱翔大漠的蒼鷹懂得這些嗎？他不會懂的。他所知道的，是復仇，是征服，是破壞敵人的城牆，殺戮敵人的士兵與子民。

但成吉思汗難道不是一個胸襟恢宏、願意聽受勸諫的豪傑嗎？讓我們請出兩位被大汗賞識、尊重的人士來現身說法：耶律楚材與丘處機。

這兩位政治、宗教界的賢達也出現在金庸先生的《射鵰英雄傳》裡，只不過在正史記載裡，兩位老先生被史家稱讚的最大貢獻，不約而同，竟都只是勸說大汗，不要任意屠戮百姓。而成吉思汗對全真教丘道長最感興趣的，並不是他「胸懷仁義」那一套，而是長生不老的神仙之術！這樣看來，毛澤東（在這裡我們先讓他以詩人身分客串出場）在〈沁園春・雪〉裡說：「一代天驕，成吉思汗，只識彎弓射大鵰」，還真有一番道理。

好了，成吉思汗即將率大軍啟程，我們就讓他上路吧。但我們必須要知道：從華北平原到西亞高地，一面面高牆即將被摧垮，一列列士兵將會倒下，一棟棟房屋就要被焚毀，而在這些破壞之後並沒有更好的明天。

蒙古鐵騎撼歐亞

說到蒙古人建立起橫跨歐亞的大帝國，且讓我們先敘述蒙古軍隊的作戰模式和特點。為什麼蒙古軍隊能橫掃天下，無人能擋？

蒙古軍隊作戰的基本特點，就在「快」和「箭」這兩個字上。「快」指的就是機動力強，小股騎兵行蹤飄忽，穿插突襲，難以捕捉，三兩下就不見蹤影；要是大部隊進攻，衝擊力道就更可怕了，不久前他們還遠在天邊，轉眼間你身上就已經中了幾箭。

是的，蒙古人就是會射箭，立定時射箭，騎在馬背上時射箭，邊奔跑還能邊射箭；進攻時射箭，退卻時也還能射箭，要是你被這箭術打得暈頭轉向，他們隨時可以調轉馬頭，來個轉守為攻。蒙古人個個是馬背上長大的戰士，他們不但是馬上的神箭手，還能得心應手的使用狼牙棒、鐵鎚、馬刀等中近距離攻擊武器。就算敵人拼盡老命躲過他們的弓箭，大概也逃不過後面的補刀。

在戰術和武器方面，蒙古騎兵算是機動戰的高手高高手。每次出征，參戰人數大概在十萬左右，每支部隊都經過嚴格的分工訓練，配備有精巧的弓弩，在蒙古攻打金和西夏的過程裡，又從敵人身上學到攻城器具與火器的製作、運用，這和他們的機動性、神準的箭術結合在一起，對於與他們對陣的敵人來說，蒙古軍隊幾乎找不到缺點，無法打敗。

蒙古軍另外有一種殘酷的作法，那就是屠城。大軍行進途中，遇到抵抗的國家或城邦，攻下之後，不分男女老幼，一律殺光；城池拆毀，房屋燒盡，留作放牧牛羊的草地。那如果開城投降呢？入城之後，比車輪高的男子殺光，其餘老幼男女充作奴隸，城池拆毀，房屋燒盡，還是留作放牧牛羊的草地。

許多歷史上著名的西域大城，比如花剌子模的玉龍傑赤（Urgench）、撒馬爾罕（Samarqand），都是在城破之後成為黃沙漫漫的無人荒地，古城的確切位置在哪裡，現在已經找不到了。

▲ 蒙古騎兵都是馬上的神射手

蒙古人一共發起三次西征，而三次西征之所以結束，全都和大汗死亡有關。

頭一次由成吉思汗親自率領，滅花剌子模，大破俄羅斯，回程時順手收拾掉了西夏。成吉思汗崩於西征回師的途中，他的三子窩闊台繼任大汗，聯合南宋滅掉了金朝（哀宗天興三年，西元一二三四年）。

接著派侄子拔都（這名字翻譯得太貼切）西征，拔都一路上專拔各國首都，大破歐洲諸國與神聖羅馬帝國聯軍，兵鋒直抵維也納河畔。但在這個時候，窩闊台的死訊傳來，拔都立刻退兵。

第三次西征的主帥，是第四任大汗蒙哥（成吉思汗孫）的六弟旭烈兀，這次進兵的方向是中東阿拉伯世界，也就是今天的伊拉克、黎巴嫩、敘利亞一帶地方。旭烈兀的進展也很順利，拿下巴格達與大馬士革，正當他打算進攻開羅的時候，蒙哥汗的死訊傳來，旭烈兀立刻退兵。

三次西征，蒙古人除了打得歐亞各國暈頭轉向，還送給歐洲人一個禮物：黑死病（也就是鼠疫），造成人口銳減、文化倒退，全歐洲烏雲罩頂，苦苦

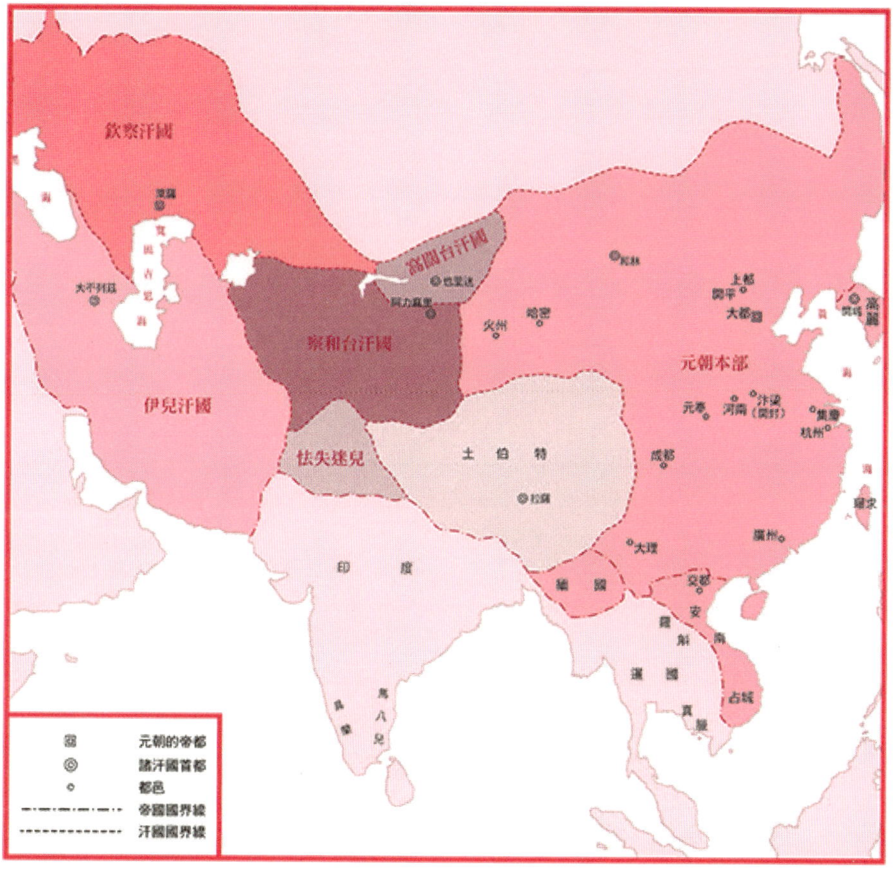

蒙古帝國疆域圖 ▲

等待文藝復興的曙光。很會懺悔的歐洲人，認為蒙古人是上帝對他們失去信仰的懲罰，所以稱他們為「上帝之鞭」。

那麼，為什麼這幾次「上帝之鞭」總是在聽到大汗過世的消息後，就匆匆收鞭回家了呢？拔都與旭烈兀的退兵，都和蒙古貴族爭奪汗位密切相關。

大哉乾元忽必烈

一二五九年，也就是南宋開慶元年，蒙古大汗蒙哥在攻打南宋的前線四川合州（今四川合川市）受傷病逝。蒙哥一死，他的兩個弟弟忽必烈與阿里不哥（這名字譯得很蓄意）分別自立為大汗，經過五年明爭暗鬥，一二六四年，阿里不哥失敗，向哥哥忽必烈投降。

由於中國史書向來是由勝利者詮釋，所以阿里不哥是不是真的不如他哥，我們不知道；不過，忽必烈的勝出，卻讓他成為中國歷史上的開國之君。

忽必烈是成吉思汗的孫子，大哥是蒙古第四代大汗蒙哥。忽必烈對於儒家

蒙古四大汗國

成吉思汗在東征西討的過程裡，將得來的土地陸續分封給他的四個兒子：長子朮赤受封在今天俄羅斯的鹹海、頓河、伏爾加河一帶，史稱欽察汗國（歐洲人又稱為金帳汗國）；次子察合台受封在今天阿富汗、新疆一帶，是為察合台汗國；三子窩闊台受封在阿爾泰山以西的土地，這個國家開始時沒有國名，因此被叫做窩闊台汗國；伊兒汗國最晚建立，位在今天西亞伊朗一帶，由成吉思汗的四子托雷之子旭烈兀統治。蒙古人有將家業留給小兒子的習慣，因此成吉思汗將原蒙古草原的土地封給幼子托雷，這也是托雷一系後來能掌握中原、建立元朝的原因。四大汗國除了伊兒汗國的旭烈兀因為與忽必烈為親兄弟、特別親近之外，實際上並不承認大元王朝有資格代表蒙古大帝國的宗主地位。而雖然一開始四大汗國都以藏傳佛教為官方信仰，但在兩、三代之後，都紛紛伊斯蘭化了，並且在十三、十四世紀逐一滅亡。

國名	首任統治者	統治範圍	存在時間	與元朝的關係
欽察汗國 金帳汗國	朮赤 成吉思汗長子	俄羅斯的鹹海、頓河、伏爾加河一帶	西元 1242-1502 年	不承認元朝的宗主地位
察合台汗國	察合台 成吉思汗二子	阿富汗、新疆一帶	西元 1222-1680 年	不承認元朝的宗主地位
窩闊台汗國	窩闊台 成吉思汗三子	阿爾泰山以西的土地	西元 1225-1309 年	不承認元朝的宗主地位
伊兒汗國	旭烈兀 成吉思汗么子托雷之子	西亞伊朗一帶	西元 1256-1357 年	承認忽必烈（托雷第四子）為宗主

▲ 蒙古四大汗國

文化有一定的了解，他略通漢語漢文，也延攬漢族儒士為幕僚，所以蒙哥汗讓他管理「漠南漢地」，也就是大漠以南，黃河以北，原西夏、金國的領土。

他當上大汗之後，仿照中國傳統政府體制，設立中書省（最高行政機關）、樞密院（最高軍事機關）、御史台（最高監察機構）等組織。至元八年（一二七一），忽必烈決定替自己的王朝取個中國式的名字。按照《易經》「大哉乾元」的意涵，他將國號定為「大元」。

在元朝之前，開國君主在定立國號時，要不以原來的王號、爵位作為新朝代的名稱，就是以發跡的地名當作國號。比如漢王劉邦建立的朝代就是漢；李淵曾經受封為唐國公，所以國號是唐；趙匡胤當過歸德軍節度使，治所（辦公署）在宋州，所以國號是宋。

元朝則是引經據典，頭一個稱自己為「大元」的王朝，從此之後的各個朝代，也都加一個「大」字在國號前頭，比如大明、大清，都是如此。

大元王朝同時也是蒙古帝國的中國部分。元世祖雖然自立為蒙古大汗，蒙古西征後陸續建立的四大汗國並沒有完全承認他的合法地位。一直到元成宗大德七年（一三〇三），四大汗國才勉強認可元朝皇帝是整個蒙古帝國名義上的元首。

北往南來大交通

忽必烈建立大元之後，加緊攻打南宋。至元十二年（一二七五），南宋皇帝投降，靖康之難後南北分裂的局面正式結束，全國統一。

蒙古人席捲南北，首先帶動的效應，是人口和語言的流動。政治的長期分隔往往帶來語言的隔閡，蒙古的鐵騎卻打破了這些藩籬。元朝在滅南宋之前，已經繞道西南，先行拿下大理，也就是後來的雲南。滅宋之後，又遷徙大批百姓到北方。這都造成了南北方語言的互相接觸與融合。當然，這種交流，其中很多都不是出於自願。

既然大江南北重新歸於一統，元朝廷面臨一個迫切的需求：京師大都位於北方，是全國的軍事、政治中心，需要南方的稅賦、絲綢和糧食作為支撐。

隋、唐時開鑿的運河系統，雖然也是南北向交通，但卻是以洛陽作為起點，向東南延伸的；以前南北政權以淮河為界，各管各的，也就顧不上「南糧北運」的問題，現在，南來北往的水道溝渠運輸系統，就有重新串連起來的必要。

於是，在原來隋、唐運河的基礎上，元朝開始進行截彎取直的開鑿工程。除了疏濬舊有的河道，在山東境內又開鑿了濟州、會通兩段運河，於大都外圍則挖開通惠河。從杭州到大都，錢塘江、長江、淮河、海河、黃河五條水系，因此全部串連貫通。

搭載著貨物、糧食的船艣，由杭州起帆，可以一路直達位在大都城內的碼頭。在鐵路出現之前，這條南北大運河將一直是中國的交通動脈。

大都泉州展風華

有了運河的帶動，大都和泉州，也就在元代成為十三、十四世紀時的世界級國際大都會。先從大元王朝的京師大都開始說起。

蒙古人踏平金朝的中都燕京之後，發揮偉大的破壞精神，把金朝的城牆宮殿既燒又拆，化為廢墟一片。忽必烈在自立為大汗後，決定將國都從原來的上都（今內蒙古多倫縣）遷來燕京。他先命一個國際設計團隊（由漢人文臣、風水堪輿師、西域工匠、阿拉伯建築師組成）進行新首都的建設。至元十一年（一二七四）正月初一，新皇宮落成，忽必烈在大內大明宮接受各國使臣朝拜。這座皇宮，就是明、清紫禁城的基礎；新首都定名為「大都」，這也是往後中國王朝定都北京的開始。這座城市裡有良好完備的供水系統，規劃完善的商業、住宅多機能社區，常住市民人數即使以保守統計，仍然超過一百二十萬人以上。金髮碧眼、高鼻深目的外國人到處都是。

福建泉州在南宋時就已經是國際貿易的大港，船舶就從這裡揚帆出發，滿載瓷器、絲綢、茶葉，到東南亞、甚至到中東的伊斯蘭世界作生意，換回胡椒、象牙、香料、琥珀等貨品。

元朝初年，泉州成了全國（或者，應該說是全世界）最大港口，晉江口上每天都有上千艘船舶進出。泉州城有常住人口二十餘萬，各國進出口貿易商滿街走，講的語言也不一樣：除了講著泉州話的在地人，還有歐洲基督徒、非洲抓來的黑奴、頭戴小帽的精明猶太生意

名稱	起點	終點	長度	完工時間	主事者
壩河	西起大都光熙門（今北京東直門北面）	東到通州城北，接溫榆河	40 餘里	西元 1279 年	郭守敬
濟州河	南起濟州（今濟寧）南面的魯橋鎮	北至須城（在今東平縣）的安山	150 餘里	西元 1283 年	來阿八赤、奧魯赤、劉都水
會通河	南起須城的安山	北經聊城到臨清接衛河	250 餘里	西元 1289 年	李處巽
通惠河	昌平縣白浮村神山泉	東至通州接白河	164 里	西元 1293 年	郭守敬

▲ 元朝運河

人、稱泉州為「刺桐」的阿拉伯人，以及人數最多的波斯回教徒。泉州城裡不但有天妃廟、佛寺，也有清真寺、天主教堂，羅馬教廷還派來了泉州教區主教。十三、十四世紀的世界時尚潮流產品、服飾，大概在泉州都看得到。

泉州、大都的風華光彩，想必有一個歐洲人曾經親眼目睹過。他是威尼斯人，名字叫馬可．波羅（Marco Polo），他跟隨商隊穿越絲路，來到忽必烈汗的宮廷，見識過大都的誕生；他從泉州出海，護送忽必烈的公主出嫁到伊兒汗國。幾年之後，回到威尼斯的馬可．波羅，在與熱那亞的戰爭中被俘，他在獄中口述的《馬可波羅遊記》，是歐洲開始了解神祕東方世界的重要作品。

不過，關於元朝，好話就說到這裡為止了。要知道，這個橫掃歐亞的大帝國，在中國的統治竟然只能維繫九十多年就收攤倒店，當中原因可是不少。

種族歧視限制多

蒙古人在中國實行的是種族隔離政策，以維持他們少數民族的統治。人分成四等：位於權力金字塔頂端的，是蒙古人（國人），其次是所謂「色目」人，顧名思義，是眼睛不是黑顏色的人，也指中亞各民族，像馬可．波羅這樣的歐洲人也算在內；第三等人是漢人，也就是華北原金國統治下的人民；

▲ 元朝種族政策下的地位金字塔

最末一等，就是原南宋治下的百姓，稱為南人，不過蒙古人愛叫他們「蠻子」。南人和漢人嚴禁與蒙古人通婚，社會地位也遠遠不如蒙古和色目人。

如果我們把人民生活快樂的程度，也排成一個金字塔，那這個金字塔就要倒過來擺了。蒙古的統治，以各種歧視性律法措施來保障種族的隔離。蒙古人打傷或打死一個漢人，官府的懲罰是處以杖刑；要是漢人打傷或打死了蒙古人，不但要處死，他（或她）的家產還要充公。

南人的遭遇更加悽慘：不准學武、不准聚眾集會（結社）、也不准鑄造金屬耕具，原來持有的弓箭、刀劍、耙、鐽等一律沒收，因為怕被用來當作造反的武器。苛捐雜稅多如牛毛：逢年過節要繳錢（過節錢），作生意有保護費（常例錢），打官司要送紅包（公事錢），那什麼都不作總成了吧？對不起，沒事還是要收費（撒花錢）！

窮到只會印鈔票

蒙古人似乎總是以佔領者自居，吃飽喝足、殺人放火之後，就打算回草原待著去了。他們的心思沒花在改善統治技巧，也不想了解被統治者的想法。

忽必烈在位三十多年，本人能說漢語，對儒家文化思想算是有一定的了解，也能進用漢臣，不過從他以後，蒙古權力高層與漢人社會之間的交流，基本上就算是停止了。大部份元朝皇帝與大臣都不會講漢語，也看不懂中國字。當一個國家的統治者與被統治者之間，竟然連語言文字上的溝通也沒辦法建立時，這個朝代的命運可想而知。

但是，元朝的高層們才管不上這些。皇族們你發動一場兵變，我也搞一次政變，大家互搶皇位，忙得不亦樂乎；如果不算回到沙漠裡喝風吃沙的北元時期，大元王朝享國九十八年，一共出了十一個皇帝，乍看還不算離譜。但是，扣除開國的忽必烈在位三十三年，亡國的元順帝妥懽帖睦耳在位三十四年，中間的三十一年，竟換了九個皇帝！這幾個皇帝的數字告訴我們：搶著上台他們是行的，上台後他們是不行的。

蒙古人並沒有更動原來中原、江南的經濟生產關係，只是在地主的頭上，再空降了元朝官吏。這種階層關係，是靠著形同占領軍的駐軍來維持的。

地方上的蒙古貴族圈占老百姓的田地，改作私人牧場；漢人地主又勾結官府併購土地。於是土地所有權從耕作的農民，轉到吃香喝辣從不下田的大地主手上。辛苦勞作的農民，有的一生都在為別人種地；有些遇到歹年冬的，顆粒無收也就算了，還要設法交租，弄到連個遮風避雨的棲身之地都沒有。收成是地主的，飢餓是自己的，官府是有權勢的人的。這種日子，誰能不苦？

朝廷管不管這些呢？遇到水旱災時偶爾也管的。但是，朝廷賑災的款項，從上（戶部）到下（州縣衙），貪官們層層伸手，災民真正能拿到的，恐怕就是幾張當壁紙用的寶鈔（紙幣）了。這寶鈔沿用自宋、金，本來是很先進的金融產品，為什麼只能當壁紙用？因為缺乏準備金，加上朝廷把印鈔票當成是拼經濟，面額暴增而幣值暴跌，形同廢紙。

簡單來說，蒙古人是走錯了地方：在戰場上，他們曾經叱咤風雲，所向無敵；可是要統治一個廣土眾民的農業帝國，他們卻像是貪玩沒念書的小學生，在歷史給的考卷面前撓頭搔耳，不知所措；連控制都沒方法，窮到只會印鈔票。而歷史留給他們答卷的時間，也所剩不多了。

竇娥喊冤聽不懂

讀書人的地位以及儒家文化，在元代也遭受到前所未有的衝擊和挑戰。根據統計，在元代九十八年的統治期間，一共只斷斷續續的舉行了十六次科舉！只有在哪個稍有頭腦的蒙古貴族當政，恰好又碰上他心情好，這才舉辦一次。

不但如此，科舉多為蒙古、色目子弟開設，漢人士子以前想靠著寒窗苦讀，然後金榜題名作大官的人生成功道路，現在算是斷絕了。在這樣的環境底下，確實有若干學者，他們回到民間，開設書院，收生徒潛心研究學問，為理學的傳承留下了一脈香火；可是有更多的人，就這樣失去了讀書的動力和目標，書本裡的知識頓成沒用的東西，更糟的是缺乏謀生技能，淪落社會的底層，地位比乞丐遊民好不到哪去；所以當元朝劃定社會十大籍貫的時候，就有「九儒十丐」的說法出現。

試問儒士前頭是哪一種人呢？答案是娼妓。連她們的地位都比讀書人高！蒙古人來以前，書中自有黃金屋、顏如玉；蒙古人來之後，讀書的下場是成為無殼蝸牛，還討不到老婆。

有些人挾著滿心的怨憤，流落在繁華的市井街衢，為酒肆店家填詞作曲，賺取溫飽；這些潦倒的文人筆下，不但反映出自身的困頓哀傷，也呈現了老百姓飽受欺壓不公的日常生活。這就是元代雜劇和散曲興起的政治、社會背景。比方我們下面所要舉的《感天動地竇娥冤》（簡稱《竇娥冤》），就是個知名的例子。

《竇娥冤》是元代雜劇家關漢卿的代表作。故事的大意，是讀書人竇天章欠了一屁股債無力償還，只好將女兒竇娥送給債主蔡家當童養媳抵債。命苦的竇娥很快就死了老公，與婆婆蔡氏相依為命。有天蔡婆向一個江湖郎中討債（欠債的還真多），卻差點被郎中掐死，還好為張驢兒父子所搭救。誰知道張驢兒貪圖竇娥的美色，想要毒死蔡婆以霸占她，沒想到陰錯陽差卻害死了自己老爹。張驢兒誣告，是竇娥謀害了張老爹。官府和張驢兒竟然串通一氣，將弱女子竇娥嚴刑拷打。竇娥為了保全年老體弱的婆婆，只能含冤供認。竇娥被

▲竇娥喊冤聽不懂

昏庸（或收賄）的太守判處斬首之刑，臨刑前，這個弱女子從肺腑裡對天地發出了沉痛的控訴：

地也，你不分好歹何為地！天也，你錯勘賢愚枉做天！

戲裡的讀書人窮途潦倒，孝順的媳婦蒙冤莫白，而那顛倒黑白的太守、好歹不分又錯看賢愚的天和地，擺明了就是昏庸愚昧的元朝官吏與朝廷！寫得這麼直接，簡直不是在諷刺，而是指責元朝失敗的統治了。那麼為什麼元朝官員不查禁這齣雜劇，還讓它到處搬演、廣受歡迎呢？這是因為，漢文程度不怎麼樣的蒙古高官，根本就聽不懂竇娥喊冤的意思！

黃河挑動天下反

傳說，人民痛惡元朝的暴政，於是在餡餅裡塞紙條，相約「八月十五殺韃子」，後來成為月餅的由來。

根據陳福霖教授的考證，這個故事其實是清朝末年革命黨人的創作，況且月餅早在宋朝時就已經出現。不過，在蒙古統治之下，人民的怨憤確實已經逐漸累積成一座極度危險的火藥庫，而地下會黨與祕密教派就是串連的管道，就等著引燃的火花出現。

大元至正十一年（一三五一），足以燎原的星星之火來臨：波濤滾滾的黃河，今年決堤而出，氾濫山東、河南、安徽各省數十州縣，幾十萬災民失去了田地、住家，輾轉哀嚎，流離失所。元朝政府在這些地方到處徵派，聚集了十幾萬民工，準備修築黃河大堤。

大家挖呀挖的，沒想到在潁州（安徽省阜陽市）這個地方，竟然從幾尺深的爛泥裡挖出一具小石人，上頭刻著十二個字：石人一隻眼，挑動黃河天下反！

河工民夫們一看就瘋了：這可不就是最近白蓮教眾們一直在傳的彌勒佛降

名稱	作者	內容精神
《竇娥冤》	關漢卿	反映官吏貪污，草菅人命，百姓有冤無路訴的黑暗現實和政治弊病。
《西廂記》	王實甫	第一部表現純愛情的長篇作品。
《漢宮秋》	馬致遠	影射了不同民族的矛盾，表現愛國主義的思想傾向。
《梧桐雨》	白樸	描述唐玄宗與楊貴妃的愛情故事。
《倩女離魂》	鄭光祖	描述違背封建禮教規範，追求愛情的幸福生活的女性形像。

▲ 元朝著名雜劇

世「明王真言」嗎？在督導修堤的蒙古官員還傻傻搞不清楚怎麼回事的時候，大家把現場預備好的紅頭巾往頭上一戴，幾萬人當場就反了！

當然，小石人和瞬間冒出的幾萬頂紅頭巾絕對不是彌勒佛的神蹟，也不是外星人的陰謀，而是白蓮教籌劃多時的結果。白蓮教是個混合了彌勒降世預言和摩尼教信仰的宗教團體， 他們糾眾數十萬，起兵反元，在江淮一帶勢力很大，信徒們都頭戴紅巾，因此又被稱作「紅巾軍」。

所謂紅巾軍，大多是被生活逼得沒有辦法，只好鋌而走險的淳樸農民，他們是元末反抗運動的第一批先驅。在這批人裡當然也出過幾個領袖人物，不過都相繼被元軍撲滅了。而當時誰也沒有料到，隊伍裡有一個剛剛投軍、戴上紅巾的年輕人，即將終結成吉思汗子孫的江山。他的名字叫朱重八，這時二十三歲。

放牛小孩當皇帝

讓我們將畫面倒轉，回到七年前，即至正四年（一三四四）的春四月。這年淮北一帶大旱，靠天吃飯的農民們飢寒交集，連沿路討飯的力氣都已經失去。朝廷有沒有撥糧、撥款賑災呢？有，不過照例也是被層層貪個痛快，災民們依舊是輾轉哀嚎。

在這個悲慘的人間煉獄裡，有一戶姓朱的人家已經斷糧數天，四月初六，老實勤懇的戶長朱五四餓死，初九，他的長子餓死，十二日，他的孫子餓死，又過了十天，他的妻子也閉上了眼睛。

家破人亡了，只剩下十六歲的朱重八還活著。他是朱五四的第六個孩子，平常給村裡劉老爺放牛。這年四月，他卻眼睜睜看見父母、兄長、大侄子因為沒有東西吃，活活餓死在他面前。他想哭，可是一滴淚也流不出來。母親死前拼著最後一口氣告訴他：我的兒啊，你快走，快走！

這是往後十幾年，每當朱重八一

▲ 河工在黃河爛泥中掘出刻字的石人

閉上眼睛，就浮現在眼前的慘景。他把自己家破人亡的滿心哀傷和憤恨，都對準了正在大都窮奢淫樂的蒙古皇帝和貴族：是你們害死我的家人，你們只知道破壞、只曉得作威作福，現在收拾你們的時間到了！

他把名字改成「元璋」，將成吉思汗子孫建立的國號嵌在自己的名字裡。「璋」是一種尖銳的玉器，朱元璋，就是一把誅殺元朝的利劍。

不過朝廷似乎沒注意他的新名字，他們在意的是那些占了幾座城池，就連忙稱王稱帝的群雄。朱元璋招攬人才，累積實力，而且相當低調，並不急著稱王。他花了八年時間，逐一擊敗實力堅強的對手，將長江中下流納入自己的版圖。到了至正二十七年（一三六七），朱元璋命令大將徐達、常遇春率領大軍北上，對北方元朝發動總攻的時間終於到了！這是中國史上少見的由南向北統一戰役，大軍出發之前，朱元璋提出了他的宣言：

驅除胡虜，恢復中華，立綱陳紀，救濟斯民。

這則宣言的前半段，誓言要推翻異族的黑暗統治，向來被當時和後世的人們注意；不過，宣言的後半卻更為重要，因為這象徵了一套新政治秩序和文化，目的是要帶給百姓更好的生活，新的時代即將開始。

元至正二十八年（一三六八）八月，當徐達縱馬馳入大都宏偉的城門時，元順帝早已經帶著皇后太子和金銀財寶，逃回了百年前祖先興起的漠南草原。

自從五代石敬塘對遼割讓燕雲十六州後，河北地區再次回到中原政權的懷抱，長城再一次成為中國的國防線；而七個多月之前，朱重八，這個曾經親眼目睹家人餓死的放牛少年，在群臣的再三上表勸進下，已經於應天（南京）登基為帝，國號大明。

摩尼教

摩尼教也就是許多人耳熟能詳的「明教」，起源於西元三世紀的波斯，創教者是摩尼（Mani），他將基督教義與古波斯祆教的教旨混合，主張光明、黑暗（也就是善與惡）對立，意在創造出一個世界性的新宗教。人們應該崇拜光明，驅散黑暗，並且追求心靈的光明，才能獲得救贖。

唐玄宗開元年間，摩尼教經由安西都護府一路傳進中國，剛開始時為了使傳教順利起見，借用佛教意象與經典術語，卻使得後來摩尼教和彌勒降世信仰混淆不清。唐武宗會昌年間禁絕摩尼教，信徒遂轉入地下活動，並且和反抗運動相結合。這種祕密性質的摩尼／彌勒信仰，從唐末到元代都沒有斷絕，當朝廷對社會的控制能力下降時，教徒就結合生活困苦的農民，以「明王降世」之說為號召，起來造反。北宋的方臘、元末時的韓山童、劉福通等起事，都與摩尼教有關。民國時的明史學者吳晗認為，明朝的國號就是從「明教」而來的。

近世中國的初興起：大明王朝的興盛與困局

如果說起「古裝」電視劇，近年來的不少清宮「穿越」劇裡的馬蹄袖、旗袍與長辮子可能給予觀眾們最深刻的印象；但是在元朝皇帝北走沙漠之後，清軍入山海關以前，中原大地上還存在一個長達兩百七十六年（一三六八年至一六四四年）的王朝，也就是最後一個漢人建立的朝代：大明朝。

一講到明朝，許多人腦海中會立刻浮起一些印象：這是一個黑暗專制、特務橫行的時代，這是一個拿八股文來箝制、僵化讀書人思想的朝代，這是一個皇帝水準很低的時代，這還是一個宦官太監當家的時代，現代中國所遭遇的若干困境和局限，也都在這個時候看出端倪。這些印象，有的對，有的不對，無論正確與否，它們是了解明朝，甚至是我們這個時代的起點。

朱元璋的新秩序

要談大明朝，一定要先從開國皇帝朱元璋為新王朝設下的種種架構說起。在中國歷史上，由平民出身打下江山，最後開創王朝的，只有漢高祖劉邦和明太祖朱元璋兩位。

仔細比較起來，劉邦在起事前還當過秦朝的亭長（參見第一篇），而朱元璋呢？他討過飯、放過牛、當過和尚，造元朝的反，還得從小兵幹起。這是一個原本一無所有，卻從刀光血海裡苦熬闖蕩出來，一刀一槍打下基業的人；而打下江山之後，他要做的事情，也是皇帝界裡史無前例的。

▲ 明太祖朱元璋像

朱元璋製造出一種肅殺的政治文化。他手段殘酷，做法狠毒，體罰、處死大臣毫不手軟。一句話不中聽，馬上有大棍子伺候（廷杖），常有打死人的例子。看似芝麻小事的案件（如洪武初年的「空印案」），一下子處死、連坐好幾萬人。官員貪汙六十兩銀子（約合新台幣二十四萬元），不但殺死，還要剝下人皮巡迴展覽。

讀書人隨時隨地都擔心有特務監

聽、跟監，朋友兄弟不可信任；大臣一早上朝，全家抱在一起大哭訣別，因為不知道到了下午，這條命還在不在。

大明洪武十三年（一三八〇年），朱元璋以左丞相胡惟庸「謀逆」，將其處死，同時還牽連不少功臣名將，總共殺、流放了三萬多人。乍看之下，這是新成立不久的大明王朝裡的一次殘酷的整肅，但是事件背後的意義卻更加重大：朱元璋乘勢罷黜了整個中書省，延續了兩千餘年的宰相制度就此廢除，從此皇帝身兼國家元首和行政最高首長，直接負責日常的行政！

此後，所有政府的公文、決策，無論大小，全部都要皇帝朱元璋點頭才能算數。據專家統計，他一天要批閱、決斷四百多件大小政務。這種「二十四小時服務」的氣魄和野心，在此之前沒有任何皇帝有過，朱元璋算是前無古人了！當然，工作狂朱元璋不會請領加班費，也從不喊苦叫累，而他獨攬大權的效應，要等幾十年以後，以他想像不到的方式出現。

工作量這麼重的朱元璋，腦袋竟然還沒有停下來的時候，他忙著為將來的子孫打造出一個理想國度。

在政治上，他頒布《皇明祖訓》，告訴後代子孫，皇上該怎麼當、政府該怎麼設置（包括永遠不准恢復丞相）、哪幾個國家不必征討，藩王什麼時候該來京師朝見，甚至連從皇族孫子輩起的姓名排序用字，全都規定妥當。

在社會上，朱元璋認為務農是最好的職業，他要的是一個人人各安其位、各盡其職的靜態農業社會。人民經過仔細的戶口普查後，分為軍戶（士官與充員兵）、匠戶（工匠）、民戶（醫者、相士、茶農、小本生意、廚師、砍柴人家都算）、灶戶（製鹽工人）等，世代繼承，除非特許，不得轉換戶籍。民眾編為里甲，離開戶籍原居地必須攜有官府發放的許可證（路引）。家家戶戶有了皇上編的《大誥》（刑法與案例彙編），如果犯罪，拿出《大誥》，可以折抵刑期。

洪武三十一年（一三九八）閏五

空印案

這是一起因為空白蓋印的官方公文所引起的政治案件，也是和「胡惟庸案」、「藍玉案」、「郭桓案」並稱的明初四大政治整肅運動。

從元朝起，地方官員每年須向朝廷戶部報告財政收支以供審核，帳目需與戶部的數字完全相符才能夠結算。可是當時的交通不方便，加上錢糧在運輸路程中也會有損失，官員為了避免反覆往返、重新造冊的麻煩，都會攜帶蓋有地方官府大印的空白公文，到了京師才將實際數字算出填上。

洪武九年（一三七六），朱元璋發現了這項習慣，大發雷霆，認為所有經辦官員上下其手，聯合舞弊。他下令逮捕所有蓋印承辦官員，處死、放逐了數百人，影響所及的人數高達數萬。為建文帝殉難的文臣方孝孺之父方克勤，就死於本案。

月，工作狂兼獨裁者兼發明家朱元璋先生龍馭上賓。除了繼承人（太子朱標）在他之前過世，使他痛心遺憾之外，洪武皇帝已經將子孫的江山打點妥當了：北邊有年長的藩王鎮守，有野心的功臣宿將已經全部整肅乾淨，嚴刑峻法嚇得官員不敢貪汙，百姓的生活與生產也大有起色，他的新秩序已經給後世立下了制度，看來將會永遠繼承下去。以一種他想像不到的方式。

內閣祕書變老大

洪武皇帝駕崩，皇太孫朱允炆即位，年號建文。這位建文皇帝從年號就看得出，施政風格一定和他爺爺的嚴刑峻法大不相同。就在這位年輕的新君正打算將洪武秩序大改特改的同時，朱元璋的第四個兒子，也就是鎮守北方的燕王朱棣，引用（其實是曲解）老朱的《皇明祖訓》，說皇帝侄子的身邊有奸臣，他只好起兵「清君側」（其實是造反）。經過四年南北內戰，叔叔打垮了侄子，侄子下落不明，朱棣成了皇帝，年號永樂，也就是明成祖。

朱棣一打進京師，朱元璋的嚴酷政風就宣告正式復活。傳說，燕王進南京，要建文皇帝的侍讀學士方孝孺為他起草即位詔書，忠臣方孝孺堅拒不從，還說：「你就是誅我九族，我也不會寫！」朱棣勃然大怒，說：「那就誅你十族！」

鉅細靡遺新秩序

朱元璋將社會由上到下，每個人的角色、職業、工作內容，都做了詳盡的規定。他有二十六個兒子，甚至親自制定每一房孫輩起二十代的命名排序用字，每一房都賜詩一首，例如奪位稱帝的燕王朱棣一系，後來成為皇室，太祖頒給他子孫的賜詩為「高瞻祁見祐，厚載翊常由，慈和怡伯仲，簡敬迪先猷。」明朝滅亡時，傳到第二句的最後一個字（明思宗朱由檢）。

雖然這並不是史實，但恐怖的是，真正的史實竟然與這則傳說相差不遠！方孝孺的親族、門人、甚至朋友，合計有三百餘人，一個個被拉到方孝孺面前處死，最後才將他殺死。這種嚴酷殘忍的作風，搭配特務情蒐（東廠、錦衣衛）和當眾體罰（廷杖），在明朝讀書人的心中投下了深深的黑影。

朱棣跟他的老爸朱元璋一樣，全身上下好像有用不完的力氣，樂於大權獨攬。比朱老先生更厲害的，是他還五次御駕親征，親自帶幾十萬軍隊出遠門，打擊漠南草原的蒙古勢力。他本人也就駕崩於第五次出遠差的途中。不但如此，朱棣精力十分充沛，他在位二十二年間做了不少事：將京師由南京遷往國防前線北京（北京的地名就是這麼來的）、派鄭和率領寶船「下西洋」、還命人編了一部偉大的《永樂大典》。

不過，就算朱棣是工作狂、是鐵打的身體永遠不會累，他也有出差在外，來不及處理公務的時候；再說了，白天馬鞍上辛苦練兵，晚上還要湊近油燈一

永樂大典

《永樂大典》：這是朱棣下令編纂的一部百科全書（類書），全書共有二萬二千九百三十七卷，一萬一千零九十五冊。

朱棣登基後，想要將自古到今、經史子集的所有文獻都蒐集彙整成一部大典，他先命明初有名的大才子解縉（一三六九至一四一五年）帶領一百四十七人的團隊負責編修。起初，解縉有些低估皇上的企圖心，受命編書不到一年，也就是在永樂二年（一四〇四）交差，初稿命名為《文獻集成》。哪知道朱棣看後很不高興，認為太過粗略，將全稿退回，要解縉等人重新編集。這次派到解縉手下的人員，集合全國知識菁英，多達兩千一百六十七位。經過兩年多的努力，他們在永樂五年進呈全稿，朱棣親自定名為《永樂大典》，全書到永樂六年才抄寫完畢。

《永樂大典》只有一部（全靠手抄，非常費工夫），六百多年來，經過多少興亡戰亂，現存於世的只剩下三百七十七冊。其中，以中國國家圖書館收藏一百六十一冊為最多，其次是台灣的七十二冊，分別收藏在故宮博物院、國家圖書館與中央研究院歷史語言研究所。海外部分，美國國會圖書館也藏有四十冊。許多在今天已經失傳的典籍，還能在《永樂大典》裡找到蛛絲馬跡。

個字一個字的看奏摺，難保不會老眼昏花、打瞌睡。現在又沒了丞相，沒人能擔任皇上的職務代理人。因此，他需要幾個祕書為他抄寫摘要，充當顧問，有時候還可以陪他聊天。這幾個祕書能節省皇帝陛下寶貴的精力和時間，他們都在皇宮大內文淵閣輪班辦公，因此稱為內閣。

明代政治的第二個主角——內閣正式登場。

這內閣的運作，以及它的專有名詞是這樣的：政府的公文全都要皇上點頭批可才算數，送給皇上前，先交由內閣審核、撰寫摘要（節略）和擬辦意見（票擬）。皇帝只需要拿起朱筆，將內閣閣員們貼在公文小紙片上的意見全文照抄，或打個勾即可（批紅）。內閣的領導人起初稱為閣揆（這名稱現在還在使用），後來則稱首輔，其餘閣員沒有固定人數，按照入閣與考中進士的年分，稱為次輔、三輔等，下級和民間則尊稱他們為「閣老」。

▲ 鄭和下西洋

內閣剛誕生的時候，上頭大老闆是文武通吃的工作狂二代朱棣，真的只能當祕書打下手；但是到了後來，他們的權力愈來愈大，什麼都能管，成了沒有宰相名稱的宰相。

有些內閣首輔更不得了，別說是政務一手包，簡直就是「變相的皇上」；皇帝認誰作爹都可以過問（嘉靖首輔楊廷和），能把皇帝當兒子來罵（萬曆首輔張居正），皇帝不但什麼事也做不了主，還一口一個「元輔」、「先生」，惟恐這些內閣大學士不開心。朱元璋老先生當初廢除宰相時，一定沒想到他的子孫會有這一天。

太監公公也進場

為了向這群騎到皇帝頭頂上的前祕書討回失去的權力，明代第一主角皇帝帶出了第三個重要角色：宦官，俗稱公公，或太監。

明代給人「黑暗專制、特務橫行」的印象，大部分都來自這群被閹割的男人。電影、電視劇裡的「督公」、「廠公」，身分是特務頭子，工作是迫害忠良；在真實的歷史裡，明代公公們雖然沒有蓋世武功，職掌確實也包山包海。

從為皇上代批奏摺（司禮監）、採購置辦衣物（巾帽監）、指揮特務（東廠、西廠）、掌管衛隊（御馬監）、外派到地方從事國營事業（提督太監）、採礦（礦監）、收稅（稅監）、軍隊政治監察（監軍太監）、到負責地方軍政（鎮守太監），果真是無所不監，是為太監。加上明朝末年超級大太監「九千歲」魏忠賢的惡劣形象，明代看來還真是一個黑暗、又變態的朝代。

可是，要是我們仔細觀察，就能曉

鄭和下西洋

鄭和（一三七一至一四三三）原名馬三保（或三寶 Shaaban，可能是阿拉伯文「八月」的意思），馬家祖先是中亞貴族，元代時是到雲南定居的色目人，信仰伊斯蘭教，「馬」是阿拉伯語「穆罕穆德」的音譯。洪武十三年，明軍進攻雲南，十一歲的馬三保被當作俘虜，送往南京；他後來遭到閹割，先是充軍，後來分配到燕王府擔任燕王近侍宦官。朱棣起兵「靖難」的時候，有次在鄭村壩（北京市東壩）和朝廷大軍對陣，馬三保為人機警又懂軍事，對敵情判斷的建議十分準確，使燕軍在此役擊破朝廷主力，獲得大捷。朱棣奪位登基後，為了獎賞他的功勞，賜姓為鄭（以紀念他在鄭村立下的戰功），改名為和。鄭和深受朱棣信任，後來先後擔任內官監太監、南京守備太監等職。

成祖永樂三年（一四〇五），皇上命鄭和、王景弘（也是宦官）為正副特使，率領兩百四十艘大小船隻、兩萬八千名官兵「下西洋」（其實是往南航行）。這是鄭和先後七次下西洋的起始。鄭和船隊從蘇州瀏家港出發，分別到過東南亞、南亞、中東各國，最遠抵達木骨都束，也就是今天東非索馬利亞的摩加迪休（Mogadishu）市。鄭和一行曾經到天方（也就是回教聖城麥加）朝聖、在蘇門答臘以奇兵突襲，生擒海賊首領陳祖義、在錫蘭發兵擒獲該國國王亞烈苦奈兒，帶回南京、還曾在麻林迪（即今天的肯亞，Kenya）獲得長頸鹿一頭，當成是祥獸麒麟，帶回獻給朱棣。鄭和在永樂年間六次出航，仁宗朱高熾因為下西洋所需成本浩大，下令停止；宣宗皇帝宣德五年（一四三〇），因為西洋諸國逐漸少來朝貢，於是再派鄭和帶領寶船出使各國，通知新皇即位的消息。這是第七次、也是鄭和最後一次下西洋。

鄭和下西洋所搭乘的「寶船」（主力艦），長約一百六十餘公尺，寬六十二公尺，甲板分為三層，高十五公尺，每艘可搭載千人，甲板上可以跑馬，還配備指南針導航，這是明朝強盛國力的展現。七十多年後，哥倫布（Christopher Columbus）才帶領著三艘輕桅帆船，一路搖搖晃晃地發現美洲新大陸。然而鄭和下西洋，主要是政治與外交意義居多（另有一說，指鄭和下西洋，目的是成祖要搜尋靖難後下落不明的建文帝朱允炆），與歐洲基於商業理由進行的殖民探險大不相同。

得明代宦官集團的崛起，絕對不是由於他們從昏庸的明朝皇帝那裡篡奪權力，而是出於皇帝的蓄意扶植。明代太監和東漢、唐代那種膽敢殺死皇帝、另立新君的宦官不同，他們的權力其實來自皇權。換句話說，無論督公還是廠公，背後替這些公公撐腰的，都是萬歲爺。

況且，一竿子不能打翻一船人，明代宦官界裡雖然有王振、劉瑾、魏忠賢這樣的奸惡無知之人，卻也有興安、懷恩這樣節制權力、正直清廉的好太監，更還有鄭和這種名揚四海的英雄太監。

既然三大主角都已出場，那現在就可以介紹明代政治的三方角力遊戲了：表面上，這是文官（內閣）與太監（司禮監）的微妙恐怖平衡，實際上操縱最關鍵砝碼的，是高居宮中的皇上。

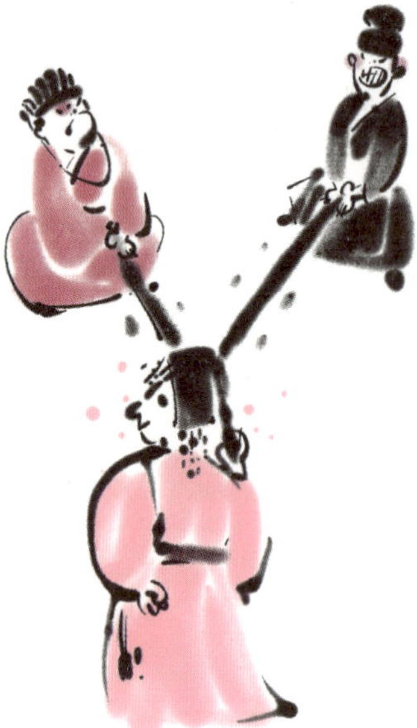

▲明代皇帝、內閣、宦官三方角力

在明朝中後期，皇帝的任務不是所謂「勵精圖治」，而是如何維持這套遊戲平衡的運作下去！在這個格局裡，皇帝是不是勤政，甚至他們的教育程度如何，都不如這個任務來得重要。

或許我們可以這麼說：明朝皇帝們設計出這套政治遊戲背後的精神，就是不想成為像太祖、成祖這樣的工作狂、過勞死。誰還能說他們不聰明？當然，史書是文臣寫的，所以，皇權和他們所驅使的宦官名聲，也就不會好到哪裡去了。

可別小看八股文

元朝時，蒙古人對於科舉愛辦不辦；大明一開國，不但認真辦理，還擴大舉行。也就是在明朝中期，八股文成為科舉考試的規定文體。在明朝，要入內閣，必須由翰林院出身；要進翰林院，必須考中進士；而要考取進士，就必須寫好八股文。

現在，讓我們來看看這個被人指責是僵化思想、與現實脫節的文章格式。如果它是這樣的糟糕，為什麼能存在這麼久？明、清兩代五百年來出了多少聰明才智之士，為什麼就是沒辦法擺脫它的牢籠呢？

八股文的出現，是因應科舉考試擴大和標準化的要求。唐朝時候，科舉錄取的名額少，考試也沒後來那樣嚴格。如果你寫得一手好詩，名聲傳遍長

太監的奮鬥史

「太監」雖然是宦官的通稱，但不是所有宦官都能當上太監。明宣宗朱瞻基在位時期，開始命學士教授宦官讀書識字。明代宦官人數最多時高達十萬人。宦官的挑選有嚴謹的程序，除了極少數例外，並非閹割就能入宮當宦官。大部分宦官在幼齡便受閹割入宮，在接受讀寫教育的同時，都從擔任極辛苦的基層勞動作起。低階宦官的品秩分為典簿、長隨、奉御，高階的則是少監、中監、以及太監。

宦官們在宮中歷經各種心機詭詐的明爭暗鬥，努力往上爬，奮鬥到「太監」這一階，就能獲得一定的權力，以及生活條件的保障，若干大太監甚至在宮中獲賜住宅、別墅。太監一生奮鬥的頂點，是進入司禮監擔任秉筆太監。這個職務能為皇上批答奏摺，秉筆太監需要優美娟秀的書法，以及一定程度的文字功力（當然也出現過例外）才能勝任，可謂位高權重。司禮監掌印太監，更是太監中的太監。萬曆皇帝即位的前十年，司禮監掌印太監馮保和內閣首輔大學士張居正內外合作，使得皇帝完全被架空。

安城，那還沒考，你可能已經內定錄取了。可是到了宋代，隨著科舉取士的規模擴大，要求科舉考試更公平、合理的呼聲也愈來愈高，考試的內容還有形式都規定必須來自儒家經典，也就是所謂「經義」。八股文同樣是科舉改革演進當中的做法。

在洪武年間，還沒有「八股文」這個稱呼，到了明憲宗成化年間（一四六四至一四八七年），科舉考試答卷使用的文章格式逐步形成嚴格的規定，對字數、用典都有要求。

八股文的題目必須是《四書》、《五經》的原文，答題內容必須依照程朱學派的註解；格式則分為八段，就是破題、承題、起講、起股、中股、後股、束股、大結，每段的內容都有特定要求。考生作答時，必須揣摩聖人思緒和口氣，想像自己是孔子或孟子在寫文章，詮釋得照朱熹那套進行發揮，這就是所謂「代聖人立言」。

八股策論的題目，一定得從《四書》、《五經》裡找，就那麼幾萬字，幾百年考過來又考過去，不知出現過多少考古題，以至於到後來出現各種千奇百怪的命題，像「半截題」（半句話）、「截字題」（一句話裡的兩、三個字），比如有年的考題就是「狗吠」，出處是《孟子》裡的一句話：「雞鳴狗吠相聞而達乎四境。」

先別說它可笑又僵化，和當前一些觀點矛盾、邏輯不通的文章相比，八股文的寫作還真是符合科學精神！破題必須用一句話說出整篇文章的主旨，接著起、承、轉、合，一步步展開論證，束股、大結呼應題旨，秩序謹嚴，條理分明。

從這樣的寫作裡，可以鑑別出考生對於嫻熟經典和邏輯推理的程度。比如上面舉的「狗吠」題，程度好的考生可以使用孟子的口氣，以狗叫聲破題，說明齊國的社會、經濟情形（如果民生富裕，人民就有餘力能養狗，那麼狗吠聲就到處都能聽到了。到底，齊國是怎麼使國境之內富裕豐饒的呢？這就很有文章可作了。）

每項制度和規定都有優缺點，八股文也一樣。明朝與清朝滅亡的時候，都出現一些聲音，認為八股文是束縛中國讀書人思想的原兇。這種觀點或許很有道理，但是可別忘記八股文之所以能長期存在，正是因為它能提供鑑別考生程度的功能，就像今天的大學聯考一樣難以取代。

巡撫總督中央派

說完了八股文，再來看看明朝的另一個重要發明，也就是「督撫」。「督撫」是總督和巡撫的簡稱，是明、清兩代的地方最高行政、軍事長官。

朱元璋開國，將元朝的「行中書省」（就是今天我們說的「行省」）改為承宣布政使司，一省最高長官分為三個：承宣布政使掌理民政、錢糧，提刑按察使負責司法、監察，而都指揮使則管理兵馬軍政。但是，這樣「三頭馬車」的設計，在遇上災情或是緊急狀況時，就有效率與職權的問題。

為此，從朱棣在位時起，朝廷便不定時差遣中央特派員（通常為六部侍郎級官員）「巡撫地方」，統轄三頭馬車。到了明朝中期，朝廷向各省（或幾個府）派出巡撫就成了一項固定制度。巡撫仍然算是中央官員，例如，山東巡撫的正式全稱，通常是「兵部右侍郎都察院右副都御史巡撫山東等地事務」。地方官員與老百姓一般尊稱巡撫為「中丞」或者「撫臺」（因為他們有副都御史的兼銜）。

明朝後期，常有橫跨數府、乃至好幾個省的災情、民變，為了統一指揮各省財政、軍政，又產生了總督這項職務，通常由六部尚書層級的官員出任，後期則加兵部尚書、右都御史銜，正式全稱通常是「兵部尚書右都御史總督某某等地事務」。總督有時管兩到三個省（如兩廣總督、兩江總督），有時一個省只有一個總督（如四川總督）。

巡撫和總督的權責劃分，通常是巡撫管理民政、財稅、水利，而總督指揮軍事、協調各省巡撫。巡撫雖然有時要受總督指揮，兩者卻並沒有明確的從屬，所以可以收到互相制衡的效果。到了明朝晚期民變蜂起，為了平亂，又出現「超級特派員」：以內閣大學士出任的「督師」，可以指揮好幾個總督。

▲ 王守仁於石洞中頓悟

知行合一心即理

前面提過，說大明朝是個思想僵化、黑暗專制的時代，都只對了一半。明朝的學問思想和社會風氣都有很大的進展與解放，而這種進展與解放，當然是以很曲折的路徑達成的。

「以天下為己任」是北宋名臣范仲淹的寫照，這在明代是做不到的。按照大明王朝創辦人朱元璋老先生的見解，天下是我朱家的，你拿來當自己的責任幹什麼？是不是想造反？在皇權尖刀加棍棒的恫嚇之下，明代的官員被迫放棄了輔佐皇上「治國平天下」的理想，成天在「皇帝／內閣／太監」的三方角力遊戲裡尋找閃躲活命的縫隙。

也因為這樣，讀書人的眼光由上往下，關懷到各行各業的社會大眾，士農工商。最有名的例子，就是明朝中葉的王守仁（一四七二至一五二九年）。

王守仁，字伯安，又稱陽明先生，是中國歷史上最厲害的文武全才兼哲學天才。和大多數從貧窮奮鬥起、雙手起家的成功故事不一樣，王先生從小生長在高級官員的家庭裡，衣食不缺，無憂無慮，養成他沒事就思考宇宙真理的習慣。據說他曾百分百遵循朱熹「格物致知」的教誨，在一株竹子面前格它個七天七夜，想要格出宇宙萬物的道理，結果還沒格出真理，他就不幸生病了。

可是，勇敢正直又充滿理想的王守仁，很快就嚐到明代嚴酷政治文化的厲害。正德元年（一五〇六年），他上疏搶救遭到大太監劉瑾陷害的御史戴銑等人，惹到了勢力正在快速膨脹的宦官集團。於是他不但遭到「去衣受杖」（光著屁股受棍刑）的羞辱，還被貶到龍場（今貴州貴陽市修文縣）。這裡叢山交疊，良民止步，是真正的絕境，原本富裕順遂的王守仁，突然來到了生命的谷底：當你的理想被殘酷的扼殺，正直的下場是差點死去，當你困處在這荒郊僻

心學與「知行合一」

王守仁的學問被稱做「心學」；心學最有名的一句教旨，便是「天下無心外之物」。對此，王守仁在答覆弟子門生詢問時，曾經做過一個知名的比喻。當時有人問他：深山之中，花開花落，自有時節，與我的內心世界又有什麼相干？王守仁回答說：「你未看此花時，此花與汝心同歸於寂。你來看此花時，則此花顏色一時明白起來。便知此花不在你的心外。」也就是說，惟有心中感知，事物才算真正存在。按照這個邏輯，真正的知道一件事情，和去身體力行它，並不是分開的兩回事。比如早起，雖然知道早起的好處，如果沒能力行早起，而是繼續賴床，就不算是真正的「懂得」早起。

王守仁的哲學觀，帶有很強的行動力；在當時的政治文化來說，心學的貢獻，在於將士大夫從北宋傳承下來、到明代受挫的「得君行道」理想，轉化為啟蒙中下階層的「覺民行道」。所以王守仁說「滿街都是聖人」；在他以前，儒學依然帶有社會階級之分，心學則打破這種意識，知行合一理念影響很廣，它不但受到明治維新後的日本人注意，成為十九世紀末日人奉行的政治哲學，也是國民黨領導人蔣中正的終身信條。中共主席毛澤東曾寫過一句詩：「六億人民皆堯舜」，未必沒有受到這種理念的影響。

壤，苗、僚雜居的地方，你還要怎麼談修身、齊家、治國、平天下？

就在這最深最黑暗的困境裡，在蠻荒龍場的陽明石洞裡，發生了明代歷史（或整個中國歷史）上最有名的一次頓悟：王守仁從程朱理學和明代政治文化的禁錮裡解放出來，發出一聲震爍古今的長嘯——「心即是理」！良知就在心中，不假外求，良知不但在讀過聖賢書的讀書人心中，也在大字不識的販夫走卒、聾啞人、街頭賣藝者心中！這就是心學和「良知之教」的首次登場。

有了如此強大的哲學作為後盾，世間已沒有任何事情能令他猶豫困惑。就算是正德十四年（一五一九），藩王朱宸濠學習一百多年前朱棣篡位的榜樣，發動大軍謀反，王守仁赤手空手拼湊出八萬兵力，只花了三十五天就平定亂事，生擒朱宸濠。而且，戰勝的榮譽，

▲明朝官員愛放炮噴口水

和受棍的恥辱一樣，在他一片光明的心中，都只是快速飄過晴空的朵朵浮雲，既不驕傲也不悲傷。

王守仁的心學，以及他「知行合一」的見解，在往後的中國歷史，還會繼續發揮深遠的影響。但是在這裡，我們要繼續說的，則是晚明的社會解放。王守仁的「心即是理」學說使人誠實面對自己的內心，起到了解除禁忌的作用，甚至還及於情欲層面。

社會思想大解放

社會風氣的解放，和江南城市經濟的發達大有關係，這可以從晚明一齣大受歡迎的偶像劇，還有一本在各城市中熱印熱銷的成人小說裡看得出來。「偶像劇」是崑劇《牡丹亭》；暢銷小說是《金瓶梅》。

《牡丹亭》的作者是湯顯祖，他因為上書揭弊惹毛文官與太監集團，萬曆二十六年（一五九八）乾脆辭官回家，專心創作。《牡丹亭》的女主角杜麗娘，被老爸杜太守成天關在家裡，與一牆之隔的繁華市街隔絕。少女麗娘的滿腔情思，竟然託付給夢裡偶遇的俊俏書生。她醒來後遍尋不著，於是憂鬱病死。《牡丹亭》雖然將時空背景放在南宋，但晚明的觀眾一聽就懂：那身心被「傳統道德」禁錮的杜麗娘，「這般花花草草由人戀，生生死死隨人願，便酸酸楚楚無人怨」，愛情（或者是自由）

竟然在夢裡面才有，這不就是他（她）們自己的寫照嗎？

《金瓶梅》的成書時間（萬曆初年）和小說的時空背景（北宋末年），都約略早於《牡丹亭》。這本暢銷小說的作者，署名「蘭陵笑笑生」，但是幾百年來學者爭論了半天，也不知道這位筆法細膩、技巧精湛的作者本尊究竟是誰。《金瓶梅》的開篇，蓄意接續《水滸傳》裡潘金蓮和西門慶偷情的故事，然後另行開展新情節。在大量的禁忌、成人情愛描寫的背後，反映出明朝晚期的社會風氣。

戰役名稱	發生原因	時間
寧夏之役	平定蒙古人哱拜叛變	萬曆二十年 1592年
播州之役	平定苗疆土司 楊應龍叛變	萬曆二十七至二十八年 1599-1600年
朝鮮之役	征討入侵朝鮮的 日本豐臣政權	第一次：萬曆二十至二十一年 1592-1593年 第二次：萬曆二十五至二十六年 1597-1598年

▲萬曆三大征

官員對抗權威，男男女女追求真愛，成人小說到處翻印，婚外不倫戀情週遭隨處可見，鬧市街上甚至還有想驚世駭俗者當眾裸奔，人們也見多不怪，這就是晚明社會的實況。如果大明朝創辦人朱老先生看見兩百年後，他以為「萬世不拔」的社會制度早就變形成這個樣子，應該會氣暈過去。而且，不但開國時規畫的社會樣貌早已不復存在，就連政治運作的安排，也都走樣了。

文臣放炮噴口水

晚明政局的脫軌敗壞，要先從文官愛放炮說起。明朝中後期的文官，特別是御史、給事中一類的監察官，有個特點，就是對於捕風捉影、指鹿為馬、顛倒黑白的事情，有著非常強烈的興趣。

雖說朱家皇帝們對於打、殺大臣並不手軟，但文官還是前仆後繼的不斷放炮（上書）。文官愛放炮的原因，是上書能博得「直諫」美名，因為直諫而被罰俸，名聲就已經相當美好，如果弄到丟官、廷杖，甚至小命不保，那更是忠臣楷模，百世流芳。

在「直諫」裡比較有名的例子，就是嘉靖年間的戶部主事（司長）海瑞對皇上放炮的故事。海大人沒做過民意調查，上給嘉靖皇帝朱厚熜的奏摺卻一開頭就說：「全國人民瞧不起您已經很久了」（天下人不值陛下久矣），把皇上氣得手腳冰涼。反正海大人不怕皇上殺頭，腦袋掉了他是千古忠臣，腦袋保住了代表皇帝自認理虧，他怎麼算都划得來。

這些人的討厭之處，在於他們永遠自居正義，而且只有自己才是道德高尚的一方，旁人一概不對，通通道德有虧。而且，他們什麼都可以罵。你不按他們說的辦法做，彈劾（或上諫）你，說你剛愎自用；你照他們的做了，仍舊彈劾（或上諫）你，說你軟弱無定見；他們什麼都能唱反調，反正辦法不是他們該想的事情，而他們只負責挑剔別人的辦法。我不升官無所謂，看你倒台最開心。

說到這裡，就不免為明神宗，也就是萬曆皇帝朱翊鈞叫聲屈。打從明朝滅亡以後，學者和史家分析明朝之亡，開口便是「明之亡，實亡於神宗。」說萬曆皇帝二十餘年從不上朝，甚至不任免官員，導致政府停擺，朝政空轉。

上述說法乍看實在非常之有道理，但各位讀者不要忘了：這些觀點全都是由文官提供的，而萬曆一朝正好是文官們互噴口水（也噴皇上）噴得最兇的時代。萬曆皇帝十歲登基，在史上最強大的內閣首輔張居正底下，當了十年的乖學生兼傀儡皇帝。

張居正邊抵抗群臣的口水，邊推行改革，到一半，含恨而歿；親政後的萬曆想要勵精圖治，這才發現，自己已經被「祖制」和群臣的口水弄得什麼事也不能做了。於是，萬曆皇帝採取了另一種辦法。他深居紫禁城，坐看文官互噴口水；誰噴的最兇，就讓誰回家吃自己，而且遇缺不補。

萬曆皇帝只是不上朝（避免和文臣大眼瞪小眼），並不是不管事；否則，明朝也無法取得「萬曆三大征」（也就是三場大規模戰爭）的勝利了。當然，他也說不上是賢明的皇帝，充其量，他只是想按照祖先的辦法，玩好「皇帝／內閣／宦官」三方角力平衡遊戲而已。可是，在文官裡有一群人，率先看穿了皇帝的心思，這群人想要暗地運作，掌握朝局，他們後來被稱做「東林黨人」。

東林黨爭徒內耗

東林黨人以顧憲成為首領。萬曆三十二年（一六〇四），吏部郎中（處長）顧憲成因為放炮惹毛了皇上，遭到免職，於是回老家無錫（江蘇省無錫市）開設「東林書院」，闡揚自己對經典的看法。

東林書院的名聲很大，很多知名學者、官員都來擔任客座講席，或者拜碼頭旁聽；這些人，加上顧憲成等人的朋友、門生，就是所謂東林黨的基本成員。

東林書院的名稱相當有學術味，實際上，在大明朝這個沒有電視、報紙、手機、臉書、噗浪、部落格的時代，這裡是不折不扣的名嘴論政直播節目現場。且讓我們看看顧憲成在東林書院門口親題的那副知名對聯：

風聲，雨聲，讀書聲，聲聲入耳；

家事，國事，天下事，事事關心。

這副對聯曾經被看做是讀書人氣節精神的象徵，但是放在明末政爭的背景裡來看，那就是在說他們「情報靈通（聲聲入耳），操弄政局（事事關心）。」東林書院儼然成了江南政治與輿論中心。神通廣大的東林黨不但開名嘴論壇談政治，還私底下運作政治。

東林黨人掌握若干朝廷部門（比方，吏部），藉由打考績（京察）趕走「非我族類」的文官。這些被驅逐罷斥的文官自然也不甘示弱，依照省籍，分別組成楚（湖廣）、浙（浙江）、齊（山東）等黨，和東林黨拼命。

萬曆晚期連續驚爆的「三大案」，都有這些黨人鬥爭的影子。到了明熹宗即位，和東林黨對陣的各黨文官在大太監魏忠賢的領導下，結合成明史上最強大、名聲也最臭的黨派：閹黨。

對決的雙方形象天差地別：東林黨滿口道德經典，看似正人君子（其中也的確有正人君子）；閹黨依附得勢太監，看似卑劣小人（其中也的確有卑劣小人）；不過東林黨與閹黨的政治性質實際上完全一樣，那就是排除異己，爭奪權力。雙方大鬥法，把朝政徹底攪爛，原來微妙的平衡機制不復存在，由於閹黨手中握有特務（東廠）這張王牌，天啟皇帝朱由校被迫選擇與他們合作以解決亂局。

因為閹黨掃蕩東林黨人、搜捕反抗人士手段殘酷，再加上這些人被捕時都表現出視死如歸的勇氣，民間普遍的同情東林黨人。但是撇開道德語言，閹黨與東林黨的政爭只能看做是沒有意義的內耗。

東林黨垮台時，是大明天啟五年（一六二五），一個叫做後金的政權已經在遼東興起，逐步攻城掠地。大明朝可以苟延殘喘的時間，已經不到二十年了。

明末三大案

這指的是從萬曆四十三年起到四十八年七月間的「梃擊」、「紅丸」、以及「移宮」案。這是三件引發嚴重政潮的政治衝突事件。

萬曆四十三年五月，突有一名叫張差的男子，手持木棒闖入皇太子朱常洛居住的慈慶宮，立刻遭到逮捕，審問之後得知：幕後主使者隱然是皇三子朱常洵的母親鄭貴妃，東林黨群起支持太子，鄭貴妃一派以失敗告終。

萬曆四十八年七月，皇上駕崩，太子登基，也就是明光宗。鄭貴妃向新皇帝獻上美女八名，朱常洛整日與美女嬉樂，不久就病倒了。偏偏在此時，他服用了鴻臚寺丞李可灼獻上的紅丸，兩天之後便暴斃。明光宗上台僅一個月，連年號都還來不及改就駕崩，東林黨人圍攻當時的首輔方從哲，使內閣倒台。光宗駕崩後，太子朱由校即位，但東林黨人擔心光宗寵妃李選侍會和皇太子身邊的太監魏忠賢勾結，把持朝政，強迫李選侍遷出乾清宮。

在三大案中，東林黨都占得上風，導致天啟初年由他們把持內閣、屏斥異己的格局。但是也促成反東林黨力量的大集結，最後投靠魏忠賢大旗之下，成為閹黨。

悲情崇禎拼到底

或許是明朝氣數將盡，在朝廷陷入腥風血雨的內鬥、幾乎癱瘓的同時，西北又發生嚴重的飢荒，沒有糧吃的災民先是吃樹皮草根，接著易子而食，最後起來造反，當時朝廷處於經濟危機之中，根本無力平亂救災。山海關外的後金步步進逼，身邊還擺著個封自己「九千歲」的大太監（魏忠賢）。這種局面，就算派唐太宗李世民來當這個家，相信都會感覺欲哭無淚。

就在這個時候，天啟皇帝駕崩，他沒有生育皇子，由弟弟信王朱由檢即位，是為明朝末代皇帝，崇禎。這位十七歲的少年皇帝在極為惡劣的情形下，以沒有人能想像得到的冷靜和智慧，用了短短六十多天，就將魏忠賢一干人等連根拔起，全數消滅乾淨。

今天的我們回頭看歷史，已經曉得明朝積重難返的結局，可是當時的崇禎並不知道；就算他清楚這一點，絕對也不願意見到這個延續二百六十多年的王朝，在他手上關門收攤。

於是崇禎皇帝朱由檢拿出老祖先朱元璋的拼命精神，兢兢業業，一邊抵抗關外的後金，同時收拾關內的流寇。說起流寇，今天又叫做農民軍，他們是「官逼民反」加上「天災人禍」之下的產物。他們聚眾幾十萬人，看似聲勢浩大，其實攜家帶眷，戰力很差，常被幾千官軍追得到處亂跑。

崇禎十一年（一六三八）以前，朝廷有好幾次機會，可以將後來打進北京城的「闖王」李自成（流寇首領）等人徹底收拾掉。無奈關外的後金（後來改稱大清）彷彿和流寇講好似的，每當官軍將流寇四面合圍的時候，清兵就從長城缺口打進來。於是官軍撤圍增援京師，李自成等人再次逃出生天。在這年之後，就不再有圍剿流寇的機會了。

崇禎當然知道大勢已去，他哭，他罵，他換、殺辦事不力的大臣，他下詔責備自己，但是他始終咬牙堅持拼下去。

一直撐到崇禎十七年（一六四四）

明末的經濟危機

大約從萬曆一朝開始，明朝廷就逐漸陷入白銀短缺的困境。白銀約從明代中期開始成為流通的貨幣單位，各種貨物的價格都以白銀來標價。對於白銀的長期需求，引發美洲白銀的大量輸入中國（以絲綢和瓷器輸出）。不過這些輸入的白銀都在民間市場流通，尤其集中在江南鹽、礦商之手。

學者一直在爭辯明末白銀短缺和經濟危機（通貨緊縮）之間的關係，可以確定的是：萬曆三大征和遼東與後金的戰事，讓政府手中握有的白銀更加速流向民間，迫使朝廷開徵各種礦、商特別稅（也就是所謂的「練餉」、「遼餉」），以支應國防、平亂的支出。有一種說法認為，崇禎上台後，剷除了魏忠賢的閹黨勢力，又聽信東林黨大臣建議，停徵各餉（他們實際上代表江南商人的利益），結果導致平亂救災無銀可用，而原來用以控制社會反抗的機制（特務監控）又被破壞無遺，就造成流寇坐大的結局。

三月十九日凌晨，李自成的大順軍打進北京，朱由檢在紫禁城後頭的煤山上吊殉國那一刻為止。在對這片江山投以最後一瞥的時候，他的心中一定有諸多悔恨吧？但是有一個決定，崇禎必定不覺得後悔，那就是他在十四年前，下詔處死了薊遼督師袁崇煥。

袁崇煥與盧象昇

▲ 最具爭議性的英雄人物袁崇煥

袁崇煥，廣東東莞人，是中國歷史上最具爭議性的英雄人物。他進士出身，原來只是福建邵武知縣，在後金燒殺遼東的時候，自告奮勇出山海關，招撫難民，建築寧遠邊城（今遼寧興城）。在寧遠，他兩次打退後金進攻；但在崇禎二年（一六二九）十月後金繞道蒙古攻打京師時，被崇禎下令逮捕，隔年被殺。

與袁崇煥同時代的人，認為他擅自與敵人（後金）和議、殺害能牽制敵人的統兵主帥、挾敵自重、最可惡的是當後金入寇時，他竟然縱敵深入，放任後金辮子兵在京師外圍燒殺擄掠，實屬漢奸，罪該萬死。

後世的看法完全相反：袁崇煥是明朝國防的支柱，他有過人的膽識、熊熊烈火般的氣魄，只要有他在，大明朝決不會亡，而昏庸猜忌的崇禎竟然誤信後金的反間計，殺害了袁崇煥，真是自毀長城的笨蛋。

到了金庸先生寫〈袁崇煥評傳〉時，將崇禎的智商稍稍提高了一些：崇禎之所以殺袁崇煥，並不是誤中後金模仿《三國演義》的反間計，而是兩人性格上的根本衝突所致。

發生袁崇煥這個人身上的爭議，體現了歷史評價如何受到政治力的扭曲而變形。明末的人說袁崇煥罪有應得，很可能是受到黨爭的影響而蒙蔽判斷；後世的人說袁崇煥是民族英雄，可能也受到清朝自康熙到乾隆一百多年來有計畫竄改明朝史實、湮滅史料的影響。但是不管怎麼說，袁崇煥本人的言行（屢次向皇上吹牛恐嚇兼開空頭支票、擅殺邊境將帥、與後金私下和談、只跟蹤後金軍隊而不堵截），似乎也解釋了為什麼他會是最具爭議的人物。

明亡清興這幾十年中，出了許多爭議人物，除了袁崇煥之外，還有下面即將提到的洪承疇（被俘降清）、吳三桂（開山海關讓清兵入關）和錢謙益（鄭成功的指導教授，失節靠攏）等人。

但是在這裡，我們想特別介紹一個

了不起的人，他的名字是盧象昇。盧象昇（一六〇〇至一六三九），江蘇宜興人，同樣也是進士出身，後金第一次入塞搶掠時，他還是個知府，自己招募士兵，增援京師。崇禎十一年冬，清兵第四次攻破長城，北京戒嚴。

盧象昇受命「總督天下援軍」，可是處處受到內閣的掣肘，內無糧草，外無援軍，真正跟隨他迎戰強敵的，只有五千疲勞不堪的步兵。

十二月十一日，盧軍已經斷糧七日，和數萬清兵重騎兵在巨鹿（河北省巨鹿縣）對陣。全軍上下飢寒交迫，但是沒有一人脫逃。決戰開始，盧象昇率先殺入敵陣，「呼聲震天」。這支孤軍拼光了最後一發砲彈、最後一支箭矢，全軍覆沒；文官盧象昇奮勇擊殺數十名清兵，身中四刃三矢，力盡倒地。鎧甲之下，還穿著父喪的孝服。

明知不可為而為之，為了國家和百姓死戰到最後，盧象昇是英雄人物，沒有一點爭議。

韓劇不會說的事

明朝滅亡了，但是這個王朝所創造的若干制度和設施，比如內閣與長城，壽命比朝代本身要長得多，還有一個國家的名稱也是如此，那就是朝鮮。

元朝退回沙漠時，統治這塊半島土地的，是和元朝世代通婚的高麗王國。朱元璋建立大明以後，高麗派使者表示願意臣服。可是，當明軍征討遼東時，高麗國王辛隅（王禑）卻認為，那裡正是高麗的拓展方向。辛隅不但派使者到南京向朱元璋嗆聲，還於洪武二十一年（一三八八）出兵，打算拿下遼東。

結果，軍隊是出發了，但卻是往相反方向——自己國境進發。主帥李成桂反戈回師，廢黜了辛隅，就此建立韓國史上的李氏王朝。

新國君李成桂派使者向明朝稱臣，並且請朱元璋為這個新藩屬國命名。朱元璋很慎重的左思右想，以「朝日鮮明之國」的意思，為李成桂的新國家取了「朝鮮」之名。幾百年的光陰過去了，朝鮮至今還是北韓的正式國名。

朝鮮王國使用明朝的年號，尊大明為天朝，每逢新君即位，都要請求大明的冊封；在朝鮮遭到日本入侵時，明朝也出兵為它抵抗外侮。

明朝晚期後金興起，朝鮮被迫臣服滿人，但是仍舊穿著明朝服飾。今天我們看古裝韓劇時，國君那身金蟒紅袍，頭上戴的翼善冠，還有王后的禮服，全都是明朝藩王、王妃的服飾。只是，韓劇不會告訴你：他們的國號、官制、還有全國上下的穿著，其實都是大明王朝的發明。

中國最後一次盛世：清初與盛清之世

大清乾隆五十八年八月初十，也就是西元一七九三年九月十四日，在和中方禮部官員反覆交涉之後，英國特使喬治．馬嘎爾尼爵士（Sir George MaCartney）終於在熱河避暑山莊行宮，覲見已經八十三歲高齡的乾隆皇帝愛新覺羅．弘曆。按照雙方好不容易達成的協議，馬嘎爾尼在老皇上面前不必行三跪九叩首的大禮，而只須單膝下跪致敬即可。

馬嘎爾尼代表大不列顛政府，向乾隆皇帝提出七項請求，希望開放幾個通商港口、讓英國在北京設立使館、在廣東附近開闢一塊地方讓英國商人長期居留、以及簽訂貿易條約等等。接著，他又代表英國國王喬治三世（George III），向皇帝陛下敬呈國禮，禮單包括滑膛來福槍、望遠鏡、地球儀，還有一艘最先進炮艦的模型。

對於英吉利人的請求，乾隆後來回覆：因無先例，礙難同意；至於英方致贈的那些禮品，乾隆表示，我煌煌天朝，何物不有？顯然是看不上那幾樣洋夷小玩意兒。馬嘎爾尼等人隨即進行參訪觀光之旅。他們被安排到行宮中的亭台樓榭略作休憩，樓閣裡陳設的精美書畫、座鐘與瓷器，琳瑯滿目，極盡富麗堂皇之能事，令他們眼花撩亂。勳爵後來回憶：「在這樣豐沛的物事當中，我們的獻禮顯得黯然失色。」

馬嘎爾尼等人所看見的，無疑是大清帝國「百年盛世」的最後一幕。入主中原的滿洲人，是從哪裡冒出來的？大清能以少數民族入主中原，還能達成盛世之治，背後有什麼謎團？歷來的盛世，如唐朝的貞觀、明朝的仁宣之治都只延續數十年，大清怎麼能達成百年之治？而為什麼這樣的太平盛世，卻是中國歷史上的最後一次？為了解答這些疑問，讓我們先回到乾隆爺祖先興起的地方：十七世紀初的長白山麓、黑龍江邊，一探究竟。

白山黑水滿洲人

在十六、十七世紀時，北起大興安嶺、黑龍江，東到長白山、南至遼河兩岸的遼闊平原，還是一片茂密的森林。在這廣闊地帶居住著以漁獵為生的通古斯民族，部落裡的男人在參加集體狩獵，或是殺人放火的活動時，會組成一個叫作「牛彔」（滿洲話裡「箭」的意思）的戰鬥團體，帶領牛彔的首領，叫作「貝勒」。一等活動結束，團體就解散，貝勒爺也回家曬他的漁網去。

部落	特點	區域
建州女真	漢化程度高、離漢人區近	遼河兩岸附近
海西女真	漢化程度低、離漢人區遠	黑龍江、松花江流域一帶的部落

▲明時女真部落

明朝地方官員認為他們是建立金朝的女真人後裔，看待這些部落也有生熟之分，離遼河兩岸漢人屯墾區較近、常和漢人進行交易的部落，被叫做「建州女真」；而生活在黑龍江、松花江流域一帶的部落被叫作「海西女真」，明朝人認為他們開化程度沒那麼高。

管理建州女真，明朝官員採取「分而治之」的辦法，往往以絲綢錦緞、金銀財寶，還有世襲都指揮使的官銜，引誘各部落自相殘殺。如果哪個部落勢力有日漸強大的跡象，明朝的邊防將領也會時不時的出兵教訓他們一下。

這套作法在李成梁鎮守遼東時，玩到了出神入化的地步。李成梁（一五二六至一六一五年）是遼東本地人（鐵嶺），一生為大明朝鎮守遼東達三十餘年，多次打退蒙古騎兵的騷擾，深得萬曆皇帝信任。這個時候，李成梁眼睛盯上的，是一個叫王杲的建州部落頭領。這王杲曾經獲得明朝都指揮使的頭銜，不過後來卻公然和朝廷作對，屢屢出動搶劫遼東各地。萬曆八年（一五八〇），李成梁出兵教訓王杲，將他抓回去處死。

王杲死後，李成梁又盯上他的兒子阿臺。萬曆十一年（一五八三），總兵大人李成梁以明朝爵位當誘餌，唆使蘇克蘇滸河部圖倫城主尼堪外蘭出兵攻擊阿臺。尼堪外蘭貪圖頭銜和賞銀，於是攻殺了阿臺部，還縱兵屠城，不小心（一說是故意）誤殺了一對替明朝勸降阿臺的父子倆：覺昌安與塔克世。這對父子在歷史上地位並不重要，但他們的家族姓氏卻很要緊，因為在未來，它將是皇家的姓氏：愛新覺羅。

努爾哈赤是外勞

覺昌安與塔克世的名字被列在死者名單上沒多久，塔克世的大兒子努爾哈赤立刻找上李成梁哭訴：我爸我爺爺替你們大明做事，怎麼也被收拾掉了？據說李成梁良心發現，十分愧疚，將塔克世的土地、人馬都歸還給努爾哈赤，還給他都督的頭銜當作補償。努爾哈赤回程途中得到祖先留傳下來的十三副盔甲，這是他開創大業的起點。

看到這裡，或許讀者會問：努爾哈赤怎麼能立刻就找上總兵大人申冤？沒有錯，努爾哈赤先生和李成梁之間，確實有不為人知的祕密管道。據說努爾哈赤少年時經商（其實就是拿著貂皮和漢人交易），學得一口流利的漢語，人又長得相貌堂堂，當他被明軍抓住時，李成梁的老婆（或妾）覺得他長得實在太帥，就偷偷將他放走了。

▲ 清太祖努爾哈赤像

不過，這其實是清朝史官修改過的版本，目的是掩蓋大清的開國皇帝曾經在明朝總兵大人府上打過工的事實。雖然努爾哈赤是如何與李成梁搭上線的，現在已經難以探明了，但是從此之後，努爾哈赤武裝搶劫事業愈作愈大，則是不爭的事實。只見他攻打這裡，占領那裡，勢力不斷增強，對手愈來愈少；而本來應該分而治之、棒打出頭鳥的李成梁，卻睜眼不見，好像完全沒這回事一樣，放任他不斷坐大，甚至還暗中相助。

萬曆四十三年（一六一五），李成梁去世。隔年，努爾哈赤把幾條老帳翻出來，聲稱對明朝有「七大恨」，建國號為「大金」（又稱為後金），自稱「天命汗」，正式起兵造明朝的反。北京朝廷這才發現，遼東出了一頭無人可制伏的猛虎。

努爾哈赤在李成梁府裡當外勞時，接觸過當時的暢銷小說《三國演義》，如獲至寶，當成「大明破關祕笈」仔細研讀。他打仗時活用從小說裡學來的兵法，懂得運用間諜，還能集中優勢兵力，將來犯之敵各個擊破。

正黃旗
正紅旗
正藍旗
正白旗
鑲黃
鑲紅
鑲藍
鑲白

▲努爾哈赤的八旗軍隊

萬曆四十七年，明朝集結了十四萬精銳將士，在薩爾滸（今遼寧撫順）和後金會戰，結果被努爾哈赤以少勝多，殺得片甲不留，這場戰役也成了他的經典代表作。

從此之後，明朝在遼東已無可與努爾哈赤抗衡的力量。他的軍隊按照黃、紅、白、藍四樣顏色，鑲旗、正旗兩種邊框，分為八旗，每旗七千五百人（旗主稱為貝勒），不斷往山海關逼近。沿途，後金辮子兵燒殺擄掠遼東漢人，造成萬千流離失所的難民。

不過，天啟六年（一六二六）時，所向無敵的天命汗終於踢到一次鐵板：寧遠（遼寧興城）守將袁崇煥，使用葡萄牙紅衣大炮擊退了後金的大軍。努爾哈赤在踢到鐵板七個月後病逝。

皇太極會大挪移

如果努爾哈赤是用兵作戰的高手，那他的第八子兼繼承人皇太極就是政治謀略界的高手高高手。原先按照努爾哈赤的安排，後金在他死後，應該以四大貝勒共同議政。這幾位貝勒爺都是皇太極的兄弟輩，不過在他的眼中，這只是一場權力爭奪的資格賽，因為王者的寶座，只能容許一個人坐上去。

皇太極打仗沒老爸行，上台擔任大汗後進攻錦州、寧遠，又吃了袁崇煥的大虧。可是皇太極的政治眼光，卻比努爾哈赤高出了不只一級：他從袁崇煥背著朝廷私下和他謀和的動作看出，袁崇煥很可能想挾他這個外敵以自重；他又從陸續前來投靠的漢人口中得知，大明內部有流寇之憂，如果再加上後金這個外患，遲早要倒店關門。

既然錦州、寧遠這一線有城牆重砲，打不過去，皇太極索性來個乾坤大挪移，先行收服漠南蒙古諸部，然後繞道長城，從北京西北面攻進關內。在這幾次後來史稱「清兵入塞」的軍事行動裡，第一次入侵就讓袁崇煥原形畢露，下獄囚禁，往後的幾次也都吃飽喝足，搶掠數以萬計的金銀財寶、男女奴隸退回關外。

既然蒙古臣服，又有了大量的漢人工匠與明朝降兵降將，皇太極就開始擴張後金的統治與軍事機構。他首先將蒙古和漢人也按照八旗建制編組成軍，稱蒙古與漢軍八旗。漢軍旗裡有原來明軍的火器與攻城器械工匠，於是皇太極在野戰騎兵之外，也擁有了足以攻破城牆的砲兵部隊。

另一方面，皇太極採納漢人幕僚的建議，建立起中原王朝式的政府組織，分置六部，也設內閣。崇禎九年（一六三六），皇太極改國號為「大清」，有了入主中原的雄心。

崇禎十二年（一六三九），也就

清初三大疑案

「太后下嫁」、「順治出家」、與「雍正無頭」，並列為清初三大疑案。

「太后」指的就是莊妃，也就是孝莊皇太后博爾濟吉特氏，據說太后為了保住兒子福臨的地位，答應嫁給睿親王多爾袞；睿王也為了愛情，竟然願意捨棄唾手可得的皇位。「順治出家」則是指順治皇帝福臨並非得天花而駕崩，皇上不但沒有駕崩，還健在人世。他是受到母后（孝莊）挾制，摯愛的漢人嬪妃董小宛死去的情形下，萬念俱灰，才剃度出家為僧的。「雍正無頭」指順治皇帝之孫雍正皇帝暴虐無道，大興文字獄，遭到刺殺，割去頭顱。

事實上，三宗所謂「疑案」都沒有實際根據，全是清末革命黨人引用清初復明志士的記載而來。例如抗清將領張煌言（一六二〇至一六六四）曾經作有〈建夷宮詞〉，裡面有「春官昨進新儀注，大禮躬逢太后婚」的句子，但是張煌言一生都在東南沿海抗清，對於北京宮廷內幕，怎麼可能會有第一手情報？「順治出家」同樣荒誕不經：順治深愛的董鄂妃，其實並非漢人；皇家醫療檔案裡，對於皇上感染天花也留有相當詳盡的記錄。

慘案	時間	明方領袖	清方領袖	事由
揚州十日	**順治二年** 1645	史可法	多鐸	清軍攻破揚州城後對城內展開十日大屠殺
嘉定三屠	**順治二年** 1645	侯峒曾、黃淳耀	李成棟	清軍攻破嘉定後，李成棟三次下令對城中平民進行大屠殺

▲ 揚州十日與嘉定三屠

是大清崇德四年，皇太極御駕親征，圍困錦州。明朝以薊遼總督洪承疇率領的八名總兵、十餘萬部隊援救，雙方在松山僵持不下，皇太極苦撐著明顯不適的身體，還是打垮明軍，俘虜主帥洪承疇（洪後來剃髮投降）。

明朝搖搖欲墜的國防線龜縮到山海關，而關內流寇李自成、張獻忠已經聚眾百萬，將明朝統治基礎摧毀殆盡。就在準備入關進行最後一擊的前夕，皇太極卻於崇德八年（一六四三）中風，不久駕崩。

皇太極突然死亡，引發大清內部角逐汗位的爭奪戰。對戰的兩方分別是皇太極的長子、正藍旗主肅親王豪格，以及他的弟弟、正白旗主睿親王多爾袞。雖然多爾袞占了上風，但是豪格陣營手上的實力也不容小覷。就在雙方正僵持不下的時候，先帝爺的莊妃博爾濟吉特氏發揮作用：她讓自己的兒子、六歲的福臨繼位，也就是順治皇帝。

清流抗清真外行

福臨的兩個叔叔多爾袞、鄭親王濟爾哈朗擔任攝政王。他們很快就完成皇太極沒完成的夢想：崇禎十七年（一六四四）三月，闖王李自成攻陷北京，皇帝朱由檢披頭散髮，吊死在煤山一株老槐樹上。

闖軍都是些農村土包子，乍然進入五光十色繁華的京城，包括李自成本人，無不大肆搜括搶劫，擄走的包括山海關守將吳三桂的家人在內（有一說認為擄走的是名伎陳圓圓）。本來答應歸降的吳三桂這下氣壞了，大開山海關請求清兵支援。多爾袞率清兵入關「為明朝復仇」，擊退了李自成，進入北京，幾個月後又把順治皇帝請來，在北京紫禁城武英殿正式即位。兩百六十八年的大清天下就此開始。

雖然順治一朝在莊妃、多爾袞、乃至順治皇帝本人之間，因為權力而產生諸多錯綜複雜的糾葛，甚至被後人拿來繪聲繪影，傳為疑案，我們在此要先把他們的恩怨情仇放下，將畫面切換回明亡清興關鍵時刻的漢人士大夫群體。

前面我們提過明朝末年政局敗壞，和一大群自命清流的文臣言官互噴口水、彼此內耗有很大的關係。國家還沒有亡之前，他們天天開炮，要求撤換內閣、指責朝廷無能，治國無方，現在社稷崩毀，清兵都入了關，要求所有百姓都要剃髮留辮子，還發生「揚州十日」、「嘉定三屠」的慘案，「覆巢之下無完卵」，士大夫們是不是會放下彼此成見，一致抵抗外侮呢？

答案是沒有。即使大敵當前，明末的清流們依舊發揮「內鬥內行」的傳統，鬥個不停，一直吵到清軍兵臨城下為止。

明朝在清兵入關後的抵抗，可以說就是被這種沒有意義、卻自以為是的口水戰給搞垮的。崇禎皇帝殉國以後，明朝大臣在陪都南京成立政府，繼續抗清，史稱南明。但是，這個南京小朝廷的政局，卻完全是東林黨爭的番外篇。清兵還沒打過來，自己人就已吵翻了天。

最糟糕的是，這些讀書人（少數殉節者例外），有內鬥的力氣，卻欠缺該有的骨氣。國家被他們吵垮，他們竟也就乖乖的剃頭改服，接受滿人新政權的統治，個別臉皮厚的，還接著出任清廷的官員。

比方明末的東林黨人、著名的大學者錢謙益，在北京朝廷覆滅後一度宣稱要殉國，他的續絃夫人、曾是江南名伎的柳如是約他跳水自盡，錢大師拖拖拉拉的去了，腳掌一接觸水面，便喊「水冷」而回家去也。後來錢謙益更是以身作則，率領大臣打開南京城門，向清軍統帥多鐸投降。所以，如果要聽信大師與清流講的話，必須搭配他們的行為一併觀察，才不會有受騙上當的危險。

明末清初的有識之士，歷經過國亡家破的慘痛教訓，對於讀書人這種平日高談心性，臨事卻萬無一用的風氣，有非常深刻的反省。例如知名的大學者顧炎武（一六一三至一六八二年）就認為讀書必須先從健全的人格培養起，所謂「禮義廉恥，國之四維」，如果文人心態偏差，自命道德高尚、政治正確（也就是無恥），成天只出一張嘴，學問再高也枉然。

又像大儒黃宗羲（一六一〇至一六九五年）作《明儒學案》，追索陽明心學的歷史源頭，從明亡的悲劇，反

滿清的薙髮令

滿人以少數統治多數，剛入關時對於服裝、頭髮下了「剃髮易服」的規定，但是由於遭遇強烈反抗，不得不暫緩施行。因此，漢人仍舊穿著寬袍大袖，朝廷朝會時，甚至出現漢人官員仍然身著明朝官服的情景。但是很快的，隨著軍事進展的順利，朝廷對占領各地重新下達「剃髮易服令」：漢人也必須剃掉前額的頭髮，後腦勺留著滿洲人款式的髮辮，並且改穿滿洲人的窄袖馬褂。

《孝經》裡說：「身體髮膚，受之父母，不敢毀傷」，因此剃髮易服令在各地引發強烈的反抗。但是朝廷相當強硬，稱十日之內，必須遵令剃頭，否則「留髮不留頭」。這種措施嚴重打擊中國人的文化認同，雖然許多人採取各種不合作抵抗方式，比如在世時穿著旗人服飾，但是死後穿回明朝衣冠下葬等，經過清朝百年的統治後，這些抵抗都變得軟弱無力。

思為何王守仁原本要人「知行合一」、「致良知」的教誨，會成為不切實際的誤國空談。

這種崇尚務實的「經世致用」新思考，是清代學術由明末的「心學」走向「樸學」的起點。當然，提出這樣主張的顧炎武、黃宗羲等人不只是嘴巴嚷嚷，也確實身體力行：他們走遍了名山大川，考察地理形勢，領導抗清運動，還反省歷史教訓。而且，上面所提到的這些人，連同失節降清的錢謙益在內，全都和在東南沿海抗清的國姓爺鄭成功暗中有所聯繫。

海盜孤臣國姓爺

鄭成功（一六二四至一六六二年）本人就是明末清初各種複雜政治文化、內陸海洋、經濟軍事等力量交會之下的產物。他的父親鄭芝龍（Nicholas Iquan）是福建泉州府南安人，原來是海盜出身，懂得包括日文、葡萄牙、西班牙語在內的多國語言，同時身兼天主教徒（曾經受洗）與媽祖娘娘的信徒；鄭芝龍從事海上貿易（走私）和武裝航運兼收取保護費事業，勢力範圍遍布大明東南沿海和東南亞。

在鄭芝龍成為海上霸權之後，接受明朝政府的招撫，成為水師將領（當然，繼續兼任海上武裝貿易集團領導人），更在清兵入關之後，當上南明福州小政權的支柱。鄭芝龍早年和日本有

▲ 國姓爺鄭成功

生意往來，和德川幕府關係良好，也娶日本人田川氏為妻（另說是華僑翁氏之女）。

就像所有商界成功人士一樣，鄭芝龍也期望朝廷裡有自己人好辦事，如果這個「自己人」還是自己的兒子，就更理想了。這就是他栽培兒子鄭森（鄭成功的原名）往科舉之路前進的真正目的。

可是，鄭成功卻不這麼想。他將君臣綱常放在最高的位置，他將父親擁立的隆武皇帝（唐王朱聿鍵）所賜「國姓」（朱是明朝皇室姓氏）當作是無上的榮耀。這就注定了他在錢謙益失節、鄭芝龍投機的時候，要走上一條不同又孤單的道路。

鄭成功糾集父親舊部，以金門、廈門為基地，在東南沿海一邊從事父親的舊業（海盜），一邊以事業所得資金支持抗清。他的水陸部隊訓練有素，在

文藝復興堡壘

中國的軍事科技，是從什麼時候開始落後給歐洲的呢？荷蘭籍的美國歷史學者歐陽泰（Tonio Andrade）指出，這個時間點恐怕要落在十七世紀初期。荷蘭在大員（台灣）所興建的熱蘭遮城（今台南市安平古堡），就是明顯的證據。熱蘭遮城的城牆採取傾斜設計，能減少砲彈的破壞力；四面設有突出的稜堡，可相互倚為犄角，前、左、右三面發射火槍大砲，使得防守火力幾乎沒有射擊死角。這種樣式的城堡，首先出現在十六世紀的義大利，所以被歷史學者稱為「文藝復興堡壘」。它的出現，代表的是歐洲戰爭規模以及社會經濟的通盤改變。

極盛時人數高達二十萬人，配備火銃槍砲，也有歐洲、非洲傭兵。

一六五九年（清順治十六年，南明永曆十三年），鄭成功還率領大軍走海路北伐，進入長江，占領鎮江，一度兵臨南京城下，可是卻中了緩兵之計，導致最後大敗而歸。這場失敗也促使鄭成功決心往海外找尋新根據地，在一六六二年攻下荷蘭東印度公司的殖民地台灣。

攻取台灣，國姓爺贏得並不輕鬆。鄭軍以兩萬五千人圍困僅有一千名荷蘭守軍駐守的熱蘭遮城（Fort Zeelandia）長達一年，傷亡慘重而遲遲無法取勝。熱蘭遮城的文藝復興堡壘樣式，還有守軍配備的槍枝火砲，代表了當時歐洲在海洋探險殖民高潮裡，荷蘭等殖民國家的軍事科技，已經超越同時的中國。

鄭成功最後靠著靈活的應變能力，以及荷蘭守軍內部的叛變，才能艱苦的獲勝。一百多年以後，船堅炮利的英國艦隊，從海路再度向中國叩關時，中方就沒有能如此取勝的機會了。

鄭成功在攻下熱蘭遮城四個月後病逝。這一年對在北京的大清朝廷來說，則是康熙元年。順治皇帝已在去年駕崩，八歲的皇三子愛新覺羅・玄燁繼位，是為康熙皇帝。

康熙皇帝真好命

在大多數史書裡，康熙皇帝都是以「神文聖武」的「超級英主」形象出現的。拿他和歷朝各代皇帝相比，他勤於政事，關心百姓，表現確實不差。但是，從一位「好皇帝」到「千古聖主」的歷史形象，之間恐怕有不小的距離。

玄燁在位六十一年，如果乾隆當太上皇的四年不列入計算的話，他就是中國歷史上執政時間最長的君主。

在史書裡，他八歲登基，十六歲獨自設下計謀，擒拿輔政大臣鰲拜；二十歲毅然決定撤除三藩，引發鎮守雲南的平西王吳三桂等人反抗，史稱「三藩之亂」，經過八年苦戰終於獲勝，使得大清帝國能直接統治福建、廣東、雲貴等地區；三十歲時手腕高超、和戰並用，收降台灣；三十七歲起的二十年間，先後六次下江南，致力於滿漢的和解與文化的發展；五十八歲時心懷民間疾苦，下詔「永不加賦」；不但如此，他還三次御駕親征準噶爾蒙古，大破塞外騎兵，並支持編纂《康熙字典》、《古今圖書集成》等書。

玄燁本人更是允文允武：他不但箭術奇佳，射殺的虎豹熊獐有數百頭之多；他又精通滿、漢、蒙文，會演算代數、天文與西洋醫術，還學習拉丁文，真是一位全方位的完美聖主。

不過，正是在這些豐功偉業敘述的縫隙裡，我們能夠瞥見一個時勢造就出來的真實康熙皇帝。套句通俗的話講，玄燁的命還真是好：他在嬰兒時期罹患當時無藥可治的天花，卻能幸運痊癒，所以在順治皇帝也感染天花時，他成為唯一有免疫力的皇子，得以順利繼承大統；他又獲得祖母孝莊太皇太后（也就是前面提過的莊妃）在幕後全力支持，為他掃除鰲拜勢力；三藩叛亂初起時，清朝的戰爭機器——八旗勁旅已經出現鏽蝕的跡象，卻因為吳三桂年事已高，只想和朝廷談判，不急著北渡長江，而讓康熙有重整旗鼓、陣前換將的機會；皇上三次御駕親征漠北都大費周章，實際上只有一次真正與準噶爾部交戰；甚至，整個康熙執政時期，都處在國內外相對平順的狀態。

國際上，歐洲第一波殖民強權荷蘭、西班牙、葡萄牙被後起之秀英國打趴，而帶動歐洲帝國主義、工業革

三藩之亂

清兵入關，人數不多；平定各地，仰仗投降的明軍，以及歸順的明朝將領為他們打先鋒。為了鎮壓華南的南明反抗勢力，朝廷陸續封原山海關守將吳三桂為平西王，鎮守雲南；尚可喜為平南王，鎮守廣東；耿仲明為靖南王，鎮守福建，這就是「三藩」。

從順治初年起，朝廷每年供給福建、廣東和雲貴大量的軍政預算。在順治年間，光是雲貴的吳三桂，每年要向朝廷索要九百萬兩銀子，養活他旗下的兵馬、官員，到了康熙親政的時候，這個數字加上耿、尚二藩的開銷，總計是兩千多萬兩銀子。所謂「天下財賦，半耗於三藩」。康熙皇帝在整肅鰲拜之後，決定對付三藩。但是，他的撤藩步調過於急躁，引發吳三桂的疑忌，於是跟著尚可喜拜折朝廷，請求回遼東養老。尚可喜的兵權已經被其子尚之信所奪，請求養老是出自真心；吳三桂就純屬試探。沒想到，康熙立刻批准。於是吳三桂就聯合尚之信、耿精忠（耿仲明之孫），於康熙十二年（一六七三）打著「反清復明」的大旗起兵，短短幾個月，就打下四川、貴州、湖南、湖北（長江南岸）與江西省一部。但是吳三桂已經沒有早年的銳氣，他頓兵湖南，意圖與北京南北隔江而治。

北京朝廷一開始毫無軍事準備，倉促派往平亂的滿族親貴將領，有的處事過於激烈，反而促成部將叛變（派往陝西的大學士莫洛），有的則不敢出戰，與敵軍長期僵持（派往湖北的順承郡王勒爾錦）；康熙利用吳三桂停兵不進的時機，陣前換將，起用能戰的漢人為帥，逐漸在湖南、陝西兩個主戰場扳回劣勢。在福建、廣東，朝廷以招撫的和平攻勢為主。康熙十五年開始，戰局對北京有利：康熙十七年，吳三桂放棄原來的反清復明政治號召，在湖南衡州（今衡陽）過皇帝癮，旋即病死；康熙十八年初，清兵收復吳軍重鎮岳州。康熙二十年，清兵從四川、貴州、湖南三路攻入雲南昆明，吳三桂之孫吳世璠兵敗自殺，歷時八年的三藩戰事，方才宣告平定。清廷在平定亂事後，才能直接控制華南各地。兩年之後，更乘東寧（台灣）內部發生變亂的機會，渡海拿下台灣。

命興起的發動機——活塞蒸汽引擎，直到一七一二年（康熙五十一年）才被英國工程師湯瑪斯．紐科門（Thomas Newcomen）發明出來。再加上中國內部的社會經濟，此時也從明末清初的戰爭動亂裡緩步復甦，於是「名為守成，實同開創」的「熙朝盛世」才有機會出現。這種局面，同樣也是時機上的巧合，和康熙個人的意志沒有絕對的關係。

史家曾經將嘉慶（康熙曾孫）、道光（康熙玄孫）兩位皇帝統治的時期合稱為「嘉道中衰」，認為大清國勢就是在此時走向衰弱。實際上，康熙本人在位期間，所謂盛世，就幾乎難以為繼。康熙執政的中期，官場黨爭的情形已經日趨嚴重。官員之間，不但滿、漢之間有衝突，漢人間因省籍、滿人間

江寧曹家的故事

曹家與康熙的故事，要從清兵入關前說起。話說後金天命六年（一六二一），努爾哈赤攻陷遼陽，擄獲許多漢人，他們不分男女，都被撥給八旗旗下各個牛錄（佐領）充當奴隸使用，其中有個不怎麼起眼的年輕人，名叫曹振彥，遼陽當地人氏，他被分發到正白旗下，成了包衣（滿洲話的「家奴」）。

順治年間，曹璽的妻子，分派來照顧皇三子。她把玄燁從小男嬰拉拔長大，變成一個活潑聰明的小男孩，伺候起居無微不至，是小朋友童年最親近的保母。孫氏的兒子曹寅是玄燁小朋友的玩伴兼隨從，從小一起生活，玩耍翻滾，關係非比尋常。康熙二年（一六六三），皇上的奶公曹璽就被安排出任江寧織造一職，這是隸屬皇宮內務府的機構，專門為宮廷準備布料衣物。曹璽在這個位置上兢兢業業，一直到康熙二十三年過世為止。皇上授與他一品工部尚書銜，後來於康熙三十一年，還讓他的兒子曹寅繼任江寧織造。

曹寅，字子清，號楝亭，從小在康熙身邊當跟班，一起讀書、遊戲，長大後入宮擔任二等侍衛，之後轉往內務府任職。在二月河的小說裡，那個武功高強、對康熙又忠心耿耿的「魏東亭」，影射的就是曹寅。康熙二十九年，曹寅以內務府廣儲司郎中（處長，從五品）銜，出任蘇州織造，後來又兼任江寧織造。他與另外一位內務府包衣李煦（後來結為姻親，是曹寅的妹夫）輪流出任兩淮巡鹽御史。康熙皇帝六次南巡，除了第一次以外，後五次都以曹寅位於南京的江寧織造署為行宮，在皇上南巡之前，皆由曹寅出面，以整修行宮為由，號召兩淮鹽商樂捐經費。

像曹寅、李煦這樣的官員，負責製造布匹衣物、上交宮中的本職，是他們的表面身分，曹寅等人的真實身分，是直屬皇上的密探，代表康熙監察南方官員，並且替皇上蒐集各項情報。這些情報，都寫在祕密奏摺裡。起先他們向康熙報告的，是地方官員的操守、農作收成等情報，後來內容無所不包，從雨水氣候到文壇趣聞，從督撫不和到神棍斂財，甚至誰寫了一幕新劇本，誰家老娘作七十大壽這類事情，都可以寫成密折，上奏康熙。

問題是，曹寅既要迎接南巡聖駕，還負責這麼多的任務，花費的銀子從哪裡來？曹寅每年的俸銀，加上他江寧織造任上的特支費，不過三百多兩銀子，連支付前述接濟退休大臣的費用都無法打平。因此，他必須有體制外的收入，也就是貪污。曹寅與李煦輪流擔任兩淮巡鹽御史，負責鹽引（專賣許可證）的管制發放，以及鹽課銀兩上繳朝廷，這就是他們能從中作手腳、獲取不法財源之處。

曹寅死於康熙五十一年（一七一二），對於曹家挪用公款，積欠下來的巨大虧空，康熙心知肚明，並不著意催討；但是等到雍正皇帝繼位之後，曹家就難逃被抄家的命運。江寧織造府的興盛與敗落，成為曹家子孫曹雪芹的創作題材，他寫出的小說，就是《紅樓夢》。

依各旗，也產生種種矛盾。康熙皇帝故意放縱派系彼此鬥爭，以收相互制衡的效果，但是對於官員的貪腐，則疲於應付。甚至，他本人也因為六次南巡的巨大花費，造成迎駕官員虧空、挪用鉅額公款。康熙晚年，大清的邊疆地區，如青海與台灣，都有變亂發生，這正是統治基礎不穩的跡象。

但是，這一切衰敗的跡象，全都因為繼位的雍正皇帝而暫時獲得遏止。看來，康熙皇帝身後之所以能成就聖君的名聲，在一定程度上，真是拜時勢之賜。

▲ 康熙皇帝

包衣奴才真好用

康熙皇帝另一樣「命好」之處，是祖宗留給他一套班底，使得大清既能避免明朝重用宦官所產生的壞名聲，又可以讓他們充作滿漢溝通的橋樑。

這套班底，滿文讀做「包衣」，也就是中文裡「家奴」的意思。包衣是原先遼東漢人的後代，他們的祖上被後金辮子兵俘虜，充當滿人的奴隸。在族群和語言上，他們屬於漢人；但是在文化認同上，他們又能和滿洲主子心靈相通。

康熙皇帝看上了這個特質，所以任用包衣取代了原來明代宦官集團所執掌的若干功能，包括為皇家採辦貨品、攏絡讀書人，甚至為皇帝監視文官、打小報告（後來演進成密摺制度）等等。很多大臣在公事上和皇帝是君臣關係，但

人物	最高職位	事蹟
朱國治	江蘇巡撫、雲南巡撫	吳三桂發動三藩之亂時，遭吳三桂所殺。後被列入清「忠義」死難臣子之列。
吳興祚	兩廣總督	收復廈門、金門等地。
曹寅	江寧織造、蘇州織造	織造職務，並負責監察江南官員。

▲ 康熙年間著名的包衣大臣

是在八旗建制裡，則是主奴關係。

比方壟斷江寧織造一職長達六十五年的曹家，就是包衣出身。

皇上有時會將某旗下的佐領賞給他喜愛的皇子，這樣一來，該皇子也就成了這些包衣出身大臣的主子。明朝時只有宦官自稱奴才，到了大清則滿朝文武都成了奴才，就是這個道理。

包衣們各為其主，涉入康熙朝諸皇子的爭權鬥爭裡。康熙皇帝有二十四個皇子，雖然他早在康熙十四年（一六七五）便將嫡子、也就是皇二子胤礽立為太子，但是胤礽私生活不檢點，顯然不符父皇對於接班人的期望，再加上康熙皇帝身體健康，不斷打破皇帝在位年數的紀錄，於是釀成他兩次廢黜胤礽的悲劇。

既然太子之位懸缺，年長的皇子們彼此勾心鬥角，暗中謀求皇帝寶座大位，成了後世小說、電視連續劇裡一再搬演的絕佳題材。

康熙六十一年（一七二二）十一月十三夜裡，皇位爭奪最後的結果揭曉了：當晚北京九門緊閉，全城戒嚴，不久之後，皇四子雍親王胤禛出面宣稱：父皇康熙已經駕崩，臨終前傳位給他，旋即繼統為帝，也就是清世宗雍正皇帝。

雍正沒有血滴子

雍正對於皇位競爭的失敗者（也就是他的親兄弟們）逐一加以整肅，手段頗為嚴酷。傳說，他訓練出一批特種部隊，配備高科技的殺人武器「血滴子」，可以在千步之外遠端遙控，取人首級——這當然不是史實。但上述種種，已經足以讓他在後世蒙上了殘酷暴虐的臭名。

實際上，雍正是個很愛發表意見的皇帝。每天在奏摺上批寫幾千字洋洋灑灑的硃批，對雍正來說，只是家常便飯；對於他蒙上「弒父屠弟」的罪名，他御製《大義覺迷錄》加以駁斥；對於佛門裡誰是法門正宗、誰是異端邪說的爭論，他也要插上一腳，表達自己精湛的佛學造詣（《揀魔辨異錄》）。至於文臣黨爭問題，雍正當然更不會放過發表文章的機會（御製〈朋黨論〉）。

對於虧空挪用公帑，或是結黨攬權的大臣，皇上更是抄家、流放甚至殺頭，決不手軟；而他同時也看出潛藏在貪腐、黨爭之下的政治危機，那就是不合理的官僚體制設計。

雍正的改革從廢除各種檯面下規費開始。根據朱元璋的設計，明代文官的正式薪俸非常微薄，官居六部尚書的文臣，年薪只有一百五十多兩，品秩低的官員，憑俸祿根本無法生活，因此產生各式各樣的體制外收入進項。

朝廷要求官員清廉，問題是，薪水少得可憐，一大家子溫飽都有問題，還談什麼全心為民？體制無法支撐官僚系統的經濟需求，這是官員貪贓的問題根源。大清入關後，繼續沿用明代的低薪作法，到了康熙年間，政府組織的貪賄情況已經非常嚴重。

雍正元年（一七二三），朝廷宣布將所有規費全部歸公，由中央統一分配，按照官位高低、職務性質，發放合理化的薪俸，稱作「養廉銀」。舉例來說，一位知縣的年薪本來只有四十五兩，改革之後最高可領養廉銀兩千多兩。合法化的「養廉銀」和雍正嚴厲肅貪的政風結合在一起，對澄清官場收到很大的效果。

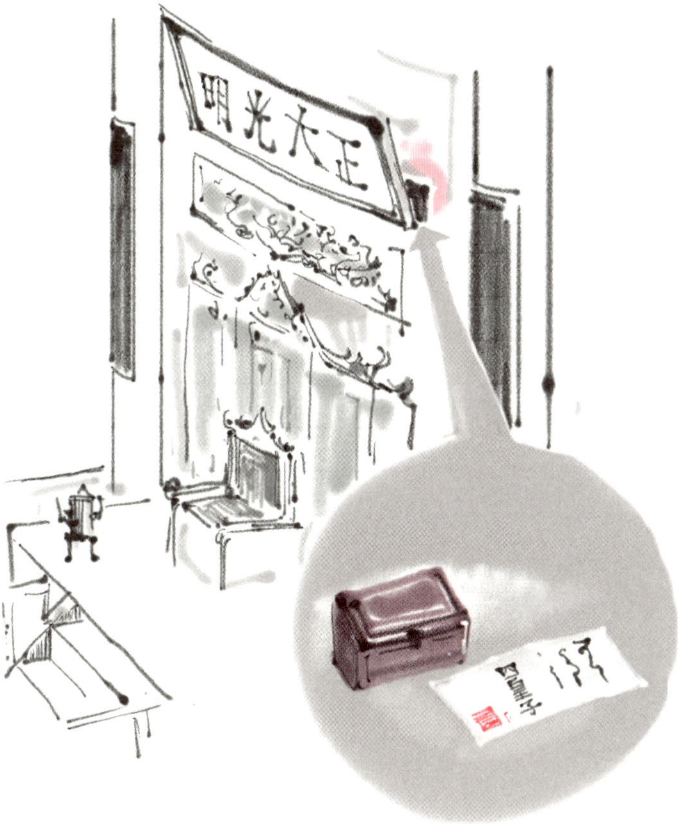

▲ **祕密建儲示意圖**

創設軍機處和祕密建儲制度，則是雍正的另兩項重要發明。

雍正七年（一七二九），皇上以對西北用兵需要保密為理由，在大內隆宗門旁的一排平房設立新的機構，開始時名叫軍需房，後來改稱軍機處。

這個新機構繞開原本的正規行政管道（內閣），可以對軍國大事作出快速反應，難怪雍正之後的各位皇帝也愛不釋手，將它保留到了二十世紀。雖然清朝沿襲明朝制度，也不設丞相，但是在清代，內閣大學士只要身兼軍機大臣，就等於是實際上的宰相。這些大學士到部視事，端坐在大堂（辦公廳）中央，所以又稱「中堂」。

雍正決心讓自己的兒子在接班繼位時，不要再和自己一樣，受到「得位不正」的傳言糾纏。他在即位之初，就將繼位人姓名親筆書寫在一張紙片上，收妥於小匣裡，放在乾清宮御座上方「正大光明」牌匾後面。平日對諸皇子的教育、賞賜則一視同仁，讓朝臣無法刺探門路，這就是「祕密建儲」。

雍正十三年（一七二五）八月二十三日晚間，雍正皇帝突然龍馭上賓，諸王大臣取下乾清宮牌匾後小匣觀看，繼位人選赫然是雍正第四子，寶親王弘曆。

乾隆原來是影帝

▲ 聚斂了八億家產的和珅

弘曆即位時才二十五歲，正值青春年華。他改年號為乾隆，接掌大清江山時，康熙與雍正兩位先帝爺，已經為他的統治打下良好基礎：皇爺爺為他立下聖明君主調和滿漢、御宇華夏的榜樣（乾隆自認），皇阿瑪則以嚴峻的肅貪政風，在戶部國庫裡給他留下了兩千四百萬兩存銀。

乾隆元年正月，新皇帝弘曆身著典禮穿用的朝服，端坐在御座，讓來自米蘭的宮廷畫師郎世寧（Giuseppe Castiglione）繪製天子聖像。這位中國有皇帝以來最為長壽（享年八十九歲）的統治者，就此展開他六十四年的多重身分扮演生涯。

《四庫全書》

這是中國歷史上規模最大的一部叢書。「四庫」是經（各家經典）、史（歷史類書籍）、子（各種學說、包括醫學、地理、天文等學科）、集（文集、詩集）的總合集，算是蒐羅古今天下的所有圖書文字。

《四庫全書》從乾隆三十八年（一七七三）朝廷設立「四庫全書館」開始編纂，九年之後完成，但是到嘉慶年間還持續進行補充。全書共有八億字，收書三千五百零三種，七萬九千三百三十七卷。參與《四庫全書》編修的文人達三千六百多人，負責抄寫的人員也有三千八百多人。為了維持滿清的統治正當性，《四庫全書》在編纂期間，刪改了兩千多種明清時期的書籍，凡是有諷刺清朝嫌疑者，都刪去或是修改。

《四庫全書》除了底本之外，一共抄錄了七套，經過太平天國、英法聯軍、八國聯軍諸次戰火動盪，現在只剩下三套半。原存於翰林院的底本毀於八國聯軍。原來存放於北京紫禁城文淵閣的抄本，現在收藏在台北故宮博物院，稱「文淵閣本」；瀋陽故宮文溯閣本則輾轉收藏於蘭州的甘肅省圖書館。

大清皇帝所扮演的角色，到了乾隆時到達最高點，這也是大清國勢鼎盛的象徵。對蒙古諸部和中亞藩屬來說，乾隆是承繼成吉思汗偉業的「博格達汗」；對西藏、青海信仰藏傳佛教的信眾而言，他則是護教的轉輪聖王；至於在山海關內的中國本部各省文武大臣、仕紳黎民眼中，他又是儒家天命所繫的天子。

最後這個角色最為複雜，也最難扮演：天子必須身兼文學家、書畫鑑賞家、書法家、詩人、軍事天才、武術高手（滿人專用）、孝子、醫學專家、婦產科醫師（以便為臣屬子女指腹為婚）、以及後宮嬪妃眼裡幽默又深情的好情人。今天影視作品裡那些「才子佳人乾隆皇」的形象，都只是乾隆爺的某些面向罷了！

已故的美國漢學家魏斐德（Frederic Wakeman, Jr.）認為，乾隆之所以如此熱中扮演上述複雜的角色，是因為他一心一意要將自己的形象塑造成儒家內外兼修的聖王。其結果是，在多重角色扮演之下，乾隆皇帝自已的人格特質卻在這些形象的背後淹沒無蹤了。

在「乾隆王朝」這部歷史大戲裡，男主角弘曆展現出全方位的演技，獨霸舞台中心長達四十年之久，這個情形直到新角色和珅出現，才發生了變化。

和珅早先只是個世襲低階爵位的年輕滿族侍衛，因為辦事勤勉獲得乾隆的賞識（雖然有其他種種說法，但這應該是最合理的一個）。從乾隆三十七（一七七二）年的三等侍衛，四年之內加官晉爵內有如搭直升機。乾隆四十一年，和珅已經是軍機處領班大臣，兼任官職一長串，念起來要換氣好幾次。

乾隆皇帝效法祖父六下江南的後兩次，以及《四庫全書》的編修，也都由和珅主持辦理。他在影帝乾隆面前施展演技，毫不畏懼。面對皇上時，他奉命惟謹，誠懇牢靠；待轉過身去，就排除異己，大汙特汙。到了乾隆五十五年（一七九〇）前後，和珅已經將整個朝廷捏在手上，少數仍然倖存的反對者，比如大學士劉墉（就是電視劇裡的「劉羅鍋」），如果不裝瘋賣傻，就有性命之憂。

乾隆六十年（一七九五），一代影帝弘曆決心息影，退居太上皇，以免在位年數超過他所敬愛的祖父康熙爺。

和珅的財產

和珅不但掌握朝政，國庫通家庫，他還控制黑道，買賣婦女，連誘拐兒童的黑心事業，他也要插乾股，真正作到了黑白通吃的全方位獲利理財。他的財力在十八世紀，可以稱為世界首富。和珅垮台時，民間有句俗語說：「和珅跌倒，嘉慶吃飽」，當時朝廷每年歲入不過七千萬兩白銀，和珅家產就高達八億兩，足可抵全國稅收十年有餘。後來清朝對外戰爭失敗的賠款，加起來也不過六億六千一百萬兩（《中英南京條約》賠款白銀三百萬兩，《北京條約》、《天津條約》八百萬兩，《中日馬關條約》賠款兩億兩，八國聯軍後的《辛丑和約》賠款四億五千萬兩），和珅一人家產足以支付所有賠款，還能綽綽有餘。

時間點	人口數 推估
順治年間	4、5 千萬
康熙中期	1 億
乾隆中期	2 億
乾隆晚期	3 億

▲ 清朝人口的增加

但是新皇嘉慶登基後，和珅卻依舊能夠一手遮天，這是因為乾隆還在偏袒庇護的緣故。嘉慶四年（一七九九）正月初四，太上皇乾隆駕崩，正月十三，嘉慶皇帝終於出手，抄沒和珅家產，這才發現，和珅所聚斂的財產，竟然已經到了八億兩白銀之多！

讓我們回到本節的開頭，也就是乾隆接見英國特使馬嘎爾尼的那一天。寵臣和珅當然在場，因為八十三歲的皇帝老態龍鍾，說話含糊不清，除了和珅沒人聽得懂。但是乾隆心中並不全然糊塗，他知道官僚組織貪污腐敗，情況已經嚴重至極。而乾隆爺所不知道的是，還有一樣更嚴重的危機，正隱藏在大清百年盛世的最後一幕裡。

人滿為患釀禍端

嘉慶三年，也就是西元一七九八年，英國政治經濟學者湯瑪士・馬爾薩

▲ 因人口太多，造成許多人沒地可耕

川楚教亂

「川」指四川，「楚」指湖北，「教」則是白蓮教。乾隆朝晚期，湖北省西北的農村裡，出現幾位白蓮教徒，公開預言「彌勒菩薩即將降世」。地方官府加以緝拿，但總是抓了一個，又冒出一個。就在民間言之鑿鑿，說大難即將降臨，菩薩就要示現救世、度化劫波的同時，一支預備開往西南地區鎮壓苗族民變的軍隊行經此地。此時的清軍正規部隊，無論是八旗還是漢人組成的綠營，戰鬥力已經十分低落，但更低落廢弛的則是軍紀。這支軍隊沿途燒殺擄掠，終於在湖北激起民變。事後嘉慶皇帝審閱起事者的口供，說當中「官逼民反」四個字讓他怵目驚心。變亂一起，白蓮教眾立刻動員加入，亂事迅速擴張到四川、湖南。清廷先後動員十幾萬軍隊，耗費一億兩白銀，終於在嘉慶九年（一八〇四）弭平亂事。在平定川楚教亂的過程裡，大清原來的八旗、綠營兵勇因為長期鬆弛，欠缺管理，徒耗糧餉，難以用於作戰。反倒是地方仕紳組織的團練，以及「堅壁清野」的戰術，在後期產生相當大的作用。半世紀以後，在太平天國亂事期間，平定川楚教亂的前例，為地方精英組織團練提供了經驗。

斯（Thomas Malthus）出版了日後影響深遠的研究專著《人口論》（An Essay on the Principle of Population）。馬爾薩斯認為，糧食產量的成長永遠趕不上人口繁衍的速度。而糧食的短缺將會引發饑荒與動亂，如果又遇上天災，最後會使得人口大規模的減少，悲劇循環再一次重新開始。這就是有名的「馬爾薩斯陷阱」。

馬爾薩斯當然不會知道，在他發表《人口論》的五年之前，也就是馬嘎爾尼在承德覲見乾隆皇帝的那一年，有一位憂心忡忡的中國官員已經提出了類似的觀點。貴州學政（中央考試與教育特派員）洪亮吉以所見所聞，在〈治平篇〉當中寫道：

> **治平百餘年可謂久矣。然言其戶口則較三十年以前增五倍焉；視六十年以前增十倍焉；視百年、百數十年前，不啻增二十倍焉……。**

洪亮吉已經看出：在經過百餘年承平無戰亂的歲月以後，大清的戶口數比起百年前增加了十幾倍之多。的確，在乾隆晚期，中國人口已經突破三億大關。

原先明末清初的各種動亂，使得華中、華北遭到嚴重破壞，造成人口大量減少。據說在明朝末年，四川省會成都慘遭流寇張獻忠屠城之後，成為無人的鬼鎮。如今已是瀕臨絕種動物的華南虎，當時就大搖大擺的在成都街市上漫步。

現在，大清度過了漫長的百年承平歲月。這些年裡，許多本來無主的荒地被認領，辛勤的農民全家總動員，開拓更多耕地，生產更多糧食；這些糧食能養活更多的人口，這些人又成了新的勞動力，更努力的找尋可耕之地。就這樣不停的循環下去，到了乾隆晚期，人口還在持續成長，但是已經找不到新的耕地了。

人口多了，不但有糧食問題，還跟著產生各種社會治安狀況。乾隆中後期的地方社會，拐賣婦女案件出現的次數非常頻繁；不但如此，據哈佛大學中國史教授孔復禮（Philip Kuhn）的研究，當時盛傳有若干巫師能行「妖術」，只要取得人們的衣物、頭髮甚至生辰八字，就能作法吸取受害者的魂魄轉為己用，稱之為「叫魂」。

這種集體歇斯底里的「叫魂」恐慌先從江南開始，影響所及高達十二個省分，甚至驚動乾隆皇帝下令徹查。當然，會吸人魂魄的大法師是子虛烏有的，歇斯底里的背後也有族群、政治的複雜牽扯，但是這樣的恐懼卻反映出人口膨脹後，社會人際關係重新調整所產生的集體焦慮。

人滿為患，糧食又分配不均，如果縣太爺或官府衙役再胡作非為、橫徵暴斂，碰巧遇上天災，那就是歷朝歷代爆發民變的時間點。地下組織如白蓮教或是哥老會的祕密堂口、香壇，平常看來只是老人泡茶下棋，婦女還願擲筊的社區聯誼中心，時機來臨時就搖身一變，成了一呼百應的造反指揮部。北宋如此，元末如此，明朝如此，清代也是如此；這就是嘉慶年間的「川楚教亂」發生的背景。

好了，在亂事繼續發展之前，讓我們追問一個重要的問題：從康熙到乾隆，長達百餘年的承平歲月，少有民變，大清是怎麼辦到的？

玉米番薯救大清

說來真是令人訝異，對於這個問題，歷史學界的新看法如下：讓大清進入百年承平、人口直線上升高峰期的關鍵因素，並不是君主的勤政愛民（雖然這也算原因之一），而是兩種今日我們耳熟能詳的作物：玉米和番薯。

玉米和番薯來自美洲。玉米原先是印地安人培育的作物，在十六世紀時傳入中國，產量比稻米還要高；番薯原來也是印地安人發現的可食作物，根莖和葉子不但全可以食用，而且挖起來就地生火，便能吃到烤番薯，方便簡單。更重要的是，番薯即使在貧瘠的山坡地也能夠栽種，一年四季都能生長，還提供多種營養素，真是國民健康食品。

這兩種作物先是由西班牙人帶回歐洲，再傳到菲律賓殖民地，再由福建、廣東在海外經商者帶入中國。這也並不奇怪，廣東和福建地形多丘陵，多餘的人口沒地可耕田，只好往海外謀生。他們從海外引進這兩種作物，番薯和玉米在十七世紀中期從福建、廣東推廣到全國各地種植，許多人因此而得以溫飽，暫時止住了馬爾薩斯陷阱的形成。

產量大幅提高時，恰好是大清康熙年間，算是康熙皇帝命好的又一項證明，假如這兩項作物早二、三十年傳進中國，明末的歷史或許會有另一番局面

身分	年齡	特權
童生	學齡以上，未通過院試者	
生員（秀才）	通過院試者	可穿特定服飾、豁免勞役、見縣官不必下跪
舉人	通過鄉試者	可經由其他途徑進入官僚體系
進士	通過會試者	擔任知縣、各部主事、翰林院出身

▲清科舉層級

也不一定。

不過，番薯和玉米只是推遲了人口增長對大清產生壓力的時間，延長了所謂的「康雍乾盛世」，並沒有從根本上解決問題。

而且，根據孔復禮的研究，從康熙到乾隆的百餘年間，為了種植玉米和番薯出現的山坡地濫墾與森林濫伐現象，造成水土流失，最後形成大範圍的嚴重生態災難。當原來的農場耕地被雨水沖刷侵蝕，無法繼續栽種作物，當害蟲缺乏鳥雀捕食，成群漫天飛舞釀成災禍時，憤怒的業主加上破產的佃農，就是禍亂爆發的現成人力資源。如果地方知縣又不明就裡，是非不分，那麼玉米和番薯這次就幫不上忙了。

縣太爺的奮鬥史

在盛世結束之前，我們要掉轉鏡頭，來看看基層農村的政治、社會生態，並且介紹一個橫亙明、清兩代的重要社會集團登場，這個集團在往後的一百多年裡，將會扮演非常關鍵的角色。

首先要說的，就是被地方父老百姓稱為「堂尊」、「縣太爺」的知縣。這知縣官正七品，說大不大，卻是朝廷面對百姓宣達政令的第一線官員，要怎麼樣才能當上縣太爺呢？

答案是經過層層的科舉考試，成為進士。前面提過，明代中期以後，科舉制度日益複雜，清代則沿襲前朝，並沒有作太大的更動。

明清科舉考試大致區分為三個層級。從五歲（虛歲）起在私塾搖頭晃腦、背誦經典，準備參加考試的學齡孩童，到屢敗屢戰的社會青年，都可以稱為童生。

考過了第一階段的院試者，稱為生員，也就是一般叫的「秀才」。獲得生員資格的人，就有了最低程度的特權，稱為「功名」：包括配戴、穿著特定服飾的權利，以及豁免若干公家勞役，見了縣官也可以不必下跪（一九九四年的香港電影《九品芝麻官》裡，訟師方唐鏡因有舉人功名，就不必向官員下跪）。

生員裡名列前茅者，可以參加下一階段的考試，也就是在省城裡舉辦的鄉試。考中者稱為「舉人」，功名的等級更加升等，有些舉人在這個階段，就經由其他途徑（例如去吏部登記，排好幾年隊等待候補）進入官僚體系。

▲ 在大堂審案的縣太爺

但是大部分的舉人情願卯足了勁，要參加三年一次、在京城舉行的會試。每次會試錄取名額最高三百人（時常不足額），考中者分三等（三甲）：前三名，也就是俗稱的狀元、探花、榜眼是一甲，「賜進士及第」；二甲「賜進士出身」，三甲「同進士出身」。

一甲及二甲排名前列的優秀進士，可以進入翰林院（國家文官學院）擔任實習性質的官員。明清時期，想要進入內閣，一定要具備翰林院出身的資歷。至於二、三甲後排的進士們，依照成績可以被分發到六部擔任實習司長（主事），或是下派地方擔任知縣。

雍正、乾隆兩朝加起來共七十三年，總共只考出六千八百八十四位進士。考取進士時的平均年齡是三十六歲。而年復一年夢想著三年一次過關斬將、金榜題名的童生，數量總在兩百萬人上下。這意謂著他們如願以償的機率，小於六千分之一。

不用說，與不到三百位的成功者相比，失敗者人數是壓倒性的多。他們當中有許多人，終生都要背負著沉重痛苦的恥辱名聲和經濟壓力：家裡省吃儉用，父兄白日揮汗勞作，母姐夜間紡紗織布，全為了你三場文戰告捷，有朝一日能光耀門楣、照顧整個家族，而你卻一再令人失望！親戚、鄰居時常拿你和鄰村功成名就的子弟比較，說你遊手好閒，說你不事生產，說你不必下田勞作，四書五經卻讀不出個名堂！

大部份背負著這份痛苦恥辱的失敗者，為了生計，不得不中輟他們對夢想的追求。四下無人時，他們或者暗自流淚，或者寄懷戲曲，感傷的回想過往，然後悄然消失在人海裡。可是，偏有這麼一個童生，考場失意後卻作了一場怪異的夢，改變了許多人的命運。當然，這是後話，在此先賣個關子。

每屆鯉躍龍門的進士新貴裡，有些人因為才能傑出，或者是大奸大惡而留名史冊，但是絕大部分的進士到頭來在整個仕途裡，卻只是庸碌模糊的面孔，被歷史遺忘。好了，現在我們的進士已經分派就任知縣，且來看看縣衙裡的堂尊如何處理公務吧。

知縣的日常生活

縣衙的正式名稱是縣署，掌印堂官正七品知縣底下，設有正八品的縣丞（副縣長），以及正九品的主簿（祕書主任），再往下就沒品了：按照中央六部的職權，縣署同樣設有對應的吏戶禮兵刑工等六房，以及倉儲（庫房）、承發（公文收發處）、鹽茶（公賣局）、監房（縣立拘留所）等單位，知縣的私人幕僚（師爺）、兵房負責治安的捕快，加上為衙門跑腿、遞文的差役、轎夫、清潔工，統稱胥吏，薪俸由知縣撥發，人數大約在百餘人上下。

明清兩代一個普通的縣份，平均有二十萬人口，竟然只靠這麼一點人手來

▲ 仕紳成員

治理。不但如此，知縣大人還身兼縣地方法院初審庭長。

根據保存下來的清代三大縣級檔案（分別是台灣《淡〔水〕新〔竹〕》、四川《巴縣》、以及河北《寶坻》）顯示：民眾間告上衙門的民事訴訟多到不行，主要為爭產、侵占、地界糾紛、以及田租契約案件。為防縣太爺將自己的

訟狀當成小案而擱置，不少案例裡，原告都以刑事案件的外貌進行偽裝。

比如，村東王大嬸狀告，她被村西李家兩兄弟毆打致傷，待縣老爺傳喚兩造到衙門過堂時，那原本應該「重傷」的大嬸，這才一把鼻涕、一把眼淚的哭訴：堂尊啊，李家那倆沒良心的，是我娘家外甥，雖說天旱了些，竟也膽敢跟著別人不納租了，我去催討，話不過說得明白些，他兄弟倆竟把我推倒，害我左足腫脹，不良於行，求請縣太爺為我作主！

這類繁雜瑣碎的民事官司每天都有，翻供、反控時常發生。知縣和衙門書吏即使天天加班閱卷審案，也未必應付得來。更何況，知縣本身最重要的職責，是按期限完成田賦的徵收與勞役的攤派。不斷被訴訟案件糾纏，也會影響他的考績。所以，知縣往往將維持轄境百姓秩序的各項任務，託付給宗族和鄉約長老，對於這些人（和他們的家庭成員），我們有一個稱呼：仕紳。

仕紳當作黏著劑

仕紳的來源通常有兩種：地主和退休官員（以及他們的家人）。有的時候，兩種身分兼而有之。官員致仕（退休）回到故鄉，就成了地方意見領袖，通常也是家族長老。有些家族長期資助考生，等到考生科場告捷，取得功名，在朝廷擔任要職，就會回過頭來庇蔭鄉里。又有些富裕的地主人家，會聘用考場失意的生員或舉人擔任子弟的教師。

從官員、地主、家人，到受雇用的低階功名持有者（秀才或舉人），全都是仕紳的成員。據統計，在大清嘉慶年間，仕紳階級約占全國人口的百分之一點七，也就是六百多萬人。

明清兩代地方官員的任職，實行本籍迴避制；舉例來說，也就是廣東出身的進士，不會分派到廣東省擔任知縣。在這種情形下，外省籍的知縣對於轄境內的各項情況，往往相當陌生，尤其在若干官話不夠普及的省分（例如福建、廣東），連審案和收稅都會發生困難。所以，在地仕紳的調解和仲介，就扮演相當重要的角色。

以上段所舉的官司為例，有些知縣會諭令具有宗族長老身分的仕紳進行初步的協調，假如仍舊無法達成和解，才會依《大清律》逕行判決。而說不定興訟兩造的狀紙，也都是由識字的低階仕紳（生員）代筆的。

因為對地方社群生態的隔閡，明清的地方官府將收稅的任務交給熟悉人脈的仕紳辦理。許多仕紳往往自己就是大地主，所以收佃租的同時，也就順便完成知縣所交辦的任務。

在有盜匪為患的時節，地方上有頭有臉的仕紳會起來召集壯丁保衛鄉里（也就是仕紳自己的財產生命安全），這種自發性質的民兵武裝，稱為「團練」。匪患平息以後，他們就解散團練，武器交還縣衙。

地方仕紳們既包攬稅收、代行政府職能、又組織自衛武裝，這樣一來，他們在百姓與官府之間，就扮演了黏著劑的橋梁角色。這樣的功能十分重要，因為在將來一百多年的大動盪時代裡，仕紳將處在極為關鍵的位置上。

治亂循環的終結

在這一章裡，從政治事件到基層社會，我們介紹了從明亡清興一直到嘉慶初年的一百五十多年歲月。

讀者們或許已經發現，大清由最初的興起（努爾哈赤）、建國（皇太極）、入關征服（順治），到康熙、雍正兩朝的底定疆域，以及乾隆朝的最高峰。而在乾隆後期，以及嘉慶一朝，種種跡象似乎表明，這個王朝已經走向盛極而衰的命運。

的確，截至目前為止，大清似乎也踏上了之前其他王朝所走過的老路：在戰亂後人煙稀少、百廢待舉的社會中度過它充滿活力的青年時期；然後在秩序重新恢復的情況下，到達疆域與控制力的全盛期；之後因為制度的僵化以及人口增加，不斷發生的民變讓朝廷對社會基層的控制搖搖欲墜；接下來，這種長期衰弱的趨勢，配合偶發的天災和人禍，將王朝帶向滅亡，動亂與戰爭重新開始。

這就是中國歷史上的「治亂」循環。二十世紀中葉以前，西方的「中國通」曾經認為，中國的歷史有如一座萬年冰山，移動的速度非常緩慢，只有在西方的叩關與衝擊後，才有明顯改變與回應。這種看法並不正確。中國史有著各種長期的趨勢和顯著的變化：唐朝和宋朝的立國型態就不一樣，元朝與明朝的文官制度也不相同。但是就王朝的興衰交替這個層面而言，上述的循環公式卻隱約存在。

不過，這個循環即將面臨終結。還記得乾隆五十八年八月初十那天，馬嘎爾尼爵士代表英國國王，向大清皇帝獻上一艘最新款炮艦的模型嗎？這艘模型炮艦似乎在向中國預告著半個世紀之後來自海上的外力衝擊。這種外力前所未有，不但終結了傳統王朝的治亂循環，上到皇帝，下至基層百姓，還有大清作為「天朝上國」的尊嚴，也全都要遭受波及。

第四篇

現代中國的坎坷路

從落榜的老童生到擁擠的十三行，乃至遠在北京的大清朝廷，即將因為兩年後的鴉片戰爭而發生天搖地動的變化。

從甲午戰爭失敗，一直到民國建立、清帝退位的這十多年裡，一方面受時勢所逼，一方面為了挽救王朝存續，清廷進行了各種改革。可是，為什麼這些改革的結果，卻讓大清的天命走向盡頭、延續了兩千多年的帝制就此滅亡呢？

從抗戰勝利，躋身世界五強，到土崩瓦解，倉皇撤出大陸，在動亂、戰爭與革命之中，國民黨統治中國只有二十二年的時間。怎麼會在這樣短的時間裡，就從巔峰摔落谷底，全盤瓦解？

三千年未有之變局：從鴉片戰爭到甲午戰爭

大清道光十七年（一八三七）某日，廣州府貢院（生員府試考場）外的大街上。

二十五歲（虛歲）的童生洪火秀失魂落魄的走在熙熙攘攘的人群裡：今天上午榜單揭曉，他已經是第三次榜上無名了。怎麼辦？前途茫茫，日後我何以維生？該怎麼向家人交代？鄰居和鄉親會怎麼看我？他顯然非常沮喪，全身無力，只好雇人抬轎代步，返回家鄉。

洪火秀連路都走不動了，自然不會想起一年前，在附近街上遇過一位奇裝異服的洋教士，遞給他一本基督教福音小冊。此時，距離他回到家鄉花縣之後所作的那場怪異夢境，還有幾個月的時間；距離他把名字改成洪秀全，大張旗鼓的在廣西宣揚「拜上帝教」，還有七年時間。

洪火秀拿到的福音小冊，是廣東基督徒梁發編寫的《勸世良言》。那位拿著《勸世良言》在街上到處散發的洋人，是美國牧師艾德溫・史蒂文斯（Edwin Stevens）。

史蒂文斯住在廣州「十三行」中的美國館。廣州是大清唯一開放與「洋夷」通商的口岸，十三行位於廣州城外，是洋商與水手唯一能上岸居留的區域。這個地方狹窄、潮溼又擁擠，真是地如其名，只有十三排房屋。各國商人向官府交涉，必須先透過公行的華商；而官府效率不彰又貪汙索賄，對華、洋商人態度輕蔑，十三行裡的各國商人對此無不怨聲載道。

從落榜的老童生到擁擠的十三行，乃至遠在北京的大清朝廷，即將因為兩年後的鴉片戰爭而發生天搖地動的變化。而這場戰爭的起源，竟然要從倫敦尋常工人家庭裡喝的茶葉開始說起。

倫敦的蝴蝶效應

一九七九年，美國氣象學家艾德華・洛倫茲（Edward Lorenz）提出一個叫做「蝴蝶效應」的理論（又名混沌理論）：一個微小的事件或偏差，會引發種種連鎖反應，最後像滾雪球般，形成影響整個體系的變化。他舉的例子是：一隻蝴蝶在巴西輕拍翅膀，許多蝴蝶跟著拍動翅膀，最後，成千上萬隻蝴蝶振翅，產生的巨風，可以在幾個月後的美國德州，掀起一場龍捲風。

且讓我們將這個概念套用在歷史上。從前，歷史課本總是告訴我們：英國向中國傾銷鴉片，造成白銀外流，人民吸食上癮，這就是鴉片戰爭的起因。但問題是：為什麼商人要向中國傾銷鴉片？又為什麼是英國商人？

這就要說回中國出產的茶葉了。話說茶在十八世紀中葉逐漸贏得英國人的歡心，上到貴族王公，下到販夫走卒，每天是無茶不歡，儼然成為全民飲品。英國國王甚至頒下詔令，為防止斷貨，必須隨時維持一年份的茶葉儲存。而負責進口茶葉的，就是鼎鼎大名的英國東印度公司。

一七七三年，東印度公司取得北美洲茶葉專賣權，意圖壟斷市場；這惹毛了本地販售茶葉的商人。同年十二月十六日，幾十名假扮印地安人的波士頓茶商，將東印度公司船艙裡的三百四十二貨箱傾倒入海，史稱「波士頓茶葉事件」（Boston Tea Party）。這場事件是美國獨立革命的先聲，而茶黨份子們傾倒到海裡的，正是中國出口的茶葉。

在亞洲，東印度公司以印度作為出發點，在麻六甲海峽各港埠與廣州之間，建立起一個三角貿易體系。貨船載運著印度與南洋來的各種貨品，到廣州販售，換成銀兩後再大批購入茶葉、絲綢與瓷器運回英國。問題是，對於東印度公司兜售的貨品，中國客戶顯然興趣不大，這就造成中英之間的大幅貿易逆差。更糟糕的是，上段提到的北美獨立戰爭，切斷了東印度公司重要的白銀來源。本來東印度公司還可靠販售印度種植的生棉稍作彌補，但沒過多久，精明的中國商人就發展出「華北生棉海運南方」這條替代路線，東印度公司的債台只好愈築愈高。那麼，到底有什麼東西，能成功的讓中國人將賣茶葉、瓷器所賺取的白銀再乖乖交回來呢？能夠讓人成癮的鴉片，於是正式登場。在英國，工業革命以後新興的商人們，對於東印度公司長期把持中國貿易，不滿的聲浪愈來愈高。在倫敦各種游說團體的

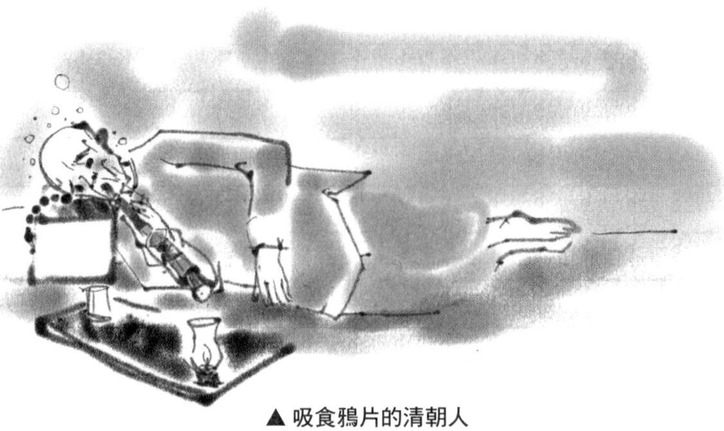

▲ 吸食鴉片的清朝人

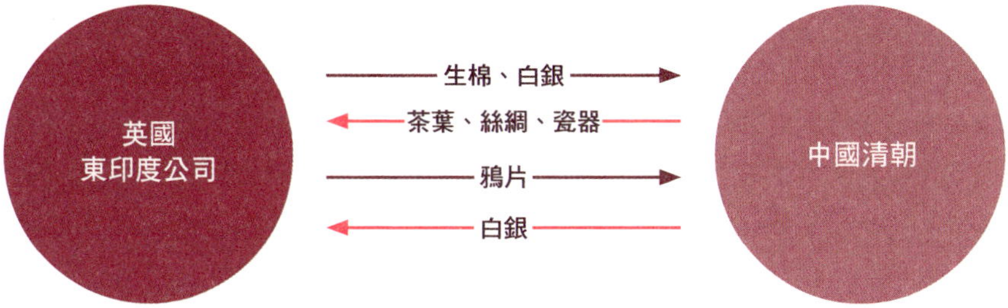

運作下，一八三四年，東印度公司的專賣權遭到撤消。從此之後，十三行的商人們各顯神通；即使朝廷嚴令禁止販售「煙土」，他們透過中國籍走私販子，買通大清的河防、海防，把印度種植、提煉的鴉片大量傾銷入中國。

倫敦尋常家庭裡，茶壺中冒著熱氣的紅茶，竟然直接間接地促成了美國獨立戰爭和鴉片傾銷中國，不能不說是一場蝴蝶效應。而這麼一來，白銀的流動方向頓時逆轉，「銀漏」就成為大清朝廷頭痛的問題。

林則徐虎門銷煙

一八三〇年代，道光皇帝旻寧和他的閣臣們逐漸注意到「銀漏」的問題，而且將矛頭對準了鴉片。鴉片不但讓人上癮，影響體力心智，犯癮時更痛苦不堪，而且癮君子以白銀換煙土，會造成嚴重的經濟問題。

據英國籍漢學家史景遷（Jonathan Spence）研究指出，十九世紀初中國的癮君子人數，已達到總人口的十分之一。不過，當時也存在另一派觀點，認為既然難以查禁根絕，不如將鴉片合法化，方便管理；這個觀點以直隸總督琦善為首，稱為「弛禁派」。查禁與解禁兩派間彼此唇槍舌劍，爭辯了一段時間，最後以湖廣總督林則徐的條陳（計畫提案）合了道光皇帝想嚴厲打擊鴉片的「聖意」，而暫告一段落。林則徐（一七八五至一八五〇）也因此獲派為禁煙欽差大臣。

林則徐，福建侯官（今福州市）人，嘉慶十六年（一八一一）二甲第四名進士（全國第七名），官聲卓著，清廉又幹練。他接受任命後奉召入京，皇上連續召見八日，談的全是今後禁煙的步驟。林則徐在入宮向道光陳奏之前，早就胸有成竹。

他的禁煙作法，大致可分為三個層面：對於吸食鴉片者，設立勒戒所進行強制治療；對於本國籍的鴉片販子，則以霹靂手段進行掃蕩，官府有收賄放水者，嚴懲不貸，直到徹底瓦解鴉片走私供輸網路為止；至於「夷商」，有敢違抗令官方嚴令，私下販售鴉片者，就沒收存貨，取消在廣州的貿易資格，並且勒令他們簽署具結，保證不再販賣。林則徐還認為，這些「洋夷」（海上來的外國人）雖然非我華夏族類，畢竟心中也存有良知正義，所以他打算訴諸道德意識，喚醒夷人的良心。

道光十九年（一八三九）正月二十五，欽差禁煙大臣林則徐抵達廣州。他當即按照與皇上奏對時具陳的方針，次第實施。

林大人行事十分厲害，他不但有明的招數，暗地還有一手：在查封煙館、廣貼布告、要持有鴉片者自動向官府繳納，癮君子們前往勸戒的同時，欽差大人派出許多便衣密探，將鴉片販子何處銷貨、哪裡接頭、以及貪官墨吏們如何收賄的詳情實況，打探得一清二楚。果然沒過多久，林欽差會同兩廣總督衙門，逮獲一千六百餘名鴉片私販，僥倖沒被捕者也暫時躲避風頭，一時之間，鴉片在廣州市面絕跡。

林則徐的下一個目標，對準的是販售鴉片的西洋人。他要求各商人簽署具結，承諾永不販賣鴉片。對此要求，英國駐華商務監督義律（Charles Elliot）拒絕遵辦，林則徐便派兵勇封鎖洋人居住的十三行。到了二月十一（西曆三月二十四日），十三行的糧食和飲水都已經耗盡，義律被迫同意，讓各家主要商人交出手上囤積的鴉片。到五月為止，欽差衙門已經繳獲鴉片兩萬一千餘箱，重量相當於一百一十八萬餘公斤。

▲ 林則徐像

林則徐下令在廣州內港的虎門外灘，挖開水塘，灌入海水與石灰，然後在少數不賣鴉片的洋人見證之下，將這些煙土投入其中，全部銷毀。這就是著名的「虎門銷煙」。交出所有鴉片之後，義律與各國商人獲准離開十三行，前往葡萄牙人管治下的澳門。

與此同時，欽差大人援筆研墨，修書一封，請英國商人轉呈給不列顛維多利亞女王陛下。在信裡，林則徐責問女王：英國人自己不吸食鴉片，為什麼明知大清嚴禁鴉片，卻還是將殖民地印度

清朝代表	英國代表	時間	結果	影響
林則徐	義律	1839年	林則徐於虎門銷毀一百餘萬公斤鴉片	英國選擇以武力強迫清朝開放中國市場

▲ 虎門銷煙事件

種植的鴉片運來中國販售、讓中國人吸食？

截至目前為止，林則徐十分自信，認為對英國商人占盡上風，這次必定能夠完全根除鴉片禍患。他的信心來自兩個認定：英吉利畢竟還是個有良心善念的國度，中國已經明令禁煙，英夷得知，定然羞愧自省；其次，英軍遠在西洋，只要大清水師封鎖海面，他們勢將難以增援。

不過，後來的事實證明，這兩個判斷都不對；而義律在交出鴉片時，玩了一個把戲，就是這個把戲，讓林則徐滿盤皆輸，所有的努力前功盡棄。

炮艦洋槍的威力

林則徐並不知道，義律在答應交出鴉片囤貨時，對英國商人承諾：女王陛下將會照價賠償他們的損失。商人們一聽十分高興，不但心甘情願交出全數囤貨，還有人趕緊從印度運來更多箱鴉片，交給中國官府銷毀；所以，林則徐在銷煙池裡投入鴉片的同時，他已經損及英國女王的利益了。

林則徐更不知道的是，比起荷蘭、葡萄牙等曾經與中國交手的國家，英國在印度有更雄厚的基礎，能夠快速派出海、陸援軍，還可以直接從殖民地取得源源不絕的糧食、彈藥補給。而且，英軍十多年前才剛打敗法國皇帝、一代梟雄拿破崙，實戰經驗豐富，更不是近四十年沒打過仗的清軍所能相比。

最後，說到良心。時至今日，我們可能難以得知當時的英國人，是否曾在良知與販售鴉片所獲得的利潤之間有過掙扎，但是英格蘭中部的紡織業主，還有工業革命後，曼徹斯特興起的企業家們，一想到打開中國四億人口的市場，那無限可能的商機，源源而來的利銀，就歡欣鼓舞、躍躍欲試。雖然倫敦輿論對於執政的輝格黨（Whig）選擇以武力強迫清朝開放市場，意見頗為分歧，也出現不少反對聲音；但是國會終於以二百七十一票贊成、二百六十二票反對，通過對華派遣遠征軍決議。林則徐所寄厚望的英國良知，以九票之差飲恨。

英國遠征艦隊包含軍艦十六艘、武裝蒸汽鐵甲輪船四艘，士兵四千人，於道光二十年（一八四〇）五月抵達廣州外海。林則徐對夷人增援早有防備。在此之前，清軍水陸兵勇已和義律的武裝部隊在廣東沿海發生幾次大小衝突，並沒有落於下風。

但是，遠征艦隊此番目標並不是廣州。行前制訂戰略時，英方認為在廣東海面上小打小鬧，引不起北京朝廷的注意（況且無論勝敗，地方督撫都以「捷報」上奏），不如直接往渤海進發。對英方更有利的是：除了林則徐的廣東，各省地方官員還沒把「英夷來犯」當一回事！

英軍炮艦長驅往北，七月初，攻下

長江口的舟山群島，八月，來到天津外海，朝廷這下緊張了。道光對林則徐失去信心，革去他的職務（後來將林則徐流放新疆），改派琦善和英軍交涉。道光二十一年（一八四一）正月，琦善和義律簽下了《穿鼻草約》，同意割讓香港給英國，並賠償六百萬兩白銀，英軍則從天津、舟山撤軍。

沒想到，這份草約同時惹毛了中英雙方的執政者：道光覺得琦善擅自割地，將他鎖拿進京審問；倫敦方面認為義律竟然把到手的舟山還回去，換成香港這座小荒島，於是改以璞鼎查（Henry Pottinger）擔任指揮官。

同年八月，兩邊談判破裂，戰爭再次開打。英軍這回攻擊重點在長江，想把大清攔腰截斷。清軍二失定海，反攻寧波不成，還把鎮江也丟給英軍，一直敗退到江寧（南京）城下。道光心裡清楚，江寧如果陷落，大清的「天命」就會動搖。他痛苦的下詔，向英人請求休戰講和。

這場戰爭的每個環節，都狠狠的敲碎了大清對「英夷」原來的認識。

當初馬嘎爾尼來華覲見時，乾隆爺視禮單中那艘炮艦模型為無物，他錯了。清軍統帶曾想仿效《三國演義》，夜襲火攻英軍炮艦，以為能夠得手，他錯了。林則徐以為英夷只能在海上逞兇，士兵一旦登陸上岸，就會因綁腿僵直而無法戰鬥，他錯了。清軍反攻寧波的主帥，宗室（皇姪）揚威將軍奕經，戰前求神問卜，認為「虎年虎月虎日虎時」對洋（羊）夷發動進攻，大雨將澆熄英軍的火槍，故可穩操勝算，他也錯了。

他們不知道洋人船堅炮利有多厲害，他們都錯了。

以後請比照辦理

道光二十二年七月二十四日，也就是西元一八四二年八月二十九日，在停泊於南京下關的英國兵艦上，清廷議

▲ 英軍的船堅炮利把清兵打得抱頭鼠竄

和欽差耆英與璞鼎查共同簽署了《中英南京條約》。讀者們或者已經知道，這就是近代歷史上第一個不平等條約。而《南京條約》的重要性，更在於它開啟了接下來所有對外條約的基本模式。

《中英南京條約》與一年之後簽訂的附約《中英五口通商章程》（又稱「虎門條約」），包含了日後不平等條約出現的各種內容，如割讓土地（將香港讓給英國治理）、金錢賠償（賠償英國損失白銀四百萬兩）、開放通商口岸（開放廣州、福州、廈門、寧波、上海，供外國商人通商、居住）等。

《五口通商章程》裡還附有一條「片面最惠國」條款，規定如果日後中國與其他國家簽訂新條約，開放新利權，英國可以透過這項條款比照辦理，享有同等權益（若有新恩施及他國，英人得一體均霑）。

這項具有「自動更新」功能的厲害條款，壽命比大清還要久，直到民國三十二年（一九四三），也就是簽訂一個世紀後，才正式廢除。

大清與英國簽訂條約，西洋各國紛紛跟進。兩年之內，朝廷又和法國簽訂《中法黃埔條約》、和美國簽訂《中美望廈條約》。不用說，條約內容不但和《南京條約》大致相同，還在英國人的條約基礎上添加更多細緻的規定，同樣也附有「以後請比照辦理」的「片面最惠國待遇」條款。

這些不平等條約的簽訂，正式宣告來自西方的衝擊影響；藉由鴉片戰爭，歐美各國撞開了大清這扇古老的大門，洋人帶著船堅砲利和各種特權的威勢，堂而皇之的出現在市井小民的面前。中國社會內部的變動暗潮和來自西方的影響糾結在一起，再也無法清楚分辨。在當時的讀書人眼底，這正是中國有信史記載三千年以來，前所未有的大變局。

名稱	簽約時間	清朝代表	外國代表	要點	條約內容
中英南京條約、中英五口通商章程	1842 年、1843 年	耆英	璞鼎查	中國近代歷史第一個不平等條約	割讓香港、賠償英國損失白銀四百萬兩、開放廣州、福州、廈門、寧波、上海，供外國商人通商、居住、領事裁判權、租界、「片面最惠國」條款。
中美望廈條約	1844 年 7 月	耆英	顧盛 Caleb Cushing	美國在中國獲得與英國同樣的特權待遇	和《南京條約》相似，但比《南京條約》要長和細緻得多。
中法黃埔條約	1844 年 10 月	耆英	拉萼尼 Théodore de Lagrené	法國在中國獲得與英國同樣的特權待遇	和《南京條約》相似，但比《南京條約》要長和細緻得多。

▲《南京條約》、《望廈條約》、《黃埔條約》

上海租界的興起

而對於升斗小民來說，西方所帶來各種衝擊與影響，最顯而易見的就是所謂「領事裁判權」與「租界」。

根據《南京條約》和《五口通商章程》，英國人可以在條約規定的五個口岸「租地建屋」，並且派遣領事。倘若居住在口岸內的英國人犯法，必須交由英國領事審理、治罪（「發給管事官照辦」），中國官府不得過問，這就是「領事裁判權」。

按照條約規定，英國對五個通商口岸派出領事，並且（半強迫的）和地方官府商定劃出一塊區域，供該國商人居住，這塊區域裡一切土地建物的產權都屬於英方所有，名稱就叫作「租界」。

英國人在廣州、廈門都設立了租界，但是最為知名、面積也最大的租界，卻落在了當時還是個小縣城的上海。

明朝末年，上海才從松江府的華亭縣析分出來，築有一圈低矮城牆，人口不多。英國商人看中這裡的地利之便：上海鄰近茶葉、瓷器與絲綢的主要產地，更重要的是縣城以北、黃浦江邊，還有大片未經開發的土地，可以建設成一個符合西方人商業利益與生活機能的大港埠。

於是在道光二十五年（一八四五），英國領事和中方官員簽下《上海租地章程》，英國租界就此建立起來。業者在這裡設工廠，就近取得廉價的人力與原料，製成產品後再銷售到中國內地。接著如雨後春筍般林立的，是教堂、住宅、商店、戲院、餐廳、賭場以及學校、報館和醫院。

後來法國和美國等國也相繼來設立租界，英租界經過擴展、合併，稱為上海公共租界。上海租界是大清王法所不及之地，是「國中之國」，是歐美帝國主義的展示櫥窗，是資本家的天堂，也是不法之徒的冒險樂園。在未來的一百年裡，還會有更多的故事在租界裡上演：它既是電視劇裡風華絕代的「十里洋場」，也是李小龍電影《精武門》裡虹口公園「狗與華人不得入內」的屈辱之地。

然而，說起鴉片戰爭和五口通商帶來眾多社會效應，租界的興起只是其中之一。上海開放通商、香港割讓以後，廣州原有貿易大量向這兩個地方轉移，許多船夫、搬運工就此失業。在珠江內河沿岸討生活的水上人家，則因為英國軍艦長驅直入，失去了棲身之所。這些失業盲流往廣東、廣西內陸移動找飯吃。從而使原本在這些地方，因為人口增加、爭奪耕地而頻繁爆發的族群械鬥衝突，更是火上加油。

耶穌的中國弟弟

你們的地土已經荒涼，你們的城邑被火焚燬。你們的田地，在你們眼前為

外邦人所侵吞，既被外邦人傾覆，就成為荒涼。（《舊約聖經·以賽亞書》，第一章第七節）

洋人《聖經》裡的這段話，對於當時兩廣的客家族群來說，真是再貼切不過的描述了。客家人的祖先在南北朝時陸續由黃河流域南遷，他們勤勞節儉，親族之間內聚力很強，不輕易與其他族群通婚；客家女子不纏足，和男人一樣下田勞作。他們鼓勵子弟讀書應試，識字的程度與經濟上的競爭力都比在地的非客家居民還高。

可是顧名思義，「客家」就是後到本地的外人，地方仕紳對於這個語言、風俗都略有差異的族群十分敵視、忌憚。仕紳們又和官府通聲氣，每當遇到衝突，衙門總是偏袒本地人。客家人不得不武裝起來，保護自己的土地人畜，和在地仕紳們領導的團練對抗。

▲ 洪秀全自認為是天父次子

從這個脈絡裡，不難看出為什麼客家族群會成為日後太平天國舉義時的主力成員。而這場為時十四年、波及範圍十餘省的大規模叛亂運動，竟然是從一個落第童生的怪異夢境引發出來的。而這個夢境，應該看作是中國社會內部趨勢和西方衝擊之間，所產生的第一次詭異組合。

沒錯，這位落第童生，就是本章開頭時，失魂落魄的洪火秀。第三次落榜，洪火秀回廣東花縣老家後生了一場大病，高燒不退，產生諸多幻覺：在每個幻夢中，他總被引領到一座金碧輝煌的大殿，上頭端坐一位黑袍金鬚老人，哀嘆人世被妖魔占據。

有些夢境裡，老者介紹自己是「天父皇上帝」，寶座旁手捧金印的中年男子，就是他在天堂的兄長；又有些夢裡，老者賜予他寶劍一柄，要他回凡間斬妖除魔。臨下凡前，天父還鼓勵他不必害怕，如果碰上麻煩，祂自會處理：「爾勿懼，爾放膽為之，凡有煩難，有朕作主；左來左頂，右來右頂，隨便來隨便頂，爾何懼焉！」

洪火秀大病初癒後，改名為洪秀全。六年之後，他又到省城廣州赴考，卻迎來了第四次落第。這時，他開始認真研讀起當年洋教士史蒂文斯發送的《勸世良言》。這才發現，當年那些難解夢境與這本小冊子中揭示的內容居然

洪秀全的「誤解」

洪秀全對基督教義的基礎理解，幾乎全來自梁發的《勸世良言》。梁發是廣東人，受洗之後以自己的見解，參酌廣東當地的通俗語言，摘錄《聖經》內容，編成這本傳教小冊。由於梁發將上帝耶和華譯為「爺火華」，並且在書中提及上帝發洪水滅惡人、挪亞造方舟逃生等情節，洪火秀見到自己原來的名字，居然暗含天父名諱「爺火華」與「洪水」這兩個意象，這猛然使他回想起落第時夢中所見的場景。而他在讀此小冊時，年紀是三十歲，又正好和拿撒勒人耶穌四處宣傳上帝福音的歲數相符。後來他為了要避天父的名諱，便改「火秀」之名為「秀全」，全有「人王」之意。

其實，洪秀全的夢境與基督教義並不全然相合。例如他不但見到了天父，還有「天媽」為他滌淨五臟六腑；而「天兄」耶穌在天庭娶妻，育有三子二女，洪秀全自己也娶了「第一月宮」為妻，生有一子。

道光二十七年（一八四七），洪秀全曾經重返廣州，向美國傳教士羅孝全（Issachar Roberts）學習《聖經》，並要求受洗。但羅孝全當然無法認同洪對「異夢」的解釋，拒絕為他受洗。從洪秀全因中、英文翻譯而產生的誤讀和比附可以知道，基督教義雖然是太平天國思想的重要成分，但並不是唯一因素。

十分吻合：那黑袍金鬚老者是天父上帝「爺火華」，持金印的中年男子則是救世主耶穌基督，而洪秀全自己是天父次子，「天兄」之中國弟弟，持寶劍下凡間斬殺妖魔。那麼，誰是妖魔呢？占據中原的滿洲人是胡妖，以四書五經、科舉考試蠱惑人心、棄絕天父的孔子是魔鬼，那些考場得意的儒家士大夫，自然更是妖魔！

人間天國盼太平

認定自己真實身分是上帝次子以後，私塾教師兼新興宗教創始人洪秀全招收了少數信徒，但是他們很快就遭到地方仕紳排擠，在故鄉花縣無法立足。洪秀全和他的表親兼助手馮雲山於是轉往廣西投靠親戚。

洪創辦人吸收新信徒的成績平平，幾個月後又回到廣東擔任塾師，但馮助手卻留了下來，還深入桂平縣的紫荊山區，吸收了大量的信眾，成立「拜上帝會」。

紫荊山是本地鄉紳團練力量較不能到達的區域，此地的淳樸農民和工伕都是客家人，不但和馮雲山語言相通，對於洪秀全的教義更深信不疑。在他們心目中，清廷官吏是拜偶像的妖魔，而與仰仗官府支持、欺凌他們的本地鄉紳與團練，雖然是人，卻沾了妖氣，那就成了「人妖」。

道光二十八年（一八四八）初，馮雲山突然被團練捕獲，扭送縣衙，洪秀全四處奔波關說營救。拜上帝會群龍無首，急迫之間，教眾裡有兩名不識字的燒炭工「聖神附體」，一個天父下凡，一個天兄降世，使教團不致於潰散（後來，據說「天媽」也下凡了）。

後來馮雲山終於被信徒贖出，他和洪秀全再次回到紫荊山區時，只好認證

「天父」、「天兄」的確下凡。這兩位有「聖神附體」的燒炭工，就是後來的東王楊秀清、西王蕭朝貴。

楊秀清雖不識字，卻天生具有戰略眼光、領導能力；馮雲山則是拜上帝會的制度設計人。道光三十年（一八五〇）七月，洪秀全等人認為時機成熟，號召教眾來桂平縣金田村集合，編成「團營」兩萬人，正式舉義，斬殺「清妖」。隔年正月，洪秀全稱「天王」，並且為他們的運動宣示了新的名號——「太平天國」。

雖然「天國」很明顯是出自基督教義，「太平」卻看得出傳統中國經典的影子。洪秀全承諾給信眾的，是一個人間的太平世界。

太平軍放開紮在腦勺後的辮子、蓄起前額的頭髮，所以地方上都稱他們是「長毛」，官府則叫他們「髮匪」。這些「長毛」順著行軍路線，沿途號召農民加入。如遇抵抗，就燒掉他們的莊稼作物、農舍田地，裹脅壯丁參軍。

太平軍的建制由基層起，分成伍、兩、卒、旅、師、軍。一伍長下有五名士兵，一位兩司馬指揮五個伍；一個軍帥則下轄五個師，全軍共一萬三千一百五十五人。儘管洪秀全制訂的教義裡帶有強烈的反儒家意涵，但是上面這套組織建制，可是馮雲山按照《周禮》制訂、命名的。

太平天國由廣西金田往東北行進。他們像是一道熱帶氣旋，沿路吸取水氣，不斷壯大。雖說他們偶爾也頓挫於堅城底下，但總能迅速轉移主力，不打無謂的消耗戰。

咸豐三年（一八五三）正月，太平軍攻下湖北名城武昌，這可大大震動了北京朝廷。已被封為東王的楊秀清放棄全軍北伐的盤算，制訂新戰略：順流而下，攻取明朝的故都江寧。同年三月，五十萬太平軍攻破江寧，清兩江總督陸建瀛戰死。洪秀全宣布在這裡定都，將這座城市改名為「天京」，是人間的「小天堂」。五月，楊秀清派遣兩支軍隊北伐。太平天國的聲勢，到達最高峰。

天京驚變轉捩點

雖然定都南京使得太平天國的革命衝力大減，但天京攻略戰仍然是楊秀清的生涯代表作。

原來舉義時封的幾個王裡，馮雲山、蕭朝貴這時都已經戰死，天王洪秀全基本上不管政務軍事，每天在宮裡修改《聖經》，所以「禾乃師贖病主左輔正軍師、東王」（楊秀清的全銜）是天國實際上的執政者。

楊秀清雖然沒念過書，卻曉得新政權想要站穩腳跟，必須得到讀書人的支持。況且，以儒家的「華夷之分」來號召漢人起來響應、推翻滿人統治，是很有力的思想武器。

所以「天父」時常下凡，借楊秀清

稱號姓名	拜上帝會身分	重要作為
天王 洪秀全	自稱上帝次子	號召教眾起義，創太平天國，不管軍政務
東王 楊秀清	天父下凡附體	天國實際掌權執政者
西王 蕭朝貴	天兄降世附體	團結早期拜上帝會信徒
南王 馮雲山	洪秀全表親兼助手	拜上帝會的制度設計人
北王 韋昌輝	最初加入的老信徒	天京之變中殺了楊秀清

▲ 太平天國重要諸王表

的嘴指示天王：四書五經也有好的，不可一概抹倒；仕紳讀書人也有好的，並不全是人妖。

問題是，楊秀清的眼光雖高，態度卻很差。「天父」動不動就下凡，從天王以下，所有廣西出來的老舉義夥伴都必須跪聽訓斥。東王府規模奢華，設官屬幕僚達一萬餘人。傳聞「天父」還當著百官的面前辱罵天王，要求封東王為「萬歲」（本來是九千歲）。

洪秀全就這樣憋了三年，到了一八五六年（清咸豐六年）九月，忍不住了。他發出密詔，要北王韋昌輝（另一位拜上帝會的老信徒）進京，剷除東王勢力。韋昌輝等人率領旗下軍隊，於九月二日凌晨突襲東王府，殺死楊秀清及東王僚屬兩萬多人。之後諸王勢力在天京內混戰，傷亡不計其數，史稱「天京之變」。

「天京之變」的確是太平天國勢力由盛轉衰的關鍵轉捩點，不過在流血政變發生之前，這個由農民發起的革命運動，就已出現致命的侷限性。

太平天國在起事之初，原來有改造基層農村社會的雄心壯志，例如由《周禮》井田制設計出的「天朝田畝制度」，以及男女分居、所得歸公，平均分配的「聖庫」制度等。

但是，沿天京長江南北兩岸，都設有圍堵「髮匪」的清軍大營；太平軍控制區域也和清廷手中的地區犬牙交錯。這使得太平軍在亟需取得江南的賦稅和糧食時，只好回頭找地方上熟悉門路、包攬稅收的仕紳。結果是執行這些所謂「新制度」的人，仍舊是鄉紳。

本來該和鄉紳勢不兩立的新政權，最後卻靠地方仕紳來供養，走回到「清妖」的老路。對此，魏斐德有一針見血的評論：「不是新社會體制取代了舊制度，而是舊社會吞噬了新制度。」

全盤翻轉社會體制的時機，似乎還沒有到來。在此以後，太平天國的攻守形勢逆轉，從偶遇失敗變成偶有佳作。不過，距離他們的徹底敗亡，卻還有好幾年的時間。

讓我們先將洪秀全的天京放下，將畫面轉回到此刻的北京朝廷，看看太平天國的敵人這幾年都在忙些什麼。

英法火燒圓明園

北京的大清朝廷沒有趁太平天國內訌時大舉反攻，原因很簡單：他們這時正火燒眉毛，自顧不暇。太平天國一起事，地下會黨像是冬眠結束，全部醒了過來：金錢會在浙江、福建邊界聚眾，三合會占了廈門，紅巾會包圍廣州，天地會眾戴潮春在台灣舉事，回教徒馬如龍、杜文秀在雲南大理扯旗為王，白蓮教又在山東死灰復燃，連英法租界旁的上海縣城都給小刀會眾占領了一段時間。

大規模的民變，則有河南、山東的捻亂，陝西、甘肅、新疆等省的回變，以及湖南、貴州邊境的苗人作亂，可以說是遍地失火。而清廷除了要應付上面這些內亂，更還有外患將至：在歐洲是死敵的英法兩國，竟然在亞洲結成了聯盟，共同侵略大清，也就是「英法聯軍」。

這場戰爭可以說是「憋」出來的。先是英國因為《南京條約》裡有「片面最惠國待遇」這項條款，老是想找清廷談「換約」（更新條約內容），但是連條約規定可以進入的廣州城都踏不進去。

而此時北京朝廷上下，包括咸豐皇帝奕詝本人和他身邊的軍機大臣們，卻瀰漫著一股「對夷強硬」的氣氛。兩廣總督和廣東巡撫將皇上「不可遷就」的旨意理解成「不要搭理」。所以英國人遞送外交照會遞了好幾年，官府全送它

捻亂

捻亂從「捻子」而起。「捻子」是淮北一帶的方言，意思是「一股」、「一夥」。在安徽、河南，有無業遊民聚集在廟埕，逢節慶時燒紙錢作法，為人消災解難、祛病避邪。初時，他們向村民募集香油錢，從中牟利；但等到華北作物欠收、農村秩序動盪，捻子就成了群聚的盜匪，而且愈聚愈多，所謂「居者為民，出者為捻」。

太平天國起事後，與捻軍相互聲援，幾名首領如賴文光、張洛行等都受封為王；但是捻軍基本上是獨立作戰，接受天國封爵，但不聽從天京調度。捻軍的機動性很高，又因為隨時下馬就可偽裝成良民，官軍剿辦不易。咸豐五年（一八五五），黃河開封以東的河道決口，造成山東、安徽、蘇北、河南四省大量災民，全部成了捻軍的補充兵員。清廷以蒙古親王僧格林沁所部騎兵為進剿主力，雖然時常獲勝，但是無法捕捉捻軍主力。在同治四年（一八六五），捻軍在山東曹州設下埋伏，引誘僧部進入口袋陣地，加以全殲，僧格林沁戰死，清廷大為震動，改由曾國藩率領湘軍剿捻。曾國藩在河南、山東、蘇北、安徽設下四大軍團，張開大網，企圖困住捻軍，於淮北捻軍根據地則實施保甲連坐法。但是捻軍有地方支持，機動性高，雖然被分割為東、西兩股，但在河南、安徽都突破湘軍包圍，進入湖北。朝廷改由李鴻章接任剿捻欽差大臣，李鴻章率領淮軍，在山東省挖掘一條縱向的大壕溝，截斷捻軍出路，同治七年（一八六八）元月，捻軍突圍失敗，全軍覆沒，為期十五年的捻亂宣告平定。

們參加公文旅行，最後果然也都音訊全無。

咸豐六年（一八五六）十月，發生了「亞羅號事件」，廣東水師登上懸掛英國國旗的亞羅號（Arrow）盤查，憋了一肚皮氣的英國終於找著挑釁的藉口；恰好法國也因為發生「西林教案」，中方違反《黃埔條約》規定，在沒通知法國領事的情形下就將法籍神父處死。於是英法這對歐洲的敵手，決心在亞洲當起朋友，一起來找大清的麻煩。不過，英國對新朋友法國說：我家後院有點事（此時印度發生大規模叛亂），請等我一等。

咸豐七年（一八五七）十月，英國澆熄後院失火，英法聯軍編組完成，艦隊抵達廣州外海。十二月十二日，對兩廣總督葉名琛發出「修約、進城」的最後通牒，限期十天答覆。葉總督置之不理，也不防備。二十八日，英軍四千人開始攻擊。隔天，攻陷。紅巾會包圍廣州卻沒能到手的藩庫（省布政司署財庫）黃金二十萬兩，就此成了洋人的第一批戰利品。七天以後，總督葉名琛被俘，他被送往加爾各答，光榮的擔任起「海上蘇武」（葉自稱）以及英軍「中國高官活體展示」（真實情況）的任務，直到去世。

聯軍艦隊在五月時攻陷天津外海的大沽口，京師門戶洞開，朝廷只好求和，簽下中英、中法《天津條約》——再度割地賠款，還約定隔年到北京換文，簽署條約正本。等到咸豐九年（一八五九），英法使節前來換約，卻在大沽口遭到清軍炮擊。

咸豐十年七月，英法集結聯軍兩萬人，攻下大沽口與天津，朝廷再次派出欽差大臣議和，但聯軍統帥額爾金勛爵（James Bruce, Eighth Earl of Elgin）繼續進兵。大清在距離北京更近的通州又掛起免戰牌，要求停火議和。這次額爾金答應了，沒有想到，這卻是朝廷的緩兵之計：清軍騎兵向英法聯軍發起進攻，還罔顧「兩國交兵，不殺來使」的慣例，殺害英方派來議和的二十名交涉人員。憤怒的額爾金下令全線總攻，清軍主力立刻被擊潰。

九月二十二日，咸豐皇帝宣布「到北方打獵去」（北狩）——其實是逃往熱河承德避暑山莊。十月十三日，聯軍由安定門進入北京。十八日，為了給反覆無常的咸豐一個教訓，額爾金縱兵搶燒皇家園林圓明園。

這個雍正皇帝登基前居住的「潛邸」（康熙御賜的別墅）、自康熙以來一百多年所累積的文物精品，與兩百多座亭台樓閣，在兩晝夜的熊熊大火裡成為斷垣殘壁，一片灰燼。史稱「火燒圓明園」。

師夷長技先救火

咸豐出走前，將他的六弟、恭親王奕訢留在北京與洋人議和。十月二十四日，恭親王在紫禁城旁的禮部衙門和英、法代表分別簽訂《北京條約》：清朝再割讓九龍半島給英國，加開天津為通商港口，協定關稅，法國傳教士可以自由在內地傳教、置產，並且向英法賠償八百萬兩白銀。另外，俄國也在這時候跳出來，宣稱自己調停有功，和恭親王簽訂《中俄北京條約》，趁火打劫，搶走了烏蘇里江以東的一百餘萬平方公里土地。

最後，英方在十多年前用來和大清交兵的藉口，甚至是戰爭的名稱——鴉片，終於被記起來了。在中國銷售鴉片，至此完全合法。

如果說鴉片戰爭還不足以使大清朝野認識歐洲各國「船堅炮利」的威力，那這次英法聯軍之役的慘敗，就真是一棒敲醒夢中人。

比如，恭親王奕訢戰前原來也喊打喊殺，扣押英方人員他是舉雙手贊成；等到他親眼目睹圓明園化作焦土，從此頭腦清醒，成了大臣裡改革開明派的領袖。不過，就和人接受自己缺陷的過程一樣，大清的改革才剛剛起步。

從認為購入洋槍洋砲就足以能克敵制勝（師夷長技以制夷），到反省自身政治制度的僵化（戊戌變法與清末新政），最後甚至徹底否定起悠久的文化傳統（五四運動），中國近代化的坎坷旅程，還有好長一段路等在前頭。

可是對這時候的大清王朝來說，要緊的不是思考改革與否的問題，而是要怎麼在內亂外患裡存活下去。換句話說，「師夷長技」目的並不是要「制夷」，而是趕緊撲滅燎原的野火。

在這裡，我們要提出一個關鍵問題：大清的京城淪陷，全國各地民變蜂起，而且已經出現了一個足以取代舊朝代的漢人新政權，清朝怎麼沒有在咸豐皇帝時就關門大吉呢？

▲ 英法聯軍火燒圓明園

這個問題的答案不少，其中之一就隱含在「師夷長技」這四個字裡。經過英法聯軍之役的慘痛教訓，朝廷的新執政組合終於體認到洋槍洋砲的威力；而歐美各國經過一番交涉和比較之後，認為讓大清繼續存活，才有利於條約的履行。於是英法在天京與北京之間，選擇了後者；清廷也大量購進洋槍洋砲裝備軍隊，在火力上逐漸能壓制各地民變。就這樣，雙方殊途同歸，把大清從傳統王朝「治亂交替」的循環漩渦裡拉了出來。

咸豐逃往承德，這一去就沒能回來，咸豐十一年（一八六一）八月，皇上在避暑山莊駕崩。皇上病重之時，指定八位大臣輔佐年僅六歲的新皇帝載淳。而就在八大臣護送大行皇帝（咸豐）的靈柩返回北京時，一場突如其來的政變陰謀，已經在前方等著他們。

慈禧垂簾有危機

咸豐在逃往承德時，將身邊親信大臣一併帶走；惟獨恭王奕訢因為曾經是先帝道光考慮「建儲」的人選，很不得皇兄歡心，所以被留在北京負責收拾爛攤子。

▲ 英法、清朝、太平天國三方關係

咸豐病危時，顧慮到八大臣輔政，要是沒人制衡，恐怕會重蹈康熙初年鰲拜專權的覆轍。因此他也安排自己的正宮皇后鈕祜祿氏、以及小皇帝載淳的生母懿貴妃葉赫那拉氏進入決策機制。沒有想到，恭王爺趁著到承德奔喪的機會，暗中與兩位嫂子達成奪權的默契。

十月底，已經晉位東宮皇太后的葉赫那拉氏帶著載淳先行返回北京，與恭

太平天國「引鬼入邦」vs 大清朝廷「借師助剿」

太平天國與英法聯軍幾乎同時發生，清廷與天國決策人物對英法等國的態度，成為雙方勝敗的關鍵。

慈禧奪權成功後，一改咸豐朝的對外強硬作風，決心與西方各國善意來往，借助西洋之力平定太平天國。她認為「東南賊勢蔓延，果能購買外洋槍砲，剿賊必能得力。」這是之後英法軍隊在上海、安慶等地幫助清軍對抗太平軍的由來。另外一方面，當初太平軍定都天京，英、法、美等國外交官覺得太平天國的宗教來自基督教信仰，對這個新政權產生興趣。雖然維持中立，但時常暗中與太平軍首領人物聯繫。可是，英法等國與太平天國的接觸經驗，與他們原先所期待的可說是天差地遠。

例如，咸豐八年（一八五八），簽訂《中英天津條約》後的額爾金勳爵，立刻按照條約中規定的「內河航行權」，乘英國戰艦逆長江而上。在天京、安慶等地遇到太平軍阻攔，英艦開砲反擊。事後天王洪秀全頒下詔書，對額爾金說：「西洋番弟聽朕召，同頂爺哥滅臭蟲。」即使透過翻譯，額爾金仍然完全搞不懂誰是「爺哥」，誰又是「臭蟲」，也不明白這封詔書到底想表達什麼意思，他因此認定太平天國將來必定失敗。而太平天國諸王則認為與西洋人談合作是出讓利權，就是「引（洋）鬼入邦」，立場強硬，這使得英法等國轉而選擇幫助較能溝通、有意願合作的清廷。

▲ 慈禧太后

王布置好天羅地網，十一月二日，以皇帝名義閃電逮捕所有顧命大臣，八人或被斬殺，或遭流放。恭親王與兩宮太后組成新的三人執政團。咸豐定下的八大臣輔政體制，不到三個月就宣告瓦解。八大臣原來擬定的年號「祺祥」也被廢除，改用新年號「同治」。

這場政變知名度不高，但是在晚清歷史上的重要性，其實要勝過三十七年後的戊戌政變。它確立了大清最後五十年的政治格局；當然，這說的就是孝欽太后葉赫那拉氏這位實質統治者的崛起，當時，她年僅二十六歲。在今天，我們更熟悉她的另一個稱號：慈禧太后。

慈禧是近代史上、乃至整個中國史裡名聲最惡劣的政治領袖。傳統的看法，多半認為她貪婪愚昧又保守，只圖自己享受，置社稷朝廷於不顧；她不但挪用水師銀兩來修造園子，導致甲午一戰敗給日本，扼殺百日維新變法，還縱容義和團拳民鬧事，最後更荒唐的向全世界宣戰，引來八國聯軍，說清朝就是亡在這個老太婆的身上，一點也不為過。甚至還有一種說法：她是為兩百多年前遭到努爾哈赤屠戮的葉赫部先祖，向愛新覺羅一族報仇來了。

上述這些觀點，有的是後來革命黨人有意的編造，有的則是過分突顯慈禧的負面形象，甚至是傳統的性別歧視，讓她來背負晚清「喪權失地」的責任，以塑造革命的正當性。其實，慈禧雖然不是如何的天縱英明，卻也沒有傳統看法所認為那樣愚蠢保守。而慈禧一方面支持地方督撫大員的西化改革，另方面卻也作出縱容義和拳這樣的迷信之舉。慈禧這些看似矛盾的所作所為，背後的真實動機，必須由她「統治合法性」和大清的「天命」這兩個脈絡來觀察，才會得出合理的答案。

慈禧與咸豐任命的顧命八大臣之間，最大的差異就在於「統治合法性」。八位大臣輔政有前例可循，而慈禧打算「垂簾聽政」（也就是以太后身分代替年幼皇帝執政），在大清「祖宗家法」裡，卻沒有太后聽政這一條；不但清代沒有，明朝和更前的元代也都沒有先例。慈禧發動政變奪權，違背祖制聽政，形成她統治上的「憲政危機」。在中央，她雖然有恭親王的相挺，在國際和各省，也必須尋求支持。

慈禧透過新成立的「總理各國事務

衙門」（簡稱總署）向各國釋出「遵守條約」的誠信和善意；在地方上，則仰賴像「欽差督辦江南軍務」、兩江總督曾國藩這樣的大員效忠。

軍閥始祖曾國藩

曾國藩（一八一一至一八七二），湖南湘潭人，他和他一手創建的湘軍，不但是平定太平天國的主力，也是民國初年軍閥割據的始祖。

說曾國藩這樣一位學問淵深的理學家、政治家，竟然就是那些髒話滿嘴，大字不認識幾個、姨太太多得數不清的「大帥」、「督軍」正牌老祖先，讀者們可能會感到難以接受。但曾國藩和民國初年軍閥之間的共同「基因」，則確實是從湘軍的組建開始，就已經根深蒂固。

話說太平天國起事，一路勢如破竹，清軍不管是綠營還是八旗，簡直兵敗如山倒，根本無法抗衡；只有在廣西全州的簑衣渡之戰，太平軍遇上湖南仕紳江忠源率領的千餘「楚勇」，才吃上一場敗仗（馮雲山就是在此役戰死）。楚勇就是湖南團練，也就是正規軍體制外的民兵部隊。

咸豐二年，朝廷看出在軍情萬急之中，唯有團練能稍微阻擋太平軍的攻勢，於是任命四十三名在籍丁憂（回家鄉守父母三年之喪）的高級官員為「幫辦團練大臣」。這項任命，實際上是對已經日漸成形的地方軍事勢力的一種承認。

當時丁憂在家守母喪的曾國藩（原任禮部右侍郎）也名列其中，但是他另有想法。在此之前，團練都是隨附著正規軍作戰，當作充員兵、預備隊，也不能離開省境。曾國藩上奏朝廷，請求讓他成立一支能夠獨立作戰、後勤自主的軍隊。皇上准奏之後，曾國藩就以同鄉、同學、親友的層層關係，在短時間裡建立一支一萬多人的水師和陸勇。這支軍隊全部以湖南農村的淳樸子弟組成，因此命名為「湘軍」（「湘」是湖南的簡稱）。

湘軍編制以每五百名同鄉編為一營，每營下設四個哨（連隊），帶隊長官也全都是家鄉人。高級軍官叫統領（師長），由具有功名的忠義仕紳出任，統領最多可指揮二十個營。湘軍從統領到兵勇，只對統帥曾國藩一人效

▲曾國藩

忠，軍中對他的稱呼，就是後人所熟悉的「大帥」。

湘軍和敵手太平軍在構成的精神上，可說是處處相反。太平軍反對鄉紳壓迫，湘軍卻是一支由鄉紳領導指揮的軍隊。太平軍要求人人平等，結成生活／戰鬥合一的團體；湘軍卻將儒家「父子、兄弟、朋友」的同心圓關係，發揮得淋漓盡致：長官都是父兄長輩，同袍都是手足好友，遇到危難，自然會拼死相救。最後，太平軍每到一處，將破壞地方既有秩序當作目標（後期因為仰仗包稅鄉紳而無法貫徹）；而湘軍卻是以重建地方秩序、保障仕紳財產作為宗旨。

曾國藩率領湘軍，以拯救儒家文明秩序作號召，與太平天國作戰。初期戰績，就像他的幕僚在奏稿上所承認的「屢戰屢敗」（後來曾自己大筆一揮，改成「屢敗屢戰」）；但隨著天京之變後、太平天國運動改造社會的動能逐漸被舊體制吞噬，打著恢復固有秩序大旗的湘軍，在戰場上便開始扭轉頹勢。對於湘軍規模愈來愈壯大，朝廷雖然有所顧忌，但南方亂事卻還需要靠他們來弭平，因此也無可奈何。

到了慈禧太后與恭親王聯手成功奪權的同時，湘軍已近十萬之眾；曾國藩則以兵部尚書銜兼領兩江總督，總管東南戰局；麾下將領分居江蘇、安徽、浙江、江西四省巡撫、布政使、道台等要職，幕僚群也都是一時之選。例如，此時在他府中眾多幕僚裡，就有一位日後被日本首相伊藤博文看作「清國中唯一可與世界爭雄」的人，這個人，就是李鴻章。

李鴻章上海起家

李鴻章（一八二三至一九〇一）是安徽合肥人，父親李文安和曾國藩同年考中進士，所以將兒子託給老同學教導。曾氏補習班果然名不虛傳，讓學生李鴻章二十四歲就金榜題名點翰林（李文安直到三十七歲時才高中）。

李鴻章後來到曾國藩的幕府裡擔任助理（襄贊營務），但他作息不正常，老是遲到早退，又愛亂發牢騷，雖然曾老師時常採用李徒弟的奏稿，卻也不時對這個徒弟嘮叨碎念；所以在李鴻章的心底，渴望有自立門戶、一展抱負的機會。

這個機會在咸豐十年（一八六〇）來臨了。當時太平軍威脅上海，小刀會也蠢蠢欲動，湘軍則備多力分，兵力不足，曾國藩於是差遣李鴻章回故鄉安徽去辦理團練。李鴻章仿效老師曾國藩的辦法，透過各種人脈關係，在安徽募集了十三個營的兵力，同樣後勤、糧餉都自成系統；按照湘軍取名的前例，稱作「淮軍」。

隔年，這支新成軍的部隊在安慶登船，非常「時髦」的由英國蒸汽郵輪運輸到上海。淮軍接著在上海獲得新式洋槍火炮，並且與美國軍官華爾（Frederick Townsend Ward）招募的洋人僱傭武裝「常勝軍」並肩作戰。常勝軍沒打過幾場勝仗，但是火力強化後的淮軍則以火海壓制人海，以三千兵力擊退十萬太平軍的猛撲。淮軍日後擴充到七萬人（全部配備洋槍），並且成為平定華北「捻亂」的主力，許多晚清名將，比方首任台灣巡撫劉銘傳，就是淮軍系統出身。

	創建人	創立時間	士兵來源	主要功績	影響
湘軍	曾國藩	1854 年	湖南	平定太平天國	軍閥割據的始祖
淮軍	李鴻章	1860 年	安徽	平定捻亂	促成自強運動，建立北洋水師

▲ 湘軍與淮軍

守住上海華界是李鴻章事業的起點，他也因為掌握了上海，將清末督撫專權的趨勢往前更推進了一步。

上海的重要性，在於此地設有海關稅務司。這個關稅司是不平等條約「協定關稅」條款的產物，由於關稅對當時被迫開關通商的清朝來說，還是個聞所未聞的東西，也不知道該怎麼辦理，因此乾脆聘請英國人赫德（Robert Hart）出任總稅務司。雖然上海關稅司的來歷並不怎麼光彩，但是赫德操守清廉，辦事盡責，上繳朝廷的帳目與金額清楚實在，不像傳統賦稅那樣模糊克扣，為清朝提供了一筆穩定可靠的財政收入（每年約一千萬兩白銀）。

中方與赫德率領的關稅司對口點交稅款的第一線單位是蘇松太道（正四品，管轄蘇州、松江府、太倉州的行政督察專員，又稱「道台」或「觀察」）。李鴻章因戰功逐漸高升，在官居江蘇巡撫的時候，透過各項關係，將自己的人馬擺在道台衙門的位置上。後來他又以軍情所需為由請准朝廷，將上海關稅大部分撥發給他所興辦的各項「洋務」事業。

官督商辦體制外

憑藉著上海關稅的進項，還有中央（慈禧、恭親王）與地方（曾國藩）的支持，李鴻章開始了後來被稱為「自強運動」（又稱洋務運動）的現代化事業。

自強運動的起點是與太平軍作戰時興辦的軍火工業，例如安慶內軍械所、天津機器製造局、江南機器製造總局等機構。而這些兵工廠所需的原物料，總不能全仰仗外國，因此又有了湖北織布局、漢陽鐵廠、開平煤礦、輪船招商局等新生產事業。新產業和聘請來的外國顧問、工程師之間，需要翻譯員，因此設置了三十餘所新式學校，最有名的是同治元年（一八六二）北京成立的同文館。為了加快軍情聯繫，所以設立了鐵路、電報總局、郵政總局。

產生原因	特色	結果
自強運動下興辦現代化事業	官方管理、商人出資	成為督撫大員的壟斷事業，只聽命於地方督撫，如：輪船招商局。

▲ 官督商辦的企業

各省督撫中，一八七〇年接任直隸總督的李鴻章由於握有穩定財源，加上後台強硬（他有慈禧的支持），掌握最多資源，逐漸在自強運動當中扮演領導的角色。

按照朝廷和地方大員們本來的想像，這些機器局、招商局或者電報局，全應該由官方掌握辦理。問題是，無論是中央朝廷還是地方督撫，沒有一方有足夠的資金能撐起整個產業。於是，新的解決方法——「官督商辦」就應運而生。

事實上，所謂「官督商辦」並非純粹商營，而是以官方的公權力募集到足夠的資金，直接管理營運，出資商人不過只是股東而已。在這種情況下成立的各種產業，因為具有資金與資訊（有官方的內線消息）的雙重優勢，都成了官方性質的壟斷事業。

比方李鴻章籌辦的輪船招商局（也就是今天陽明海運的前身），就完全掌握了糧食海運的生意。李鴻章在上奏朝廷的祕摺裡，甚至還表示：「要是賠錢虧本，損失讓商人去扛（所有盈虧，全歸商認，與官無涉）。」這些事業因此也就成為興辦官員穩賺不賠的「金飯碗」。

而且，這些支撐所謂「自強運動」的現代化新事業，竟然全都是沒有法條來源的體制外「黑機關」！決策興辦這些事業的督撫大員，比方李鴻章，並不具備相關知識，有時甚至連常識也很缺乏。實際負責主持洋務運動的「督辦」、「總辦」，大部分都是督撫大員幕府裡的幕僚人員。他們雖然有朝廷封賞的三、四品頂戴頭銜，但是經營的事業與資金的去向，卻完全在朝廷體制的監督之外。他們真正聽命的對象不是中央政府，而是提供投資機會與政治庇護的地方督撫。

比方招商局的總辦、「第一官商」盛宣懷（一八四四至一九一六）與「紅頂商人」胡光墉（一八二三至一八八五，就是電視劇裡的「胡雪巖」）之間的競逐，背後就是李鴻章與左宗棠之間的政治角力。地方勢力的抬頭，又往前推進了一步。

同光中興的代價

讓我們回過頭來，交代太平天國的末日。同治三年（一八六四）五月，號稱「小天堂」的天京，已經被湘軍曾國荃部（曾國藩九弟）團團圍困達半年以上，城內糧食極度缺乏。天王洪秀全以身作則，要軍民同胞們服用天然美食——「甘露」（草根），並且要大家安心，「朕即上天堂，向天父、天兄領到天兵，保固天京。」

六月一日，洪秀全往天堂進發（有服毒自盡或食物中毒兩種說法），再也沒有回來。七月十九日，湘軍攻破天京，對城中的「長毛」軍民格殺勿論，死者超過十萬人，太平天國滅亡。

從首都失陷、民變蜂起的驚濤駭浪裡存活下來，清朝不但沒有就此滅亡，還成功陸續平定了各地叛亂。這些平亂的勝利都發生在同治、光緒（初年）兩朝，當時的大臣、學者們認為，這正是國朝中興之兆，大清重振有望；後來的歷史學者也稱呼這段時間為「同光中興」。

不過，這樣的「中興」，必須付出沉重的代價。為了平定太平天國，朝廷被迫以地方團練為戰鬥主力，還將長江下游這塊糧食、賦稅重地，完全交到曾國藩和湘軍將領手裡。康熙皇帝曾經設下一項不成文慣例：巡撫如果是

「刺馬」與「小白菜」兩宗奇案

「刺馬」指的就是一八七〇年，兩江總督馬新貽在光天化日、層層護衛之下，被刺殺身亡的政治大案；而「小白菜」一案則是當時十分轟動的社會新聞。兩者之間看似八竿子打不著關係，其實背地裡與朝廷忌憚湘軍勢力密切相關。

傳說湘軍攻破天京時，將領吞沒太平天國財庫金銀珠寶不計其數，而曾國藩竟然在上奏朝廷的奏摺中說「並無所謂賦庫」、整座天京城燒得只剩瓦礫灰燼，「實出微臣意計之外」。慈禧將曾國藩北調，改任馬新貽，其中一項目的，就是要馬新貽暗中徹查湘軍各將領的貪墨情節。

沒有想到，同治九年（一八七〇）七月二十六上午十時許，馬新貽出城校閱官兵射箭操練歸來，在總督署門口一落轎，突然有人攔轎喊冤。清朝制度，官員遇有人陳情，必須受理。馬新貽一出轎，就被旁邊竄出的刺客張汶祥持匕首砍殺，馬新貽失血過多，隔天不治。本案轟動全國，而且在兇手審理期間，竟然就已經改編成戲曲傳唱，意圖影響輿論，顯然這一切都是有幕後黑手在操作。（故事裡，馬新貽搶了張汶祥的老婆〔並無其事〕，因此張前來報奪妻之恨，動機看來很是正當。）此案幾次更換承審官（大部分是湘軍系），都無法查清楚案情。又有傳言：張汶祥是被裁員的湘軍官佐買兇殺人的刺客。慈禧不得已，將湘軍的「大家長」曾國藩調回兩江，要他親自查辦。沒想到曾國藩回任沒多久，竟也一病不起！「刺馬」背後的真正動機，就此成了懸案。

慈禧吃了湘軍系官員的悶虧，兩年後終於找到報復的機會，那就是同治十二年（一八七三）發生的「楊乃武與小白菜」案。浙江楊乃武有舉人功名，教人稱小白菜的農婦葛畢秀姑學寫字。街頭巷尾傳言紛紛，都說「羊（楊）吃白菜」，意思指兩人有姦情。某日小白菜丈夫葛品連因「丹毒」（蜂窩性組織炎）復發，暴斃身亡。地方官府將嫌疑人楊乃武、畢秀姑收押，認為他們「戀姦情熱」，購買砒霜，合謀毒害了葛品連，將兩人打入死牢。輿論則認為通省官員「屈打成招」，還官官相護，案情更鬧上了上海英租界的報紙《申報》，楊乃武的胞姊也到北京陳情，「驚動」了一直在等待機會收拾湘軍系官員的慈禧。光緒二年（一八七六），朝廷派出刑部漢尚書（法務部部長）桑春榮親自南下重行審理。他差遣有經驗的老仵作（驗屍人員）開棺重驗葛品聯的遺體，終於確認葛品連並非遭到毒殺，還了楊乃武與畢秀姑清白。慈禧藉由本案，將浙江巡撫以下三十多名官員（大多出身湘軍系統）撤職，大大出了一口「刺馬」案吞下的悶氣。

一九七三年，「刺馬」案由香港邵氏電影公司改編，拍成同名電影《刺馬》；二〇〇七年再次改編成電影《投名狀》，由李連杰、劉德華、金城武三大男星全力演出。至於楊乃武一案改編成的電影，就是一九九四年鼎鼎大名的香港三級片《滿清十大酷刑》，由翁虹、吳啟華主演。

漢人，則總督必須出身滿洲八旗或漢軍旗人，好讓督撫相互牽制，以防漢人坐大。但是自從曾國藩就任兩江總督以後，江南的督撫職位，朝廷再也拿不回來了。曾國藩本人對朝廷仍然是恭謹順從，但他的手下可就不同。同治七年（一八六八），慈禧調曾國藩北上擔任直隸總督，試圖派遣中央人馬（馬新貽）「空降」，出任兩江總督，不到兩年時間，堂堂總督大人馬新貽竟然在光天化日之下遭到刺殺，謠言還傳得滿天飛，朝廷不得已，只好讓曾國藩回任兩江。

除了這種地方督撫專權的趨勢日趨嚴重以外，中央衰弱、地方強大的情況也愈來愈明顯。為了平亂所需，朝廷允許地方官員收取「釐金」（貨物運輸過路費），但是亂平之後，卻沒有一省願將這項財源乖乖繳回中央。而且，「中興名臣」們所開辦的洋務事業，不但中央無法監督，幾乎全成了地方大員與幕僚的私人產業，即使是自強運動的巔峰成就——北洋水師，也是如此。

甲午戰爭的真相

北洋水師是光緒九年（一八八三）爆發清法戰爭（或稱中法戰爭）之後的產物。

在清法戰爭中，清軍陸戰獲勝，但是南洋水師（基地在福州馬尾）卻完全抵擋不住法軍的艦隊，慘遭全殲。李鴻章決心加強中國的海防，建設現代化海軍，並且把明治維新後，在政治、軍事上大舉歐化的日本，當作中國未來的頭號假想敵。

新式海軍本來包括重建保衛南方的南洋水師，以及新成立的北洋艦隊（保衛北京門戶），因為預算有限，加上李鴻章的影響力，大部分資源都集中在北洋。

這支新式蒸汽鍋爐動力艦隊以朝廷銀兩與關稅進項作為主要財源，在光緒十四年（一八八八）正式成軍，擁有德國製「定遠」、「鎮遠」兩艘最新型鐵甲巨艦，英國造「致遠」等八艘裝甲巡洋艦，還有「超勇」、「鎮東」等十多艘砲艇、護衛艦。

北洋艦隊以淮軍將領丁汝昌為提督（艦隊司令官），各艦管帶（艦長）都曾派往英、德留學，並有琅威理（William Lang）等洋員擔任總查（技術督導）。北洋水師在當時的各國海軍裡，實力可以排到世界第八。

光緒十七年（一八九一）七月，北洋水師訪問日本，定遠、鎮遠等主力戰艦，停泊在東京灣的橫須賀、橫濱等港，軍容之壯盛，讓日本人慌到不行，認為清國海軍較本國（日本）為之優越，是「一目瞭然」的事情。可是，一八九一年這次訪問，正是北洋水師由盛而衰的分水嶺；三年多後（一八九四）爆發的中日甲午戰爭，更讓這支集李鴻章畢生心血的艦隊全軍覆滅。

甲午戰爭起於日本西進的野心，而日本爭奪朝鮮這個大清最後的藩屬國，則是戰爭的直接引爆點。一八九四年七月二十四日，日艦浪速號攻擊中方運兵輪船；八月一日（光緒二十年七月初一），中日正式宣戰。

九月十七日，北洋水師與日本聯合艦隊在黃海鴨綠江出海口的大東溝遭遇，雙方進行決戰，史稱「黃海海戰」。這場激戰將近五個小時，不分勝敗，但以北洋水師的損失較重（遭擊沉四艘），失去制海權。十月，日本陸軍在朝鮮擊潰淮軍防線，攻入遼東半島；十一月，日本艦隊開始進攻停泊於威海衛港內的北洋水師，十七日，日軍總攻擊，清方戰艦不是自沉殉國，就是被日本俘獲，北洋水師全軍覆沒。這是李鴻章一生事業的總失敗，也是晚清自強運動的最終輓歌。

俗話說牆倒眾人推，西瓜也會靠大邊，北洋水師在甲午戰爭覆滅，日後檢討起來，原因說法不下幾十種，其中不乏有以訛傳訛的謠言，和真假參半的誤導。

例如，水師提督丁汝昌出身淮軍，「只諳弓馬」，竟在海面上擺出陸戰才用的一字長蛇陣（另說魚鱗陣）；水師官兵紀律鬆弛，作風腐敗；訪問日本時，日軍將領東鄉平八郎（即後來日俄戰爭時的聯合艦隊指揮官）目睹官兵竟然在砲管上曬衣；當然，還有慈禧老太婆想修園子，李鴻章等人為了孝敬太后，挪用了水師經費來修園，導致艦艇砲彈缺乏等等。

總而言之，滿清朝廷與北洋水師貪污腐敗，不垮也難。這些錯誤說法之所以形成，背後有一雙看不見的手在操弄。至於這雙手到底是誰？在此先賣個關子。

但是，如果我們更深入了解，就能知道，這些真假參半的說法都不是北洋水師真正的敗因。所謂「一字長蛇陣」，實際上是按照英國海軍教範所排出的戰鬥隊形；所謂「砲管曬衣」，實際上完全不可能，因為砲管離甲板足有三公尺高，想曬衣除非你有一身輕功；所謂「慈禧修園」，實際上確有其事，但是為了修園所挪用的銀兩，並不如外傳的一億兩那麼多（總額約四百萬兩），而且事後大部分均已撥還。

北洋水師在黃海戰役中的表現，其實也相當英勇：提督丁汝昌負傷沉著指揮；鎮遠艦管帶林泰曾一邊護衛旗艦定遠，一邊奮勇與日艦惡戰，主砲重創日本旗艦松島號（擊中彈藥庫起火），讓它暫時失去指揮功能；致遠艦受日本五艦夾攻，管帶鄧世昌在艦身重創後，下令全速衝擊，意圖撞沉浪速號，不幸失敗被擊沉，鄧世昌壯烈殉國。論發砲的命中率，北洋水師也高過日本聯合艦隊。

可是仗確實沒能打贏（雖然並沒有輸），真正問題在於北洋水師在光緒十七年以後，就沒再添購新戰艦、更新主砲；而恰好就在這時期，日本傾全力發展海軍，添置新型艦艇，導致在火砲的射速、戰艦的航速上，都勝過清方水師。

那麼，如果不是海軍銀兩被慈禧太后挪去修園子，為什麼北洋水師長達七年沒有再買新型主力戰艦呢？除了朝廷中對李鴻章眼紅的人太多，凡事扯後腿之外，遠因起於二十年前（一八七五）的一場爭論。

海防塞防都頭痛

同治十三年（一八七四）五月，日本以三年前，一艘琉球王國船隻因颱風漂流到台灣，遭到原住民殺害為理由（日本宣稱琉球為其藩屬國），出兵台灣，在社寮（今屏東縣車城鄉）登陸，攻擊燒殺牡丹社（屏東縣牡丹鄉）的原住民，史稱「牡丹社事件」。

此次事件讓李鴻章和他的僚屬們認識到日本正在崛起。他隨即以「千年未有強敵」（就是日本）作為訴求，請朝廷重視沿海防務，並且建設現代化海軍。

在朝廷裡，李鴻章雖然有恭親王、慈禧當後台靠山，但是反對他的人也相當多，比如戶部尚書、光緒皇帝載湉的老師翁同龢，因為李鴻章曾經彈劾過他的兄長翁同書，因此終生都和李作對。但是，在這些反對者中，最有力的一位，莫過於東閣大學士、湘軍最後的大家長左宗棠（一八一二至一八八五）。

說起這位左公宗棠，也是晚清非常重要的人物，只可惜本書篇幅有限，讓他到現在才出場。左宗棠是湖南湘陰人，與李鴻章同樣是曾國藩所提拔的後輩，不過他只是舉人出身，沒能報名曾氏進士補習班。左宗棠與李鴻章同樣都是平定太平天國、發起自強運動的重要領導人物，但是他們的看法卻時常相反，雙方往往發生激烈爭論。

比如這一次，當李鴻章主張東邊的日本是將來勁敵、必須加強海防、建設海軍的時候，左宗棠就反駁，海防固然重要，但真正可怕的對手是北方的俄國，需要鞏固的是西北的邊防，更要掃蕩新疆的回教分離政權。這就是所謂的「海防與塞防之爭」。

「牡丹社事件」發生的時候，新疆回族首領阿古柏（Muhammad Yaqub Bek）在南新疆所建立的「洪福汗國」已經存在九年之久。這個回教政權背後有俄、英兩國的支持，左宗棠認為，如果放任情況繼續發展，俄羅斯遲早會以洪福汗國這個傀儡政權作先鋒，沿著漠北草原侵略蒙古，甚至東北，最後打進長城，直達北京城下。康熙、雍正、乾隆三朝對西北疆域的經營，將化為烏有。

可是，李鴻章這邊的「海防」論者認為，阿古柏政權背後的英、俄兩國，並不是同一回事，新疆會因此成為英俄清三方勢力的緩衝地帶。所以不必派兵遠征掃蕩，只需要讓洪福汗國進貢即可，省下的戰爭經費，可以全部用來加強海防，防備日本。

「海防與塞防」之爭，是晚清關於國家戰略走向、未來假想敵最重要的一次關鍵抉擇。左宗棠只是要「海防與塞防並重」，李鴻章卻是主張「盡撤塞防」，所以朝廷最後選擇支持左宗棠。光緒元年（一八七五），左宗棠率領最後的湘軍，由甘肅出兵西征，經過兩年苦戰，在漫天　沙、飛砂走石的環境裡，收復了原來被洪福汗國等勢力占據的南疆。

仗是打贏了，但朝廷為了打這場戰爭，就花了千萬兩白銀，以及日後新疆建省、駐軍所耗費的銀兩，每年也要投入四百萬兩左右，這就形成了清朝的財政大錢坑。雖然李鴻章還是東挪西湊，建立起北洋水師，但是財政上的「預算排擠效應」，加上翁同龢對李的公然抵制，以及清法戰爭花去了一億兩的國防經費，還是使得北洋水師在光緒十七年後，沒能再添購一尊火砲，一艘新艦。

三年之後，曾經令日本軍民恐慌的北洋水師，終於在甲午一戰敗給航速、射速都高出一籌的日本海軍。這才是甲午戰爭失敗的深層因素，其他的說法，比如水師紀律鬆弛、慈禧挪用經費修園子等，就算屬實，也不是戰敗的「致命」原因。

平心而論，左、李的看法各有道理；很不幸的，日、俄兩國將來確實都成為中國的大敵。但是清廷在有限的資源下，卻想要海防、塞防兼顧，最後兩面不是人，落了個割地賠款的結局。

既然如此，慈禧與朝廷軍機大臣們，為什麼會選擇義無反顧的投入新疆這個錢坑裡呢？這不能說是慈禧傻，而是她有大清的天命要顧。

天命遇上合法性

一八九四年十月，甲午戰爭已經開打，為了強調自己是「正義的一方」，並加強對清方的「政治作戰」，日軍參謀本部特別敦請精通中文的海軍省間諜

▲ 海防與塞防之爭

兼「中國通」宗方小太郎，撰寫一篇聲討清國、號召人民起事的宣言〈開誠忠告十八省之豪傑〉。文中提到：

滿清氏元〔原〕塞外之一蠻族，既非受命之德，又無功於中國，乘朱明之衰運，暴力劫奪，偽定一時，機變百出，巧操天下……。

宗方不愧是曾經「剃髮易裝」、拖著條辮子潛伏在中國數年的諜報人員，他根據親身觀察，犀利的點出清朝統治階層最恐懼的事情，那就是失去「受命之德」，也就是構成大清統治合法性的天命。

和前朝相比，大清的天命構成相當不同。我們在前面提過，乾隆皇帝同時扮演蒙古的大汗、西藏的轉輪聖王，以及在關內十八省、合乎儒家形象的聖君這三個角色。滿清王朝的天命，也就是奠基在對這三塊區域的有效統治上。如果三塊區域的任何一部分崩塌，都會使天命發生動搖。天命是否動搖，出自人們心中一種非常微妙的集體心態認知；或許是天災，或許是戰禍，甚至是天有異象，都會改變這種集體心態。這種心態無法量測、難以捉摸，或許只能用「氣數」這個詞來形容。

在內憂外患裡，大清不斷避免給國人一種「氣數已盡」的認知。這解釋了為什麼道光皇帝在英艦兵臨南京城下時，只好遣使求和；英法聯軍焚毀圓明園，對於咸豐的打擊會如此之大；這也解釋了慈禧與恭親王的新政府寧可與外敵（洋人）妥協，也要平息內亂（太平天國）；這更說明了慈禧決策支持左宗棠西征，因為從滿、蒙興起，席捲天下的清朝，無法坐視新疆、蒙古遭到俄國的侵奪與併吞。

但是，雖然慈禧努力的修復天命，大清的國運卻是扶得東來西又倒。甲午戰爭敗給日本，清廷被迫簽訂《中日馬關條約》，除了巨額賠款（兩億兩白銀）、開放更多通商口岸以外，還失去了台灣與遼東兩塊領土（後來經過俄、德、法三國出面干涉，暫時保住遼東），以及朝鮮這個最後的藩屬國。

現在，天命似乎搖搖欲墜。而我們也提過：慈禧在同治、光緒兩朝的「垂簾聽政」，違背大清祖宗成法，全靠她一改前政府對外強硬作風，以及李鴻章等興辦自強事業的地方大員支持，才能站穩陣腳。如今，李鴻章藉以起家的淮軍一敗塗地，他事業的高峰北洋水師化作灰燼；國際上，在英、俄等國以外，原來同受西方侵略的日本竟然打敗了大清，而且比起歐洲各國，更為兇狠。

在這樣內外交逼的情勢下，慈禧會繼續推動改革，來修補天命嗎？而如果改革的結果竟會損及她的統治合法性，她會作出什麼抉擇呢？

帝制一去兮不復返：滿清滅亡與民初軍閥交響曲

從甲午戰爭失敗，一直到民國建立、清帝退位的這十多年裡，一方面受時勢所逼，一方面為了挽救王朝存續，清廷進行了各種改革。可是，為什麼這些改革的結果，卻讓大清的天命走向盡頭、延續了兩千多年的帝制就此滅亡呢？

而且，如果我們比較英法兩國的歷史，英格蘭斯圖亞特王朝的君王查理一世（Charles I）被處死以後，英國雖然進入克倫威爾（Oliver Cromwell）攝政的英格蘭聯邦（Commonwealth of England）時期，但是二十多年後，王室又重掌大權；法國波旁王朝的路易十六（Louis XVI）被送上斷頭台之後，則是一段長達七十多年的混亂時間，在一八七〇年普法戰爭之前，共和政體與皇室復辟，外加將領稱帝（拿破崙），不斷在法國交替出現。雖然英、法最後分別走向君主立憲和共和政體，但是都歷經了幾十年「革命／復辟」的震盪期。而回頭看看辛亥年（一九一一）的中國，為什麼實行兩千多年的君主政體，竟然一去就不復返了？在這段期間裡，中國的社會與政治思潮，出了什麼變化？

晚清的帝制崩解與民國初年的軍閥混戰，是一個連續發生的社會變動過程，更像是一首各聲部競演的「滿清滅亡」交響曲，這一切得先從鴉片戰爭結束後，林則徐被發配新疆臨行前的前夕說起。

改革思潮紛紛起

當年查禁鴉片的欽差大人林則徐一面與英吉利人周旋，並沒有忘記「知己知彼，百戰百勝」的古訓，因此他積極蒐集西洋各國的情報，命人將英國學者慕瑞（Hugh Murray）的著作《世界地理大全》翻譯成中文，取名《四洲志》。

道光二十一年（一八四一），在前往發配伊犁的途中，林則徐在鎮江與好友魏源重逢，風雨之中，故人相見，在這短暫交會、互放光亮的一夜，林則徐將《四洲志》和其他研究西洋的資料，全部都交託給了魏源。根據這些資料，加上與英國人的親身接觸經驗，魏源在隔年出版了介紹世界大勢、各國政治社會現況的《海國圖志》五十卷。十年後，又增補擴充到百卷篇幅，「師夷長技以制夷」，就是出自本書的名句。

《海國圖志》在大清國內沒有引起什麼注意，倒是無心插柳，讓後來銳意

▲康有為像

想要「文明開化」（也就是全面歐化）的日本當成寶，促成後來明治維新思想。而在中國，從《海國圖志》初版算起，悠悠五十年過去了，士大夫對西方的了解愈來愈深入、全面，提出的構想逐漸超越「師夷長技」的範疇。

在這些讀書人裡，許多人都有進士功名，也都是在四書五經的理學環境裡培養出來的，但是他們見到世局的變化之後，卻開始認為，中國之所以屢次敗給西方，不只是表面上的槍砲軍火不如人，而是在制度面上也整個落伍了。

比方曾經擔任李鴻章幕僚的馮桂芬（一八〇九至一八七四），出版了《校邠廬抗議》，認為中國不如西洋，是因為「政教制度」不如歐洲各國能夠上情下達；大清頭一位駐英公使，同時也是第一位使用電話（感想是：訊號不好，聽不清楚）的中國人郭嵩燾（一八一八至一八九一），也以親身經驗在《使西紀程》裡提出了類似的看法。當然，具備這樣眼光的人很少，而且贊成者並不多，直到康有為的「改制」主張出現，才又掀起了新的波瀾。

康有為（一八五八至一九二七），廣東南海人，二十歲中舉人。他從儒家學說裡，重新找出了制度改革的原動力。

光緒十七年（一八九一），康有為

書名	作者	主要內容	備註
四洲志	林則徐	介紹世界各國的歷史、地理與政治。	翻譯慕瑞（Hugh Murray）的《世界地理大全》而來。
海國圖志	魏源	介紹世界大勢、各國政治社會現況。	「師夷長技以制夷」一句即出自於本書；並促成後來日本的明治維新思想。
校邠廬抗議	馮桂芬	分析中國敗給西方的原因，提出改革方案。	主張「采西學、制洋器、籌國用、改科學」，為洋務運動的擁護者。
使西紀程	郭嵩燾	紀錄出使西方的見聞，大力介紹外國先進的管理概念和政治措施。	郭嵩燾為中國首任駐外使節。
新學偽經考	康有為	主張古文經為漢朝人偽作。	從儒學中找出制度改革的原動力，梁啟超稱本書為：思想界的一大颶風
孔子改制考	康有為	認為所謂經典，都是孔子借用古人的言論，以發抒自己更古改制的見解。	以聖人孔子為例主張改制。

▲晚清重要思潮著作

康有為的「誤判」

歷史學者有「時光法官」之稱，也就是要根據確實的史料，斷定過往事件的真假是非。不過，康有為並不是要作歷史考證，他只是想藉由所謂「改革是中國固有傳統」的觀點，為變法維新提供思想上的武器彈藥。話說回來，如果康有為是想要提出他的歷史斷案見解，那麼《新學偽經考》雖然能引發當時思想界的大震動，實際上卻是一次不折不扣的「誤判」。

民國十九年（一九三〇），康有為已經逝世三年，北平燕京大學發行的《燕京學報》第七期，刊載一位作者的論文《劉向歆父子年譜》，這位作者全無學歷，但只單靠一部《漢書》（實際上大多只取材自《漢書．儒行傳》），就分析了西漢後期到東漢經學的演變；更重要的是，全文列舉《新學偽經考》的二十八處邏輯不通、引證錯誤之處，認為所謂「劉向、劉歆偽造古文經」的說法，根本就站不住腳。這篇論文一鳴驚人，不但再一次震驚當時的北平學術界，也解決了中國學術思想史上的一個大疑案；這位完全沒有正式學歷的作者（自學苦讀出身），馬上受到燕京大學的聘用，擔任國文講師。他，就是後來知名的史學家、中央研究院院士錢穆（一八九五至一九九〇）。

的著作《新學偽經考》出版。漢代時，儒家的經典經過秦始皇的焚書坑儒，各家經師憑記憶口授，出現了版本上的差異，這是「今文經」。漢景帝的兒子、魯王劉餘被封在孔子的故鄉曲阜，他想拓寬王宮，拆毀孔子宅牆壁，在夾層裡意外發現孔家祕藏經典，由於這是以戰國古文寫成，因此稱為「古文經」。

根據康有為的「研究」，壓根就沒有所謂「魯王發現古文經」這回事，所謂古文經，實際上是西漢經學家劉向、劉歆父子接力偽造出來的。所以，西漢末年以後的經學，其實都是劉氏父子為了幫助王莽篡漢，以孔子語氣創作的。

如果這還不夠聳動，六年之後（一八九七），康有為又出版了《孔子改制考》，認為所謂經典，都是孔子借用古人的言論，以發抒自己更古改制的見解；照這樣看來，孔子實在是最先進的改革派，要是他老人家活在今天，一定馬上跳起來主張改制！

這兩本著作的出版，引發巨大震撼。康有為的徒弟、日後的一代宗師梁啟超（一八七三至一九二九）說，他老師的《新學偽經考》像是「思想界的一大颶風」；中央研究院院士、近代史研究所創所所長郭廷以更乾脆說《孔子改制考》是「火山的大噴火」了！

康有為的主張為什麼會有如此巨大的影響力？原因在於它們已經形同為光緒皇帝即將開展的「變法維新」，寫好了一篇政治宣言。

帝黨后黨很複雜

前面提過，慈禧是違背祖制上台執政的，她的新政權始終有一個揮之不去的危機：當皇帝年長，「垂簾聽政」的慈禧就必須將權力交還，退居第二線。

同治十三年（一八七四），同治皇帝載淳親政，慈禧面臨第一次「退休交棒」危機。不過載淳隨即病死，慈禧雖

	陣營	代表人物
帝黨	光緒皇帝	翁同龢、康有為、梁啟超
后黨	慈禧太后	榮祿、曾國藩、李鴻章、左宗棠

▲ 帝黨與后黨

然痛失親兒，但同治駕崩，算是為她的合法性問題解了套。由於載淳是咸豐獨子，如果找年長皇親入承大統，她就沒有聽政的空間了。所以經過多方運作，慈禧將醇親王奕譞（道光第七子）三歲的小兒子載湉扶上大位，改元光緒，她就可以繼續執政，這就是光緒皇帝能夠上台的原因。

到了光緒十四年（一八八八），問題又來了：皇上大婚，表示已經成年，可以親政了。慈禧雖然在形式上只好二次交棒，但還是保有政事的最高決策權。圍繞在她身邊的大臣，稱為「后黨」；而這時的皇上身邊，也早就聚集一批滿、漢大臣，他們想一步步向皇太后索討本來屬於皇上的權力，因此稱為「帝黨」。皇上師傅、帝黨大將翁同龢將康有為的變法主張介紹給光緒，也是在這個局勢底下發生的。

由於百日維新失敗後，康有為、梁啟超師徒逃往海外，成了「黑名單」的第一代祖師爺；他們留下不少記載，給後世人們一個印象，認為凡是支持光緒的大臣，也都支持改革變法，而太后陣營則是保守迂腐、只知道攬權。而慈禧「挪銀子修園子」的罵名，也就是在這時建立起來的。

但是，真正的實情並不是一顆西瓜切兩半：皇上這邊進步，太后那邊全守舊。比如「帝黨」頭號大臣翁同龢，就十分守舊反動。光緒十七年以後，皇太后要皇上每天上午學習英文，翁師傅雖不敢反對，嘴上碎念個不停；他認為基督徒是「豺狼」，輪船、電線桿、鐵路這些「洋玩意兒」破壞風水，損及天命。

這還不算，翁同龢一心想鬥倒曾參劾他兄長翁同書的李鴻章，先是千方百計刁難北洋水師的經費，又不顧大局，慫恿光緒下詔，催促本採「猛虎在山」威嚇陣勢的北洋水師出海決戰，果然斷送了北洋水師。後來連光緒也發覺，說他漸有「狂悖攬權情狀」，讓他退休。

回過頭來說慈禧陣營，慈禧本人就是打著「改革開放」為招牌奪取政權的。她不但要光緒學習洋文，也贊成科舉廢除八股文，改考策論（時事對策）；太后所支持的大臣，比如曾國藩、李鴻章、左宗棠，全都是辦理洋務運動的開明派人物。

甲午戰敗，列強還想「瓜分中國」，她辛苦修補的大清天命又破了老大一塊；年輕的皇上想要變法，她原來也贊成。問題是，法要怎麼變？從何處開始變？

「瓜分中國」與「門戶開放」

甲午戰敗之後，大清的主權進一步更成了列強盤中任人宰割的魚肉。德國因為參加三國干涉日本奪取遼東半島，在一八九五年十月已得到漢口、天津德租界，但並不滿意。德皇威廉二世（Wilhelm II von Deutschland）一直想在中國獲得一個海軍基地，一八九七年十一月，兩名德籍傳教士在山東鉅野遭匪徒殺害（曹州教案），德國就以此為藉口，派兵占領膠州灣。而英、俄等國竟然表示「支持」。一八九八年三月，德國與總署大臣翁同龢等簽訂《中德膠州灣租借條約》，規定膠州灣周圍一百里內煤礦由德國開採，大清如欲辦理各項事業，以德國為優先國。

德國占領膠州灣是「瓜分」浪潮的第一槍；接下來，各國紛紛要求劃定勢力範圍，例如英國以長江中下游為勢力範圍，在此區域內一切利權以英國為最優先考慮國；法國是雲南、廣西，日本以奪得台灣的地利之便，宣稱福建是它的勢力；當然，之前想奪取而沒能到手的奉天（遼東半島）也是其勢力範圍；俄國則將手掌伸向新疆、蒙古、東北。一時之間，列強已經在大清的國土上到處卡位，只剩青海、甘肅、陝西、山西還沒有外人在此劃界。

此時的美國剛與西班牙打完爭奪菲律賓殖民地的美西戰爭，等收拾好了西班牙，卻發現在中國利權的角逐上，已經是晚來了一步。英國雖然占有長江中下游，但眼見瓜分狂潮，從前在中國利益可是大江南北都有，現在卻擔心利權被壓縮。英美兩國就此採取同一立場。正好美國新任國務卿海約翰（John Hay）原來是駐英大使，在英方鼓動下，在一八九八年十二月提出「門戶開放」政策，意思是列強可以盡管在中國作生意，原來租界也可維持現狀，但是清朝的主權必須維持完整，關稅必須由中方徵收。到了一九〇〇年三月，美方宣稱已經照會各國，都獲得同意，「門戶開放」就此確立。

百日維新不成熟

關於「戊戌變法」以及接著而來的慈禧政變，從前的說法是這樣的：光緒皇帝和康有為等一群維新志士，努力想要改革老舊陳腐的滿清，於是在短時間內，他們推行了許多制度與組織上的改革，全速猛進。但光緒的詔令遭到六部和內閣守舊大臣的抵抗，當中以禮部官員反抗最為激烈。於是光緒斷然下令罷黜禮部的堂官（尚書、侍郎），引發朝野議論紛紛。被革退與裁退的官員，或親自，或透過眷屬，紛紛到慈禧太后居住的頤和園，哭請太后再次「訓政」。

一開始，慈禧雖然不為所動，但逐漸對皇帝和他身邊的大臣產生懷疑。當直隸按察使袁世凱前來告密，說皇帝將發動政變，捕殺后黨大臣，慈禧決心先發制人，軟禁光緒，處死維新黨人。

不過，透過重新比對資料，並且把國際強權的陰謀也加入考慮，歷史學者雷家聖卻得出了下面這個全然不同的新說法。

慈禧太后耳目靈通，雖然退休（表面上），身邊不時有人給她通風報信：光緒二十四年（一八九八）初，工部主事（正六品）康有為接連七次上書給皇上，要求變法改制；四月二十三日，皇上經太后同意，頒布《明定國是詔》，正式開始變法維新。四月二十八日，皇上在勤政殿召康有為奏對（這是光緒與康惟一的一次見面），康在途中遇上「后黨」重臣——新任直隸總督、正白旗人榮祿。

這榮祿也支持變法，還曾保舉過康有為，但對康要如何展開維新尚有疑慮。他問康：「我也知道應該變法，但是原來的體制行之有年，能短時間內就全都變嗎（固知法當變也，但一、二百年之成法，一旦能遽變乎）？」

康有為的回答竟然是：「將二品以上大臣全殺了，法就變了！」（康有為的這句話前半段有多種不同版本，如《說林》記載的是：「殺一兩個一二品以上大臣」；《清廷戊戌政變記》則說「殺幾個一品大員」，此處採梁啟超《戊戌變法記》裡的說法。）這時慈禧的警覺心已起。

等到她聽到，皇上和身邊大臣竟然聽信英國公使竇納樂（Claude MacDonald）和傳教士李提摩太（Timothy Richard）等人的建議，合清、美、英、日為「一邦」：各部尚書由洋人出任，「兵政稅則外交」統一辦理，並讓退職的日本前首相伊藤博文出任軍機大臣；她更是覺得事態嚴重：這群維新黨人頭腦不清，改制改到想把朝廷外交、財政、軍事全拱手讓人了！

到了得知維新黨人已有「包圍頤和園」的政變計畫，她決定立刻採取行動：八月初六，慈禧由頤和園返駕紫禁城，痛罵光緒一頓，將他帶往中南海的瀛台軟禁起來；同時，榮祿指揮人馬，搜捕康有為、梁啟超（三天前均已經接獲英人情報逃走）等人，後來處死康有為弟弟康廣仁在內的六名維新黨人，也

▲ 光緒皇帝

就是「戊戌六君子」。這一百零三天裡，皇上頒布的各項詔令，除了京師大學堂以外，全部廢除，史稱「百日維新」；慈禧又一次奪回政權，是為「戊戌政變」。

如果說，「戊戌政變」是政壇高年級生慈禧打垮了低年級生光緒（和維新黨人），那麼「百日維新」就是這些低年級生們不成熟的作品。維新雖然有「變法」之名，但內容卻完全沒有涉及法制的訂立。

光緒在百日內連下兩百四十多項新政命令，樣樣都要求立即見效，卻沒有考慮配套措施。比如裁冗員冗兵冗機構，裁是裁了，編餘人員如何安置？康有為等人又建議：在中央設立制度局、十二分局，在地方則設民政局，以為這樣就能取代現行的六部九卿、各省督撫，實際上等於成立新單位擺在舊單位頭上，只有構想，卻沒有詳細施行細則。

最後，康有為等人縱然有高遠的學問抱負、以及皇上的重視信任，但是在爭取政治盟友層面上，卻算是徹底失敗。

康廣仁已經勸過哥哥，說他「包攬太多，同志太孤」，又給人魯莽激進的印象，難以成功。至於，維新黨人受英、日愚弄，「救亡救到出讓主權」的「合邦」說（雷家聖認為，「合邦」之說正是慈禧斷然發動政變的關鍵），要袁世凱帶兵包圍頤和園、捕殺榮祿的「圍園殺祿」密謀，以及康有為「尊孔子為教皇，以儒教為國教、廣設（儒）教會、遷都上海、斷髮易服」等想法，就更是他們輕率激進、脫離現實的構想舉措了。

順便一提，光緒君臣預備「入值軍機處」的伊藤博文，還真的於一八九八年九月二十日（農曆八月初五）覲見了大清皇上。這時候，已經是慈禧準備奪回政權的前夕，他的清日「合邦」之議因此無功而返。七年之後（一九〇五），伊藤博文被天皇任命為首任朝鮮統監，處理朝鮮的所有外交、財稅事務。日韓倒是真的實現「合邦」了。再順帶一說，「合邦」是日本人的用語，對朝鮮人而言，那叫亡國。

1. 完全沒有涉及法治的建立
2. 沒有考慮新政施行後的配套措施
3. 只有構想，沒有施行細則
4. 爭取政治盟友失敗

▲ 維新變法的失敗

教民百姓處不來

和三十七年前的「祺祥政變」比起來，慈禧這次可以說是輕輕鬆鬆就拿回了政權。但是，要應付接下來的局面，可就沒那麼簡單了。既然光緒不聽話，慈禧又動了第三次「垂簾聽政」的念頭，打算改立端郡王載漪之子溥儁為皇帝。

於是，宮中放出「光緒生病」的風向球，這是改換新君的前兆。沒想到，國內外反應都很差：各國公使聽說清朝皇帝生病，紛紛要求派西醫給皇上「看病」；實力雄厚的地方督撫，例如湖廣總督張之洞、兩江總督劉坤一等人，也反對「廢立」；甚至連一向支持慈禧的李鴻章（只剩武英殿大學士空銜）都不表贊成。

慈禧被迫打消改立新君的念頭，她不願意和長期盟友李鴻章翻臉，打發他到南方擔任兩廣總督，但是對於英、日、俄各國的「唱反調」，執政以來一直走改革開放、親西方路線的慈禧，第一次動了「排外」的念頭。

早在皇太后開始排外之前，華北農村裡的鄉民們就已對洋人十分不滿。從鴉片戰爭以後，洋傳教士的身影，就逐漸出現在農民的日常生活之中。鄉民們不知道什麼是「治外法權」，外人為

天津教案

《中法天津條約》簽訂後，法國傳教士得以在內地建立教堂、育幼院，並享有治外法權。雖然傳教士和修女的動機良善，但地方上有不肖之徒，冀圖獲利，所以犯下誘拐兒童，然後販賣給育幼院的罪行。同治九年（一八七〇），瘟疫襲擊天津一帶，地方上傳言洋人綁架、收容幼童進育幼院，目的是要將他們殺害製藥。六月二十日，民眾將一名據稱綁架幼兒的罪犯扭送官府；經天津縣令訊問後，他供出望海樓天主堂洋人與一名教民也共同涉案。消息一出，群情激憤，仕紳紛紛出面，要求縣衙強硬搜索天主堂。隔天，在沒有明確證據的情形下，天津知縣帶嫌犯要求進入天主堂內搜查。修會人員以教堂係法國財產為由拒絕放行。幾千憤怒群眾包圍天主堂，並且砸毀建築、毆打教堂執事人員。法國駐天津領事豐大業（Henry Fontanier）得知後，向北洋通商大臣崇厚咆哮，要求清廷立刻派兵鎮壓暴民，崇厚沒有答應。豐大業趕往教堂途中，和天津知縣發生爭執，憤而拔配槍射擊，打中天津知縣隨從，旁觀者群情大憤，將豐大業與其祕書當場打成肉醬（一說肢解），並燒殺天主堂，十餘名法籍修女遭到姦殺，另有兩名法籍修士、七位公民、三十餘名中國籍教民遇害。

六月二十四日，法國軍艦來到天津外海，法國公使到京師總署遞交外交抗議書，要求處死中方負責官員。朝廷將此案交給直隸總督曾國藩全權處理。曾經過調查，認為天主堂並無誘拐孩童、殺害製藥之事，於是與法方協議：中方將天津知府、知縣革職發配黑龍江，殺害法籍公民的十八名人犯處死，賠償四十六萬兩白銀，並派崇厚到法國謝罪。法國這時候因為即將與普魯士開戰（即普法戰爭），無力顧到遠東，因此同意此和解條件。

但是，這樣的處理結果，與民間和朝廷「清議」派官員預期落差太大。曾國藩被指責是「賣國賊」，時時遭朝野痛罵。曾國藩心力交瘁，適逢江南「刺馬」案發，朝廷便將他調離，回任兩江總督。接任直隸總督者，正是奉命率淮軍保衛京師的李鴻章。李接手處理教案，他一面以「痞子腔」（李的自稱）和法國人打交道，另一面又將殺人兇嫌中情節較輕者判緩刑，於是在兩面敷衍的情形下暫時平息天津教案風波。

何能不受官府管轄，他們只見到洋傳教士來到地方，指地劃界，修建「洋廟」（教堂），每次發生產權地界的衝突，洋教士不論得理與否，總是立場強硬不饒人，知縣也要讓他們三分。

皈依天主教、基督新教、東正教的中國民眾稱為「教民」。他們當中大部分善良正直、信仰虔誠，但也有不肖地痞流氓（甚至是罪犯），混進教會，仗著官府不能抓捕洋人，也不敢搜查洋人產業，而耀武揚威，或者從中牟利。民眾與這類不肖教民之間的磨擦衝突，甚至人命案件，統稱作「教案」。

地方官員處理教案，往往兩面為難：假使「秉公處理」教民，洋人就將軍艦開來外海示威；單單嚴懲攻擊教民的民眾，又難以平息激憤的人心。發生在一八七〇年的「天津教案」，就是這種情況的典型例子。而百姓長期累積的反外情緒，即將隨著清末最後一波人口膨脹問題，演變成排外風潮。

太平天國運動造成的十四年動亂，讓長江中下游地區的人口減少了一千五百萬人之多。許多戰亂前相當繁榮的城鎮，都變成陰風陣陣、杳無人煙的鬼市。不過華北雖然也遭遇了捻亂，破壞程度卻相對比較輕微，因此經過三十年的時間，人口的成長在十九、二十世紀之交，又超出土地、糧食所能負荷的範圍。這些農村裡的經濟、生活問題，往往被怪罪到洋人的頭上。

農村裡言之鑿鑿的傳說：洋教士、修女們一定是挖孩童的眼睛來製藥，如果不是這樣，為什麼修女要到處收容孤兒棄嬰呢？村裡的王二嘎子平時不務正業，整天鬼鬼祟祟在洋教堂附近出沒，某天誘拐良家婦女被官府拿了，洋教士卻氣勢洶洶的到衙門索人，說王二嘎子已經悔改受洗，是「新的人」，所謂誘拐民女，乃是傳諭救世福音云云。氣人的是，縣太爺還真就放人了！

這些洋人帶來的「洋玩意兒」：火柴、電線桿、鐵路、機器紡製的紗布——不但讓鄉裡的婦女失去手工紡紗、補貼家用的生計，更嚴重破壞了村裡的風水。他們不是人，是洋鬼子，不然，咱們的眸子是墨色的，他們的眼珠子為什麼卻都綠幽幽的泛著青光？有他們在，俺山東遭災是遲早的事情，人煙全滅也難保不會發生。

不幸的是，這時的山西、河南、山東等省發生乾旱，許多民間對洋人的迷信、偏見與謠言，伴隨著祕密宗教組織的排外活動，就隨著災情一齊激化，全都浮出檯面。

義和拳要扶大清

山東是這場旱災受害最嚴重的省分。先是在光緒二十四年（一八九八）八月，黃河潰堤，淹沒華北平原幾千平方公里的土地，山東全省好幾十個縣遭

▲ 洋人帶來的電線桿、鐵路

災；之後又發生滴雨不落的旱災。要命的是，人口過剩產生的治安問題恰好在這個時候浮現，許多不安分想惹事的人，紛紛冒了出來：被遣散的綠營丁勇、生意上門時保鑣、沒生意時劫鑣的武裝拳師、以及有白蓮教背景的民兵宗教組織「義和拳」。

據說，義和拳的領袖名叫朱紅燈，此人實際身分如何，沒人能說得清楚。有拳民說，就是朱紅燈創發了這種名叫「義和拳」的武術，宣揚練功可刀槍不入的道理；有人說，「朱」是明朝國姓，「紅燈」指的是女性拳民的組織「紅燈照」，朱紅燈實際的名字，應該是李文成（但李文成早在多年前就被官府處死了）；更有人說，朱紅燈來自大刀會，他的職稱（或稱號）是「天龍」。不管上述說法是真是假，光緒二十五年十月二十二日，山東巡撫毓賢逮著了一個男子，聲稱他就是「朱紅燈」，並隨即將其處死。

朱紅燈的死，並不是義和拳運動的結束；毓賢本人相當排外，他和官府惹不起列強，於是把腦筋動到這批練功強身的拳民身上。接下來的兩個月裡，毓賢頻頻和拳民的領袖們接觸，挑起他們對洋人的仇恨情緒；更重要的是，他非常具有創造力的將拳民們承襲使用了兩百多年的口號「反清復明」，一舉改為「扶清滅洋」。在中國歷史上，民間祕密宗教組織不但不想顛覆現政府，居然還要「扶保」朝廷，這是有史以來的第一次。

義和拳現在獲得官方認證，成了合法的武裝民團，正式展開他們「扶清滅洋」的事業：看到穿西服的人便喊打喊殺，推倒鐵軌、拆除電線桿、並且燒毀洋教堂、殺害傳教士。山東此時是德國的勢力範圍，德國公使對於教案頻傳，非常憤怒，不斷遞送外交照會到北京總署，要求撤換山東巡撫，查辦民教糾紛的元兇，否則要派兵登陸，以保護僑民生命財產安全。朝廷既擔心德國真的派兵登陸，也對毓賢不斷惹事的做法不滿意，於是派袁世凱帶著手下新編練的新式軍隊前往山東，名為保護教民，實際上也防備德軍。袁本人則署理山東巡撫。

對於像袁世凱、劉坤一、李鴻章這類辦理自強運動、有洋務經歷的官員來說，不論這些拳民的口號是「反清復明」還是「扶清滅洋」，他們就是亂黨，就是匪徒。處理的辦法也只有一個，那就是嚴加痛剿。

袁世凱破解這些拳民「刀槍不入」神功的辦法，倒也簡單：請來拳民領袖站在毛瑟槍隊前面排成一列，「現身說法」，一陣排射點放過後，白煙冒處，七橫八倒，誰能夠擋得住子彈？既然神功護體全屬瞎扯，官府剿辦也無須客氣。於是，到了光緒二十六年，也是二十世紀開始的一九〇〇年初，義和拳在它的發源地山東宣告絕跡。

八國聯軍占北京

袁世凱將山東的義和拳民全當成亂黨，可是，京城裡的慈禧卻不這麼看。大清的天命，在歷經了一連串對外戰爭失敗、簽下屈辱條約以後，早已經千瘡百孔；之前光緒君臣想要變法維新，所「維新」的，正是大清立國所繫的天命，不幸卻也失敗了。

現在，透過若干排外親貴與大臣的稟報，慈禧驚訝的發現，義和團拳民想要「扶清滅洋」，原來民心仍站在朝廷這一邊！這實在是太重要了，儘管慈禧在政海裡飽經波濤沉浮，大風大浪全都見過；儘管她對「神功護體」這套說法不抱信心，這次她卻無法抗拒「民氣可用」的強大誘惑。

▲ 神功護體的義和團

沒錯，洋槍洋砲確實厲害，所謂「神功」念咒，符水發功，也未必真能刀槍不入；但是，如果數十萬拳民都願意為朝廷而戰，那為什麼還要向洋人低頭？

一九〇〇年六月，大批拳民湧入直隸，在官府睜隻眼閉隻眼的暗縱下，開始殺害教民和傳教士、破壞電桿、鐵軌以及教堂。各國擔心，拳民的下一個攻擊目標，就是位在北京東交民巷的使館區，於是先行派出四百餘名海軍陸戰隊與水兵，在六月初搭火車抵達北京。英國海軍中將西摩爾（Edward Seymour）從天津率領兩千士兵（其中包括以華人組成的威海衛兵團）增援，但是沿途被拳民堵截，只能退回。

六月十一日，日本使館書記杉山彬遭到殺害，二十日，德國駐華公使克林德（Clemens Freiherr von Ketteler）被清軍神機營軍官開槍擊斃；十六日，清廷召開議政王大臣會議，六天前就任總署大臣的端王，在會上支持義和團的排外做法，壓制反對意見；隔天，端王偽造了一份列強的強硬照會，要求慈禧歸政光緒皇帝。這份假照會終於成功的促使一生支持洋務改革的慈禧，在六月二十一日做出畢生中最為愚昧的決定：

參與國家	發生時間	原因	結果
俄、德、法、美、日、奧（匈）、義、英	1900 年 6-8 月	慈禧默許義和團殺害傳教士、毀壞教堂、攻擊使館。	聯軍攻下北京，占領北京達 13 個月。

▲ 八國聯軍事件

向列強宣戰。

二十萬義和團拳民被編為官軍，和榮祿麾下的正規軍一道攻打使館區。各國使館對外聯絡斷絕，使館區裡有三千多人，其中有兩千多人是進來避難的中國人；使館區守軍大約才四百五十餘人，有三挺機關槍和四門火砲。但僅憑這點兵力，便能抵抗拳民這群烏合之眾的進攻。榮祿所部的正規軍並沒有盡全力作戰，甚至還向使館區遞送蔬菜飲水。

六月底、七月初，由俄、德、法、美、日、奧（匈）、義、英八國約三萬多名士兵組成的聯軍，分成兩批攻向京師。沿途防備的清軍加上拳民，共有十五萬人；但是清軍既要抵抗聯軍猛烈的砲火，還要分神防備拳民亂扯後腿。

分成幾千個小單位的義和拳民，現在已經淪為完全失去控制的暴徒，燒殺搶掠民宅，甚至偷襲清軍。七月九日，義和團與聯軍夾攻守備天津的武衛前軍聶士成部。武衛軍腹背受敵，聶士成中砲陣亡。十三日，天津被聯軍攻陷。八月十日，清軍在京師外圍的通州與聯軍決戰，大敗，統兵官李秉衡自殺。聯軍直驅北京，十四日上午十一時許，美軍第九步兵團將星條國旗插上北京外城的城牆。下午二時，英軍（印度錫克族兵團）由廣渠門攻入北京。四十年過去了，慈禧竟然步上她先夫咸豐的後塵，帶著光緒和若干親貴大臣倉皇出奔。

聯軍攻下北京之後繼續增兵，出兵攻打山海關、保定等地。上次英法聯軍攻占北京，為時十三天；這次八國聯軍占領京城，則長達十三個月；期間，聯軍採取報復性的燒殺搶擄。各國軍隊裡，俄、法、德三國最為殘暴：占領區內，寶物一車車運往天津港埠，女子一個個被姦淫，男丁則慘遭虐殺；若干傳教士甚至鼓吹「以（中國）人頭換（被殺害的西方）人頭」，暴虐缺德的程度，和他們要懲罰的義和團並沒有差別。

庚子新政很先進

慈禧帶著光緒逃往西安，以皇帝的名義下罪己詔；接著，命慶親王奕劻與兩廣總督李鴻章到北京，和聯軍談判停戰。光緒二十七年七月二十五日（一九〇一年九月七日），雙方簽訂停戰協定，因為該年歲次辛丑，所以又稱為《辛丑和約》。

條約的主要內容是：一、懲辦中方主戰的禍首，如端王載漪等人；二、賠款四億五千萬兩（形式上，每個大清人民都要賠償一兩白銀），實際上連同利息在內，共達九億八千兩百二十三萬八千一百五十兩白銀；三、各國得在山海關到北京一帶駐紮軍隊；四、改總署為外務部，並按照西方政治制度，改革政府。

慈禧認為義和團「民氣可用」，想以此來修補大清的天命，結果證明是嚴重的誤判。現在，既然《辛丑和約》要求清廷從事改革，她正好順水推舟，彌補她與大清搖搖欲墜的統治合法性。

與光緒發動的戊戌變法不同，這次慈禧親自主持的新政（史稱「庚子後新政」），不但範圍廣泛，步履也很穩健，思想更是先進。範圍廣泛，指的是改革的層面廣，涵蓋了政治制度、軍事、教育、法律層面的改革；步履穩健，是指改革的步驟切實可行，考慮比較周詳，不流於口號，比如要改革商業金融秩序，不但有組織上的改造（內閣設立商部），更有法制上的配套（一九〇二年訂立商法），不像戊戌變法，只是在舊組織上頭疊床架屋。

而所謂思想先進，指的是「君主立憲」的改革方向。乍看之下，戊戌變法和庚子新政都要立憲，但是康有為等人的百日維新，連根本大法的制定綱領都沒能產生出來；而庚子後新政則循序漸進的頒布了各項預備立憲的流程，包括派遣大臣出洋到各國考察、各省設立地方自治局、以及進行省諮議局、中央資政院的選舉等等。

這些舉措的最後一項，意義尤其重大；慈禧預備藉由立憲，將大清政權開放給各省仕紳參與，好彌補朝廷合法性的破損缺陷。這樣一來，權力在滿漢共組的內閣與國會（資政院），而光緒皇帝依然只是名義上的國家元首，慈禧仍然可以在其間發揮她的影響力。但是，歷史事實殘酷的證明，這還是慈禧的誤

名稱	主持者	主事者	改革方向	君主立憲進度
戊戌變法	光緒皇帝	康有為、梁啟超	流於空泛，無配套措施，只是把新架構放在舊制度上面。	只是口號，未見綱領
庚子新政	慈禧太后	袁世凱、張之洞	穩健廣泛，涵蓋政治、軍事、教育、法律等制度上的整個組織改變。	循序漸進頒布各項立憲流程

▲ 戊戌變法與庚子新政

判。至於為何仍是誤判，稍後請聽我們道來。

為了談判《辛丑和約》，時年七十八歲的李鴻章拼著老命、頂著罵名，奉旨北上，為他的政治靠山慈禧盡了最後一份心力——將聖母皇太后從「懲辦名單」上移去。和約簽訂後不久，他就油盡燈枯、積勞去世了。

就在李中堂去世的同一天，被任命補上直隸總督、北洋大臣要缺，並成為慈禧太后得力重臣的，是在上個世紀末就已登場過的袁世凱（一八五九至一九一六）。

袁宮保的北洋軍

袁世凱，字慰亭，河南項城人，他的叔祖父袁甲三與叔父袁保慶都是從淮軍系統出身的將領；袁世凱年輕時兩次鄉試沒考上，就棄文從武，加入淮軍體系。袁世凱後來靠著李鴻章的保薦，以二十多歲的年齡，當上中國駐朝鮮委員，他在朝鮮建立起果敢又懂練兵的名聲，弭平親日派發動的政變。靠著這個名聲，在甲午戰爭大清戰敗之後，袁世凱再次受李鴻章等人推薦，在淮軍覆滅的灰燼裡，督練中國的新式陸軍。

袁世凱以直隸省按察使的官銜，在天津小站接手原來已經受歐式裝備、訓練的四千七百人新式「定武軍」，他將這支軍隊全部改採德國軍服、操典與軍械，並且把新軍人數擴充到七千人，名稱也改為「新建陸軍」。這支部隊裡的軍官團，主要來自直隸和老淮軍的安徽，這也是後來北洋軍閥分為「直系」與「皖系」的由來。戊戌政變時，據說「六君子」之一的譚嗣同曾要求袁世凱率領這支軍隊進京，包圍頤和園，但其實袁世凱明白：直隸總督榮祿有兵三萬餘人，憑自己這區區七千人，根本無法成功。

戊戌政變後，朝廷將直隸省各軍統一編為「武衛軍」，袁大帥手下這七千人編為「武衛右軍」，仍舊歸他指揮，並跟著他入山東防備德國。結果，經過八國聯軍之役以後，武衛前、後、左軍各部都被打垮，只有袁世凱的武衛右軍逃過一劫，人數也擴充為兩萬多人。

眼下，武衛右軍成為保衛朝廷惟一的兵力，於是以太子少保、新任直隸總督袁世凱麾下的這枝部隊當作基礎，再次擴編。武衛右軍和其收編的「武衛右軍先鋒隊」先是改稱「北洋常備軍」，光緒三十一年（一九〇五）又改稱「北洋陸軍」，下轄六個鎮（師），除了第一鎮是由京師八旗各營改編的滿人部隊之外，第二到第六鎮都是袁大帥一手拉拔起來的軍隊，除了他的命令，誰也不聽。

朝廷新成立、負責全國新式陸軍訓練事宜的練兵處，由慶親王奕劻主持，袁世凱和滿族親貴鐵良擔任副手（會辦、襄辦大臣），表面上看，滿人似乎占了優勢；實際上，慶王是袁世凱的長

▲ 袁世凱

期政治盟友，而練兵處裡掌握實權的中級官員，比如總提調（祕書長）徐世昌、軍令司正使段祺瑞、軍政司正使馮國璋、軍學司正使王士珍等人，全都是「袁宮保」（北洋軍中對他的尊稱）的老班底。

手中實力如此強大，袁世凱自然立刻就招來鐵良、良弼等滿人宗室的猜忌：要是這漢人起了異心，該怎麼辦？袁宮保大人也明白自己樹大招風，在得知慈禧也有這樣的疑慮時，他立刻上書朝廷，自請交出北洋六鎮當中的四鎮兵權（第一、三、五、六鎮，保留最精銳的二、四兩鎮），朝廷立刻批准，為了回報袁世凱自願削權，慈禧將新改制的東三省（黑龍江、奉天、吉林）總督，交由北洋人馬徐世昌擔任。這是日後北洋出身的軍閥張作霖得以控制東北的由來。

但如果袁世凱以為，光靠著交出手上部分兵權，就能夠打消滿人對他的疑慮，那就錯了。因為，他仍然是各省仕紳立憲運動的領導人物。

仕紳與朝廷分手

慈禧原本想透過讓地方仕紳參與政權，好修補大清的統治合法性，沒想到初衷與後果卻適得其反。

光緒三十一年（一九〇五），施行了一千多年的科舉制度正式停辦，「讀書做官」的連結就此斷裂，再也沒有以「功名」來獲取「利祿」的機會。作為替代，朝廷在各省開設類似議會的「諮議局」，在中央設立「資政院」，預備將來做為君主立憲體制底下的國會。諮議局與資政院的成員，因為被選舉權有身分、財產上的限制（文官七品，武官五品以上，動產或不動產需達五千元），都將由仕紳選出，這樣一來，就突顯出清末上層仕紳與商人結合的現象。

中國的歷朝各代對於士大夫與商人之間，曾經設下非常清楚的界限。但是這樣的界限，在晚清隨著洋務運動與新政改革，而變得脆弱不堪。紳商之間本來私下就有千絲萬縷的連繫：大家族裡有出外經商的後輩，也會安排子弟讀書作官，為的正是「朝中有人好說話」。

現在，雖然科舉停辦，但仕紳已經掌握了許多地方新式事業，需要商人的資金挹注，商人也需要仕紳在省與中央為他們代言，於是，紳商有了共同利

咸豐皇帝	同治皇帝	光緒皇帝	宣統皇帝 末代
1850-1861 在位	→ 1861-1875 在位	→ 1875-1908 在位	→ 1908-1912 在位

▲ 晚清皇帝在位時間表

益，大規模結盟便浮出檯面。朝廷與仕紳之間的連繫管道，反而變得無足輕重了。

而就在高層的仕紳想盡辦法要參加省諮議局的同時，他們與留在地方農村的低階仕紳，關係開始發生轉變。為了方便和各省實權人士（督撫、主持各項新事業的官員或幕僚）打交道、談買賣，仕紳們往城市集中，他們在城市裡置產，送孩子上新式學堂，經濟能力佳的，甚至送孩子出國念書，他們自己的生活範圍，也都在城市之中。原先在農村的大批田產，以及宗族的社會任務，就委交由低階的生員、鄉紳去發落，他們繼續收租，並且替官府包稅，甚至排解地方衝突。

這種情況演變到後來，在中央政府維繫統一的力量微弱時，在城市裡的仕紳或者經商，或者參加地方政權，成為軍閥武人的附庸；留在農村的地主，有些欺壓佃農，為非作歹，魚肉鄉里，「土豪劣紳」這個名詞就正式誕生。

同樣是光緒三十一年，慈禧下詔成立考察政治館，研究外國政治，挑選適合中國國情的典範。兩年後，朝廷宣布仿行憲政，預備立憲。選舉資政院、諮議局代表，是立憲的預備程序。然而，同樣是預備立憲、選舉資政院、諮議局議員，滿族親貴與地方仕紳卻是兩樣情：滿人想藉立憲來鞏固政權，仕紳卻想透過諮議局，將地方利權牢牢的抓在自己手裡。雙方表面上都贊成立憲，實際上目標不同，檯面下則暗潮洶湧。當仕紳發現朝廷立憲，乃是別有所圖的時候，就將與朝廷徹底分手。

慈禧太后在光緒三十四年（一九〇八）底去世；三天前，光緒皇帝也宣告駕崩。朝廷以醇親王載灃之子，年僅三歲的溥儀（一九〇六至一九六七）為新君，改元宣統——這是大清的最後一個年號。慈禧向這個世界告別以前，可能以為她終究保住了大清江山。其實，壓垮清朝這頭大駱駝的最後幾根稻草，已經要到來了。

鐵路國有惹出禍

仕紳和滿族親貴，因為支持立憲背後的動機彼此不同，而逐漸產生矛盾；朝廷的鐵路國有政策，則直接打擊觸犯了地方仕紳的利益。然而，鐵路國有政策為什麼會引發地方仕紳的強力反彈？又為什麼會成為清朝崩解的關鍵因素？

在甲午戰爭之前，清廷並不了解

修築鐵路的重要性，只有李鴻章和淮軍出身的督撫（台灣巡撫劉銘傳），以地方的力量修造了天津到山海關的唐胥鐵路、天津到塘沽的津沽鐵路、還有台北到新竹的鐵路。但是，甲午戰爭過後，情況馬上改變。清廷從陸戰失敗裡學到教訓，鐵路能夠迅速調兵，具有國防戰略上的重要價值。因此就在甲午戰後，清廷成立「南北鐵路總公司」，開始興建鐵路。

建造鐵路需要資金。但是清廷連對外賠款都需要向外國銀行貸款，實在無法自籌經費，於是列強的銀行紛紛找上門。各國銀行自然不會做虧本的買賣，他們對清廷提供修造鐵路貸款，往往在合約上明訂，鐵路修成後的管理、人事、採購等權利，都要讓歸外國借款公司所有。

剛開始，歐洲各國銀行互爭生意，但很快就組成銀行團，使清廷完全失去比價和討價還價的空間。在一些地方督撫與仕紳看來，這種情況等同是出賣國家利權給外國。更重要的是，集資修築鐵路，背後看起來似乎有很大的賺錢商機。

於是，在地方紳商的發起下，民間興起一股收回鐵路路權、由中國人自行投資經營的風潮。例如湖廣總督張之洞（一八三七至一九〇九），就在仕紳的建議下發行各種「認路捐」，讓仕紳、百姓購買鐵路公司股票，然後集資買下美資鐵路公司，收回粵漢鐵路的路權。清廷在這種形勢下被迫讓步，宣布粵漢、川漢鐵路改為民辦。

但問題在於，失去了修築鐵路這項利權，清廷就難以獲得外國貸款，財政進項發生困難。因此，宣統三年（一九一一），新成立的責任內閣（但因為閣員中滿族親貴過半，又被譏為「皇族內閣」）宣布鐵路國有政策，將民間贖回的粵漢、川漢兩條鐵路路權重新收歸國有，再以這兩條鐵路作抵押，向英、美、法、德四國銀行團接洽借款六百萬英鎊，用來改革幣制，以及建設東三省實業等用途。

消息一出，湖南、湖北、廣東、四川認購鐵路股份的仕紳和商人大為激憤。仕紳們紛紛組織「保路同志會」，聚眾萬人以上，到處示威抗議；湖南的工人還罷工響應。湖南、湖北和廣東的抗議，因為政府決定全額退還股本而告平息。而在四川，保路運動卻鬧得熱火朝天。四川認股的紳民高達數十萬人，裡面各種出身背景、種族應有盡有，他們之間本來有各式各樣難解的恩仇，現在卻因為自己的錢有可能拿不回來，而全站在同一條船上。

新任四川總督趙爾豐接獲朝廷指示，對該省「保路同志會」採取強硬態度對付，衙門兵丁出動，逮捕保路運動的主腦人物（都是省諮議局議員），並強制封閉鐵路公司。九月七日，數千名群眾到位於省會成都的總督衙門前示威，趙爾豐下令衛隊開槍鎮壓，當場打死三十多人，是為「成都血案」。官府開槍殺人消息傳出，四川全省各地開始動亂，領頭的是平常不鬧事的仕紳，他們組織「保路同志軍」，占領縣衙，宣布獨立。

眼看四川局勢不可收拾，清廷於是調川漢鐵路督辦大臣、正白旗人端方署理四川總督。端方赴任時，從湖北新軍裡帶走一個協（旅）入川平亂。這時，已經是宣統三年（一九一一）的九月，留在湖北的新軍官兵裡，正有革命黨人在祕密謀劃一場舉事行動。湖北新軍是什麼部隊？為什麼會有革命黨人潛伏其中？

湖北新軍真自由

湖北新軍是曾任湖廣總督的張之洞一手創建的新式陸軍。在袁世凱整編、訓練出德式裝備與操練的北洋六鎮的同時，朝廷憂慮袁的兵權過重，也准許各省督撫整編原來的巡勇、綠營等老式部隊，裝備西洋軍械，重新整編作為新軍。但這些新軍後來並沒能起到制衡北洋軍的作用，反倒成了推倒滿清政權的重要推手。

在各省新軍裡，張之洞編練的湖北新式陸軍可以說是獨樹一幟。張之洞是清末推行洋務的名臣，「中學為體，西學為用」的「體用論」，正是出自他的名言。

湖北新軍不但全採日式教典操練，還是一支知識水準很高的軍隊，這既是張之洞重視教育的緣故，也和科舉逐漸廢除的情勢有關。湖北新軍在招募新兵時，除了測體能，還要考作文。原來的秀才、生員們失去謀求功名、養家活口的途徑，新軍士兵一個月薪俸有四兩多銀子，對家境貧寒、沒辦法留洋、念新式學堂的人來說，就成了新「鐵飯碗」。

這些人到了軍隊裡面，不改讀書的老習慣，張之洞還配合他們，廣設閱覽室、組織讀書會，對於各種新思潮刊物，都不加以禁止。結果，戊戌變法後流亡海外的梁啟超（保皇黨）辦的《新民叢報》，以及同盟會（革命黨）主張「推翻滿清、創建共和」的《民報》這類「違禁刊物」，在大清湖北新式陸軍的閱覽室裡都能看得到。

▲張之洞

又因為湖北新軍取法日本，在基層軍士官幹部上，進用了大量留日的軍校畢業生。這些留日學生在日本時，憂心朝廷的喪權辱國，接觸到革命救國的思想，回國在軍隊裡任職，自然也把「排滿」思想帶到軍營裡。有些人甚至在日本已經參加了革命團體，更是在軍隊裡發展組織。

新軍裡的「文學社」、「共進會」都是這類黨人團體。據湖北滿人官員私下估計，在陸軍第八鎮（湖北新軍的正式番號）裡，「革命亂黨」竟然已占了三分之一！

武昌起義是意外

宣統三年夏，端方帶了一協新軍入川平亂，留在湖北的新軍「文學社」、「共進會」黨人，為了響應四川的保路運動，打算在秋天時在武昌起事。日期本來定在八月十五日，但因湖廣總督瑞澂防範嚴密，宣布武漢三鎮（武昌、漢陽、漢口）士兵一律停止休假外出，因此延後到十月九日。但是，九日當天，預謀舉事的共進會領袖，在漢口俄租界租來的民宅裡，不慎引爆炸藥，租界巡捕在滅火時搜得革命黨的名冊與起義文告，於是計謀敗露，總督衙門得到名冊，大肆搜捕黨人，主謀的三人在十日被斬首示眾。

黨人的計畫看似已經失敗，沒想到因為一場意外，竟然造就了武昌起義與中華民國的誕生。十日晚上，第八鎮工程營正目（班長）熊秉坤在武昌彈藥庫值班，因為細故與查勤的哨長（排長）發生爭執，哨長懷疑熊班長要謀逆，熊一怒之下拔出配槍，將他擊斃，帶領所屬士兵譁變，革命黨人立刻加入。混戰一夜之後，起事的兩千餘士兵竟在天亮時占領了武昌全城，總督瑞澂倉皇逃離。

接下來兩天，漢陽、漢口也陸續落入起義的革命黨人手中。黨人成立「中華民國軍政府鄂軍都督府」，找出躲在屬下家裡的協統（旅長）黎元洪（一八六四至一九二八），推舉他出任都督。

黎元洪原本十分猶豫，但在曉得已經無法回頭之後，就毅然扛下重責，他和領導各省諮議局的仕紳聯絡，讓他們了解武昌起義並不只是一場亂兵譁變。於是，從十月十日起的四十一天裡，各省的地方仕紳聯合新軍統帶，紛紛宣告獨立。

有的省分殺害意圖抵抗的滿洲官員，發生流血衝突（如浙江、福建）；也有的省分，巡撫同意獨立，象徵性地扯下衙門前旗桿上的大清黃龍旗，革命和平落幕（如江蘇）。一時間，還沒有獨立、肯聽從北京朝廷號令的，除了關外的滿清老家東三省，只剩下甘肅、河南、直隸與山東。

雖然清廷看來搖搖欲墜，但是黎元洪與各省諮議局領袖們都知道，強大的北洋軍毫髮無損，而北洋軍會不會與新生的中華民國為敵，關鍵在於袁世凱一人的身上。此時的袁世凱，受到攝政王載灃猜忌，已經從直隸總督任上解職，回河南老家過退休生活。表面上，他是退休官員；實際上，袁世凱是北京朝廷與革命黨人兩方都在爭取的對象。

在局勢繼續發展下去之前，讓我們先提出一個疑問：不是說「國父孫中山先生奔走革命，歷經十次起義失敗，終於推翻滿清」嗎？為何滿清都快被推翻了，怎麼還不見孫中山出場呢？

孫文的真正作用

從鴉片戰爭開始，一直到大清王朝滅亡為止，綿延兩千多年帝制的結束過程，是一首氣勢磅礴的交響曲。

鴉片戰爭誘發了中國社會內部的不安因素，而洪秀全等人掀起的太平天國運動，則把西方帶來的影響，內外交纏糾結在一起，從此難以區分。為了抵抗太平天國的節節進逼，朝廷只得授權在籍士大夫辦理團練武力。如此一來，卻促成上層仕紳與他們在地方事務上的代理人結成緊密的同盟。有了地方上的包稅小吏、生員秀才為高層的進士、舉人料理事務，高層仕紳就可騰出手來，投入各省的政治與新式實業上去。

但是時間久了，又造成高層仕紳附庸城市裡的實力派，低層士民魚肉鄉里，兩者分流。城市裡的仕紳成了立憲

▲孫文

運動的領導人，農村代理人惡化為土豪劣紳。因為長期排外情緒的累積，自華北農民間激衍形成義和拳運動，引來了八國聯軍。各省興辦的自強事業，以及脫胎自團練武力的新式軍隊，加上清末由立憲趨向革命的激烈思潮，共同推翻了北京朝廷，讓千年帝制崩解，譜寫出這一曲「滿清滅亡」交響史詩。

在這曲規模浩大的交響史詩裡，孫中山（一八六六至一九二五）和他的革命行動，只是其中一個旋律聲部而已。孫中山本名孫文，字逸仙，廣東香山翠亨村人，年輕時在香港習醫，後來轉赴美國。甲午戰爭，清廷戰敗以後，孫文開始投身革命。不過，他所參加組建的海外革命團體（興中會）困於人事紛爭而四分五裂；他所策劃發動的革命起義，全都在廣東沿海、廣西邊境，即使成功，對遠在北京的清廷而言，威脅不大。

甚至，在清末流亡海外的知識分

子當中，論筆鋒言詞的激越動人，孫文比不上梁啟超；說起軍事指揮的才幹，他遠遜於另一位革命大將黃興；論國學造詣的深沉積累，他又不如一代宗師章太炎。孫文長年在南洋、日本、歐美各地奔走募款，但是所得的款項，有時只能支付自己生活所需。武昌起義時，他人在美國科羅拉多州的丹佛（Denver）市，看到報紙新聞，才知道革命成功。

但是，就在上面這些不能算是成功的奮鬥過程裡，孫文逐漸塑造出自己是「中國革命領袖」的形象。一八九六年，他到英國募款時，在倫敦被清使館人員誘捕，經多方營救，才能脫身，史稱「倫敦蒙難」。

在這之後，「革命亂黨首領孫文」的知名度大增。在布魯塞爾時，有中國留學生當面質疑他缺乏理論深度，促使孫文開始創發他的三民主義學說。一九〇五年八月，在日本東京，由極右派組織黑龍會提供的場館裡，孫文慷慨激昂地向滿座的留學生、革命團體代表們演說團結合作的重要性，大家一致鼓掌歡呼，通過「中國同盟會」成立，由孫文出任總理。

雖然同盟會作為革命團體發號施令總部的時間非常短暫，革命黨人很快發生內鬨，又回到各行其是的局面；但是當武昌起義成功，各省代表齊聚於南京，選舉臨時政府大總統時，手上無錢無兵的孫文，就發揮出他的作用。當代表們在黎元洪與黃興（背後各代表新軍與仕紳兩大團體支持）之間相持不下，剛從歐美返國的孫文，就成為各方妥協之下的最佳選擇。臨時大總統孫文的首要之務，就是讓袁世凱成為北京朝廷的終結者。

二次革命沒本錢

人在河南項城老家的袁世凱，確實在北京與南京之間觀望風向。在朝廷允諾讓他出任內閣總理大臣後，他就命北洋軍出動，並攻下革命黨人手中的漢口、漢陽；但是在另方面，他已經私下與南京臨時政府展開談判，目標是爭取

時間	事件	結果
1895 年	組建興中會	四分五裂
1895-1911 年	策劃革命起義	起義地點位於沿海、邊境，對清廷威脅不大
1896 年	倫敦蒙難	經多方營救脫身，從此聲名大噪
1905 年	中國同盟會成立	內部因內鬨而各行其是

▲ 孫文革命大事記

時間	1913 年夏季
起因	宋教仁遭刺
主事者	孫文、黃興
目的	討伐袁世凱
失敗原因	支持者寡，仕紳不滿國民黨人競爭資源。
影響	孫文等人流亡海外，袁世凱恢復帝制。

▲ 二次革命

民國臨時大總統之位。

由各省仕紳組成的臨時參議院，看到手握重兵的袁世凱有意傾向共和，可以爭取，於是紛紛表態支持。於是，民國元年（一九一二）二月十二日，也就是大清宣統三年十二月二十五日，在袁世凱授意之下，朝廷頒下宣統皇帝辭位詔書。

從明崇禎十七年吳三桂引清兵入關，六歲的愛新覺羅．福臨（順治）在紫禁城武英殿即皇帝位，到同樣是六歲的愛新覺羅．溥儀下詔退位，清朝兩百六十八年的江山，宣告結束。袁世凱與屬下將領們剪去腦勺後的長辮，開始組織新政府。

在南京的臨時政府，既沒有政治實力，也欠缺經費支持，於同年四月一日結束；孫文交卸臨時總統之位給袁世凱，自己轉而去興建鐵路。至於結束流亡、回國的同盟會黨人，則與一些同情革命的仕紳合組國民黨，奉孫文為名義上的黨理事長，實際上則由年輕的湖南籍同盟會員宋教仁（一八八二至一九一三）主持黨務。

民國二年，全國舉行參、眾議院選舉，國民黨勝選；宋教仁仿效歐美政黨領袖，搭火車四處旅行演說，強調責任內閣政治。由於他認為國會最大黨的領袖，應該出任內閣總理，就此引來殺機。

三月二十日晚間十點，宋教仁在上海車站，正要搭乘夜車北上到北京時，突然有刺客從背後開槍，宋被擊中，兩天後傷重不治，享年三十一歲。孫文和追隨他的國民黨人都相信，宋教仁的死一定與袁大總統脫不了關係。加上袁世凱以北洋軍將領出任華中各省都督（軍政長官），更引發南方各省將領的反彈，於是由孫文等人發起的「二次革命」（又稱討袁之役）於民國二年夏季爆發。

「二次革命」要能成功，關鍵仍然在於獲得各省仕紳的支持；武昌起義之後，正是有各省響應，革命才能站穩陣腳。

但是這一次，國民黨人卻發現支持的音量很微弱，因為在地方上，國民黨人和仕紳慢慢形成爭奪資源的競爭局面。各省的上層仕紳倚靠軍事實力派將領的支持，想要把持省參議會、教育會、商會等組織，「二次革命」正好是他們驅逐競爭者的良機。他們雖然對袁世凱同樣不抱好感，不過只要袁大總統不插手地方事務，他們就沒有必要和北京過不去。

結果，孫文和黃興只得到三省都督響應（都是國民黨籍），上海、江西各地的「討袁軍」出師不利，碰上強大的北洋軍，紛紛敗散；地方會黨的領袖不明白滿清都已經推翻，為何革命還要進行第二次。「二次革命」歷時只四個月就宣告失敗。孫文等人再次流亡海外。

帝制一去不復返

擊敗了勢力不強的國民黨人，袁世凱進一步將北洋勢力從華北伸入長江流域。可是，就在勝利聲中，袁世凱卻看到了隱憂：他一手提拔的北洋軍高級將領，開始不聽從他的號令了。這些將領手上握著兵權，將軍隊當成私人資產，對袁大總統的指令討價還價。地方不服中央，兒子不服父親，下級不服上官，種種亂象都讓袁世凱認為，清朝的舊秩序被推翻之後，新的秩序急待重新建立，而革命黨人引進的那些議會、政黨政治，都只是不合中國國情的幼稚實驗。

民國肇建這幾年來的亂象，給袁世凱一個很強烈的印象：共和政體還不適合實行於中國。在一個教育還沒有普及、民智還沒有啟迪的社會，貿貿然將政治權力交給人民，只會變成有心人用來製造暴亂的工具。

因此，現有的國會、政府、等同憲法的《臨時約法》、還有中央與地方的關係，全都是走錯了路。袁世凱想像著要重建一個新的政治秩序，由一個強有力的權威，代替昔日的朝廷，配合各項仿效西方的政法制度，串起一切政治事務。而這個權威，他覺得自己就是最適當的人選。於是，清末熱心於立憲、地方自治的支持者袁世凱，現在搖身一變，成了推動帝制集權的人物。

為了重新建立一個富強的中國，袁世凱決定恢復帝制，自任皇帝。與此同時，對於列強的要脅，只能忍氣吞聲，暫時退讓，「期待有日，（與列強）抬頭相見」。他以收買、威嚇的手段，分化國會裡的反對勢力。在他授意之下，幾名檯面上的仕紳加上投靠過來的前國民黨人，成立一個叫「籌安會」的組織，對他歌功頌德，說他天命攸歸，勸他登基改元，建立新朝。

民國四年（一九一五）十二月，聚集北京的「國民代表大會」成員一千九百餘人勸進袁大總統登基，袁世凱第一次推拒，說自己何德何能，但隨即便接受了第二次勸進，宣告明年是「中華帝國」元年，年號為「洪憲」（弘揚憲法之意），總統府改為「新華宮」。

這一次，仕紳們就不站在洪憲皇帝這邊了。對於這些掌握各省實業、政權的人物來說，袁世凱的稱帝，就是他預備要干預地方事務的鐵證。各省的軍事實力派也不樂見到又一個新的統一王朝誕生。

於是，先由原來是君主立憲派健將的梁啟超寫了一篇〈異哉所謂國體問題者〉在雜誌上發表，駁斥袁世凱和籌安會的稱帝企圖；接著，梁的學生、前雲南都督蔡鍔（一八八二至一九一六）在老師的掩護下逃出北京，回到雲南組織「護國軍」，宣布雲南獨立。雲南之後，各省響應；當袁世凱想要動員北洋軍南下鎮壓時，卻發現連段祺瑞、馮國璋這些老部下也不贊成帝制了。

洪憲元年（一九一六）三月二十二日，袁皇帝宣布取消帝制，回任中華民國大總統，但是各方聲討並沒有停止。袁世凱又多活了兩個多月，在挫折沮喪與尿毒症的折磨裡死去。帝制，看來果真是一去而不復返了。

大帥督軍新割據

袁世凱死後，中國歷史就進入類似五代十國時期的軍閥割據混戰。

外國承認的北京中央政權受大軍閥控制，地方（各省）政權則在小軍閥的手裡。無論北京政府的總統、總理是誰，靠槍桿子說話的才是實權人物，由於他們大都是北洋軍系出身的軍人，因此歷史學者又將這段時期稱為「北洋時代」。

北洋大軍閥有直系（河北）、皖系（安徽）的區分，無論是否能佔據中央政府位置，他們通常有「巡閱使」、

日本的「二十一條要求」

二十一條要求是日本於民國四年（一九一五）向袁世凱政府提出的新不平等條約。內容可簡單分為五大項。第一項是日本繼承德國在山東所有權益；第二項是日本得在南滿與蒙古享有「特別地位」，租用廠房、管理鐵路，地方行政當局必須聘用日人為顧問；第三項，關於湖北漢冶萍公司，將來等時機成熟，改為中日合辦；第四項，中國沿海各島嶼，不許租讓他國；第五項，警察由中日合辦，聘請日人顧問，福建各項權利，日本有優先權。

民國四年一到四月，中日雙方就二十一條要求祕密展開談判。日方收買財政部、外交部科員，得悉中國情報，推測中方底線。為了反制，袁世凱命令一面與日方談判，偷偷將情報外洩給報館。三月，外界得知日本二十一條要求，輿論大譁，開始出現反日情緒，上海出現抵制日貨運動。英、法、美三國駐日大使也奉命向日本外務省詢問傳言是否屬實。迫於各方壓力，日本被迫取消第五項要求，但是增派軍隊到中國，並且突然在五月七日對中國政府提出最後通牒，限九日下午六時之前回覆。當時列強注意焦點在歐洲，無法壓制日本，袁世凱在詢問英、美公使之後，知道沒有轉圜餘地，於八日下午宣布接受日方要求。五月二十五日，兩國簽字。消息傳出以後，全國各界憤慨，稱為「五九國恥」。

之前的史學主流詮釋，多半認為袁世凱急於稱帝，要取得日本支持，不惜答應二十一條要求。但是實際上，袁世凱是與日方周旋至最後一刻，在「不答應就開戰」的最後通牒下被迫接受各項條款的。從日後發展來看，日本也並未支持袁世凱的稱帝（不斷鼓吹日本「制裁」袁世凱的，正是二次革命失敗後流亡日本的孫文）。所以袁世凱臨死前，才會感嘆他之死，是「為日本除一大患」。二十一條要求，到抗戰勝利才全部廢除。

「鎮守使」名義，控制的區域以麾下軍隊布防的區域而定，最多可以達三、四個省分。

地方型軍閥通常以一省為勢力範圍，抽稅、徵兵，兼管民政；但也有像四川這樣，一省之內有好幾個勢力爭霸的情況。省級軍閥通常被稱作「督軍」，他們關心的事物，是如何籌集麾下軍隊的糧餉與裝備、彈藥，讓軍隊聽從自己的號令，不至於被敵手收買了去。

為他們籌集糧餉裝備的，是原先的仕紳階層，也就是當時所謂地方上有頭有臉的人物。仕紳為督軍、大帥們籌集糧餉，換得軍閥以武力確保他們的產業不受侵擾。

於是，當初曾國藩、李鴻章等人以書生（仕紳）出面組織軍隊作戰的紳軍政治模式，就顛倒次序，變成仕紳淪為軍閥附庸的格局，加拿大華裔陳志讓（Jerome Chen）教授給這樣的統治型態，命名為「軍紳政權」。

軍紳政權有一個明顯的特點，就是不斷因為派系或利益衝突而發生戰爭。戰爭的目的是為了爭奪地盤，與抵抗外侮或改善人民生活完全無關。

在政治綱領上，有的大軍閥可以說得出一番保境安民的大道理（如吳佩孚、馮玉祥），有些只知道殺人抽大煙；有的軍閥重視地方建設，注意維持治安（如貴州軍閥周西成），有的則粗俗殘暴，人格低劣，例如統治山東的軍閥，「狗肉將軍」張宗昌（一八八一至一九三二），一生號稱「三不知」：不知道手下有多少兵，不知道財庫裡有多少錢，不知道自己到底有幾房姨太太！

儘管有些軍閥看似開明，但他們對西方文化的立場相對保守，頂多只能接受到「中學為體，西學為用」的程度。另有些軍閥則相當傳統守舊，同樣拿張宗昌來當例子，民國十五年（一九二六）他攻入北京，當即勒令華北各級學校停授新式課程，恢復舊學教育。

至於地方的治理，則大半落入土豪劣紳之手。地主組織稱為「民團」的武裝，保護自己的財產，或者壓榨無助的農民。有的時候，軍閥手下的軍隊紀律敗壞，兵匪之間幾乎沒有區分，帶給地方人民很大的痛苦。二〇一〇年，大陸影星姜文自導自演的電影《讓子彈飛》，就很生動的描繪出這幾種人的模樣與地方生態。

這就是中國在進入二十世紀二十年代時的樣貌：在政治上，各路軍閥混戰；在社會上，土豪劣紳宰制農村。中國既有上海這樣繁華、走在世界潮流前端的沿海大城市，電影、廣播與百貨公司等時尚流行，毫不遜色於紐約、巴黎，也有生活水準仍然停滯在明朝末年的內陸農村社會，日出而作日落而息，宗族長老一言九鼎，不知電力為何物。

帝制已經坍塌，中國的巨變還在進行。

中華民國二·〇版：革命動盪中的國民黨中國

民國三十八年（一九四九）十二月十日傍晚，四川成都。

來四川做最後努力的中國國民黨總裁蔣中正從昔日的軍校官邸出發，準備到鳳凰山機場搭機，飛往台北。戡亂局勢到此，已經不可挽救，中央政府在前一天宣布移駐台北辦公，成都市郊已經聽得見中共解放軍的槍聲。成都市面的秩序早已瓦解，滿街都是潰兵和逃難遣散的公務員，旁觀的百姓們臉上寫著冷漠和茫然；雖然如此，蔣總裁還是堅持，自己既然從正門進來，也要從正門出去。沿路上塞滿人潮與車陣，座車動彈不得，他和隨侍在側的長子蔣經國，還有少數侍從人員下車步行。他們在亂兵與難民群裡掙扎向前，在暗下的天色、絕望的氛圍裡，大聲唱著《國歌》：三民主義，吾黨所宗，以建民國，以進大同……。

這是蔣中正在大陸上的最後一日，也是國民黨在大陸的最後一幕。距離這天兩個多月前，毛澤東在北京天安門城樓上，宣布另一個新中國的成立；十個多月前，蔣宣布「下野」，辭去中華民國行憲後第一任總統職務；四年三個月前，他領導軍民苦戰八年，終於打敗日本，中國成為聯合國安全理事會常任理事國，「世界五強」；十二年又五個月前，蔣委員長在廬山慷慨激昂的宣示，中國到了「最後關頭」；二十二年前，在蔣總司令指揮下，國民革命軍北伐成功，全國宣告統一，飄揚青天白日滿地紅國旗，那是政府多麼得民心的時刻……。

從抗戰勝利，躋身世界五強，到土崩瓦解，倉皇撤出大陸，在動亂、戰爭與革命之中，國民黨統治中國只有二十二年的時間。怎麼會在這樣短的時間裡，就從巔峰摔落谷底，全盤瓦解？要回答這一切，必須從三十年前（民國八年，也就是一九一九年），那場風雲際會的「五四運動」開始說起。

五四帶來新風潮

一九一四年七月二十八日，第一次世界大戰在歐陸爆發，因此又被稱作「歐戰」。到了一九一七年（民國六年），北洋政府當時由段祺瑞執政，在他拍板定案下，中國加入協約國陣營，向德、奧等同盟國宣戰。民國七年（一九一八）十一月，同盟國力竭投降，站在協約國這邊的中國，也就成了戰勝國。

可是，等到同年十一月在巴黎召開

的「巴黎和會」，中國雖然因德、奧戰敗，得以停付對兩國的庚子賠款，但中國代表團提出歸還原來被德國畫為勢力範圍而占領的山東、青島時，卻發現列強早就私相授受，將包括膠濟鐵路在內的德國在華權利轉讓給另一個戰勝國日本了！

北京政府對這個結果其實心知肚明，因為日本藉著為中國編組「參戰軍」的名義，對段祺瑞內閣提出各種貸款，段內閣難以拒絕其要求。民國八年四月三十日，政府在《對德和約》（也就是《凡爾賽和約》）上簽字。結果，中國參加戰勝國陣營，不但沒有收回權利，反倒讓日本進一步擴大了在山東的利權。

外交失敗的消息傳出，北京青年學生群情激憤：自己的國土山東，祖國的城市青島，竟被一群強盜送給另一個土匪（日本），國際間還有公理道義嗎？五月四日，北京學生上街遊行示威，打著「外爭國權，內懲國賊」的口號，親日的交通總長（部長）曹汝霖等人的宅邸被憤怒的學生闖入縱火，軍警逮捕了三十二人，引發各城市裡工人、學生、中低階層市民罷工、罷課響應。這就是「五四運動」。

不過，學生激於愛國情操而起來捍衛國權的示威運動，只是「五四」這波風潮的浪尖而已。「五四」內涵的意

▲山東被德國送給日本

義，可以在當時風靡知識青年的《新青年》雜誌上看出。

這本雜誌由北京大學教授陳獨秀創辦，未來國、共兩黨的領導人蔣中正、毛澤東，都深受這份雜誌的影響：蔣在此時是忠實讀者，毛曾經投稿獲得刊登。《新青年》思考中國貧弱的源頭，揚棄固有傳統，肯定西方文化（主要是「民主」德先生〔Democracy〕與「科學」賽先生〔Science〕兩個概念），所以又稱為「新文化運動」。

「新文化運動」雖然名稱是「文化」，但是主要目的卻是要挽救中國從晚清以來任人欺凌宰割的局面，因此「五四」精神裡帶有濃厚的政治色彩。

大陸學者李澤厚曾經分析「五四」，認為新文化運動裡既有引入西方民主科學的「啟蒙」面，也有急切想要拯救中國於危亡的「救亡」面。到了最後，「救亡」的急切壓倒了「啟蒙」。但是，現在仍然是軍閥時代，許多知識青年報國無門。這種政治上的浮動浪潮，受到華南一位不得志的政治領袖的注意，他就是孫文。

孫總理最後演出

人類對於一件事，研究當中的道理，最先發生思想；思想貫通以後，便起信仰；有了信仰，就生出力量。所以主義是先由思想再到信仰，次由信仰生出力量，然後完全成立。何以說三民主義就是救國主義呢？因三民主義係促進中國之國際地位平等、政治地位平等、經濟地位平等，使中國永久適存於世界，所以說三民主義就是救國主義。

——孫文

當初為了討伐企圖稱帝的袁世凱，

新文化運動的旗手胡適

陳獨秀的《新青年》雖然為新文化運動打下了基礎，但是「五四」新文化運動前夕的中國思想界，是一片沉寂的情形；雖然許多文化、學術界的大師——比如康有為、梁啟超師徒——這時都還健在，但是沒有人再能提出新的方向與主張，引領中國知識分子找出一條出路。就在這個時候，胡適（一八九一至一九六二）從美國學成歸國，提出「白話運動」、主張以「科學方法」整理國故（固有歷史文化），填補了這個思想文化上的巨大空缺。余英時教授認為，這是胡適能就此崛起，成為往後半個世紀中國知識分子的代表性人物，最主要的原因。

胡適的政治立場，傾向自由主義，反對國家政權對個人的箝制束縛。因為這樣的立場，他不能贊同國民黨的「訓政」，以及以黨領政；更不能支持中共的思想控制。他身為知識分子、文化思想界的領袖，時常遭遇來自各方面的干擾、攻擊與毀謗。他本心想要做一位潛心學術的學者，但是太多的外務讓他終究無法達成心願。抗戰時胡適應政府徵召，出任中國駐美大使，在美國各地到處巡迴演講；戰後回國擔任北京大學校長，但是在民國三十八年，北平即將落入中共掌握時離開。胡適雖然對蔣中正領導的國民黨有許多不滿，為了保住中央研究院這最後一個「學術自由」的種子，仍然在民國四十六年（一九五七）回到台北，出任中央研究院院長。民國五十一年（一九六二）二月，胡適在中研院歡迎茶會上，因心臟病發猝逝於南港，他的墳墓如今就在中研院側門旁的公園裡。

時間	事件	結果
1914 年	組建中華革命黨	因要求黨員對領袖效忠而引發反彈。
1917 年	號召護法	手中實力不足，一無所成
1919 年	中華革命黨改組為中國國民黨	
1922 年	主張北伐	與握有軍隊的陳炯明鬧翻，孫文被驅離廣州
1923 年	聯俄容共	新生共產黨進入國民黨組織內。
1924 年	國民黨第一次全國代表大會	國民黨就此登上中國近代史的舞台

▲ 孫文晚年大事記

孫文等人流亡海外，在日本組織「中華革命黨」。孫文記取民國初年國民黨組織鬆散的教訓，要求所有入黨成員，都必須向他個人效忠。這項規定引發許多老同志的反彈，例如黃興就拒絕入黨。

民國五年，孫文回到上海租界，雖然愛情得意（此行帶回在日本結婚的年輕妻子宋慶齡），但是在政治上始終無法施展。他曾經南下廣州，號召「護法」（維護民國元年訂立的《臨時約法》），自任護法政府大元帥；也曾經在廣東省北境誓師北伐，攻擊割據軍閥。但是幾年下來，因為手中實力不足，孫文的政治行動一無所成。

民國十一年（一九二二）五月，他和麾下主要軍事領袖陳炯明（一八七八至一九三三）因理念不同而鬧翻（孫主張北伐，陳炯明則希望建立類似美國聯邦的聯省自治），六月十六日，孫文被陳的軍隊驅離廣州。再一次，孫文失去政治影響力，退居上海閉門寫作。

不過，失勢的孫文，這回卻因為失去政治舞台，而踏上成為民國之父的道路。民國十二年（一九二三）二月，孫文在雲南、廣西地方部隊的支持下重回廣州。

之前陳炯明以武裝驅離孫文等人時，派軍艦砲轟觀音山孫居住的總統府，孫文為寫作《三民主義》、《建國大綱》所準備的文件、書籍付之一炬。這卻使他能以更淺白、更直接的方式，對群眾與追隨者說明他的學說和主張。孫文「三民主義」（民族、民權、民生）與「五權憲法」（行政、立法、司法、考試、監察）的政治設計，混合西方議會制度與中國文官精神，再搭配他個人的創見，形成日後國民黨的政治指導思想。

在政黨組織上，先是民國八年十月十日，承接「五四」運動的熱潮，孫文改組原來的「中華革命黨」為「中國國民黨」（以下簡稱國民黨）。

民國十二年一月，他和蘇聯代表越飛（Adolf Joffe）在上海見面，取得蘇聯的援助，以蘇聯共產黨的組織形式改造國民黨，設有中央委員會、執行委員會（模仿政治局）等組織，孫文自任總理，開始容納新生的中國共產黨（以下簡稱中共）進入國民黨組織內。民國十三年一月，改組後的國民黨召開第一次全國代表大會，許多後來在近代史上叱咤風雲的人物，都在本屆大會會場現身；國民黨也就此登上中國近代史的舞台。

民國十三年十月，北京發生軍閥政變，獲勝的馮玉祥（一八八二至一九四八）邀請孫文北上共商國是。民國十四年（一九二五）元旦，孫文抵達北京，但是身體已經明顯不適；經過群醫診斷，是末期癌症。三月十二日，孫文病逝於北京鐵獅子胡同，據說彌留之際，病榻之上，孫先生還喃喃說著：「和平…奮鬥…救中國」！由於來到了全國政治、文化中心的北京，孫文的逝世，他的政治理念與臨終遺囑，受到舉國的矚目，宛如一場為理想與愛國奮鬥的昇華大戲。這是孫文的死亡，卻是日後「國父孫中山」形象的誕生。

「孫中山」的由來

孫文當初流亡日本時，曾取了一個「中山樵」的化名；「中山」其實是姓氏，「樵」才是名字。但孫的日本友人宮崎寅藏不查，在他的著作《三十三年之夢》裡將本姓與化名的姓氏連用，成了「孫中山」。本書的中文譯者、革命黨人章士釗（一八八一至一九七三）將錯就錯，繼續沿用，就成了孫文最為人熟悉的通稱。

黃埔建軍聲勢雄

因為手中無兵，孫文一生事業往往受制於地方軍閥扯後腿，難以成功；因此，他在接受蘇聯援助，改組國民黨的同時，作了一項重要的決定：學習蘇聯，建立一支「與民眾結合」的革命武力。要建立一支具備革命思想的軍隊，先從組建軍官學校作起。由誰來負責籌辦這所軍官學校呢？孫文選中了身旁的年輕軍事幕僚蔣中正。

他（蔣中正）是英雄，是個偉大的人，但他的方法是陳舊的。因為他，我一生被活埋。——黃維（黃埔一期，國軍第十二兵團中將司令官，徐蚌會戰突圍時被俘，關押二十七年；一九八九年在北京接受美國紀錄片訪問時如此表示。）

蔣中正（一八八七至一九七五），字介石，浙江奉化人，父親是鹽商，但在他八歲時就去世了。蔣也搭上清末留學日本的風潮，就讀東京振武學校（日本士官學校的預備學校），並曾在日軍第十三師團實習。在東京時，他結識了如兄如長的陳其美（一八七八至一九一六），進而加入孫文的中國同盟

▲ 黃埔軍校

會，從此將孫文看作師長（蔣在日記裡稱孫為「中師」）、追隨孫革命，為他四處奔走。

年輕時的蔣，平時內向沉默，偶爾卻暴躁易怒，有流氓耍賴性格；他在廣州和福建為孫文作事時，時常脾氣一來，就辭職跑回浙江老家。孫文總是拍電報把蔣給找回來，這次將籌辦軍校的重任交給蔣，孫文還勉勵他：要任勞任怨，百折不回，從窮苦中奮鬥。

雖然有蘇聯的援助（派來軍事顧問與教官），蔣中正籌辦軍校，仍然是一項無中生有的困難任務。軍校是國民黨辦的學校，設有黨代表，校址選在廣州黃埔的長洲島上，所以又稱為「黃埔軍校」。

第一期學生從民國十三年初就開始招考，在北京、上海等地都祕密設置招考處。全國各地前來報考的學生有一千兩百多人，校長蔣中正參與考選；到了六月十六日軍校開學時，考取與中共保送錄取的學生，共有四百五十六人。

學生教練、打靶所用的槍械，是蔣親自到兵工廠交涉取得的。每一筆經費取得和運用，蔣校長都要親自過問。終於，在歷盡艱辛後，軍校開學，孫文親頒訓詞，後來成為民國《國歌》的歌詞；第一期學生與那五百支槍，則成為黃埔軍校校長蔣中正崛起政壇最初的資本。

國民革命北伐去

孫文在北京去世後，廣州的國民黨人組成國民政府；表面上，孫總理生前的助手如胡漢民、汪精衛、廖仲愷等人似乎團結一致，實際上，他們已經因為對中共的態度而產生立場的分歧：胡漢民反共，左派奉廖仲愷為黨內領袖，而汪精衛則游移於左右兩陣營之間。

民國十四年八月二十日，黨中央執行委員、黃埔軍校黨代表、國民政府委員廖仲愷在國民黨中央黨部門口突然被刺殺身亡。經過調查，黨中央政治委員會主席胡漢民似乎涉有重嫌，在一番傾軋之後，胡漢民、汪精衛兩敗俱傷，卻造就蔣中正進入國民黨的權力核心。在黨內衝突一觸即發的時候，出兵北伐、打倒軍閥既可轉移內部壓力，也可以取得「繼承總理遺志」的正當性。於是，在民國十五年（一九二六）五月，國民黨通過蔣提出的北伐案，七月，蔣中正就任國民革命軍總司令，正式誓師北伐。

出師北伐的國民革命軍共有八個軍，全配有蘇聯顧問。其中，第一軍由黃埔學生與黃埔教導團擴編而成，蔣中正自兼軍長（後來改由黃埔總教官何應欽接任），人數約一萬五千餘人；第二至第七軍為原來各省部隊改編，以第七軍李宗仁（一八九一至一九六九）所部廣西軍最精銳；第八軍則是收編湖南軍閥的隊伍。

北伐軍八萬人兵分三路，分別進攻福建、江西、湖南。北伐軍當面的敵人，是直魯豫巡閱使吳佩孚，「浙閩蘇皖贛」五省聯軍總司令孫傳芳（一八八五至一九三五）。這兩大集團的背後，則是占據北京中央政府的「安國大元帥」張作霖（一八七五至一九二八）。加上盤據各省的地方軍閥，如山東的張宗昌、福建的周蔭人等，總兵力在兩百萬人左右。以人數對比來看，國民革命軍完全是以寡擊眾。

但是在精神戰力方面，北伐軍卻遠遠超過各軍閥。國民革命軍從基層幹部到上級指揮官朝氣蓬勃，相信自己是解救人民、實現三民主義的正義之師；第一、第四、第七等軍作戰尤其勇敢。據說吳佩孚被打敗後，曾感嘆的說：「我的軍隊是不怕死的，但是北伐軍卻連死是什麼都不知道！」

	領導者	勢力分布
國民政府	蔣中正	廣州
	李宗仁	廣西
	閻錫山	山西
	馮玉祥	陝西

	領導者	勢力分布
軍閥	張作霖	華北、東北
	吳佩孚	湖南、湖北、河南
	孫傳芳	江蘇、浙江、上海、江西
	張宗昌	山東
	周蔭人	福建

▲北伐雙方勢力表

軍閥之間因為私利而起的混戰，已經有十餘年，百姓生活深受其害，北伐軍打著救國救民旗號，大受民心支持。在湖南、江西沿途，農民自動協助運輸糧食錙重，城內百姓自發列隊歡迎。這種現象也和中共幹部預先從事的宣傳有關。

當時一首改編自童謠〈兩隻老虎〉的宣傳歌曲〈國民革命歌〉，簡單有力的傳達北伐的目標和精神：

打倒列強，打倒列強；除軍閥，除軍閥；國民革命成功，國民革命成功，齊歡唱，齊歡唱。

於是在短短半年之內，北伐軍進展勢如破竹，吳佩孚、孫傳芳兩大集團被擊潰，廣州國民政府的勢力已經到達湖北、江西等省，並且與華北的盟友閻錫山、馮玉祥等遙相呼應。

▲蔣中正

但是隨著軍事節節勝利，浮上檯面的，是北伐進展的路線問題：該往湖北方向打，占領武漢三鎮以取得蘇聯進一步援助，還是該與英、美列強取得諒解，往上海方向進軍？該容忍中共在黨內的擴張，建立一個親蘇的左派國民政府，還是限制中共在黨內和軍隊的影響，以獲得商人與仕紳的財力支持呢？

中華民國二・〇

蔣中正籌辦黃埔軍校，編組北伐軍，看得出有曾國藩組建湘軍的影子；等到北伐軍拿下武漢三鎮，另一路兵鋒直指上海，則又類似太平天國在北伐與東征之間的矛盾。但是，當年曾國藩有慈禧執政的朝廷為其作主協調，而蔣總司令只剩死去的孫總理可充當精神權威；太平天國的路線之爭，當中也沒有外國顧問和「黨內有黨」的因素影響。

就在這樣的情勢底下，民國十六年（一九二七）四月，蔣中正決定與上海的資本家、列強達成和解，同時將中共主導的民眾運動從北伐軍事行動裡驅逐出去。四月十二日，進入上海市的北伐軍，突然解散中共支持的工人糾察隊，謀殺工會領袖，並大肆搜捕中共黨人，沿街由槍兵與法官組成行刑法庭，捉到有共產黨嫌疑者，即刻審判，當眾處決；各地也開始驅逐、捕殺國民黨內的中共黨人，國民黨的黨史稱這次行動為

「清黨」。

四月十八日，國民政府在南京成立。汪精衛加上國民黨左派聯合中共黨人在武漢另組國民政府，並且要東征討伐蔣。一時之間，武漢與南京出現兩個北伐的國民政府，史稱「寧（南京）漢分裂」。八月，蔣中正以促成寧、漢團結為理由，宣布辭去總司令職，離開南京。他政治生涯有三次「下野」，這是第一次。

但是，就和曾國藩、李鴻章、袁世凱經營的晚清自強事業一樣，北伐軍與國民政府籌來的軍費、軍械、人事，大部份倚靠在蔣中正個人建立的關係上；北伐軍主力第一軍的黃埔學生軍官團，也只聽蔣校長一個人的命令。沒有了蔣，南京、武漢同樣沒有經費可以運作。孫傳芳則趁機以剩餘力量渡過長江全力反撲，希望奪回南京，被李宗仁等人打退。於是，在各方的妥協與運作之下，蔣中正在民國十七年（一九二八）初回任總司令，開始第二階段的北伐。

這個階段的北伐，以各種交涉手段為主。蔣不求徹底消滅北方軍閥（或者也缺乏實力），而是將投靠過來的軍閥收編為國民革命軍。西北軍閥馮玉祥、閻錫山，因此搖身一變，也成了北伐革命將領。民國十七年五月，身在北京的大元帥張作霖認為自己無法與北伐軍抗衡，決定放棄北京，退回山海關外的東三省根據地。六月八日，閻錫山部進入北京，國民政府宣布改北京為北平，直隸省為河北省。這是明朝朱元璋命將北伐以來，中國歷史上第二次由南向北打而能成功的例子。

日本軍部一直希望利用這個機會，運動張作霖將滿洲（東三省）與關內分離，但是日本少壯軍官搶先一步發難，在六月四日於皇姑屯將正返抵奉天（瀋陽）的張大帥炸死。大帥長子張學良（一九〇〇至二〇〇一）繼承父親「東三省保安總司令」的職位，人稱「少帥」。日本軍人想要奪占滿洲，沒想到弄巧成拙，反和張少帥結下殺父之仇。經過南京、奉天、東京三方長達半年的交涉，同年十二月二十八日，張學良宣布「易幟」，東北全境懸掛南京政府的青天白日滿地紅國旗。到此，一個國民黨版本的新中華民國，終於大功告成。

內戰頻仍外寇凌

民國十七年七月六日，蔣中正率領馮玉祥、李宗仁、閻錫山等北伐軍四大軍團領袖，到北平西山碧雲寺謁見暫厝在那裡的孫總理靈柩。儀式上，蔣以孫中山傳人自居，代表全軍全黨祭告總理：北伐革命已經告成了。這時他突然情緒激動，淚流滿面，泣不成聲，身旁的馮玉祥見狀，只好充當臨時心理輔導員，攙扶他到旁邊恢復冷靜。

北伐告成帶來一個統一的新局面：中國有了一個以南京為首都、按照孫總理構想，成立行政、立法、司法、考

▲ **張學良像**

試、監察五院的政府；青天白日滿地紅成為全國公認的國旗，國民黨宣布，孫總理規劃的「軍政」時期隨北伐勝利而結束，準備進入「以黨訓政」的階段；政府通令各公家機關、學校於每周固定時間，舉行「總理紀念周」，對孫文遺像默哀，由主持人誦念《總理遺囑》，並且行三鞠躬禮；官方規定，以改良自蘇聯列寧裝的「中山裝」作為正式穿著；位於南京近郊紫金山麓、準備安葬孫總理的中山陵第一期建設，這時也已經完工。上述種種，都是中國即將邁入現代化國家之林的美好想像。

可是在這些想像與表面上的統一局面底下，卻仍舊是武人割據的現實：國家大部分由蔣、李、馮、閻這四大軍事集團掌握，這四個人分別是第一到第四集團軍的總司令。四大集團可以截留駐地的稅收，以補充軍費，也能夠控制勢力範圍內的地方政權。其中，蔣中正的實力最強，他透過收買、策反、改編等手段，將麾下部隊擴充到五十萬人，又居於中央政府的位置，實際控制了上海這個財源重地，以及江蘇、浙江、安徽、江西四省，山東、福建的各一部分。

北伐軍進入北平之後不久，蔣就開始提議「裁軍」——將全國四大集團軍、兩百三十萬兵員裁減成六十個師的精銳國防軍。不過，裁軍計畫看似光明正大，其實別有用意，三大集團都認為這只是蔣要「削藩」所用的藉口。就在這種「要裁先裁你自己」的情緒底下，李、馮、閻對蔣的敵意日漸升高。

蔣中正這邊自然早有動作：透過收買等手段，先對北伐時的盟友廣西軍系（桂系）開刀，引發了「蔣桂戰爭」。靠著策反老招，蔣中正成功「滅桂」，逼使李宗仁等退出湖北，繼而流亡海外。但是，北方的馮、閻怕蔣再來收買手下將領，結合汪精衛、桂系等所有反蔣的國民黨人，在北平召開擴大會議，也組成一個國民政府，起兵討蔣。於是，南京的六十萬「討逆軍」，北平的八十萬「救黨護國軍」，就在河南、山東、湖南等省開打，規模空前，戰場共遍及九個省，坦克、空軍等近代戰爭武器都在此役登場，史稱「中原大戰」。

南京、北平雙方戰得勢均力敵，東北張學良的動向，就成為決定兩方任何一邊勝敗的關鍵。南京向他開出條件：只要東北軍開入山海關內，站在中央這一邊，張本人可就任海陸空軍副司令（司令是蔣），除原來東北的地盤外，還可獲得河北省主席、北平、天津兩個直轄市長的任命權。幾經衡量，張學良決定答應挺蔣。東北軍開入山海關，北平擴大會議匆匆結束，反蔣各派倉皇出走。

參加中原大戰的各方勢力裡，張學良看似收穫最多；可是，正因為東北軍大舉入關，張學良眼睛盯著山海關內，大本營瀋陽空虛，給了日本少壯軍人絕佳機會：民國二十年（一九三一）九月十八日晚間，日軍自行炸毀瀋陽附近柳條溝的鐵軌，聲稱是中方所為，並以此為理由，進攻瀋陽。張學良因為誤判日軍只是局部挑釁，而且東北軍隊主力全在關內，下令不抵抗，日軍於是在八小時內攻陷瀋陽全城，史稱「九一八事變」。整個東北在之後的一百天內，完全淪陷。

國民政府的本質

就在這個外患嚴重的時候，國民黨的內鬥卻還沒有停止：先是民國二十年二月，蔣中正與資格僅次於孫總理的國民黨元老、一直支持南京中央的立法院院長胡漢民爆發激烈爭執，蔣脾氣發作，竟然拘禁胡漢民。此舉引起廣東籍的國民黨人憤慨，他們奉孫總理之子孫科（一八九一至一九七三）為領袖，退出南京，在廣州另組國民政府，下令討伐蔣中正，中央軍於是向湖南開拔，內戰的烽火眼看又要升起。

「九一八事變」爆發以後，輿論批評國民黨，蔣為求黨內團結，在十二月十五日辭去國民政府主席、行政院長職務，第二次「下野」回家鄉。國民黨內各派推舉孫科到南京組閣，但是孫科內閣沒有財力支持，只維持了四個星期；各界認為，恐怕還是只有蔣中正復出，才能收拾局面。於是，蔣與回國的汪精衛達成合作協議，在民國二十一年（一九三二）改組政府，革命元老林森出任國民政府主席，汪擔任行政院長，蔣則出任軍事委員會委員，很快升任委員長，「蔣委員長」就此成為跟隨他一生的稱呼。

汪精衛雖然是本屆國民政府的閣揆，但蔣中正才是政權的重心人物。這時聽命於蔣委員長的嫡系部隊（也就是俗稱的「中央軍」），已經有三十個師，蔣又透過提供津貼、補助的手法，從別的軍閥那裡拉來了二十個師，做為外圍武力。

南京實際上能直接統治的地區，大致上是江蘇、浙江、江西、安徽，以及河南、山東、湖南、湖北的各一部分。在這些地方，南京政權的基層支持者，是晚清以來把持地方政權的仕紳與地主階級。政府以關稅、鹽稅、以及釐金等收入做擔保，發行全國流通的貨幣「法幣」，並且用這些財政收入來改造軍隊、聘請外國顧問。對於其他省分，只能要求實際統治者表面上奉南京為中央。

這樣看來，蔣中正的這個政府，和過去的軍閥政權有什麼不同？歷史學者的看法不一。由於蔣仍然是以軍隊領導政府，也仍然使用收買、策反等招數瓦解敵人，所以陳志讓教授認為，他領導之下的政府還是北洋時期「軍紳政權」的延續。但是美國的中國史學者柯博文（Parks Coble, Jr.）教授則有不同看法。他認為北伐軍打到上海之後，蔣就與上海的「江浙財閥」發生接觸。民國十六年，蔣與財經人脈關係雄厚的宋家三女宋美齡（一八九七至二〇〇三）在上海成婚，更增強這層關係。這些銀行家、資本家贊助中央軍費，支持南京政府，也成為蔣在政壇上無法取代的關鍵因素；無論蔣中正是以提供保護的方式，或是威逼勒索來取得他們的支持，有了這些現代金融形式的參與，加上模仿自蘇聯的「以黨領政」體制，蔣中正政權的本質，已經超出傳統「軍人加仕紳」所能解釋的框架。

柯博文的老師、已故的美國「國民黨研究」專家易勞逸（Lloyd Eastman）教授，則在一九七〇年代初，對南京政府提出一個非常具有爭議性的解釋：他認為這時期的蔣崇拜當時歐洲正在風行的法西斯主義（Fascism），因此南京政權的本質，實際上已經變質為一個法西斯軍事獨裁政權。這又是怎麼一回事？

▲ 新生活運動——看見國旗要敬禮

瑣碎龐雜新生活

基於兩次被迫下野的慘痛教訓，蔣中正覺得自己之前「無幹部，無組織，無情報」，才會在黨內孤立無援，面臨失敗下場。所以，在他重回南京之後，就暗示黃埔學生出面組織一個絕對效忠他個人的「三民主義力行社」。

力行社是一個祕密團體，宗旨是輔佐蔣中正掃平黨內外以及中共的反對勢力、實行三民主義，對抗日本侵略。力行社的外圍組織是「中華民族復興社」，其中有負責對日本、中共情報蒐集的部門，就是後來國民黨情報組織的前身。力行社內確實有人建議仿效義大利、德國的「法西斯蒂」，但是從來沒有獲得採納。日本軍部捕風捉影，誤以為蔣已經暗中成立了一個仿效德國納粹褐衫隊的抗日組織，他們將這個沒存在過的組織命名為「藍衣社」（因為有若干復興社成員穿著國產土布製深藍上衣）；易勞逸引用日方資料，把無從實行的概念研判為是已經發生的事實，才會有這樣的論斷。

實際上，大部分的力行社員，這時都投身於推動他們校長於民國二十三年（一九三四）發起的「新生活運動」裡去了。蔣中正發起這項運動的目的，是期望能恢復中國固有道德，塑造新時代的國民。新生活運動，顧名思義是從規範人民的日常生活開始的一項運動，涉及的項目非常廣泛，而且愈來愈瑣細。例如個人衛生（走路抬頭挺胸、不可隨意吐痰便溺）、基本禮儀（要說「請、謝謝、對不起」）、宗教信仰（哪些是正信宗教，哪些不是；不可燒香燒金紙，不可迷信扶乩）、愛國教育（看見國旗、黨旗、總理遺像要敬禮）、娛樂活動（提倡體能運動，反對麻將賭博）、甚至終身大事（鼓勵簡樸婚禮、集團結婚）也包括其中。今天在台灣的中小學有時還能看見的「禮義廉恥」標語，就是這項運動高喊的口號。

新生活運動期望調和「五四」以來的否定傳統浪潮、塑造新的民族精神，重建社會凝聚力，結果是龐雜瑣碎，失去重心，自然以失敗告終。易勞逸在他前期的研究裡，先是認為這個運動是蔣中正「向中國人民強加法西斯精神」的偽裝；之後又不無譏諷的指出，如果蔣與國民黨人真以為只要做到「喝湯不發出聲音」這類瑣碎細節，就可以革命救國，那是非常可笑的。

魏斐德則在一九九七年時，引用新出爐史料，總結新生活運動的歷史意義，他不認為新生活運動是對歐洲法西斯主義的笨拙模仿，它是揉和基督教義、儒家思想的中國本土產物。這項運動裡的民族主義和排外精神，在日後還會繼續在中國的政治運動裡出現。

新生活運動是蔣委員長在南昌行營所發起的，當時正是國民政府第三次圍剿戰役結束之後。什麼是「圍剿」？南昌行營又是個什麼組織？

安內攘外五圍剿

南昌行營的全名是「國民政府軍事委員會委員長南昌行營」，位在江西南昌市東湖百花洲上的一棟洋樓，這裡是蔣中正指揮圍剿江西共產黨「蘇維埃區」的總指揮部。從民國二十一年復出之後，蔣在南昌停留的時間，還超過待在南京的日子。顯然，委員長是以圍剿共產黨為當前急務。蔣的說法是「攘外必先安內」——如果把日本比喻成明末的後金，那麼到處建立根據地的共產黨，就形同流寇，是國家的心腹大患。必須平定內憂，才有辦法抗擊外患。換句話說，在「共匪」沒被剿清以前，絕對不能抗日。

從中原大戰結束之後，蔣就發起圍剿中共的戰役。圍剿總共五次，第一、二次圍剿，主力軍隊是南京收編的前軍閥部隊，戰力不強，存著「保留實力」的心態，彼此進展又不能協調一致，於是被機動性強的中共紅軍各個擊破。第三次圍剿，蔣中正親自督戰，動員中央嫡系軍隊，加上空軍助戰，一時之間急進猛攻，但是「九一八事變」爆發，圍剿被迫中斷。民國二十二年三月，日軍占領熱河，第四次圍剿又不得不停止。

民國二十二年（一九三三），蔣中正處理完北方軍務，回到南昌行營，開始布置第五次圍剿。本次行動，蔣宣示「三分軍事，七分政治」原則，在軍隊所到之地，採取德國顧問建議，建築碉堡，鋪造公路，一層層鞏固，一步步進逼；又學習曾國藩對付捻亂的做法，嚴格組織地方保甲，對「蘇區」嚴格實施經濟物資封鎖；又施行「連坐法」，保甲裡一戶和蘇區來往被查獲，全體處分。到同年底，參與圍剿的軍隊已經在江西省中、南部築成兩千九百座碉堡，紅軍反擊失利，圍剿終於成功。

次數	時間	結果
第一次	1930 底 -1931 年初	被中共紅軍各個擊破
第二次	1931 年 4-5 月	被中共紅軍各個擊破
第三次	1931 年 7-9 月	因九一八事變爆發而停止
第四次	1933 年 2-3 月	因日軍占領熱河而停止
第五次	1933 年 -1934 年	成功迫使中共放棄根據地突圍

▲ 蔣中正五次圍剿中共戰役

民國二十三年（一九三四）初，紅軍被迫突圍西走，中央軍在後緊追，同時通令西南各省圍堵防禦。對西南各省的軍閥而言，紅軍入境的擔憂，其實遠不如擔心南京藉由「追剿」之名，插手地方政務。從日後抗戰的角度來說，南京中央政府直到現在才和西南各省建立起實質的關係。民國二十四年（一九三五）十月，中共紅軍長途跋涉，從江西突圍，一路經過湖南、貴州、雲南、四川、甘肅等省，終於來到陝西北部。蔣中正決心集結軍隊，對陝北「共匪」殘部發動最後的殲滅戰。此戰他選定的執行人選，是東北「少帥」張學良。

西安事變好空虛

蔣中正說「攘外必先安內」，其實不得人心；透過報紙、雜誌等媒體宣傳，一般市民都知道日軍節節進逼，而中央卻步步退讓，反倒對同是中國人的共產黨痛下殺手。因此，中共說「中國人不打中國人」、「抗日必先反蔣」，贏得不少支持，中共的地下工作人員也從中興風作浪，在華北各大專院校掀起抗日學潮。

中共「反蔣抗日」、「停止內戰，一致對外」的訴求，不但影響許多自命愛國的青年學生，更打動了西北剿共主帥張學良。自從不戰丟失東北之後，張少帥遭受國內輿論指責，不得已只好辭職出國。張從歐洲旅遊回國以後，繼續統領中原大戰時入關的東北軍隊。

民國二十四年九月，蔣中正在陝西西安設立西北剿匪總司令部，自任總司令，由張學良出任副司令，並負實際指揮任務，以東北軍為作戰主力。東北軍和紅軍打了幾仗，折兵損將；張副司令採信中共的挑撥，以及身邊幕僚的說法，認為中央有意借刀殺人，消耗「雜牌」東北軍實力。

在這些因素的促成下，張少帥在民國二十五年（一九三六）四月起，祕密和延安的中共黨人接觸。從此之後，紅

兩個面向看「安內攘外」

中國大而弱，日本小而強。蔣中正相信，中國的國力太過虛弱，又有中共、軍閥勢力割據叛亂，與日本作戰，根本毫無勝算；他曾經很坦白的對胡適等北方學者說，如果對日戰爭一起，「只能在幾處用精兵死守，不許一個生存而退卻，證明我們不是怕死的」，根本沒有戰勝的可能。即使到了抗戰爆發，中國方面的戰略，也只是敗而不降，撐到「國際形勢發生變化」，才有拖垮日本的機會。這種想法是國民政府在一九三〇年代，對日本進逼一再採退卻策略的原因。美國歷史學者柯博文教授卻認為，正因為蔣與其他國民黨領導人都有「恐日症」，一再退讓，才造成日本的步步侵略。

如果單看國民政府的對日態度，柯博文的說法非常正確；但是如果將「安內攘外」政策與中國和德國的合作合併觀察，所得出的結論又將不同。根據哈佛大學中國史教授柯偉林（William Kirby）的研究，國民黨從一九三〇年開始，就在剿共之外，同時祕密準備抗日國防建設。除了延請德國軍事顧問。民國二十一年（一九三二），蔣在軍事委員會底下設立了「國防設計委員會」，為了避免被日方查覺，民國二十四年改稱「資源委員會」。資委會主要的業務，是建立各種軍事工業，比如鋼鐵、機電、化學工廠。在技術方面，則借重德國顧問專家。今天台灣中國石油公司的標誌裡，火炬下方有一個「資」字，正是為了紀念資源委員會。

軍與東北軍之間互通情報，只是作戲假打。

眼看剿共只剩「最後五分鐘」，卻遲遲無法收工，蔣中正於同年十二月四日飛抵西安親自督戰，並準備調離張學良部，由中央軍接手完成任務。張少帥向蔣委員長苦諫，要求「停止剿共，一致抗日」，被蔣嚴厲喝斥。

十二月十二日凌晨五點鐘，張部東北軍會同西北軍楊虎城的軍隊發動「兵諫」，突襲蔣委員長住宿的華清池，衛隊奮力抵抗，全部戰死；蔣本人在低溫當中翻牆逃脫，摔落山溝受傷，被東北軍營長孫銘九（抗戰時投靠日偽政權）俘虜。跟蔣中正一起前來的中央軍、政大員全部遭到囚禁，立法院長邵元冲逃脫時被流彈打死。

張學良等人通電全國，要求改組南京政府，停止內戰，共同抗日。隔天，日本報紙率先披露消息，震驚國內外，史稱「西安事變」。

日後，台灣出版的相關紀載，都說張學良繳獲蔣中正的日記，看後才知道蔣早就祕密準備抗日，卻有不能說出口的苦衷（因為暗中準備愈充足，抗日愈有把握）；加上蔣夫人宋美齡親自冒險前來西安營救丈夫，張被委員長伉儷的偉大人格感動，於是在耶誕節（十二月二十五日）前夕，自願護送蔣回南京。

張學良日後被長期看管，一直到民國七十九年（一九九〇）才恢復自由。

張少帥是不是受到蔣委員長的「人格感召」，我們不得而知；但西安事變延宕半個月，確實以和平收場。其中的原因很多，主要包括事變發生之後，張學良滿心以為能得到輿論支持，哪裡知道言論界的領袖都認為他身為部屬，竟然以暴力劫持統帥，自以為是抗日，行為則幼稚衝動，反而破壞抗日；蘇聯甚至認為，張學良此舉只對日本有利，少帥知道之後大為沮喪。

其次，張自以為和中共暗通聲息，其實蔣早已經私下和中共展開談判，希望能聯合國內各股勢力共同對抗日本；蔣所要求的，只在中共能承認他是國家領袖，如果能做到這點，他甚至能允許中共保有軍隊。藉由這次事變，中共提高價碼，迫使蔣達成實質停止軍事剿共的協議。

所以，從國民黨和張學良本人的角度來說，這次兵諫的訴求，早已在進行；與日本全面開戰的時間，還因此被迫在準備未完成的情形下提前，真正受益的，只有原本籌碼不多的中共。西安事變是一場空虛而沒有意義的兵諫。

被迫抗戰拼老本

西安事變讓蔣中正的聲望空前提高，但是也讓他了解，面對日本在華北的節節進逼，中國執政者的選項，其實已經不多。

西安事變發生時，南京的祕密抗日準備還沒有完成：預備訓練三十萬人的

七七蘆溝橋事件

蘆溝橋位於河北省宛平縣的永定河上，離北平城約十五公里。根據《辛丑和約》，參與八國聯軍的列強可以在北平、天津一帶駐軍，日本正是其中之一。民國二十六年七月七日晚間，日軍中國駐屯軍在河北省宛平縣舉行軍事演習，以「士兵失蹤」為藉口，要求進入宛平縣城搜查，遭到中國守軍拒絕。日軍於是在八日凌晨進攻蘆溝橋與宛平縣城。駐防宛平的中國軍隊，是第二十九軍第三十七師吉星文團，在日軍進攻後奮起抵抗，就此揭開抗戰的序幕。吉星文團長（一九〇八至一九五八）在宛平抵抗日軍進攻二十多天，後來繼續抗日，參加徐州、隨棗等會戰，立下汗馬功勞，卻在民國四十七年（一九五八）的金門「八二三炮戰」中負傷殉職。

德式裝備部隊，只完成了十個師、八萬人；辛苦培養的空軍，還在幼兒階段；政府在大後方的國防建設，只起了個頭；南京向德國訂購的戰鬥機、坦克、槍砲武器，大部分還沒有交貨；更重要的是，戰爭一旦開打，北平、上海、南京等大城市無險可守，勢必在短時間裡被日軍攻下，而這些地方，卻是國民政府統治的大本營。

但是，在西安事變之後，全國開始有一種「共赴國難」的熱情出現，廣西、廣東的軍系領袖表達與南京和解的誠意，連陝北的中共都同意在名義上接受蔣中正的領導。蔣明白，他目前的地位是基於各方同意他出任抗日領袖的共識上，如果他不站在民族意識的前端領導抗戰，他的政權，甚至整個中國，都有崩解的可能。

出於這種考量，蔣中正在民國二十六年（一九三七）七月發生「蘆溝橋事變」、日本對華北進一步挑釁時，採取強硬態度回應。包括中共在內，各省勢力都派代表到首都南京，商討抗戰大計。從實際上看，現在的蔣中正並不是一枝軍隊的最高統帥，而是多種勢力同盟的暫時共主。但是，華北此時是馮玉祥昔日部將宋哲元的地盤，宋存著「保存實力」的心態，擔心蔣想藉抗日來裁減他這個「雜牌」軍，所以並不願意出全力作戰。顯然，各方都在觀望共主蔣中正投入戰爭的程度，看南京是不是真心想要抗戰。

於是，蔣中正被迫不顧一切，在同年八月將他有限的家底全數投入戰爭。他選擇的戰場是上海（請參見下一章）。經過抗戰前半年的激烈戰事，蔣在戰前訓練的軍隊、重金培養的空軍、苦心建設的首都、現代化工業建設、關稅收入、以及倚賴為財政稅收大本營的長江下游三角洲地區，幾乎全都喪失。國民政府將首都遷往四川重慶，在日本飛機晝夜飛臨轟炸之下繼續苦撐堅持。許多軍民也配合政府，往西南方疏散遷徙。但是他們即將來到的，是一個完全陌生的「大後方」。

國軍等於占領軍

蔣在初期戰爭拚光手上實力之後，各省實力派也紛紛出省抗戰；連中共都表示，願意將紅軍改編為國民革命軍（雖然只是換個名稱而已，實際一切不變），聽從政府指揮。因此，到了民國二十六年底，中國不但是國共（第二次）合作，也是各省與中央聯合抗日的局面。

民國二十七年（一九三八），國民黨在武漢召開全國臨時代表大會，推舉蔣中正為黨的「總裁」，蔣名正言順成為國民黨中國的領導人。為了表示領導全民、團結抗戰的決心，國民政府設立類似議會的「國民參政會」，邀請各黨派領袖和社會賢達人士來參加，可以過問政府的重大決策；國民政府軍事委員會也容納了原來反政府、反蔣的左派人士任職，例如著名的左派文人郭沫若（一八九二至一九七八），此時就受邀擔任軍事委員會第三廳廳長，負責抗戰宣傳。

隨著中央政府撤退入四川盆地，國民黨中國的立國型態也發生變化：原先的根據地長江下游三角洲以及沿海城市，到了民國二十七年初，已經全部落入日軍之手；國民政府將前線分為幾個戰區，每個戰區視日軍威脅程度，配屬不等的部隊。

但是，正如齊錫生教授所指出，每個戰區裡都會配屬一定數量的中央軍部隊，其作用不在對日本作戰，而在監視、壓制地方軍系的部隊。當中最有名的例子，就是第一戰區副司令長官胡宗南（一八九六至一九六二，黃埔一期）統率的十五萬大軍，駐紮西北，專門用來監視陝北中共，以及寧夏、甘肅、山西等各個地方軍系部隊。

國外的軍事觀察家認為這種態勢，正是國民黨不出力抗戰、只顧內戰的證明。事實上，國民政府有不得已的理由。在抗戰後期，隨著蔣中正嫡系部隊戰力的衰弱，地方部隊開始出現不服指揮、投敵、偷襲友軍、搶糧的跡象。抗日聯盟的互信基礎如此薄弱，以至於中央軍部隊在自己的國土上，還必須擔任起「占領軍」的責任，防止地方部隊的叛變。

重慶精神兩樣情

抗戰之前，重慶雖然是西南的大都市，但是從來沒有像抗戰時期這樣，躍居國家的戰時首都，成為國際注目的焦點。

民國二十九年（一九四〇）三月，在重慶熱鬧的督郵街商業區廣場中間，政府開始興建一座塔式建築，在民國三十年完工，命名為「抗戰精神堡壘」，塔高七丈七尺（約二十六公尺），象徵民國二十六年爆發的「七七蘆溝橋事變」，彰顯的正是陪都重慶在物資缺乏、日機轟炸底下，堅苦卓絕，不屈不撓，堅持抗戰的「重慶精神」。類似的精神堡壘，還在日後的台灣不斷複製出現。

「重慶精神」是國民政府對國內標榜、對國際宣傳的戰時生活態度。在極差的物質條件下，確實有不少清廉的國民黨人，心心念念為了抗戰勝利與國家前途，不在意自身生活的貧困，堅持為理想奮鬥。例如曾是「五四」運動學生健將的段錫朋（一八九六至一九四八），抗戰時擔任國民黨中央訓練委員會主任委員，他的女兒段永瀾如此側寫父親在重慶的身影：

每當我聽到別人批評中國官吏貪污腐敗的時候，我便想起了父親。他常著粗嗶嘰制服，深夜燈下，屏息研究公事。我自問對政治毫無興趣，但也不覺對政府裡有這樣的官吏而肅然！有一個傍晚，風勁樹老，父親似有所感慨，回顧我說：「先天下之憂而憂，後天下之樂而樂。」我猛抬頭，一直以為是線裝書上大家讀讀罷了！想不到父親一生所恪守的正是這兩句格言。

我愛父親，愛他穿著舊衣見客時昂然的氣度，愛他覺得不對時，千人之間能立起反對，覺得對時，千人之間毫無猶豫的精神。我愛他不是為了兒時吻我，而是因為他能在頹敗的社會裡屹立著高風的亮節：因為他能在未上軌道的政治環境裡質樸的苦幹，他抱有一個崇高的理想從事政治。他常對我說：「永遠不要向惡勢力屈服！永遠要奮鬥！」

（段永瀾，〈我的父親〉）

但是，重慶既有像段錫朋這樣安貧守節的國民黨人，卻也有作家張天翼（一九〇六至一九八五）筆下著名諷刺短篇〈華威先生〉裡的同名主角。

在故事裡，華威是一位政府官員，每天腳不點地的到處參加各種會議，看似忙得不可開交，會議內容是什麼卻總是弄不清楚，永遠遲到早退；華威在意的不是抗戰的前途，而是藉著抗戰攫取更多的權力。這樣的官員想必不少，否則不會成為諷刺的對象。更有一批撤退到後方來的人，在前線戰事激烈進行時，他們醉生夢死，紙醉金迷，將上海的繁華日子搬到重慶來過。或者有政府官員，藉著抗戰大發國難財，前方將士正浴血奮戰，貪官汙吏卻無視老百姓挨餓受凍，還在爭搶寶貴的資源、吸吮民脂民膏。

有句話很傳神的形容當時這種狀況：

前方吃緊，後方緊吃。

重慶時期，國民政府發起多項運動，比如在重慶繼續推行「新生活運動」，「國民精神總動員」，以至於抗戰最艱困時的「十萬青年十萬軍」等等。但是，除了「青年從軍」得到實際效果以外，這些「運動」都淪為官樣文章，沒有真實作用。

民國三十三年（一九四四）十月，蔣中正在重慶郊外看見新兵遭受非人待遇，隊伍裡竟然還有年近半百的老「壯丁」被罰跪，探詢之下，發現這些人都是被拉伕抓來的農村百姓！蔣委員長一怒之下，拿手杖責打陪同視察的兵役署長程澤潤中將。但是，冰山一角，大後方的積弊深重，豈只是蔣眼見的這一端而已！

這個時候，抗戰已近尾聲，國民黨卻還沒準備好迎接戰後的風雲。

國共美蘇大角力

民國三十四年（一九四五）八月，美國在日本投下兩顆原子彈，日本很快宣布無條件投降，中國八年抗戰，終於獲勝。這時候國民政府的軍隊，大多都還布署在華西與華南；在華中和華北，除了幾個大城市之外，遍布中共的游擊隊與根據地。

國共兩黨從抗戰初期時的竭誠合作，演變到後期，只剩表面合作，私底下雙方不斷發生武裝衝突、互打宣傳戰。以軍隊武裝實力而論，國民黨有軍隊四百三十萬人，雖然大部分裝備窳劣、士氣低落，但是與中共的一百多萬軍隊相比，仍然占了上風。在抗戰之後，雙方誰也不讓誰；內戰，似乎一觸即發。

抗戰後的國共內戰，與二次大戰結束後的世界格局密切相關。國共兩黨倚靠的國際後台，分別是美國與蘇聯。在第二次大戰後期，美國與蘇聯已經開始磋商戰後世界的版圖分配；兩國後來達成共識，中國屬於美國的勢力範圍。

▲ 國民黨依靠美國，共產黨依靠蘇聯

從美國的戰略布局來說，大部分的資源都將要分配給歐洲，並不願意見到戰後的中國又陷入內戰硝煙裡；而基於抗戰時期的合作經驗（參見下一章），美國對國民黨政權並不滿意，因此希望國、共兩黨能放下武器，坐下來商談，建立一個議會民主的親美新政府。美國就採取這樣的立場，一面以威脅中止經濟、軍事援助做為手段，催促國民政府和中共進行談判。

在這個格局底下，國共坐上會議桌開始談判。先是蔣中正於民國三十四年九月，連拍三通電報，邀請延安的中共領袖毛澤東前來重慶會談。毛澤東在美國保證安全的情況下，終於同意到重慶。這是蔣中正與毛澤東惟一一次以兩黨領袖的身分，進行的高峰會談。

但是，蔣雖然是主動邀請的一方，事前卻沒有做好準備，以至於只能和中共談些原則性問題；而毛澤東卻可以藉此機會，親眼觀察國民黨內部的衰弱狀況。毛澤東在重慶住了一個多月，十月十日國慶日，政府與中共代表簽訂《雙十協定》：雙方都同意和平建設國家，實施憲政，並且召開容納各黨各派的政治協商會議。按照這項協定，「政治協商會議」（簡稱「政協」）在民國三十五年（一九四六）一月於重慶召開，各黨各派的代表坐下來商談，對戰後政府組織、國民大會的召開、憲法制訂，還有解決軍事衝突等問題，都做出協議。一時之間，一個戰後和平建設的新中國，似乎就要出現。

問題是，國共雙方存在嚴重而難以化解的歧見，讓協商的原則根本無法落實。例如「政協」達成的「軍隊國家化，政治民主化」共識，雖然兩黨都同意了，但是執行的順序如何，雙方立場卻南轅北轍。國民黨認為，在國軍之外，怎麼能容許政黨擁有自己的武裝力量？應該先實現軍隊國家化；中共認為，國民黨政權專制獨裁，不先民主化，怎麼能讓他們放心交出人民武裝？應該先實現政治民主化。

國共兩黨本來就是由美國、蘇聯三催四請後才坐下談判的；暗地裡，雙方對使用武力解決對方都抱著信心。於是，談判和內戰這兩個同時出現的旋律，前者便愈來愈弱，後者則愈來愈強。

高峰後直線墜落

國共雙方在各地的武裝衝突，其實從抗戰一結束就已經開始。國民政府指控中共地方武力破壞交通、攻擊國軍，並且阻撓接收（許多案例確有其事）；中共則反指國民黨軍隊不顧協議，主動進攻，殘酷鎮壓人民（若干指控缺乏證據）。衝突最激烈的地區，集中在華北與東北，國軍最初占上風。美國一開始想要調處雙方停戰，由於美國持續對國民政府提供援助，所以「調處」比較偏向美方單方面壓制政府軍，但是到了民

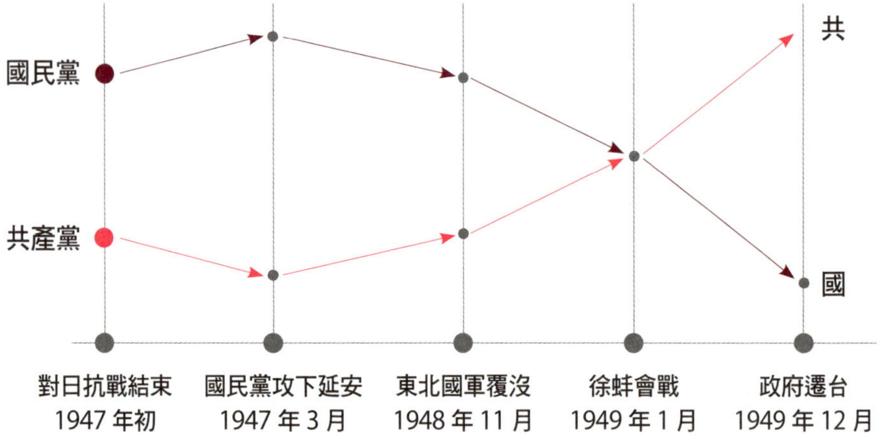

▲ 國共強弱趨勢變化

國三十六年（一九四七）初，美國正式宣告放棄調停。國共雙方撕破臉，內戰正式開始。

在內戰初期，國民黨的政治、軍事力量不但占有優勢，而且還攀上前所未有的統治高峰。從有效統治的區域來看，抗戰勝利之後，國民政府得到抗日奮戰八年的最大收穫：東北與台灣；由於抗戰時簽訂的平等新約（參見下一章），使得政府能收回各大城市的租界。

政治上，政府還都南京，雖然有中共抵制，還是召開制憲國民大會，由全國各省市選舉出的國民大會代表，通過《中華民國憲法》，走完政權合法性的最後一步。在軍事上，雖然時常有國軍部隊中了中共軍隊的埋伏圍攻，全軍覆沒，但是整體上國軍對中共採取的是攻勢，收復華中、華北多座重要城市；為了接收東北，蔣中正派遣最精銳的全美式裝備國軍五個軍出山海關（後來陸續增派到四十七萬人），一路北進，打敗攔阻的共軍，乘勝推進到長春、吉林、松花江南岸等地。

到了民國三十六年三月，陝西國軍胡宗南部更攻下中共中央所在地的延安。此時國民政府影響力到達的區域，達到全中國疆域的百分之八十五。

不過，就在民國三十六年三月，國民黨的情勢開始從高峰滑落，滑落速度之快，連對手中共都始料未及，最後更形成土崩瓦解的總崩潰。首先是政府戰後對於原日本占領區的接收政策失敗：對於原日占區的產權、學歷，一概不予承認；重慶派來的接收人員藉此貪汙舞弊，上下其手，情況非常嚴重，若干地區甚至釀成民變，例如台灣就發生了「二二八事件」。

對於社會日漸加深的不滿，國民黨採取強硬壓制的辦法，因而更加失去民心。再加上中共的宣傳攻勢，有計畫的推波助瀾，使得情況愈來愈惡化。當時有句順口溜，傳達出原來日本占領區基層民眾對政府的失望、不滿之情：

盼中央，想中央，中央來了更糟殃。

軍事上的失敗，則直接宣告國民黨統治的結束：從民國三十六年下半年起，東北、華北的政府軍隊只能據守大城市。以東北為例，長春長期被共軍圍困，地方政府要是沒有軍隊的保護，根本無法立足。到了同年年底，國軍在東北只能控制百分之一的土地，瀋陽、長春兩座城市。

民國三十七年（一九四八）十一月，東北四十七萬精銳美械國軍全軍覆沒，只有兩萬餘人從海路撤出；接著，國軍與改稱「人民解放軍」的共軍在中原一帶進行主力決戰，也就是二十世紀亞洲最大規模的陸戰：徐蚌會戰（中共稱作淮海戰役）。

參加這場戰役的國軍共達八十萬人，當中過半是蔣中正的嫡系部隊；中共解放軍則有六十萬人參戰，另外有六十萬民兵、五百餘萬民工擔任後勤支援。國軍雖然仍舊奮勇作戰，可是因為戰略與布署上的各種失誤，導致被共軍割裂包圍；到民國三十八年（一九四九）一月初，會戰失敗，國軍前線總指揮官、徐州剿匪副總司令杜聿明中將（黃埔一期）、第十二兵團司令官黃維中將（黃埔一期）突圍失敗被俘、第七兵團黃百韜中將、第二兵團司令官邱清泉中將（黃埔二期）先後自殺殉職。會戰結束時，中共大軍在人數上已經超過國民黨（共軍三百萬對國軍兩百萬），解放軍百萬人馬兵臨長江。

高峰後直線墜落

軍事失敗，造成蔣中正嫡系部隊的主力喪失殆盡，失去能壓制地方實力派領袖的本錢，導致政府高層集團的內鬥與分裂。

先是在民國三十七年三月，當內戰形勢逆轉、朝向對政府不利方向發展

▲李宗仁

時，南京仍然在動盪不安中召開國民大會，選舉憲法施行後的首任正、副總統。蔣中正囊括大部分得票，當選為總統；但是到了副總統選舉，卻引發國民黨內部的激烈衝突：蔣中正屬意由孫科代表國民黨出馬競選，沒想到，桂系領袖、北平行轅主任李宗仁似乎得到美國暗中鼓勵，執意參加選舉。經過激烈的競爭，李宗仁以些微票數擊敗孫科，當選為副總統，這是蔣中正在國民黨內控制力下降的嚴重訊號。

徐蚌會戰失敗，美國已經決心拋棄蔣；李宗仁相信，只要他上台執政，改與中共和談，美國或許願意繼續援助南京。即使談判不成，或者美援不如預期，憑著桂系的實力，或許還能與中共隔江分治，創造中國歷史上又一次南北朝局面。就在這樣的氣氛下，民國三十八年一月二十一日，蔣中正宣布他政治生涯的第三次「下野」，總統職務，交由李宗仁代理。

可是，局面的發展並不如李宗仁的預期：蔣辭職之後，麾下有五十萬兵力的國軍北平守將傅作義開城投降；中共對飛來北平的南京和談代表團開出形同要國民黨無條件投降的條款；而蔣中正雖然辭去總統，卻保留國民黨總裁的身分，而且顯然有自己一套計畫，不斷發號施令，指揮他的弟子門生去執行。

美國對國民黨的態度，卻沒有因為李宗仁上台而有重大改變。在這種種不利的情形下，中共在民國三十八年四月度過長江，一路上國軍非潰即降；四月二十三日，南京總統府的旗桿上就飄揚著解放軍的紅旗。政府先遷回二十三年前北伐誓師的根據地廣州，再遷重慶，最後在十二月時宣布遷往台北。

和談無望，美援不來，中共渡江，南北朝構想破局，政府與軍隊又不全然聽命，李宗仁徬徨無計，不知如何是好，於是以胃病需要住院治療為名，在民國三十八年十二月五日，從廣西南寧搭乘專機到香港，再轉飛美國，就此一去不回。直到十六年後（一九六五年），才又重返政權改易後的故國。

就在這個一切即將徹底瓦解的緊要關頭，蔣中正出面，以鋼鐵般的意志力，用盡一切辦法支撐危局。蔣已經六十三歲了，他一生奮鬥建立的基業至此幾乎被全數摧毀，但是他還不肯認輸，仍然拼命頑抗。從民國三十八年四月開始，他四處奔波，激勵黃埔學生鼓起勇氣作戰，又想以誠意感召西南地方實力派人物。雖然他部署的上海、重慶保衛戰都以失敗告終，雲南、四川軍閥最後也選擇投靠中共，但是他爭取到了一段寶貴的時間。在這段時間裡，蔣鞏固了他親自挑選的最後根據地——台灣。

十月二十五日，渡海攻擊福建沿海小島金門的兩萬解放軍，被蔣編練出的生力軍打得全軍覆沒，史稱「古寧頭大捷」，風雨飄搖的台灣局勢暫告穩定。歷史給了他和國民黨中國一個總失敗的紀錄，卻又留給他一次補考的機會。至於，蔣和撤退來台的國民黨人補考的成績如何？「中華民國三・〇」如何在台灣重新建立起來？那就是台灣史的範疇了。

貪汙無能非敗因

讓我們回到本章開頭的疑問：國民黨為什麼在短短二十多年間，就從統一中國、世界五強的極盛巔峰，跌落到土崩瓦解的失敗深淵呢？早年，國民黨的官方說法是：抗戰後民生凋敝，中共趁機武裝叛亂，美國又背棄盟友，終於使得大陸易手。美國先發表《中國白皮書》撇清責任，研究這段歷史的學者（如易勞逸）跟著反駁：國民政府本身貪污腐敗又無能，缺乏社會基礎，國民黨中國是從內部開始腐壞，與美國對華政策的改變無關。

在經過更長一段時間之後，或許我們可以繞開與政治相關的爭議，將國民黨在大陸的這段歷史，也看作是中國許多王朝當中的一個，來探討它盛衰的原因。首先，貪污腐敗與亡國並沒有直接關係，這一點，我們在前面提過的唐玄宗、北宋末年宋徽宗君臣的集體貪腐，都是如此；如果沒有外力入侵（如安史之亂、金兵入侵），貪腐並不會直接使政權崩潰。

國民黨在大陸的失敗，可以分成兩個方向來分析。軍事失敗自然是最重要的關鍵原因，國共兩黨都有軍事層面的重大失誤，但是在雙方的戰略與戰術上，國民黨犯的錯誤比中共多，修正補救的速度也較慢。在內部因素上，國民黨敗在抗戰勝利後執行中央集權的速度太快，手腕又太強硬，正如同英國東亞史專家文安立（Odd Arne Westad）教授所指出的，它幾乎得罪了這個政權原來或潛在的支持者、侵犯到他們既有的利益（包括美國在內）。在這個層面上，國民黨與享國同樣只有短短三十七年的隋王朝有相似之處：兩者都是在急進推動中央集權的過程裡，造成統治集團的內部分裂，並且都是因為對外作戰，將社會動員能力催至極限，而導致國家政權社會控制的突然崩盤。

不過，隋煬帝征討不願臣服的高句麗，是為了建立新的東亞「天下秩序」；國民黨領導全國軍民對日抗戰，則是為了反抗日本帝國主義的「東亞新秩序」。抗戰八年，確實耗盡國民政府原有的實力，造成中國社會的劇烈變動，是影響國民黨失敗的關鍵因素。這場史無前例的戰爭，我們將在下一章敘述。

第五篇

當代中國的危機與展望

抗戰是中國歷史上最重要的一場戰爭。抗戰對中國造成的改變和影響無遠弗屆：就算是日軍的軍靴沒有踏足的地方，戰爭也對人們的生活造成劇烈改變與破壞，對人心造成創傷和陰影。

二〇二一年是中國共產黨建黨百年，人民共和國也已建國七十二年。人民共和國的歷史仍然是進行式。從改革開放、告別革命以後，中國民間社會已經從層層桎梏裡慢慢甦醒。「和諧」所代表的國家控制，與「社會」在各種層縫裡展現出來的野生活力，彼此之間像是一場競賽。

究竟這場競賽誰高誰低？國家能不能在失去對社會的控制之前，設計出新的管控方式？民間社會能不能與國家力量達成真正的和諧共存？且讓我們繼續看下去。

戰端無分東南西北：八年抗日戰爭及其影響

抗日戰爭，簡稱抗戰，指的是二十世紀前期中國抵抗日本侵略的戰爭。戰爭的時間，如果廣義的算，從民國二十年（一九三一）九月，日本發動「九一八事變」占領東北起，到民國三十四年（一九四五）八月日本向中、美、英、蘇同盟國無條件投降為止，是十四年；如果從民國二十六年（一九三七）七月七日「蘆溝橋事件」算起，則是八年。這八年裡，前四年中國是孤軍奮鬥，後四年則加入第二次世界大戰的同盟國陣營，與美國結成盟友，接受美國的援助，但是抗戰的情勢，卻因此而變得更加複雜。

抗戰是中國歷史上最重要的一場戰爭。中國以一個政治上四分五裂、工業基礎薄弱的傳統農村社會，和入侵的外國現代化軍隊作戰，國土大半淪為戰場，軍民死傷三千萬餘人，最後居然戰勝，這在之前的歷史裡從來沒有先例（明朝曾經和日本作戰八年，但戰場在朝鮮境內）。抗戰對中國造成的改變和影響無遠弗屆：就算是日軍的軍靴沒有踏足的地方，戰爭也對人們的生活造成劇烈改變與破壞，對人心造成創傷和陰影。

本書在國民黨中國的興衰之外，特別用一個專章介紹抗戰的歷史，這是因為：第一，抗戰塑造出中國人的集體歷史記憶。想要了解中共如何運用民族主義取得民心，想要知道今天的中國民族主義「仇日」情緒的緣起，就必須要了解抗戰這一段歷史。第二，抗戰使原來停留在明清型態的基層社會產生大幅改變。第三，八年抗戰直接影響戰後中國內戰的結果，影響今天海峽兩岸形成分立的政權。最後，雖然國民政府是抗戰的主要力量，但是抗戰並不是國民黨中國的歷史就能涵蓋的。

民族主義擋不住

讓我們首先簡單介紹與中國交戰的敵國，也就是當時日本的情形。為什麼日本會向外侵略？日本從十七世紀豐臣秀吉秉政的時代，就有向東亞大陸發展的野心，因此也引來與明朝的戰爭。這種野心，伴隨武士道傳統，與日本明治天皇維新之後武士階層的影響力擴大等原因，形成軍國主義。軍國主義簡單說來就是法西斯主義的一種，對外以發動戰爭作為國家擴張發展的手段，對內以戰爭體制與意識形態來統治人民。

主導日本軍國主義發展走向的團

▲ 日本少壯派軍官梅津美治郎

體，我們姑且稱他們是「日本軍閥」。雖然都叫作「軍閥」，他們卻和中國那種割據一方、內鬥內行的督軍大帥不一樣，日本軍閥是受過嚴格軍事訓練、有狂熱國家意識的軍官群體，尤其是少壯軍人，往往不受軍部，甚至日本政府的限制，向中國步步進逼，形成軍人拖著政府走的情況。民國二十年的「九一八事變」，日本占領東三省；民國二十四年推動「華北五省特殊化」、逼迫南京簽署「塘沽」、「何梅協定」，背後都有這些軍閥的影子。

至於中國這個受日本壓迫擠榨的國度，日本軍閥有很詳細的情報蒐集，將中國人的習性，以及中國的風土人情舊慣，當作是生物學的解剖分析。但是就在這些風俗習慣裡，中國內部有一種無法調查、難以量化的情緒浪潮湧現，而日本軍部的主事者，對此卻沒有加以重視。

軍國主義步步逼

這種無法調查量化的情緒，日本軍部錯估、或者低估為「排日浪潮」，實際上，它是民族主義。在二十世紀前半，日本在中國的所作所為，不但沒能裂解中國，反而助長了城市與知識階層當中利害與共的集體情緒，造成民族主義情緒的凝聚。

隨著近代傳播媒體（如報紙、印刷

名稱	時間	日方行動	協定內容	目的
塘沽協定 於塘沽簽訂	民國 22 年 1933	日方對熱河、長城一線進行攻擊。	1. 中國軍隊退出長城一線。 2. 日本軍隊在中國軍隊確實撤退後撤出。 3. 長城以南，日本畫定的區域內，不得駐紮中國軍隊，治安由警察維持。 4. 取締「排日活動」。	兩協定都是日軍少壯軍官步步進逼、企圖將華北從中國割裂出去下的產物。
何梅協定 由何應欽與梅津美治郎負責談判	民國 24 年 1935	藉口親日報社社長被殺，日軍演習示威。	1. 要求中方駐北平最高官員何應欽「取締排日活動」。 2. 撤離河北省境內國民黨部。 3. 中央軍、憲兵退出河北。	

▲ 塘沽與何梅協定

品）在城市裡的發達，同仇敵愾的民族情緒逐漸在中國沿海地區，還有上海、北平這樣的大城市裡散播開來。

在列強裡，近半世紀以來侵略中國最為凶狠的就是日本：甲午戰敗，台灣割讓，二十一條，占據滿蒙，割裂華北，都是日本的「傑作」。那種遭人欺凌擺布、無法反抗，長期忍痛吞聲的羞辱感，像火一樣灼燒著許多人的內心。讓我們來看看曾譜出〈花非花〉、《國旗歌》等歌曲的黃自（一九〇四至一九三八），在「九一八事變」後填詞，由韋瀚章作曲的〈抗敵歌〉：

中華錦繡江山誰是主人翁？我們四萬萬同胞！

強敵入寇逞兇暴，快一致！永久抗敵將仇報！

家可破，國需保；身可殺，志不撓！

一心一意團結牢，努力殺敵誓不饒，努力殺敵誓不饒！

中華錦繡江山誰是主人翁？我們四萬萬同胞！

文化疆土被焚焦，需奮起！大眾合力將國保！

血正沸，氣正豪；仇不報，恨不消！

群策群力團結牢，拼將頭顱為國拋，拼將頭顱為國拋！

幾十年後撰寫大學歷史教科書的西方學者可能很難體會，為什麼「身可殺，志不撓」？為什麼「仇不報，恨不消」？這是一個被欺壓踐踏、內亂頻仍，窩囊到極處的民族，對過往百年不幸所發出最悲憤的怒吼、最強烈的反擊。

國外研究抗戰的學者，往往看到國民政府的腐敗無能，地方軍閥的相互勾串，共產黨人的蓄意運用，以及基層農村民眾的無知冷血；但在那個政令、軍令都不能統一的年代，真的有許多人願意「拼將頭顱為國拋」。在八年戰爭裡，他們捨命保護的「國」，並不是哪個特定的政權，或是哪種政治意識形態，而是在一路潰敗流亡與血腥殺戮當中凝聚起來的民族主義熱潮中，形成的對中國的集體想像。所謂「我生國亡，我死國存」，這種潮流浩浩蕩蕩，無法抗拒，只能順應；這種民族激情洶湧澎湃，無可估計，難以捉摸。

力量懸殊決死鬥

而能夠估計和作比較的，是中日兩國在一九三七年開戰前夕的武裝力量。先比較陸軍。日本皇軍在戰爭開始時有十七個常備師團（相當於中國的軍）與各特種部隊，師團下轄旅團（相當於師）、聯隊（相當於旅）等，總兵力三十八萬。但日本有訓練有素的在鄉後備軍人達四百萬，可以直接徵召動員。

日本軍隊的參謀作業是出了名的嚴謹，戰術部署一絲不苟，完全按照教典展開，單兵戰鬥基本動作扎實，醫藥、後勤補給充分，砲兵、裝甲坦克、空中火力的協同作戰，也非常熟練。

反觀中國這邊，民國二十六年時，陸軍共有一百三十八個師，總數大約一百八十多萬人，看似人數眾多，但是軍隊的編制、器械還有訓練非常混亂落伍，而且沒有後勤制度。當時國民政府雖然已經訓練出幾個全德式裝備、操練的精銳步兵師，不過人數只有八萬人。中央軍的軍官，有的竟連戰車上的砲塔會轉都不知道；地方部隊更有幾個士兵合拿一枝步槍的窘況。中國軍隊的基層幹部普遍不識字，有些部隊在幾年前還是土匪招安而來，根本無法要求軍紀。

民國二十六年初，根據軍政部長何應欽的估計，一旦與日本開戰，當時的子彈庫存只能維持六個月的供應量。武器上更是亂成一團，既有最新式德造、捷克造槍砲，國造中正式步槍，也有土造鳥槍、獵槍，零件無法互換，故障難以維修，更有的部隊（比如著名的西北軍第二十九軍）士兵只穿著草鞋，身後還插著把紅纓大刀！醫藥後勤極度欠缺，戰術部署就更不必說了，大部分軍隊的所謂「戰術部署」，都還停留在前線指揮官（連、排、班長）對士兵們說：「待會聽我喊，你們槍就往那邊打！」的程度。

海軍方面，日本自行設計生產的海軍大小艦艇，包括航空母艦、巡洋艦在內，有兩百八十五艘，總噸數達一千四百萬噸。中國海軍只有陳舊的船艦五十七艘，總噸數五萬七千噸，用作內河巡防、沿海緝私用。這樣的實力，不要說是和日本海軍正面交鋒，連偷襲都很難。

至於空軍武力，日本有國產工業設計製造的戰鬥機、轟炸機兩千五百架；中國從中央到地方航空武力，一共只有四百架飛機。中國沒有能力自造飛機，這四百架戰鬥機購自許多不同國家，維修困難的問題再次出現。

從各方面看得見的對比來說，中日兩國的武裝力量，強弱差距非常懸殊是很顯然的。如果日本皇軍是訓練有素的現代化軍隊，那中國軍隊除了極少數精銳以外，根本就是一大群烏合之眾。把這兩支軍隊的一切條件擺在一起看，可能有半個世紀、甚至更大的落差。

單憑帳面上的比較，這場戰爭中國似乎是必敗無疑。可是，中國方面有一股看不見的氣勢存在，就如同杭州筧橋中央航空學校校園中央「精神堡壘」上，銘刻了一段文字：「我們的身體、飛機和炸彈，當與敵人兵艦陣地同歸於盡！」這股明知力量懸殊，勝算低微，卻還要與強敵拼死戰到底的決心，是中日雙方強弱條件之外，最大的勝負變數。

淞滬血肉築長城

日本為了奪取華北，作了各種布置，對上海卻沒有提防。在蘆溝橋事變發生以後，蔣中正就意圖將主戰場從華北拉到自己的地盤，也就是長江三角洲下游地帶來打。至於作為戰場的城市，蔣委員長選定上海，因為這裡有租界，各國僑民、商人聚集，戰爭一打起來，全世界都看得見中國抵抗的決心。

蘆溝橋事變後，北平、天津在七月底前紛紛失守。八月九日，中國保安隊和日本士兵在上海虹口爆發衝突，中日雙方一面宣稱「避免事態擴大」，同時開始調兵遣將；十三日上午九點，日本海軍陸戰隊與中國陸軍第八十八師二六二旅五二三團交火，戰爭正式開始，史稱「八一三淞滬會戰」。

會戰初期，蔣中正派出中央最精銳的三個德式師（第八十七、八十八、三十六師）圍攻日本上海駐軍。派駐上海的日本海軍陸戰隊人數約五千人，執行攻擊的中國軍隊則有四萬餘人。中方突然採取攻勢，一度造成日軍很大壓力，但中國這幾個精銳之師，充其量只等於德國的輕裝步兵師，沒有配備攻堅武器與反戰車砲，無法摧毀日軍坦克與碉堡，攻勢最後功虧一簣。

日軍遭受沉重壓力，於是大舉增援上海，中國方面也徵召中央及各省部隊參戰，雙方在上海公共租界的北、西兩面激烈交戰，會戰到此形成僵持局面。日軍總數約二十萬，陸續到達淞滬地區作戰的中國軍隊人數則高達五十多萬人。雙方七十多萬人在狹小的地帶內拼殺，一個據點在一天之內，可能失而復得好幾次。

參戰的中國軍隊，沒有空軍與砲兵優勢，全憑一股不願再受外敵欺凌的血氣之勇，以自己的血肉之軀對抗日軍的密集火網。會戰打到後期，中國空軍犧牲殆盡，日本飛機肆無忌憚攻擊援軍，有時一個師數千人還沒到前線指定位置，就已經損失五分之三。

	陸軍	海軍	空軍	優勢
中	士兵 180 多萬，編制、器械、訓練落後，後勤欠缺，毫無戰術。精銳步兵僅 8 萬人。	57 艘陳舊船艦	400 架非自製戰機，維修困難。	死戰到底的決心
日	士兵 38 萬，後備軍人 400 萬，後勤補給充分。	285 艘自製船艦	2500 架自製戰機。	訓練有素的現代化軍隊

▲ 抗戰前夕中日軍事力量對比

中國軍隊以慘烈的死傷，在淞滬戰場上苦戰三個月，打破日本「三天拿下上海」的企圖，讓各國派來上海的軍事觀察員，親眼見證這座血肉堆砌起來的新長城。

八十八師二六二旅旅長黃梅興少將剛逢母喪，兒子還沒滿月，才回到前線，就親自帶隊衝鋒，不幸中砲陣亡；初次上陣的四川軍隊數百人，揮舞著竹竿、長槍等武器，想捕捉一輛日軍坦克而全數犧牲；第十八軍九十八師姚子青營奉命死守寶山，受日軍攻擊，全營戰死，無一人逃脫；八十八師二六二旅五二四團謝晉元部在大軍撤出閘北後，奉命率孤軍留守四行倉庫，成就「八百壯士」的故事；空軍沈崇誨上尉駕機轟炸日本海軍，座機被創，他不願

▲ 八百壯士死守四行倉庫

「八百壯士」的故事

淞滬會戰打到十月下旬，中國軍隊在上海閘北區的戰況漸趨不利。蔣中正委員長於是對第三戰區司令長官顧祝同下達命令：所有上海市區內的軍隊撤到郊區西線，但留下精銳的八十八師全師繼續死戰，掩護大軍撤退，也象徵中國還在上海市區作戰。八十八師當時已作戰兩個多月，犧牲慘重，師長孫元良（一九〇四至二〇〇七，他就是影星秦漢的父親）認為這個任務既然屬於政治、外交宣傳性質，沒有必要讓全師苦戰多時的官兵都葬送在上海。經過緊急協商，蔣同意讓八十八師以一個團的兵力留守閘北，留守地點可以自行挑選，後來又減少為一個營。孫元良選中八十八師五二四團的一個加強營，由團附（僅次於副團長的軍官）謝晉元中校（黃埔四期）和營長楊瑞符少校率領，進占閘北蘇州河西岸的四行倉庫。

四行倉庫是金城、中南、大陸、鹽業四家銀行共同建設的倉庫，為鋼筋水泥建築，便於儲存各種彈藥、糧食；而且，四行倉庫位於租界附近，若日軍來攻，為防誤傷，不敢使用重型武器。十月二十六日，守軍開始與日軍第三師團所部交戰，許多上海市民在租界隔河觀戰，看到竟然還有中國軍隊留在上海與日軍拼戰，非常激動，歡呼鼓譟，為守軍助威。十月二十八日晚間，一名女童軍楊惠敏冒險游泳過蘇州河，致送守軍一面上海商會致贈的中華民國國旗。楊惠敏向謝晉元問起守軍人數，謝為了壯大聲勢，稱守軍有八百人（實際為四百五十二人），這就是「八百壯士」的由來。守軍作戰五天四夜以後，租界裡的西方人不願意戰場離他們太近，向國民政府遞交請願書，請求人道停戰。蔣認為作戰目的已經達成，於是同意守軍撤退。守軍後來被租界武裝團強制繳械，謝晉元在民國三十年（一九四一）遭刺殺，有些士兵則被日軍送往新幾內亞充當苦力。「八百壯士」是抗戰初期中國的一次成功國際宣傳，民國六十五年（一九七六），「八百壯士」的故事被台灣拍成同名電影，由柯俊雄（飾謝晉元）、林青霞（飾楊惠敏）主演。

跳傘逃生，連人帶機撞擊日艦，同歸於盡。

黃梅興，姚子青，謝晉元，沈崇誨，以及許許多多在歷史上沒有留下姓名的將士。我們特別提起這些軍人，是要記下民族主義在他們身上，散發出偉大撼人的力量。當他們冒著敵陣密集砲火衝鋒，死守彈丸之地，或是在四面皆是敵人的環境下堅持到底的時候，心心念念全是抵抗外侮，一點也沒有顧慮到自己。

南京屠殺絕人寰

十月底，日軍增援部隊兩個師團七萬多人從杭州灣登陸，在上海作戰的中國軍隊退路有被截斷的危險，於是中方統帥部下達總撤退的命令。中國軍隊一旦開始退卻，烏合之眾、臨時湊合的弱點就全部暴露出來，血氣之勇變成奪路逃生。幾十萬大軍沒有計畫，指揮失靈，拋下錙重各自逃命，形同潰散。日軍沿路幾乎沒有再遭遇什麼抵抗，兵鋒指向國都南京。日本參謀本部認為，只要攻下中國的首都，就能逼使國民政府停戰求和。

在中國方面，此時已經將政府移往武漢；國都南京無險可守，所有的參謀幕僚都建議預先放棄，或者只作象徵性的抵抗。但是蔣中正認為，先總理陵寢在此，實在不忍心驟然捨棄，他又有在南京抵抗，以等待國際（主要是德國）介入調停的打算，於是在前軍閥唐生智（一八八九至一九七〇）自告奮勇守城的情況下，蔣決定以從淞滬戰場退下來的八萬敗兵守備南京，迎戰松井石根指揮的日本華中派遣軍。十二月初，日軍逼近南京外圍陣地，正當守軍拼命奮戰時，唐生智率先脫逃，十二月十三日，日軍攻破南京中華門。繼太平天國天京之役後，又有一場大浩劫在等待著南京城。

由於淞滬戰役打得出乎意料的艱困，日軍從基層官兵到指揮層級，自開戰以來累積了不少怨憤、疲倦情緒，使得松井石根、谷壽夫（第六師團中將師團長）等指揮官以「放鬆軍紀檢查」作為鼓舞所屬部隊攻下南京的獎勵。

於是，日軍在進入南京後，整個對華戰事不順的情緒完全爆發，軍紀的敗壞廢弛無法挽回。十二月十三日城破後足足有六個星期，皇軍在南京城內燒殺搶掠，姦淫婦女，殘殺嬰兒，對可能當過兵的中國男子，一律加以殺害。一時之間，六朝故都變成了人間煉獄，最泯滅人性的禽獸行為，在南京城裡天天上演。

儘管各國學者對於屠殺人數還有爭議，死難人數從三十萬、二十萬、四萬、兩萬等，都各有人主張，但是日軍在南京的軍紀敗壞，導致東京大本營在戰後將打了勝仗的主帥松井石根召回，則是不爭的事實。就在埋藏於日軍官兵意識深層的野獸被召喚出來的同時，南

「百人斬」殺人競賽

一九三七年十二月十三日的《東京日日新聞》刊出下面這麼一則報導：兩名日本軍官，向井敏明少尉與野田毅少尉，在朝南京進軍途中相互約定競賽，破城後先殺滿一百名中國人者獲勝。等兩人隨軍隊攻到南京紫金山下會合時，分別已經殺了一〇五與一〇六人，但因為不知道誰先殺滿一百人，於是認定這次競賽不分勝敗，約定各自再殺一百五十人定勝負。野田與向井在戰後都被聯軍總部逮捕，引渡回中國，一九四八年一月，經南京軍事法庭判決死刑槍決。

京城裡同樣也閃耀著高尚人性的光輝。歐美僑民自動自發組成的難民收容營「國際安全區」，收留了二十五萬餘中國難民。

在西方立場可能敵對的英、美人士與德國商人，在南京卻攜手合作；美國星條旗與德國納粹黨的卍字旗，同樣成為難民抵擋日本兵獸行的護身符。

眾志成城台兒莊

從華北、淞滬、南京各戰役，全部都以中國的失敗告終；可是，就在這些失敗的戰役裡，中國卻誕生出真正的「國軍」。所謂國軍，既不是國民革命軍，也不是國民黨軍的簡稱，而是為國家抵抗外侮的軍隊。

這種眾志成城、通力合作對抗外侮的情況，在民國二十七年（一九三八）三、四月間進行的徐州會戰台兒莊之役表現得最清楚。

台兒莊一戰，是中國抗戰以來第一場勝仗。日軍以兩個師團的兵力，從山東的南北兩邊對進，想要在徐州一帶消滅中國軍隊主力。中方負責指揮徐州會戰的，正是前一章我們介紹過的李宗仁，當時是第五戰區司令長官。歸給李宗仁指揮的部隊，既有德式裝備的中央軍，也有西北軍、川軍等地方部隊，更有隨李宗仁出戰的廣西桂系軍隊。

在山東省南部的台兒莊，李宗仁以西北軍、川軍死守，拼命擋住日軍的衝擊，然後以運動能力較強的中央軍湯恩伯軍團在日軍的後側迂迴包抄。經過雙方不斷進行包圍、反包圍，以及反反包圍纏鬥，日軍精銳的磯谷師團最終還是掉進李宗仁設好的口袋陷阱裡，中國軍隊四面出擊，日軍拼死突圍，傷亡萬餘人，造就了台兒莊大捷。西方觀察家說，這是日本皇軍從明治維新建軍以來，所遭遇到的第一場大敗仗。捷報傳到臨時首都武漢，成千上萬的民眾欣喜若狂，自動自發上街遊行慶祝。

李宗仁在日後出版的回憶錄裡，把這場勝仗的功勞大部分都歸到自己的身上。但事實上，台兒莊大捷只是抗戰中一千多場規模類似的戰役其中之一；而桂系出身的李司令長官之所以能夠順利指揮這些系統、淵源不一的軍隊，背後有各種因素的支持。

首先，在同年的一月初，蔣委員長就以違反軍令、擅自後退為名，將企圖保全實力、不戰而退的山東省主席兼第五戰區副司令長官韓復渠（一八九〇至一九三八）槍決。有這樣一個血淋淋的例子在前頭，各地方軍系將領只好拼命奮戰。其次，蔣又將自己嫡系部隊在內的大量軍隊、裝備，撥派給第五戰區，並派遣同屬桂系的「小諸葛」副參謀總長白崇禧到徐州相助。有了這些因素的支持，這幾支幾年前「中原大戰」時還兵戎相見的部隊，才能團結在一起。所以，正如親身參加過抗戰的美籍華裔史學家黃仁宇所說，不是先有國軍才有抗戰，而是因為抗戰才造就出了國軍。

難民加上偽組織

雖然台兒莊一戰，中國軍隊重創了日本兩個師團，但是接下來日軍增員到四十五萬人，終於迫使國軍撤離徐州。為了遲緩日軍快速部隊攻擊武漢的時間，蔣中正下令在鄭州花園口一段炸開黃河大堤，使黃河潰堤氾濫，奪淮河入海。黃河氾濫的區域被稱為「黃泛區」，阻擋日軍向武漢進攻，長達三個月以上的時間，屏障鄭州以西的地方達六年之久。

問題是，儘管掘開黃河大堤在軍事上有如此貢獻，儘管在炸堤之前，河南省政府與鄭州行政專員已經預先對直接受災的中牟縣百姓發放「逃荒費」（每人法幣五元），仍然造成了數千個村莊被黃水沖毀，百萬人無家可歸，淪為逃災的難民。

易勞逸就認為，掘開黃河對農村社會造成的破壞與衝擊，遠超過軍事上遲滯日軍的效益。未來幾年裡，在華中、華北，原本辛勤耕作的農民，因為抗戰直接和間接的影響，田地房舍被火燒水淹、遭遇水澇蝗災，甚至被軍隊搶掠，只好離鄉背井討飯吃。他們飢寒交迫，或者悲慘到含著淚易子而食，只求能活過今天；或者最終成為倒斃路旁的屍骸。這是民族主義的激情逐漸褪去後，戰爭對中國農村社會所造成的巨大傷害。

抗戰初期民族主義的激情退去的另一個跡象，是偽政權的接連成立。抗戰前後，日本人已經在華北扶植若干前北洋政府的官僚，成立「中華民國臨時政府」與「中華民國維新政府」，但是論到對重慶國民政府的衝擊，則沒有比汪精衛出走來得大。

汪精衛在淞滬會戰時，曾親眼見

▲ 成立親日國民政府的汪精衛

到傷兵得不到醫藥救治，輾轉哀嚎的悲慘場面，而嘆息說：「此仗如何打得下去！」對於以中國這樣落後的武力，要能擊敗工業化的日本，收復失土，他無論如何沒辦法保持信心。

於是，就在日本首相近衛文磨宣布「不以重慶為交涉對象」，希望國民政府內出現新的人事變化，響應日方「日、滿（洲國）、華三國提攜」之後，汪精衛在民國二十七年（一九三八）十二月底祕密由重慶出走到越南河內，隔年三月宣稱「還都南京」，在南京成立親日的「國民政府」，也設有五院，汪「代理」國府主席（到民國三十二年，林森主席在重慶病逝後，汪「真除」主席一職）。

民國三十三年（一九四四）汪病死日本東京，「國民政府」由和他一同出走的陳公博（一八九二至一九四六）代理政務，直到日本戰敗宣告結束。雖然在南京的這個「國民政府」似乎保持了一定程度的自主權，在日本與英、美宣戰之後，也收回了若干租界，但是它受日本支持成立的本質，使得在當時與後世，都被大部分的人看做是南宋初年時「偽齊」一類的「偽組織」。

「偽組織」不但出現在政治上，也出現在社會與婚姻形態上面。抗戰改變了中國社會的心態，也影響到男女愛情與婚姻觀。從報紙刊登的結婚啟事可以看出，抗戰時出現許多在原來合法婚姻還沒結束的狀況下，就另組的新家庭。這些逃到大後方的男女，原配丈夫或妻子可能還留在故鄉日占區，歷史學者呂芳上教授戲稱這樣的新家庭為另一種「偽組織」。

戰爭撼動了傳統家族對婚姻的支配力，給許多男女愛情自主的空間；婚姻大事輕率進行，同時反映出身處戰爭環境裡，人們對前途的不確定與徬徨。

糧食稅收靠攤派

民國二十八年（一九三九）開始，戰爭進入僵持階段。雙方雖然繼續發起大規模的戰鬥，但是前線並沒有產生劇烈變動。到了這個時候，幾乎所有的中國沿海大城市，以及長江中游的武漢，都落入日本皇軍的占領之中。中國方面雖然接連丟失要地，但卻成功的將日本拖入持久戰的泥沼裡——中國雖敗，卻能苦苦支撐下去，不願投降。

蔣中正等待的「國際形勢變化」還沒有轉到對中國有利的那一面：納粹德國在歐洲掀起二次世界大戰，法國在幾星期之內就被打得棄械投降，日本隨即入侵法屬中南半島，封鎖當時中國惟一的對外糧食進口管道。在北邊，日本雖然和蘇聯發生武裝衝突，但兩國很快就簽訂互不侵犯條約。抗戰進入第三年，中國仍舊孤軍奮戰。

前一章我們提過，抗戰開始，國民政府被迫撤離開經營十年的長江三角洲財稅重地，來到陌生又缺乏社會基礎

時間	城市
1937年7月底	北平、天津
1937年11月	上海
1937年12月	南京
1938年5月	徐州
1938年10月	廣州、武漢

▲ 抗戰時期日本占領中國重要城市表

的大後方。戰前原來的財政收入來源，到了民國二十八年時，只剩下總收入的百分之六點三，原來在江蘇、浙江、江西、安徽等省實施的徵兵制度也無法繼續。那麼，在財稅、糧食與徵兵這幾個重要層面上，國民政府是如何調整自身的社會基礎，來因應孤軍作戰的局面呢？

為了補充戰爭初期損失的大量兵員，國民政府同樣放棄了戰前只具雛形的徵兵制，改採募兵制度。四川省是抗戰大後方，也是兵員最重要的來源。抗戰八年，政府總共在四川募集了兩百五十七萬八千餘人。除了四川之外，陝西、湖南、河南也是重要的兵源重地。

對於稅收來源，政府除了擴大發行法幣和公債之外，也允許農村以實物繳交。地方政府商定額度，委由農村的包稅人收集上繳，這種辦法稱為「攤派」。法幣和公債主要流通發行的地區，都是城市。

根據荷蘭籍的英國漢學家方德萬（Hans J. van de Ven）研究，這項政策的精神，是希望由城市來分擔戰爭的耗損，以減輕農村經濟遭受的衝擊。當時制定政策的財政官員已經曉得，大量發行公債，最後一定會導致政府統治區內的各城市出現通貨膨脹，但政府別無選擇，只能以減少開支來對應。

戰前中國的糧食，有很大一部分仰賴國外進口，到了抗戰開打，日本對中國實施經濟封鎖，難以再進口糧食。可是，由於民國二十六、二十七兩年的風調雨順，湖南、湖北、江西等省稻米產區大豐收，加上政府推動開發新耕地、使用更有效農藥等措施，戰時農村的糧食供應在民國三十年（一九四一）之前維持得很平穩，並沒有出現匱乏的情況。

美國盟友看不慣

也正是在民國三十年的十二月，日本奇襲美國夏威夷珍珠港，掀起太平洋戰爭，蔣中正終於等來了他企盼多時的「國際情勢變化」。英、美等國對日本宣戰（中國也是到此才正式對日宣戰），歐、亞兩大戰場合一，中國加入同盟國陣營，抗戰成為二次世界大戰的一部分。民國三十一年（一九四二）元旦，蔣委員長成為盟軍中國戰區最高統帥。

美國的援助開始到來：飛機飛越喜

同盟國	軸心國
英國	德國
法國	日本
波蘭	義大利
蘇聯 1941 年加入	
美國 1941 年加入	
中國 1941 年加入	

▲ 二次世界大戰雙方陣營主要國家

瑪拉雅山的「駝峰」航線，載運人員與物資到重慶、成都；裝載援助物品的卡車則蜿蜒行駛於曲折的滇緬公路上，終點站是雲南省會昆明。由美國空軍上校陳納德（Claire Chennault，一八九三至一九五八）領導、一九四一年起替中國作戰的空軍「美籍志願大隊」（American Volunteer Group，即俗稱的「飛虎隊」），也正式被編組為美國空軍第十四航空軍。

民國三十二年（一九四三）一月，盟國與國民政府簽訂平等新約，鴉片戰爭以來簽下的各種不平等條約，一概廢除；十一月二十三日，蔣委員長與美國總統羅斯福、英國首相邱吉爾在埃及開羅召開高峰會議，會後（二十七日）發表共同聲明，主張日本從中國奪去的所有領土，包括東北、台灣、澎湖群島，都應該歸還中國。從一百年前的鴉片戰爭開始，中國遭受的一切屈辱挫折，到此刻結束；中國不論是國際地位還是抗戰的前途，似乎都來到了光輝的高峰。

但是，就在這些光輝燦爛的表象底下，若干來華的美國將領、新聞記者與使館官員，卻發現了中國這個盟友的黑暗面：政府高層派系鬥爭，高級官員貪污腐敗，基層公務員生活艱難，地方政府顢頇無能，前線將領素質低劣，地方軍隊兵匪不分。

這些現象可以解釋成戰爭後期國民政府的基礎日漸虛弱，統治能力日趨喪失。但這些美國人卻逐漸形成另一種觀點，他們認為蔣中正領導的國民政府在與美國結成同盟之後，就不願意真正出力抗戰了，轉而將大量援華物資囤積起來，準備用來對付共產黨。當時這麼認為的美國人不少，例如在華美軍司令、中國戰區參謀長史迪威（Joseph Stilwell）中將，就抱持著上述這種看法。

史迪威時地不宜

約瑟夫．史迪威（一八八三至一九四六），西點軍校畢業，曾經在北京學中文，一九二六年在天津美軍第十五步兵團擔任營長。由於有「中國經驗」，頗受美軍參謀長馬歇爾（George Marshall）上將賞識，他被派往重慶擔任戰區統帥蔣中正的參謀長，同時兼任在華美軍司令，負責管理、調配美國援華物資。

史迪威作戰勇敢，能與基層士兵同

甘共苦，所以一向頗得軍心。但是派遣他來華擔任參謀長，卻是非常不合適的決定。

史迪威的個性高傲，說話尖酸刻薄，看不起周遭所有盟軍將領，例如他在公開稱盟軍東南亞戰區總司令、英國蒙巴頓伯爵（Louis Francis Mountbatten, 1st Earl of Burma）是「一頭笨驢」，要與他會見之前，還得「先去動物園看猴子」調整心情。

史迪威對中共的印象則很好，認為他們清廉、愛國又有效率，對國民黨人的觀感很差，尤其瞧不起戰區最高統帥蔣中正，他在日記裡稱蔣是「花生米」（peanut，意思是不中用的小人物），認為蔣沒受過正規軍事教育，只懂「歪眼戰術」，還妄圖坐享其成，等待盟國勝利。史迪威認為美國援華物資交到國民黨人的手上，只會被他們中飽私囊，或者拿去對付正直愛國的中共；因此，他時常以手握援華物資（汽油、軍火）分配的權力作為手段，逼使蔣將軍權交付給他。

民國三十三年（一九四四）九月，史迪威幕後運作，促使羅斯福總統拍發電報給蔣中正，要求將中共軍隊在內的所有中國軍隊，都交由他負責指揮，終於惹翻了蔣，回電請求羅斯福將史迪威調回，否則中國不惜獨力對日作戰，羅斯福被迫讓步。史迪威臨走之前，以口述和文件整理的方式，將他自己「悲劇英雄」的形象，以及對國民政府與蔣中正「腐敗無能」的觀感，傳達給在華的美國新聞記者與國內輿論。這種觀點影響深遠，建構了日後美國對國民黨歷史的主流詮釋。

在戰略戰術層面，史迪威也是一個擺錯位置的指揮官。他偏好進攻，但是中國戰區卻大都以防禦戰為主，使他無用武之地。

一九四二年三月，為了英國利益與保障中國補給所成立的中緬印戰區，卻給了史迪威發揮攻擊戰術的機會。中國將僅存的精銳部隊組成「中國遠征軍」，交由史迪威指揮，進入緬甸作戰。但這次的遠征作戰，卻因為史迪威等人誤判日軍動向，導致全盤失敗。十萬中國軍隊損失過半，撤回國內的只剩四萬六千餘人，其中有一部分軍隊往西突圍，撤到印度蘭伽，成了後來全美式裝備、訓練的「中國駐印軍」。

中緬印戰區再怎麼說，也只是輔助中國戰區的次要戰

▲ 不合適的參謀長史迪威

場，但是史迪威為了洗雪前恥，卻將他的大部分精力都擺在這裡，籌備發動攻勢作戰，一心要消滅緬甸日軍。直到民國三十三年十月被調回美國之前，史迪威將大部分的美援軍械、物資都集中在中印緬戰區，導致在駐印軍、遠征軍節節勝利的同時，日本發動最後一擊「一號作戰」攻勢，在中國本土迎戰的國軍部隊，卻都是些久戰疲憊的殘破之師。

驚天動地守衡陽

一九四三年秋季開始，太平洋戰爭的情況對日本愈來愈不利。東京大本營設想，海上交通將來有可能被美軍截斷，為了確保石油等戰略物資的供應，並且「封殺」中美空軍在華中、華南的起降基地、打擊重慶的抗戰意識，日本決定以十六個師團、五十萬以上的陸、空、裝甲兵力，籌組一次「亙世紀之大遠征」，作戰代號取名為「一號作戰」（Operation Ichigo）。

民國三十三年（一九四四）四月，日軍動員集結完成，一號作戰正式發動。中國軍隊首當其衝的，是駐防河南的湯恩伯部。此時湯部的軍紀敗壞，又因為河南自從黃河決口後多年無戰事，加上遭逢災荒，部隊忙於「自力救濟」，搜集糧食，戰力低下，極不得民心，在中共游擊隊策動下，竟然出現民眾將國軍繳械的情況，日軍陸空聯合立體猛攻，河南的防禦很快崩潰。

日軍乘勝由漢口南下，國軍在抗戰中期曾經締造三次勝利的長沙，在這第四次會戰時被日軍攻下。六月，日軍第十一軍的十萬大軍由司令官橫山勇中將率領，直撲湖南水陸要衝衡陽城而來。衡陽的中國守軍是第十軍，軍長方先覺中將（一九〇三至一九八三，黃埔三期），下轄四個師，但因為不久前才剛參加過劇烈的常德會戰，實際總兵力只有一萬七千人。中國軍隊到了抗戰後期，缺員嚴重，戰力低落，往往要一個師，六、七千人的兵力，才能夠和日軍一個大隊（營）對抗。基於這些情報和估算，橫山勇認為要拿下衡陽，應該一星期之內就能達成。

但是日軍迎來的，卻是整個八年中日戰爭期間，最為慘烈的四十七天攻城戰役。衡陽的百姓已經預先撤走，留下一座被日軍四面合圍的孤城。第十軍在外圍陣地挖了無數壕溝，引水灌壕；垂直削平機槍碉堡主陣地下方的山坡地，沉著應戰。國軍官兵承受著日軍猛烈的砲擊與空襲，以有限的彈藥和人數五倍以上的日軍周旋。

根據日方紀錄，中國士兵寸土必爭，纏鬥反擊，彈無虛發，迫擊砲彈打光了，就以集束手榴彈（三個一串）拋擲突擊。此役戰況激烈緊繃，督戰的日軍高級將官傷亡也史無前例的高：五十七旅團長志摩原吉少將被手榴彈炸死，第六十八師團長佐久間為人中將被炸成重傷後送。四十七天裡，日軍砲

▲ 率領第十軍進行衡陽保衛戰的方先覺

轟、空襲、敢死隊衝鋒，最後連毒氣都用上，一座衡陽孤城，就是打不下來。國軍機槍碉堡陣地前，日軍屍積如山，傷亡竟然高達兩萬九千多人！

這是民國三十三年八月時的衡陽，不是民國二十六年的上海；對於那些認為中國軍隊在民國三十年之後，就沒有認真抗日的人們，第十軍以殘破的實力進行的衡陽保衛戰，驚天地泣鬼神，是最有力的反駁。

山窮水盡疑無路

然而，援軍遲遲無法突破日軍的封鎖，衡陽終究還是被攻陷了。民國三十三年八月七日，日軍攻入衡陽城內核心陣地，蔣中正收到方先覺拍來的訣別電報：「來生再見」（後來方自戕不成，提出善待傷者條件為日軍接受後，放下武器而被俘）。委員長在日記裡寫道：「悲痛之切實為從來所未有也」。

打下衡陽後，日軍華中派遣軍會同華南方面軍，繼續向中國西南前進。九月底廣西梧州失陷，十一月十一日，日軍攻陷桂林，十二月二日，沿著黔桂鐵路進攻的日軍打到貴州獨山，距離重慶只剩七百公里。從各地抽調增援的中國軍隊（包括在美國協助下，從西安空運到貴州的胡宗南部隊），在擁擠逃亡的難民潮中奮力阻截日軍，擋住一號作戰的最後一次進攻。

衡陽之戰的確是中國抗戰的一個縮影：中國沒有能力單獨打敗日本，這是戰前就已經知道的；要抗戰到底，只能靠苦撐拖垮強敵。但是，靠自己苦撐到最大程度，也未必能贏來勝利。

抗戰來到了第七年底，農村經濟已經破產，城市物價飛漲，軍公教人員的一個月的薪水，購買力剩下戰前的百分之一；戰前慷慨激昂喊著抗日救國口號的大學生，此時喧嘩鼓譟，抗議飯堂的伙食不如人意；軍隊已招不到兵，鄉村街口到處在拉伕抓逃兵，除了駐印軍與遠征軍等十幾個師裝備、人員尚稱充足之外，各軍的士氣與火力都已降到最低；中央政府的威信與實力不再能夠壓制地方軍閥，西南各省實權人物正在串聯，要是日軍持續向重慶進逼，他們就要出來另組政府。

上到國府主席蔣中正，下到無數淳樸善良、卻吃苦受難的中國百姓們，此刻必定都有「漫漫長夜，不知何時才是天明」的感受。中國抗戰到此，已經山窮水盡。

勝利的慘痛代價

「一號作戰」之後，日本已經是強弩之末。民國三十四年（一九四五）初，盟軍已在中緬印戰區打敗日本軍隊，受全副美式裝備、訓練的駐印軍六個師可以調回國內作戰。中國軍隊以這幾個火力強大、戰鬥力高的師作為矛頭，在同年四月間對日本發動反攻作戰。八月，美國轟炸機在日本的長崎、廣島兩地投擲原子彈，八月十五日，日本宣告無條件投降。中國對日抗戰八年，全面勝利在苦熬多時以後終於到來。

但這個勝利的果實並不甜美。八年抗戰打下來，中國軍隊人數最多時有五百萬人，其中陣亡將近一百三十二萬人，總傷亡（死亡、傷病、失蹤）在三百六十五萬人以上。平民百姓的傷亡更是慘重，因為戰爭而死亡的老百姓超過兩千萬人。在這樣顛沛流離的歲月裡，家庭被拆散，親子被迫分離，很多愛情沒有結果，許多思念化作心底永遠的傷口。

社會經濟也因為戰爭的破壞，而起了很大的變化。戰前在沿海城市興起的市民階層遭到摧毀：隨政府撤退者，失去原有的產業經濟基礎，有些更由生產者淪為倚賴政府救濟的消費者；留在原地者，在戰時必須和日本占領軍與偽政府打交道，在戰後則又要面對從大後方「衣錦返鄉」、氣勢洶洶的接收人員。

在農村裡，戰爭使得地方原有的秩序崩解：或為了避免抓兵，或為了天災人禍，大量農民與仕紳逃離家鄉。農民逃離家鄉，任由田地荒蕪；鄉紳離開故里，喪失原有的社會地位與職能。正如親歷抗戰的齊邦媛教授在回憶錄《巨流河》裡所訂的標題，抗戰的勝利，是「一切的虛空」！

抗戰實際上也決定了中國大陸政權的變動。國民政府苦戰八年，耗盡一切資源，窘態與疲象畢露。而在陝北延安窯洞中觀看天下風雲的中共，損失則相對輕微。到了民國三十四年八月，中共已成氣候，治下已有一億人口，一百三十餘萬正規軍隊。下一章，我們說的就是他們如何打天下、治天下的故事。

一九四九年十二月十六日，莫斯科。

抗戰後變化	
軍隊	傷亡 365 萬人以上
人口	死亡人口超過 2000 萬
經濟	沿海城市新興經濟體遭摧毀
農村社會	農民與仕紳逃難，社會原有秩序崩解。
政治	國民黨耗盡資源，共產黨已成氣候。

▲ 對日抗戰後中國各方面的變化

窮鄉僻壤翻天覆地：中國共產黨的建國與文化大革命

初次訪問蘇聯的中共主席毛澤東，在搭乘火車抵達莫斯科的當天，就獲得蘇聯領導人史達林（Joseph Stalin）大元帥接見。對於毛領導下的中國共產黨在短短三年不到的時間裡，就打敗被蘇聯認為實力強大的國民黨政權，建立起中華人民共和國，史達林感到由衷的佩服，連連對毛主席說「偉大，真偉大，你是中國人民的好兒子！你對中國人民的貢獻很大！我們祝你健康！」

但是接下來，毛澤東的反應卻出人意料之外。他「就像一個備受壓抑委屈的孩子見到自己的親人」，激動的對史達林說道：「我是長期受打擊排擠的人，有話無處說……。」史達林訝異之餘，卻不讓毛繼續把話說下去，趕緊接話道：「勝利者是不受審判的，不能譴責勝利者，這是一般的公理。」

毛澤東的心裡話沒能說完。這時候，中華人民共和國剛開國不久，全國人心都向著中共；尤其是長期處在劣勢下展現韌性，終於獲得革命勝利的毛澤東，不但廣受國內愛戴，在各共產國家裡的聲望，更是快速爬升。為什麼此時的毛澤東竟然「有話無處說」？會覺得自己「長期受打擊排擠」？在他和新生的人民共和國這般「如日中天」的氣勢裡，埋藏著什麼陰影？他的心境和十七年後爆發的文化大革命，又有什麼關係？故事要回到中國共產黨誕生的那一年開始說起。

城市裡的共產黨

和國民黨的改組一樣，中共的誕生，同樣與「五四」新文化運動有密切關係。當時的中國知識分子，急著找尋救國之道，其中有些人發現共產主義（或社會主義）這條道路能適合中國，開始組織讀書會，研究共產主義思想與理論。

這些人當中，包括了前面提到的《新青年》發行人陳獨秀，以及北京大學的教授李大釗（一八八九至一九二七）。此時，蘇聯革命成功，決定向全世界輸出共產革命。

民國九年（一九二〇）八月，蘇聯支持下成立的「共產國際」組織代表與李大釗取得聯繫，他們在陳獨秀上海的寓所裡組織了中國共產黨（或被稱作「上海共產主義工作小組」）。民國十年七月二十三日，在共產國際的資助下，來自全國各地各城市的代表十三人，在上海法租界貝勒路樹德里三號，召開了中共的第一次全國代表大會，中共正式宣告成立。

新生的中共實力弱小，黨員只有一百多人，在共產國際代表的指示下，以個人身分集體加入改組完成的中國國民黨。對積極尋求外國協助的國民黨總理孫文來說，蘇聯的援助與中共黨員的加入，可以為國民革命帶來蘇聯革命的成功經驗，自然歡迎。中共在國民黨內很快發展實力，中央黨部的各要職裡，組織、宣傳、農民等部的部長，都是中共黨人；國民黨的中央執行委員會，中共占了四分之一；國民黨在廣東的各級地方黨部裡，中共黨人也占很高比例。這是國、共兩黨的第一次合作，雙方使用的名詞不同：對國民黨來說，稱為「容共」；在中共這邊，叫做「聯共」。

在國共合作、蘇聯支援的格局裡，中共也參加了新成立的黃埔軍校。在教職員裡，後來鼎鼎大名的周恩來（一八九八至一九七六）擔任政治部副主任、葉劍英（一八九七至一九八六）是教授部副主任；在第一期學生裡，有後來成為解放軍重要將領的徐向前、陳賡等人。國民革命軍北伐時，中共黨人主要擔任宣傳工作，在各前線對農民宣傳「打倒軍閥」，同時也趁機鼓吹經由他們改編過的「孫中山思想」：聯共、聯（蘇）俄、扶助工農。

儘管如此，此時的中共仍舊是一個知識分子氣息濃厚的政黨，黨的指揮總部（中央局）一直設在上海法租界。

▲ 中國共產黨創始人之一的陳獨秀

這種情形，一直到民國十六年四月十二日，國民黨在上海發動「清黨」政變以後，才猛然改變。

工人暴動行不通

在第十一章我們談過，蔣中正在北伐進展到長江流域時，必須在繼續受蘇聯指揮與和英、美列強達成諒解兩條路線之間做出抉擇；「容共」當時是孫總理一人獨斷專行做出的決定，而此時中共黨人在國民黨內勢力膨脹快速，也讓若干老國民黨人憂心忡忡。

就在這些原因的交盪之下，當時正處於「寧漢分裂」的國民黨，由蔣中正這邊率先開始「清黨」（清除黨內的中共份子）；不久，各地國民黨組織紛紛響應，最後，連本來親俄的武漢國民政府也開始「清共」。許多中共黨人被前一天還是戰友的軍隊逮捕，甚至處死。

中共的黨史稱蔣的行為是「四一二

大屠殺」。國共間的第一次合作，到此宣告破裂。

和國民黨分道揚鑣以後，中共在共產國際的指導下，在湖南發起「秋收暴動」，江西有「南昌暴動」，在廣東則發起「廣州起義」，甚至還一度占領廣州全城，成立「廣州蘇維埃政府」。

但是，這些武裝對抗全都失敗了。中共策反的武裝力量，完全打不過地方實力派的正規軍隊；雖然一時能夠偷襲得手，但面臨軍閥部隊大舉反攻，終究無法維持下去。廣州被地方軍系奪回後，進行大規模的搜索，大肆逮捕有共黨嫌疑者，一時之間風聲鶴唳，七千多人遭到殺害。

這時候的中共中央領導人（總書記）是瞿秋白（一八九九至一九三五），他是個思想浪漫的文人；蘇聯與共產國際批評他出身都市「小資產階級」，犯了太過冒進的錯誤，於是命令他到莫斯科來，擔任中共駐共產國際的代表團團長。

之後，因為共產國際認為，工農運動應該由工、農自己來領導，所以新任中共總書記由工人出身的向忠發擔任，向只會寫自己的名字，實際黨務由莫斯科派回來的李立三主持。

他們遵從共產國際的指示，將蘇聯共產黨組織城市工人暴動的那一套照搬到中國來。這些在大城市裡的暴動，最後都以失敗告終；在上海指揮、遙控革命的中共中央政治局，也難逃被國民黨逐個捕殺的下場。

眼看中共的眼前已經無路，卻有一個與莫斯科少有關連的人，為中共，為中國革命，為往後的歷史發展，指出一條新路來。這個人，就是毛澤東。

毛澤東慧眼獨具

孫中山先生致力國民革命凡四十年，所要做而沒有做到的事，農民在幾個月內做到了。……一切革命同志須知：國民革命需要一個大的農村變動。辛亥革命沒有這個變動，所以失敗了。現在有了這個變動，乃是革命完成的重要因素。（毛澤東，《湖南農民運動考察報告》）

在國共仍舊維持合作的時期，中共黨人以國民黨基層黨部的名義，在各地農村成立農民講習所、農民協會等組織。這些農民運動組織，從教育佃農、讓他們了解自己受到地主仕紳的壓迫搾取開始，促使農民團結，反抗土豪劣紳的壓迫，進而逐步瓦解農村原有的權力結構。

民國十六年三月時的毛澤東，正是在故鄉湖南這類農村組織裡考察。當時正是南京醞釀「清黨」的前夕，中共在基層農村的若干做為，影響許多地主仕紳的利益，遭受掌握地方實權的仕紳嚴厲抨擊。毛澤東為了替農民運動辯護，於是寫成了日後非常著名的《湖南農民運動考察報告》，在這篇報告裡，幾乎預告了毛的新革命路線。

毛澤東（一八九三至一九七六），字潤之，湖南湘潭人，辛亥革命時曾經投身湖南新軍，也曾投考省立師範學校。毛的父親是家境尚可的農民，母親則是傳統農村婦女。年輕時的毛澤東與脾氣暴躁的父親之間，發生過好幾次激烈的爭執，這對他日後反抗蔑視權威的態度，有很大的影響。

民國七、八年時，毛澤東到北京投靠他的岳父、北京大學教授楊昌濟（一八七一至一九二〇），經由楊昌濟的介紹，在北大圖書館打工。年輕的毛在這裡見識到國內聞名的文人學者，而且開始認識馬克思主義。毛澤東也參加了宣告中共成立的第一次全國代表大會，並且隨著中共加入國民黨，擔任過國民黨元老胡漢民的祕書、代理過國民黨中央宣傳部長。至今，在國民黨的黨史館裡，還保留著毛當年未領取的薪津條。

《湖南農民運動考察報告》已經明白說出：辛亥革命之所以沒有成功，原因正是革命沒有觸及基層社會的權力結構。中國到了二十世紀，仍然是農村社會。毛看出從清末以來，無論中央政府如何擴張權威，怎樣施展影響，全都必須透過中間人代轉，才能到達廣大的農村。而這些中間人，就是清末低階仕紳演變而來的土豪劣紳。

這些農村掌權人物，下則以不公的租佃契約壓榨農民，上則和官府以包攬稅收、承擔地方建設等手段相互勾結；若干家大業大的地主，還擁有自己的武裝收租打手隊伍，稱為「民團」。

土豪劣紳與軍閥之間的關係盤根錯節，必須打倒他們，窮苦農民才能有翻身機會，革命才能成功。如何打倒土豪劣紳？毛澤東認為，透過仔細調查，區分出地主、富農、貧農，發動群眾大會鬥爭地主，沒收田地，分給貧農，可以從根本上改變農村權力結構。

到此，毛澤東準備踏上的道路，與同時代其他政治領袖都不相同。如果說蔣中正的建國路線，是類似曾國藩的做法，在恢復農村秩序的原則下，進行溫和的現代化改革，那麼毛澤東的革命，

▲ 中共領袖毛澤東

就和太平天國起兵時的做法相同，先破壞既有地方權力結構，再以農民為主要幹部，重新建立有利於革命的農村基層。

毛澤東在他與若干中共黨人於江西、福建邊境建立起的「中華蘇維埃共和國」裡，就將這些想法付諸實行。

窮鄉僻壤蘇維埃

「中華蘇維埃共和國」是完全模仿蘇聯體制建立的國家，位於湖南、江西、福建、廣東四省交界的偏遠山區，這裡地形崎嶇，國民黨的力量難以到達。

當初，毛澤東不顧中共中央要他攻打長沙的命令，把隊伍拉上江西井崗山，當了類似「山大王」的紅軍游擊隊首領。

這個「國中之國」的首都位於江西瑞金，「中央蘇維埃政府」設在縣城中一座祠堂裡，用木板隔出了十二間房子，充做辦公與起居室，按蘇聯制度，設有外交、國防、財政等「人民委員」（部長），與南京的中華民國分庭抗禮。

民國二十年，就在這裡，毛澤東等人收到上海的中共中央指示，推選他為中央蘇維埃政府的主席。於是「毛主席」這個名稱，在窮鄉僻壤的蘇區首次登場。

儘管成了蘇維埃共和國的主席，毛澤東卻高興不起來。這是因為共產國際為了加強對中共中央與蘇區的控制，在上海的中共中央屢被破獲以後，將留學蘇聯的中國籍幹部派到蘇區來，組成新的中共臨時中央。

這些年輕留蘇學生一共有二十八人，很多人都取了俄文姓名，再翻回中文，比如王明（本名陳紹禹）、博古（秦邦憲）、洛甫（張聞天）、羅邁（李維漢）等，他們被稱做「二十八個布爾什維克」，後來被史家稱做「國際派」。

這些「布爾什維克」分據蘇區的實權職位，嚴格遵行共產國際下的指令，而且頗看不起毛澤東，認為毛壓根不懂馬克思、列寧學說（「山溝裡出不了馬克思主義」），充其量只不過是個「懂得打游擊戰」的土包子罷了。

因此，儘管毛澤東以避實擊虛、敵來我退、敵退我打的機動戰術，打退了國民黨的前三次圍剿，在共產國際的支持下，他依次被剝除兵權、政權、黨權，淪為黨內的二、三流人物。在這個時候，恰好是蔣中正記取前幾次圍剿失敗教訓，以碉堡戰術配合經濟封鎖，層層進逼，發起第五次圍剿。江西蘇區卻在博古等人的指揮下，放棄之前的機動戰術，改採陣地戰。

前面提過，國軍南昌行營的圍剿行動，部分採納德國顧問的建議；這時的江西蘇區，恰好也有一位德國籍的軍事顧問李德（Otto Braun），他主張「以碉堡對碉堡」、「兩個拳頭打敵人」，和進剿的國軍硬碰硬作戰。但是，國軍有飛機大砲，紅軍卻只有小米步槍。在李德、博古指揮下的反圍剿作戰，紅軍損失慘重，領域一天天縮小，終於不得不在民國二十三年初放棄江西根據地，三十萬人分批突圍西去。

二萬五千里長征

在中共的黨史裡，紅軍從江西蘇區突圍，一路到達陝北的兩萬五千里長途跋涉，稱為「長征」。

長征被形容成偉大的史詩，紅軍將士們不畏艱難，打破阻礙，所向無敵。實際上，長征的實情是淒風苦雨、傷病勞苦之下的慘痛撤退。在突圍的蘇區三十萬人裡，紅軍戰鬥兵員只有八萬多人，其餘全是機關文職工作人員、男女宣傳工作隊，或者是老弱婦孺與家屬。

國軍在預計紅軍突圍的路上，部署了四條防線；等到紅軍苦戰過關，一一突破這些防線，軍隊人數只剩下三萬餘人了。許多充滿理想抱負的青年，就在長征途中，在不知名的崇山峻嶺、荒郊野外，摔落深谷，被毒蛇猛獸咬傷沒有醫藥，或者被追擊國軍的槍彈打死，姓名再也無人知曉。

就在紅軍一面和各地圍堵的軍閥作戰、一邊跋涉於西南山地的同時，失去權力的毛澤東正生著病，心情也很差——他提出的建議，舉凡進軍方向、戰略戰術，通通不被採納；而李德加上博古等「國際派」決定的路線，卻總是吃敗仗。眼看紅軍愈打愈少，中共中央決定往防守比較薄弱的貴州進軍。

民國二十四年一月，紅軍占領貴州北部的遵義，中共中央決定在軍隊休整時，一面在這裡召開政治局會議，一月十五日會議召開，一連開了三天，史稱「遵義會議」。

在遵義會議上，博古和李德之前做出的各項決定被與會的政治局委員強烈的批評；默不吭聲的毛澤東被補選為政治局常務委員，而且和洛甫、周恩來一起，組成軍事決策團，毛在決策圈裡排到第三順位，算是宣告他在黨內的復出。但是，剛拿回兵權的毛澤東，並沒能讓紅軍眾將領服氣：在他指揮下，紅軍一下往雲南走，一下回頭打四川，最後竟又繞回貴州。單是一條赤水河，紅軍就來來回回渡過四次，卻不知道接下來要往哪裡去。

不過，毛澤東的能力取得總書記洛甫的信任，加上周恩來這時候患病，無法執行指揮決策任務，所以在紅軍到達陝北前後，毛就算還沒被蘇聯方面承認，而國際派的影響力仍然存在，他也已經是中共黨內數一數二的領袖人物了。

民國二十五年（一九三六）二月，從江西突圍出來的紅軍，已經跋涉了兩萬五千里，來到土壤冰凍、寒風凜冽的黃土高原。後有追兵，前方白靄靄一片冰雪，就在這樣困頓的情形裡，毛澤東不但沒有悲愁困苦，反而文興大發，作了一首將來會轟動一時的〈沁園春·雪〉，毛自詡為「風流人物」，許多位本書裡出場過的歷史大人物，比如嬴政、劉徹、李世民、趙匡胤、鐵木真，在這首氣勢豪邁的作品裡，都成了陪襯作者壯志豪情的配角：

北國風光，千里冰封，萬里雪飄。望長城內外，惟餘莽莽；大河上下，頓失滔滔。山舞銀蛇，原馳蠟象，欲與天公試比高。須晴日，看紅裝素裹，分外妖嬈。

江山如此多嬌，引無數英雄競折腰。惜秦皇漢武，略輸文采；唐宗宋祖，稍遜風騷。一代天驕，成吉思汗，只識彎弓射大雕。俱往矣，數風流人物，還看今朝。

西安事變成轉機

到達陝北的中共中央紅軍，只剩下三千多人；和各地突圍跋涉而來的紅軍會合後，實力仍然非常單薄。中共一面忙著在西北站穩腳跟，一面命令留在「白區」（國民政府統治區）的黨員，在各城市發起「抗日救亡」運動，運用青年學生的愛國熱情，組織學生運動，引發學潮，逼迫國民政府將對付中共的矛頭轉向日本。這時中共的方針是「一致對外」、「反蔣（中正）抗日」。

實際上，自從第五次圍剿結束以來，中共與國民黨之間已經暗中進行接觸。

國民黨的談判途徑有兩條，一是直接與中共代表在香港接觸，二是從中國駐莫斯科大使館著手，透過蘇聯向中共傳遞訊息。這個時候的國民黨，認為

▲ 悽慘的中共紅軍長征

中共已經沒有多少實力了，又困處在貧瘠的西北高原，因而擺出很高的談判姿態：只要中共放棄武裝，政府或許能承認他們的政治地位。

中共雖然喊出「共赴國難」、「中國人不打中國人」來反制，但是無論這些口號多麼能打動人心、華北大專院校裡的青年學子們又是多麼慷慨激昂，與中共步調一致，終究難以撼動中央軍即將從東、南、西三面，逐漸合圍陝北蘇區的危急情勢。

西安事變爆發，改變了一切。得知張學良發動「兵諫」，抓到蔣中正的消息後，中共中央非常興奮，尤其是毛澤東，直嚷著要將「雙手沾滿紅軍戰士鮮血」的蔣帶來延安，接受「人民公審」。不過，在得知莫斯科的指示，要求和平解決、保住蔣的性命安全，不要讓日本有可乘之機以後，中共高層冷靜下來，知道自己在談判桌上已經有了要價的籌碼，於是派出周恩來到西安參與談判。周不愧是對外談判的能手，他與蔣中正談判時，以替蔣向蘇聯請求、放回滯留蘇聯十二年的長子蔣經國為訴求，打動了蔣委員長，同意只要中共「輸誠」，承認他是中國領袖，就可不再剿共。於是，「反蔣抗日」變成「擁蔣抗日」；西安事變，因此為中共贏得了一個絕處逢生的局面。

抗日時壯大自己

中共的「輸誠」，其實只是名義上取消「蘇維埃中央政府」，實際上一切照舊；抗戰爆發前後，紅軍改編為國民革命軍；「蘇維埃政府」改稱「陝甘寧邊區政府」，是行政院直轄的「特區」（也是以後一國兩制的雛形），中共在國民政府所在的南京（以及稍後的重慶），還可派出代表。但是，除了名稱更動之外，中共對本身黨、政、軍、群（眾）的控制，可沒有絲毫放鬆。

姓名	時間	說明
陳獨秀	1921 年 7 月	第一次全國代表大會中選出。
瞿秋白	1927 年 8 月	陳獨秀遭共產國際免職，瞿秋白接任。
向忠發、李立三	1928 年 7 月	瞿秋白赴莫斯科，向忠發接任，李立三為黨務實際主持者。
王明	1931 年 1 月	李立三赴莫斯科，王明主持中共中央工作。
博古	1931 年 9 月	王明赴莫斯科，博古主持中共中央工作。
洛甫 張聞天	1935 年 1 月	遵義會議中被推舉為中共黨內最高負責人。 與周恩來、毛澤東兩人一起指揮決策。

▲ 中國共產黨早期負責人

成立時間	1931 年 11 月 7 日
首都	江西瑞金
政府位置	湖南、江西、福建、廣東四省交界的偏遠山區
主席	毛澤東
變遷	1934 年初因國民黨圍剿，離開江西瑞金，逃至陝北。
	1937 年西安事變後，改名為中華民國陝甘寧邊區政府，中華蘇維埃共和國政府消失。

▲ 中國共產黨成立的中華蘇維埃共和國政府

長征後來到西北的各路紅軍，統一改編為國民革命軍第八路軍，有三個師的編制，四萬五千餘人，這就是共軍被稱作「八路」的由來；民國二十六年九月，國民政府又將八路軍改為第十八集團軍，配屬第二戰區作戰。至於留在原來江西蘇區掩護大軍長征的部隊，則統一改編為國民革命軍新編第四軍，簡稱「新四軍」。

八路軍與新四軍雖然領取國民政府的軍需軍餉，士兵頭頂上戴的小帽，也綴有青天白日的國徽，但是他們的行動與發展，完全不受國民政府軍事委員會的指揮。抗戰三年以後，依據中共自己的報告，包含華北各地游擊隊，八路軍的總兵力已經發展到四十萬之眾。

抗戰的前半段，中共和日軍進行的主要戰役，只有平型關與「百團大戰」兩次。不過，如果因此就說中共完全沒有抗日，也不公允。中共的非正規武裝，一直在華北日軍的後方作戰，壯大自身與抗日是同一回事。日軍占領華北各大都市之後，因為兵力不足，只能確保城市之間的交通線（鐵、公路）暢通，而中間的廣大農村，就成了中共發展根據地的大好地帶。

在這些地區裡的敵我對抗，通常呈現複雜的三角關係：中共游擊隊有時偷襲日軍，有時則攻擊親國民政府的游擊部隊，國共有時合作對日，也出現中共武裝力量與日軍前後夾擊、消滅國軍的

「百團大戰」

在平型關伏擊日軍得手之後，第十八集團軍又在民國二十九年（一九四〇）八到十月之間，發動破壞華北鐵路交通線的襲擊戰。據國民政府的報告，此戰動員了共軍正規與非正規武力三十多個團；而根據中共自己的說法，參戰總兵力達一百多個團，二十多萬人，所以稱為「百團大戰」。據中共的說法，本戰役造成日軍華北派遣軍獨立混成第八旅團等部隊三萬餘人傷亡；但是依照日軍在受到突襲後，馬上就能組織反攻的情況推論，日軍的傷亡並不嚴重。劉鳳翰等研究抗戰的歷史學者認為，日軍實際的傷亡應該是三千多人，與國民政府收到的報告相符。由於百團大戰，日軍發現中共的實力超出原先的估計，因此從十月到十二月，在山西等地發起大規模掃蕩作戰，使中共華北根據地損失慘重。百團大戰主要由十八集團軍副總司令彭德懷發動，只有電告中共中央，並沒有請示。毛澤東反對這次作戰，日後也成為整肅彭德懷的罪名之一。

新四軍事件

因為發生地點在安徽省南部，所以「新四軍事件」又稱為「皖南事變」，是抗戰時期國共之間爆發的最嚴重軍事衝突。事件的背景，起於中共新四軍襲擊國軍的「黃橋事件」：民國二十九年十月，新四軍進攻國軍在江蘇北部的部隊，駐紮於黃橋的國軍正規軍第八十九軍一萬多人全軍覆沒，其餘親國民黨的游擊隊則改投靠中共，政府委派的江蘇省主席韓德勤只剩下一千多人，向安徽撤退。中共稱此役為「反磨擦鬥爭」的勝利。新四軍因為不聽國民政府指令，一再與國軍發生武裝衝突，為了避免黃橋事件再次發生，因此命令新四軍在二十九年十二月三十一日以前全部撤到黃河舊河道以北。中共中央與新四軍對於是否接受這項命令，剛開始時意見並不一致，導致部隊遲遲沒有奉令前進跡象。而新四軍與前來換防的國軍部隊也持續發生衝突。民國三十年（一九四一）一月四日，新四軍一部約一萬多人從安徽省南部出發，預備走江蘇南部，然後轉而渡過長江。隔天，行經茂林地區時，被國民政府第三戰區長官部以「違抗中央命令」為由，實施「解散」（其實就是進攻）。執行解散命令的是國軍第四十七軍，經過七天七夜戰鬥，消滅新四軍一萬多人，軍長葉挺與四千多人被俘，副軍長項英逃脫時被副官打死。

中共在事變發生後，開動所有宣傳機器，大肆攻擊國民黨不顧大敵當前，竟然「同室操戈」，並且迅速恢復新四軍的建制。美國歷史學者的主流觀點認為，國民黨突然攻擊中共軍隊，是對前一年黃橋事件的報復。而即使是一向同情中共的戰時美國駐華記者白修德（Theodore White），也在他的著作裡寫道，中共的宣傳攻勢，很像「他們的拳頭被對方的眼睛毆傷」。

情況。

到了民國三十年前後，華北、華中的親國民黨游擊部隊，已經被中共消滅、吞併的所剩無幾了。

只是，三角關係一旦縮減成雙邊，中共也需要為此付出代價：日軍華北方面軍在一九四一年（也就是民國三十年）發起「燼滅作戰」（也就是中共所稱，「殺光、燒光、搶光」的「三光作戰」），對中共在華北的游擊根據地實施軍事掃蕩、經濟封鎖；同年開始，中共與國民黨的關係緊張，國民政府不但以胡宗南部監視陝北，還停發原來對陝甘寧邊區的財政補助（占邊區原來的財政收入總額百分之八十六），造成中共控制區域內的嚴重財政危機，也逼使中共中央不得不展開「精兵簡政」運動，以謀求補救。

精兵簡政，顧名思義，就是淘汰不合格的士兵，精簡行政組織。中共要求每一個機關工作人員、每一個基層士兵，都要在工作本務之外進行勞動生產，來補貼財政的短缺。陝北甚至還種起鴉片，號稱「革命的罌粟花」！但是，精兵簡政運動隨著日後中共基層組織的擴大，就不可能再持續下去了。例如，軍隊因為擴展地盤而調動的時候，便無法兼顧耕作。這裡，我們要提出一個問題：中共是怎麼在抗戰時期改造原有的地方權力結構，建立起新的農村基層呢？

窮鄉僻壤大改造

抗戰時的中國仍然是小農、佃農社會，大多數的農民在意的是與他們生活密切相關的事情，比如水旱災、繳租與收成；城市裡的民族主義情緒，天高皇帝遠，與他們沒有直接利害關係。根據研究中共農村革命的專家、中研院院士陳永發教授指出，中共動員基層農民的方法，十分靈活，又能因地制宜。

在中共可以直接治理的區域（稱為「中央區」），先由代表黨的工作組進駐各村莊，以階級鬥爭的觀點，對中下貧農宣傳：鄉親啊，地主、富農沒有付出和你們同樣的勞力與汗水，卻坐享其成，還覺得理所當然！打倒他們、分田分地的時候到了！要他們起來組織農民協會，鬥爭地主仕紳。

剛開始時，仕紳餘威猶存，或者地主恩情尚在，農民不敢出頭，起來響應的都是些流氓無賴，其中也夾雜了許多挾私怨報私仇的情況；等到貧苦農民發現真的有田可分，起來鬥垮土豪地主、徹底「翻身」之後，因為擔心國軍、日軍反攻，現有的好處又要付諸流水，他們就搖身一變，成為中共政策最熱心的支持者。靠著這樣的手法，中共建立起統治區裡的基層優勢。

而在日軍戰線後方的游擊區裡，中共運用地方人民對「保家衛國」的需要，組織他們起來對抗日軍與盜匪。在這些地方，中共並不畫分仕紳地主與中下貧農，只要他們願意接受黨組織的動員，一概接納。接著，在屢次以「抗日」、「愛國」發動的各種會議裡，中共完成動員組織群眾的任務。

這就是當時人所謂的「國民黨稅多，共產黨會多」。當然，對於國民黨的地方幹部，以及不願意讓步、合作的仕紳，中共給他們扣上漢奸、反動份子的帽子，想盡辦法將他們排擠出去。至於在被日軍占領的農村裡，派去發展組織的中共黨人則被要求耐心潛伏，等待時機。

如何安置仕紳、地主，中共抗戰時處理的手法也比從前高明不少，不再以群眾暴力沒收產業做為唯一的手段。

中共以所謂的「三三制」來安頓被剝奪社會經濟基礎的原有仕紳。在中共建立的地方新基層，比如縣、區、村政府裡，中共黨人只占三分之一，親中共的黨外人士占三分之一，剩下的由仕紳、地主出任。讓這些原有舊體制下的實力派人物參與中共嚴格控制的新基層組織。這個作法相較於重慶國民黨的專制作風，讓中共贏得了「民主開明」的好名聲。

透過上述種種措施，中共在國民政府與日軍的雙重封鎖下，不但渡過經濟危機，還改造了華北基層農村社會，利於中共向農民抽稅、動員，奠定日後和國民黨爭天下的基礎。美國社會學者馬克．薛爾頓（Mark Selden）教授將這些作法統稱為「延安的道路」（The Yen’an way）。比起當時的人對重慶的看法（參見上一章），延安的道路看來真是中國未來希望之路；但是，在這些好評之外，延安內部當時正在進行一場名為「整風」的政治運動，對於日後的影響更是深遠。

延安整風的陰影

「整風」是「整頓作風」的簡稱，民國三十一年（一九四二）二月起，中共中央在延安發起了整頓「學風上的主觀主義」、「黨風上的宗派主義」、以及「文風上的黨八股」的運動。

實際執行的作法，是要在延安的學術、黨務、文藝機構負責人員，學習中央指定的文件，提出感想，接受批評與自我批評，交出自我反省報告，改正之前所犯的過失，徹底改造自己。批評的強度應該像「和風細雨」，因為批評與自我批評的目的，在「治病救人」。「批評與自我批評」是共產黨使用的典型詞語，但是中研院院士王汎森教授指出，整風運動裡對人們要求的那種發自靈魂深處的反省，其實是來自於宋明理學自我省察的傳統。

表面上看起來，整風運動切合當時中共的需要，因為許多幹部確實已經沾染了所謂「主觀主義」、「宗派主義」和「黨八股」。換句話說，也就是失去了朝氣，變得官僚氣息很重、不懂合作，而且思想僵化。可是，這場運動當然不只表面上整頓風氣的意義，背後有著更深的政治動機。

整風運動其實是一場政治整肅。發起運動的人是毛澤東，毛澤東趁著去年德國大舉進攻蘇聯、使蘇聯沒有辦法顧及中共的機會，首先要對付的，是抗戰以來在黨內掌權的國際派。先是，在抗戰爆發以後，共產國際把前面提過的王明等留蘇學生用飛機送回中國。這「二十八個布爾什維克」國際派，在江西蘇區時就處處和毛澤東的主張相違背（博古），現在到了陝北，又主張堅守與國民黨合作抗日的「統一戰線」（王明）；既不了解中國實際情形，又占了領導位置不放（洛甫），這些都讓毛澤東非常不高興。

民國三十一年五月，親自接任中共黨校校長的毛澤東，組織「總學習委員

時間	1942 年 2 月起三年
內容	要求中共幹部接受批評與自我批評，交出反省報告。
遭到整風的人物	中央幹部王明、博古、洛甫承認自我錯誤。
無辜受害者	冤案層出不窮，如提出批評建言的王實味被秘密處死。
結果	鞏固了毛澤東的領導地位。

▲ 延安整風

會」。這個三人委員會除毛本人之外，另外兩名委員分別是劉少奇與康生。

劉少奇（一八九八至一九六九）是第一代留俄學生（王明是第二批），之前專門負責國民黨統治區的地下組織工作；康生則是看見毛即將崛起，從王明那裡投奔過來的情報頭子。他們在各機關裡選拔可以信任的黨員，由他們督促機關首長親自主持整風運動。

整風開始後，每位幹部必須要撰寫非常詳細的自傳：自己的階級背景、家庭成分、入黨的過程，以及工作經驗；如果曾經在「四一二清黨」、蘇區、長征等黨的重要關頭被國民黨捕獲過的人，更要不厭其詳，交代每個關鍵時刻，當時自己心裡有什麼想法。

陳永發教授指出，就在整風運動的「坦白交代」裡，毛澤東無意之間將中共黨人心中，那種傳統讀書人「內聖外王」的追求、以及現代知識份子對「救亡」的焦慮發揮到了極致，轉化為認同中國共產革命，並且積極奉獻。於是，革命熱情就從靈魂深處裡迸發出來。

就在這種熱潮之下，王明、博古、洛甫等人都被迫承認自己過去走錯了路；王明甚至還自請下鄉學習，離開中央。中共的領導權威，就此朝一元化邁進，集中在毛澤東一人身上；而「毛澤東思想」，也成為中共擺脫共產國際領導、「馬克思主義中國化」的重要理論根據。與此同時，毛澤東發表〈在延安文藝座談會上的講話〉，強調「文學是為政治服務」，這是日後「文化大革命」時，政治進入一切領域（包括私人生活層面）的先聲。

整風運動鞏固了毛澤東的領導地位，但是就在他在黨內有如旭日東昇的同時，日後浩劫動盪的陰影也已經悄然出現。康生組織「搶救失足者運動」，說許多在延安工作的幹部、投奔而來的青年學生，實際上都是「國民黨特務」。在多方羅織罪證，甚至刑求逼供的情形下，造成很多假案、冤案，無數人的精神與肉體，遭到毀滅；最有名的例子，就是王實味案。

王實味是北京大學畢業生，自視甚高；整風開始時，黨中央鼓勵大家「言者無罪」，於是王踴躍提出批評，認為延安內部存在著種種特權、不平等現象，獲得很多同僚支持。為什麼領導可以在周末，擁著年輕小姐跳舞？為什麼我們在這裡吃摻砂的糠米，領導們卻能

▲ 提出批評而被秘密處死的王實味

夠開小灶、吃現炒的熱菜？

結果，王實味在幹部審查時，被毛澤東親自定調為「反黨、反革命」的「國民黨特務」。民國三十六年（一九四七）七月，他被中共祕密處死，直到四十多年以後，才得以平反昭雪。

三大戰役兩戰線

王實味被處死的時候，國共內戰已經開打；當然，這時候的中共，依舊維持著比國民黨看來更民主、開明的形象。

抗戰勝利時，中共已經在華北建立了堅固的基層根據地，並且發展了一百三十多萬正規軍。在國內輿論上，中共和國民黨外的人士結盟，反對國民黨壟斷政府，要求開放政權。儘管這時候的蘇聯，壓根就不看好中共能夠與國民政府爭天下，對中共的援助，還不如美國支持國民黨的程度來得多，但是中共竟然在短短三年時間裡，就完成打敗國民黨、統一全中國的空前成就。

中共是怎麼辦到的？簡單來說，靠的是犯的錯誤比國民黨少，修正得又比國民黨快。

實際作法上，則依賴軍事上的勝利與統一戰線的支持。軍事上的勝利，背後又有基層社會的支援配合；由周恩來主持的統一戰線不斷發動宣傳攻勢，把自己說成民主、愛國的農民代言人，而對手國民黨是獨裁、賣國的帝國主義走狗。

另外，黨的地下人員在國民黨統治區各城市裡，製造社會動盪，或順應各種民情積怨的宣洩，不斷削弱國民黨對後方的控制力量；黨的間諜潛伏在國軍高級將領身旁、參謀本部之內，持續送出機密作戰情報。中共又能快速發覺、並修正錯誤，例如在戰後初期，中共曾在一些統治根基未穩的地方，實行激烈的土地改革，引起地主仕紳的反抗，在幹部反映之後，中央迅速作出調整，通令改採溫和的減租方式。就在這些因素的配合下，中共得以以弱勝強，將國民黨從抗戰勝利後的高峰，推往全面崩潰的深淵。

1. 戰略設定正確	2. 戰術比國民黨靈活
3. 基層農村後勤支持	4. 間諜潛伏於國軍高級將領旁、參謀本部內
5. 宣傳攻勢奏效：愛國的中共 VS 賣國的國民黨	6. 製造國民黨統治區社會動盪。
7. 迅速修正錯誤措施	

▲ 中共戰勝國民黨的主要原因

內戰初期，除了東北共軍有蘇聯提供日本關東軍的武器裝備之外，其他中共軍隊仍然是「小米加步槍」的窘困局面。但是，因為戰略設定正確（避免打消耗戰，要從敵人身上獲得物資人員補充），戰術相對上也比國軍靈活，又有基層農村的後勤動員系統支持，共軍從原來的防守反擊態勢，逐漸轉為「鄉村包圍城市」的戰略進攻階段。

到了民國三十七年（一九四八）底，中共已經有能力和國軍作幾十萬人的大兵團決戰。首先是東北的遼瀋戰役，接著是中原的淮海戰役（國軍稱徐蚌會戰），最後則是北平、天津的決戰，正式更名為「人民解放軍」的共軍，三戰全部獲勝，消滅了大部分蔣中正的嫡系部隊；在軍隊總人數上，也逆轉成三百萬對兩百萬的優勢。在這三大戰役以後，已經沒有大仗可打；國民黨桂系上台求和，而西南地方軍系開始「西瓜靠大邊」，朝中共靠攏投誠。民國三十八年元旦，毛澤東發表「將革命進行到底」的新年獻詞；四月，解放軍大舉渡過長江，奪取華南各地，有如秋風掃落葉。

天與人歸新國家

一九四九年六月，勝利進入北平的中共約集了它拉攏來的政治盟友，包括國民黨內的反蔣派系、北洋時期的老政客、第三勢力人物等等，召開新的政治協商會議，象徵全中國的進步革命力量大團結。這個「新政協」，就是現在的「中國人民政治協商會議」。

在這個會議上，各方熱烈討論，新國家的國號（中華人民共和國）、國旗（五星紅旗）還有國都（北平改為北京），都在這時候誕生。十月一日，中共中央主席毛澤東在北京天安門的城樓上，用略顯顫抖的嗓音、中氣不足的湖南腔官話，對著擴音器宣布：中華人民共和國中央人民政府，正式成立了！這一天，成了人民共和國的國慶日。

聽到毛主席說：「中國人民已經站立起來了！」天安門廣場上，許多群眾感動得熱淚盈眶。原先根據地裡分田「翻身」的農民歡迎中共得天下自不必說，連城市裡的知識分子都歡欣鼓舞，迎接中共的「解放」。

對中國知識分子來說，一九四九年是翻天覆地的改變，共產黨是陌生的，但是願意跟著國民黨撤退到台灣的，卻少之又少。面對中共的建國，很多知識份子心中相信，這個新國家不是又一次的改朝換代，而是一個理想新時代的開始。

有這樣想法的人，不乏之前對中共本質有清楚認識的自由知識分子，比如上海《觀察》周刊的主編、名政論家儲安平。留學英國的儲安平，政治立場傾向自由主義、英美代議民主，他曾在戰後《觀察》的一篇社論裡說：

老實說，我們現在爭取自由，在國民黨統治下，這個「自由」還是一個「多」、「少」的問題，假如共產黨執政了，這個「自由」就變成了一個「有」、「無」的問題了。（儲安平，〈中國的政局〉，《觀察》周刊第二卷第二期，一九四七年三月八日）

但是當一九四八年十二月，《觀察》因為報導徐淮戰局，而被政府查封，認為中共治下難以爭取自由的儲安平，此時卻轉而投向共產黨了。國共內戰對知識分子形成兩端的劇烈拉扯，最後以知識分子大部分歸向共產黨而告終。

知識分子對新中國有期待，毛澤東與其他的中共領導人，在建國前後也確實記取歷史上的教訓，他們不想當李自成、洪秀全，而要作劉邦、朱元璋。建國前幾年，作為臨時憲法的〈共同綱領〉依據的不是共產主義，也不是社會主義，而是毛澤東在抗戰中期提出來的「新民主主義」。

雖然「新民主主義社會」是一個過渡性質的安排，卻展現出極高的包容性，先求各團體、勢力的參與，而不太過強調中共的領導地位與階級優越性。中共接管城市，記取國民黨接收失敗的教訓。各行各業很快恢復生計，物價穩定；藉由反貪污、反逃漏稅等「三反五反」運動，逐步將工商業收為國有，也少遇抵抗。全國各階級對中央新政權都有向心力，都有參與感。

韓戰過後，中共竟然能和世界超強的美軍打成平手，讓它在民族主義領域的爭奪上也大獲全勝。此時，內外俱順，新中國的情勢，雖然還有不少困難，但是人心支持，可說是天與人歸；對照之前的歷史，要說是開國後的盛世，也不算過分。

新民主主義

民國二十九年（一九四〇）一月九日，身在陝甘寧邊區的毛澤東發表《新民主主義論》。他認為中國現在還只是半殖民地的性質，還不適合進行由「無產階級專政」的社會主義革命。中國要想往社會主義邁進，必須要經過新民主主義的過渡階段，這是毛澤東關於中國革命進程的理論建構。按照毛澤東的說法，在新民主主義革命時期，身為無產階級代表的中共，歡迎各個「革命階級」（包括仕紳、資本家、資產階級民主主義者）一同執政。而且，在建國之後，因為經濟仍屬落後困頓，所以政府並不會沒收資本家的私有財產，只要資本主義商業活動「不能操縱國計民生」，也不加以禁止。抗戰時中共在邊區各縣實施的「三三制」，背後的指導原則，就是新民主主義。在國民政府控制的區域裡，新民主主義理論也得到不少知識分子的好感，認為這是中共兼容並蓄、民主開明的象徵。確實如此，只是，當時的人或者都忽略了，新民主主義的詮釋權，全在它的創發人毛澤東身上。毛性格中對「不斷革命」的執著，導致中共建國後新民主主義社會的提前結束。

只可惜，這樣的盛世，沒有能夠維持幾年。

打算盤出兵援朝

一九四八年五月，朝鮮獨立運動領袖李承晚在美國支持下，成立「大韓民國」，也就是南韓；九月，親蘇聯、中共的金日成則成立「朝鮮民主主義人民共和國」，也就是俗稱的「北韓」，南北兩個政權以北緯三十八度線為界。

金日成一再向莫斯科、北京表達統一朝鮮半島的強烈願望，甚至還到了當著眾外交使節面前哭鬧的地步。不過，這時新中國才剛建立，百廢待舉，加上中共一直籌畫要於一九五一年渡海攻取台灣，徹底結束國共內戰局面，所以根本無意支持金的計畫，更別說派軍支援。

可是，到了一九五〇年五月中的短短幾天，情況大逆轉。先是五月十三日，金日成由莫斯科轉到北京，對中共領導人說，史達林已經同意讓他出兵攻擊南韓，毛澤東很生氣金日成一意孤行，與他吵了一架。但毛在十四日晚上思考了整夜，第二天卻決定轉而接受金日成的計畫。

毛之所以接受北韓的軍事計畫，背後另有算盤；不過中共原訂渡海攻台的計畫，也就被迫中斷。所以日後有歷史學者說，「韓戰是國民黨的西安事變」，解救了風雨飄搖的台灣。

六月二十五日，北韓「朝鮮人民軍」向南韓國軍開火進擊，韓戰正式爆發。起初北韓軍隊勢如破竹，金日成想在四天裡就結束戰鬥，讓美國來不及插手。

沒想到，美國在二十七日就宣布出兵。七月七日，聯合國通過決議，組織聯合國軍（以美軍為主力），武力干預朝鮮半島的局勢；九月，美軍一萬八千人在仁川登陸，二十七日收復漢城（今首爾市），北韓軍隊幾乎已是全軍覆沒，美軍打過三十八度線。十月八日，毛澤東不顧中央政治局的一致反對，主張出兵援助朝鮮；毛澤東挑選的「援朝」主將，是唯一支持出兵的井崗山老將彭德懷（一八九八至一九七四）。

十月十九日，四十萬「中國人民志願軍」度過中韓邊境鴨綠江，二十五日與美軍正式遭遇。中共參戰後的韓戰總共有五次大型戰役：前三次戰役，中共採取內戰時對付國軍的戰法，以人海戰術、近身作戰的方式，讓敵我戰線絞在一起，使美軍的砲火、空中優勢無從發揮，因此打得聯合國部隊節節敗退；第一次戰役擋住美軍的平壤攻勢，第二次戰役將美軍打回兩百公里後的三十八度線，第三次更重占漢城。一九五一年二月，美軍重整旗鼓，調整戰術後發起反攻，是為第四次戰役。這一次輪到志願軍大敗，死傷五萬多人，戰線倒退一百多公里，重新回到三十八度線。四到五月，志願軍發動第五次戰役，再次失敗，一萬七千餘人被俘。接下來，雙方隔著三十八度線對峙僵持；七月，兩邊都覺得打不下去了，七月二十七日，雙方簽訂朝鮮停戰協定。

參加韓戰，讓中共不但錯失攻打台灣的良機，而且付出耗費軍費二十億美元、傷亡五十萬人的代價，毛澤東心底打的到底是什麼算盤呢？

首先，志願軍雖然付出慘重的犧牲，竟能與強大的「美帝」打成平手，這在國內外為中共徹底贏得了自從抗戰以來，一直與國民黨爭奪的民族主義桂冠：只有中共才敢對抗美國，才能領導中國人民抵抗外侮。

其次，藉由「抗美援朝」，中共以文藝宣傳、聯署抗議、組織遊行等手法，在國內發起規模空前的群眾運動。根據統計，當時五億人民裡，上街遊行的就有兩億人之多。人民對新政權的向心和支持，被「抗美援朝」的愛國情緒進一步激發出來。這樣，毛澤東就完成了下一波政治動員的預習，可以實現他的規劃了。

反右原來是陽謀

陳永發教授認為，我們在檢視毛澤東建國以後行為的時候，不能單把他想像成一個窮凶極惡的瘋子，或是被少數奸佞所蒙蔽的老頭。實際上，毛心中懷抱著「大同世界」的憧憬，他想將中國治理成「各盡所能、各取所需」的社會主義天堂。為了早日達成理想，他的手段是動員群眾，他的態度是不斷革命。因此，建國之初廣受歡迎的新民主主義，注定無法持久。

一九五一年開始，中共在新近「解放」的江南、華南地區實施土地改革（簡稱土改）。土改的主要形式是以國家暴力做為後盾，進行階級鬥爭：中下貧農鬥爭地主，然後沒收土地，重新分配。鬥爭時，黨幹部先召集萬人大會，

次數	時間	戰役結果
一	1950 年 10 月 25 日	共軍入韓，擋住美軍的平壤攻勢。
二	1950 年 11 月 25 日	美軍敗退至 38 度線。
三	1950 年 12 月 31 日	共軍佔領漢城。
四	1951 年 2 月	共軍大敗，兩軍重新回到 38 度線對峙。
五	1951 年 4-5 月	共軍再次進攻失敗，繼續在 38 度線對峙。

▲ 中共參與韓戰的五次大型戰役

會上由貧農上台訴苦，接著抓地主到台上跪，願意承認自己錯誤者在地上爬，抗拒不承認者就叫群眾打。

以蘇南（江蘇省南部）為例，遭逮捕的地主有一萬四千四百一十三人，其中三千二百一十九人被判死刑；參加鬥爭大會的農民達六百七十五萬人，上台控訴的農民有十五萬一千四百一十二人，被鬥爭的人數則有兩萬八千二百三十七人。許多地主被群眾當場打死，有些則不堪受辱，在夜裡自殺。

在這時期許多政治運動裡，一九五七年發生的「反右」最值得一提，這次被批鬥的主角是知識分子。

建國以來，中共對知識分子的生活與工作，是採取「包下來」的方式，也就是由政府指派工作、發給薪水，並且分發參加附從共產黨的八個「民主黨派」。除此之外，中共還對知識分子進行好幾次的思想改造運動。但是，對許多知識分子來說，他們並不認為自己是被黨國體制所「包養」，而覺得自己是響應共產黨的號召，共同參加新中國的建設。

因此，在該年二月二十七日毛澤東在最高國務會議上，提出「百花齊放，百家齊鳴」的政策，鼓勵黨外的知識分子對政府與黨提出建言和批評時，知識分子本著「先憂後樂」的士大夫情懷，踴躍建言。在這裡，我們舉的例子還是前面提過的儲安平。

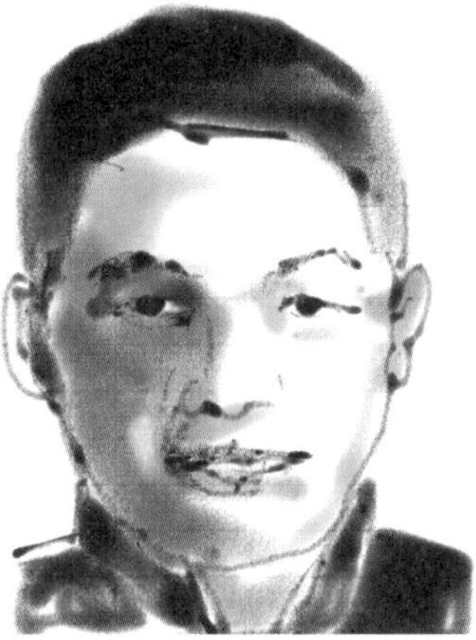

▲ 被指為右派的儲安平

這時的儲安平，擔任《光明日報》的總編輯。六月一日，儲響應毛主席的號召，想對「毛主席、周（恩來）總理提一點意見」。他委婉的說，現在的政府，已經成了中共一黨的「黨天下」，比方國務院十二位副總理，就沒有一位是黨外人士。這樣的情況，是「宗派主義現象的最終根源」，基本矛盾之所在。

哪裡曉得，號召「大鳴大放」，竟然是毛澤東的引蛇出洞的「陽謀」。儲安平這番意見刊登在報上後，毛澤東於六月八日親自撰寫《人民日報》社論〈這是為什麼？〉，認為「民主黨派」裡有少數的「右派」知識分子利用中共邀請的機會，大肆發表反動言論。

從此，百花齊放成了引蛇出洞，給黨建言變成反右運動。對儲安平的檢舉、指控鋪天蓋地而來；同事、朋友出面控訴，子女、妻子劃清界線。六月二十一日，他被迫承認錯誤，七月時，《人民日報》刊登他的〈向人民投降〉。儲安平成了第二個王實味。一九六六年九月，文化大革命已起，遭受多次「掃蕩」的儲安平，有天走出家門，再也沒有回來。他是中共中央指定的右派，至今沒有獲得平反。

一九五七年六月，距離死亡，儲安平還有九年的生命。這九年裡，肉體的儲安平雖然仍舊存在，但是那個精神上煥發入世的知識分子儲安平，在群眾暴力的恐懼陰影下、在眾叛親離的揪心痛楚裡，早就死去了。

儲安平的例子，絕對不是孤立的個案。中國知識分子的菁英，在這場運動裡被一網打盡；倖存下來的人，只能拋棄尊嚴，撇下良知，變得麻木不仁，才能度過一個又一個沒有希望的昨天，苦苦等待不知在何時何處會到來的明天。

堯天舜日餓死人

對於新民主主義階段來說，一九五三年是一個關鍵的年分。這年的六月，毛認為進展到社會主義階段的時機已經到了。

由於毛澤東在黨內已經掌握最後決策權，而且公開批評說，凡是還停留在原來地方、搞「新民主主義」的人，就是「犯了右傾的錯誤」；再加上「反右」之後，社會與政府系統裡，已經沒有人敢批評黨的決策了，於是一個想要「快轉時間」、「超英趕美」的大躍進運動，就此揭開序幕。

一九五七年十一月十三日，中共中央的機關報紙《人民日報》第一次提到「大躍進」這個口號；隔年五月，在毛澤東主持之下，中共制定了「社會主義建設總路線」，要「多、快、好、省地建設社會主義」。這樣的「總路線」，就是「大躍進」的開始。

大躍進背後的指導思想，是以政治運動的方式來拼經濟；所造成的直接後果，就是生產人力的浪費，與地方在生產數字上的極度浮誇。

所謂「全民大煉鋼」，是各地土法煉鋼，家家戶戶後院裡堆起高爐，然後將原本可用的金屬器具一概投入，鑄成大量無法使用的鐵塊，還使得農村勞動人力無法投入正常生產活動。在農業上，各地紛紛謊報糧食產量：這裡說晚稻生產兩千斤，那裡就報一萬斤，數字上大打高空，也就是所謂「放衛星」。

接著，大躍進風潮跨出糧食生產，擴及各個層面。例如，河南省登豐縣文山鄉，以一個鄉的人力物力，就辦了十二所大學；江蘇省則向中央報告，計畫在三到五年內，「興辦大學三百至五百所」，兩到三年內讓蚊子、蒼蠅、麻雀、老鼠在全省境內絕跡。

當時不只是毛澤東頭腦發熱，劉少奇、周恩來等中央領導人同樣也一廂情願，相信這些「衛星」數字為真，「高空」計畫切實可行，糧食生產足夠農村使用。於是，不但沒有提防，還提高政

目的	快轉時間、超英趕美
方向	用政治力量拚經濟，提高經濟生產量
結果	地方在生產量上極度浮誇，虛報數字應付。
影響	虛報風潮由煉鋼量、糧食生產量，擴及到教育、衛生等各層面。
後果	中央對虛報生產量信以為真，導致糧食全上繳中央，造成大饑荒。

▲ 毛澤東的大躍進

府徵購糧食的額度。農民的收成已經不佳，勉強所得的糧食還要如數上繳，中國歷史上最可怕的一場饑荒於是到來。

一九五九年到一九六一年，在沒有戰爭、水旱災的情況下，全國糧食供應奇缺，發生嚴重饑荒。這場饑荒完全是在「社會主義總路線」的「堯天舜日」下釀成的。

大煉鋼挪用了生產人力，破壞農村正常生活；撲打麻雀、蒼蠅，則破壞了正常食物鏈生態，造成蝗蟲為害。農村人民沒有飯可吃（即使之前有積糧，此刻也已經悉數上繳），樹皮草根又已經充做「大煉鋼」的燃料，於是二十年前河南饑荒「易子而食」、人吃人的慘況，又重新上演。

根據記載，一九五九年十一月到一九六〇年十月，在河南信陽就餓死了一百零七萬人！大饑荒死亡的人數，官方承認的數字是兩千五百萬；但是根據荷蘭漢學家馮客（Frank Dikötter）的研究，在這場二十世紀最可怕的人造饑荒裡，活活餓死的人高達四千五百萬之多！

既然如此，我們要問：為什麼在這個情形下，沒有爆發類似元朝末年與明朝末年的饑民、流寇亂事呢？

南京大學歷史系的高華教授提供了答案：此時的中共黨國體系權威，已經藉由不斷發動政治動員，滲入到農村基層的每一個細節裡，形成一張有強大控制力的羅網。在各地農村，民兵武警把守各村路口，沒有路條不得放行。於是，這場饑荒裡，許多村落往往是整村整村的餓死，一步也跨不出去。他們死在中共往社會主義邁進的路上，沒有人能成為朱元璋、李自成。

組織之外搞革命

連北洋軍閥、國民黨統治時都沒能鬧出的超級大饑荒，居然在共產黨統治的社會裡出現了。中共中央不得不面對這種情勢，一九六二年一月十一日，北京召開擴大工作會議，中央及地方省、局、地、縣各級幹部參加，史稱「七千人大會」。

在這場會議裡，身為人民共和國主席的劉少奇（毛澤東在一九五九年任期屆滿後不再續任），代表中央向地方幹部報告。他說這場饑荒與嚴重的經濟困

▲ 劉少奇像

難，是「三分天災，七分人禍」。雖然這樣的評價，已經是對毛留有餘地了，而且毛澤東也被逼做了自我檢討，可是劉少奇就因此而得罪了毛。

讓我們回答本章開始，毛澤東在莫斯科的那一幕時提出的問題：一直以來，毛的內心有兩種情緒。

一方面，他始終覺得自己是個遭受打壓排擠、有志難伸的人；從前有國際派的瞎指揮、扯後腿，現在則有劉少奇威脅他的地位。

劉少奇曾經寫過一篇著名的文章〈論共產黨員的修養〉，在「七千人大會」以後成為各級機關學習的教材。這篇文章裡提到，黨的領袖「決不以馬克思、列寧自居」、「任何黨員都沒有權利要求其他黨員群眾擁護他做領袖」。毛澤東覺得劉少奇的這些話，所針對的就是他。

其次，毛澤東一向認為，想要通往社會主義「大同社會」的唯一途徑，只有不斷革命這條路。可是，「七千人大會」之後的中共中央，在劉少奇、周恩來，以及鄧小平（當時擔任中央書記處總書記）的主持下，修正大躍進的綱領，矯正若干政策的偏激錯誤，施政方向比較溫和務實。

對此時退居武漢的毛澤東來說，這是一種停止革命的徵兆，他不能接受革命中途停止。既然劉少奇等人占據中央

文革中的成就 ——「兩彈一星」

在文化大革命鋪天蓋地的政治風暴裡，唯一影響受到嚴密控制與保護的領域，就是國防科學研究。在這個領域工作的科學家，受到國務院總理周恩來的特別關照，得以避免在「反右」、文革等運動裡遭受侵擾。

「兩彈」指的是氫彈、導彈，「一星」指的是人造衛星。在美蘇冷戰的格局裡，中國擁有氫彈（原子彈）與導彈，擁有戰略性武器，不但令西方國家忌憚，從此也不必受蘇聯牽制。一九六四年十月十六日，第一顆氫彈在新疆羅布泊試爆成功；一九六六年十月二十七日，裝有核彈頭的導彈製作成功。到了一九七〇年四月二十四日，中國第一枚人造衛星「東方紅一號」發射成功。

由「兩彈一星」的成功，又產生了所謂「兩彈一星」精神，也就是在極度困苦的環境裡，發揮愛國主義、社會主義的集體自律與科學精神，達成舉世注目的成就。所以，「兩彈一星精神」也就等同於「刻苦奮鬥，創新科技」。例如，「以兩彈一星精神創建一流大學」。

機關，企圖停止革命，毛只能依靠自己最拿手的路線，動員群眾發起革命。

發起革命從文化領域開始。而文化領域裡，引發鬥爭的導火線，則是一齣歷史劇。一九六〇年三月，北京市副市長、著名的明史專家吳晗編寫了歷史劇《海瑞罷官》（海瑞的故事，請參見本書第七章）；吳晗之所以會寫這齣劇本，本意也是想要迎合毛澤東的意旨，因為一九五九年四月時，毛在上海召開的中共八屆七中全會上，曾經要黨內同志「勇於講真話」，勇於批評他本人。

可是，五年以後，毛卻認為這齣戲是在影射自己，把他當成是嘉靖那樣的昏君。毛決心以批判《海瑞罷官》做為新革命的起點；他找上的執行者，是一個主持國家文藝政策的小集團，為首的正是毛的第四任妻子江青（一九一四至一九九一）。

江青在北京想找人批判《海瑞罷官》，卻處處碰壁；她轉向上海，找到了願意配合「上意」的張春橋、姚文元。

一九六五年十一月十日，姚文元在《文匯報》上發表〈評新編歷史劇《海瑞罷官》〉，說這齣戲「是一株毒草」。批判《海瑞罷官》是文化大革命的第一個訊號彈。

劉少奇、鄧小平等主持政府工作的領導，自然也看到了這個危險的訊號。一九六六年二月三日，由劉少奇屬下彭真組織的「文化革命五人小組」，提出一份報告，認為《海瑞罷官》已經查明，吳晗並沒有想影射任何人，學術的歸學術，爭論在文化領域裡進行就好，史稱「二月提綱」。

為了反擊「二月提綱」，毛澤東與江青必須要尋求盟友。毛曾經說過「槍桿子裡出政權」，能掌握軍隊，革命鬥爭就成功了大半。

可是，此刻與毛一起開國的老將們，不是已被打成「反黨集團」（彭德懷），就是失去實權、思想落伍（葉劍英）；唯一還在活躍，而且表現出力挺毛態度的軍方重要將領，只剩下當時的國防部長林彪。

林副主席身體好

林彪（一九〇七至一九七一），黃埔四期生，早年參加北伐，後來在江西蘇區從紅軍基層指揮員做起，一路升到軍長、軍團長。抗戰爆發，國共合作以後，他擔任八路軍第一一五師師長。

民國二十九年，穿日本軍服大衣的林彪，被山西友軍開槍誤傷，送到蘇聯養病，據說蘇聯醫生用藥過量，造成林彪日後怕光、怕風、怕水的後遺症，身體狀況時常不穩。他在兩年之後回國。

國共內戰時，林彪是東北共軍主帥，一路由逆勢奮鬥，打敗裝備優於共軍的出關國軍美械部隊。他帶領的東北野戰軍從寒冷的關外，一路打到炎熱的海南島。

中共建國之後，林彪先是擔任國務院副總理（但大多時候都在養病），彭德懷被打成「反黨集團」以後，他接任國防部長一職。

林彪擁有能預先準確判斷局勢的能力。當年「七千人大會」上，在一片檢討毛澤東的聲音裡，只有林彪做了以下的發言：

毛澤東主席的思想總是正確的。毛澤東思想在任何工作中，永遠是第一位的，是起決定作用的，是靈魂，是命根子。有了它，就一通百通，旗幟鮮明，方向正確。

此話一出，立刻深得毛澤東賞識，當場鼓掌叫好；這是日後毛澤東個人崇拜的先聲。

現在，江青找上林彪，得到他的支持，背後又有毛做靠山，她即將成為接下來這個叫做「文化大革命」運動的實際領導人；林彪則與毛結成同盟戰線，共同打倒黨內敵人。

林彪在黨、軍當中的地位愈爬愈高，劉少奇被打倒以後，林彪成為中共唯一的副主席，堪稱是「一人（毛）之下，萬人之上」。文革前期，哪怕是窮鄉僻壤，人們的日常生活其中一個項目，是一起床就恭恭敬敬的向毛主席的玉照「請示」今天要作的事情，並且在匯報結束以後，高喊下面這樣的口號：

雷鋒的故事

雷鋒（一九四〇至一九六二），湖南長沙人。雷鋒一家是中國勞苦農民的典型：祖父是佃農，辛苦耕作而收穫大部分被地主奪去；父親參加農民運動，但是被國民政府的軍警逮捕，受刑拷打成殘；母親是童養媳，受地主凌辱懸樑自盡；哥哥到工廠作童工，疲勞過度而受傷被解雇，之後因營養不良、沒有獲得醫治而去世。雷鋒從九歲起參加中共的兒童團，一九五七年加入共產主義青年團，在鞍山鋼鐵廠工作，被選為勞動楷模。一九六〇年加入解放軍，並成為共產黨員。

一九五九年之後，原來的國防部長彭德懷遭到毛澤東的整肅，繼任的林彪在軍中推行學習毛澤東思想的運動，並且發起「兩憶三查」（憶民族苦、憶階級苦；查立場、查鬥志、查工作）活動。在這個活動裡，雷鋒憶苦，講起自己的悽慘身世，非常引人注目，於是很快被選為「學習毛主席著作標兵」。雷鋒據說又曾經這麼表示：「毛主席著作對我來說好比糧食和武器，好比汽車上的方向盤。人不吃飯不行，打仗沒有武器不行，開車沒有方向盤不行，幹革命不學毛主席著作不行。」於是毛澤東發起學習解放軍運動，而學習解放軍，實際上就是在學習雷鋒。

一九六二年八月十五日，雷鋒在遼寧省撫順市指揮車輛倒車時，被曬衣用木桿擊中頭部，傷重殉職。官方聲稱，在整理雷鋒遺物時，發現一本日記，裡面充滿「熱愛黨、熱愛祖國、熱愛社會主義」的偉大情操。於是，從一九六三年起，中共擴大推行「學雷鋒運動」，雷鋒被描述成完美人格的革命烈士；一直到二〇一二年二月，中共中央都還向下級各單位推行〈關於深入開展學雷鋒活動的通知〉。全國各地，至少有二十一所「雷鋒小學」。

雷鋒是毛澤東與林彪挑選的模範人物，他代表無私奉獻、熱愛中共（及毛）的精神。不過，在浮誇盛行的「大躍進」時代，他的若干事蹟很可能是當局蓄意的偽造。比方「為善不欲人知」的雷鋒，在作善事時總有攝影師跟拍，他的日記與父親的經歷，也很可能是事後官方的編造。

名稱	時間	目的
整風運動	1942-1945 年	針對黨內國際派做政治整肅。
土地改革運動	1951 年	以國家暴力做為後盾，進行階級鬥爭。
三反五反運動	1951 年	將工商業收為國有。
反右運動	1957 年	批鬥知識份子。
大躍進	1958-1961 年	用政治拚經濟，提高生產量。
文化大革命	1966-1976 年	毛澤東對劉少奇等人的政治鬥爭。

▲ 中共著名政治運動

敬祝毛主席萬壽無疆！萬壽無疆！林副主席身體健康！永遠健康！

一九六九年四月一日，中共召開第九次全國代表大會，修改黨章，林彪成為史無前例的「毛澤東同志的親密戰友和接班人」，林彪的地位到達最高點。可是，高處不勝寒。

兩年多以後，一九七一年九月十三日凌晨十二點三十二分，一架三叉戟型軍機從北戴河山海關機場匆匆起飛，先往西走，然後慢慢轉彎，往北飛去。凌晨三時，飛機墜毀在外蒙古溫都爾汗，飛機上乘員連同駕駛九人全部罹難，裡面有林彪、妻子葉群、兒子林立果等人。

事後，中共中央對幹部發布一份名為〈五七一工程紀要〉（五七一就是「武起義」的諧音）的影印資料，宣稱是林彪想要發動武裝政變、殺死毛主席的罪證。

林彪真正的計畫如何？他為何要出走？走向哪裡？飛機是怎麼墜毀的？一切至今都還是謎團問號。

不過，從事後中共向各級幹部散發的這份〈紀要〉裡，有這麼一段話：

十多年來，國民經濟停滯不前，群眾和基層幹部，部隊中下幹部實際生活水平下降，不滿情緒日益增長，敢怒而不敢言，甚至不敢怒，不敢言。青年知識分子上山下鄉，等於變相勞改。紅衛兵初期受騙被利用，充當砲灰，後期被壓制成了替罪羔羊。

對照林彪在「七千人大會」上的發言，「親密戰友」前後的兩番話語何其矛盾，何等諷刺。而在上面這段話裡，提到的「紅衛兵」，正是文革的主力；下一節我們要介紹的，就是他們的故事。

無法無天紅衛兵

一九六六年五月四日，中共中央召開政治局會議，十六日正式通過一份〈中國共產黨中央委員會通知〉，發起「無產階級文化大革命」，史稱「五一六通知」。

在這份通知裡，毛親筆加上註解：「必須同時批判混進黨裡，政府裡，軍隊裡和文化領域各界裡的資產階級代表人物，清洗這些人。」文革正式開始。用毛澤東的話來說，那就是「凡中央機關做壞事，我就號召地方造反，向中央進攻，各地要多出些『孫悟空』，大鬧天宮……。」

這些「大鬧天宮」的「孫悟空」，指的就是紅衛兵。他們是文革前半段（一九六六到一九六九年）「橫掃一切牛鬼蛇神」的主力成員。

從名稱上看，紅衛兵的意思是「捍衛無產階級革命的紅色戰士」；從成員來說，初期的紅衛兵是由北京各高中、大專院校的青年學生組成的。到了後來，則全國各地的機關、學校、工廠，都組織起「造反派」紅衛兵，連小學生都被組成「紅小兵」。

紅衛兵是講究血統的，所謂「老子英雄兒好漢，老子反動兒混蛋」，地主、壞份子、反革命、國民黨員的子女，不可能擔任紅衛兵，只能淪為被紅衛兵「專政」（被剝奪一切權利，然後批鬥）的對象。

最先以血統背景組織紅衛兵的，都是北京高幹的子弟，分為兩大組織，一個是「紅衛兵西城區糾察隊」，簡稱「西糾」；另一個是「首都紅衛兵聯合行動委員會」，簡稱「聯動」。「西

「宋要武」的故事

一九六六年八月十八日，毛澤東在天安門城樓上接見來自全國各地的紅衛兵。由北京師大附中推派代表，為毛主席別上「紅衛兵」的臂章。這位代表是一位長相清秀的女學生，毛主席親切詢問她的姓名，原來是開國功臣、解放軍將領宋任窮的十七歲女兒宋彬彬。毛主席開了金口：「是文質彬彬嗎？革命要武嘛。」於是宋彬彬便被人稱做「宋要武」。

宋要武在文革初期，據說是首都紅衛兵的急先鋒，親自率眾批鬥北京師大附中副校長卞仲耘，並將其活活打死；更有她親手殺了六、七人的說法。宋彬彬後來與同單位的紅衛兵發生內鬨，而遭受批鬥的各機關人員（許多是她的父執輩），更想藉著她「親自為毛主席戴上臂章」的身分，做為免受奪權批鬥的護身符、擋箭牌，於是關於她四處保全組織的傳說不脛而走，成為各方要打倒的對象。一九六八年四月，宋與母親被押到瀋陽軟禁，之後則到內蒙古下鄉勞動。一九七二年，宋彬彬在大多數學子都失去教育機會的情況下，進入長春地質學院就讀，之後赴美留學，得到麻省理工學院大氣科學博士學位，留美工作。

二〇〇三年之後，宋彬彬出面否認文革期間她曾經殺人的傳說，也澄清她並未帶頭批鬥卞仲耘。儘管她的澄清裡不無為自己開脫的意思在，但從她的故事裡，可以看出在文革初期，在集體暴力之下人們喪失理性的集體瘋狂：「『階級鬥爭教育』讓我們大多數人在看見校領導被施暴時，雖然心裡同情，但不敢說什麼，更不可能站出來堅決反對。一些無力的勸阻雖暫時緩解了事態，但根本無法制止新一輪的毆打折磨。」

糾」甚至得到周恩來總理的支持，提供物資援助。

紅衛兵是怎麼造反的呢？一開始，他們在各院校內張貼大字報，後來則公開串聯，遊行集會，要求批鬥政府領導（也就是毛想要打擊的劉少奇）。劉少奇與鄧小平主持的政府與黨組織，在一開始時並不知道紅衛兵幕後有毛主席的支持，所以派遣工作組到首都各院校，想要制止事態擴大，不准大字報張貼到校園外面去。

一九六六年八月五日，毛澤東親自出手，發表〈砲打司令部──我的第一張大字報〉，反對工作組鎮壓，攻擊當權的劉少奇等人，是「走資本主義路線」的「修正主義者」。

毛主席接著在八月間，接連八次，在天安門廣場接見全國串聯上京的紅衛兵一千三百多萬人次。有了毛的鼓勵支持，正值青春年少的男女紅衛兵，穿著改良自列寧裝的「毛裝」，臂上別著臂章，手上拿著有如《聖經》的「紅寶書」《毛語錄》，打著「革命無罪，造反有理」大旗，四處破壞，有如脫韁野馬，不可控制。

無政府紅色恐怖

紅衛兵破壞的，一開始是所謂「四舊」（舊思想、舊文化、舊風俗、舊習慣）；也因此，許多文物、圖書、寺廟、教堂、甚至外國使領館，被焚燒、被拆毀成斷垣殘壁；許多在本書裡登場過的歷史人物，比如南宋名將岳飛、明神宗萬曆皇帝朱翊鈞、晚清北洋大臣李鴻章，他們的墳墓被搗毀，遺骨被紅衛兵挖出來遊街示眾，然後一把火燒掉。學生打老師，下屬鬥上級。

與此同時，他們展開「武力奪權」，占領各政府機關，或者由機關內部組織「造反派」，召開批鬥大會。在這類批鬥會上被鬥、陪鬥的人，下場非常悽慘，由於秩序已經蕩然無存，暴力效應逐漸擴散，批鬥對象被當場打死，是家常便飯的事。

國家主席劉少奇夫婦被接連批鬥，劉本人被冠上「叛徒、工賊、內奸、國民黨反動派」的罪名，開除出黨，最後孤單死在河南開封一間空蕩蕩的屋子裡。領導人如此，升斗小民更不必說了。再以北京近郊的大興縣為例，紅衛兵到這裡四處打、砸、燒、殺，「用北京話罵，用皮帶抽」，從八十三歲的老人，到出生才剛滿月的嬰兒都不放過，短短五、六天時間裡，就殺死「壞份子」和地主三百二十五人。

在「牛鬼蛇神」被批鬥得差不多、「走資當權派」也被一一打倒之後，紅衛兵開始互相奪權，進入武裝械鬥階段。本來，在各種政治運動裡，解放軍一直維持超然不介入的狀態，但是在文革開始後，紅衛兵率領群眾，蜂湧攻進解放軍的軍營、軍火庫「造反」，壓制軍隊，取得武器後，與敵對的紅衛兵械鬥。

武鬥在全國展開：一九六七年六月，四川宜賓發生十七萬紅衛兵大械鬥，在街頭彼此開火，武鬥時間長達十個月，死亡人數超過兩萬三千餘人；江西撫州兩個「造反派」對立嚴重，中央派軍隊進駐，企圖調解，沒想到民兵與紅衛兵竟然聯合起來對軍隊開火，「他們打飛機，將飛機的機身打了兩個洞」。

在北京，江青等「文革派」則藉由武鬥繼續奪權，他們將幹部子弟組成的首都「西糾」、「聯動」兩支紅衛兵打垮，藉以使這些紅色子弟的「總後台」周恩來失勢。

這種毫無節制的紅色恐怖四處蔓延，連偉大的毛主席都看不下去了。一九六七年開始，他號召青年學子「上山下鄉」，「接受中下貧農的再教育」。從毛澤東的盤算角度來看，將學生們下鄉，可以解消紅衛兵的造反力道，以免有朝一日尾大不掉、養虎遺患；同時，在各生產部門都已經被「奪權」破壞的情形下，讓大量就業人口進入農村勞動，也是解決就業問題的良方。

這些青年學生懷抱著美好的憧憬與滿腔的熱血，響應「紅太陽」毛主席的號召下鄉，看到了真實的農村，聽見林彪叛逃的消息，他們對中共的意識形態，慢慢產生了懷疑；對革命的浪漫想像，開始逐漸幻滅。一九六九年後，文化大革命從高峰逐漸冷卻、消退。

文革影響到處在

一九七一年林彪飛機失事以後，文化大革命在全國「造反」的聲勢慢慢消退，只剩下政府裡江青「文革派」與周恩來等「老幹部派」的爭權。毛澤東則在這兩派之間大玩權力版圖的平衡遊戲。

文革造成的死亡人數，並沒有大躍進時期來得多，但是在中國人民的集體記憶裡，卻留下難以抹滅的巨大傷痕與影響。十年文革期間，高中以上教育大部分停止；中小學的課程，不論課程學科，一律上的是《毛澤東選集》。

老師進到教室，頭頂戴著「資產階

▲ 紅衛兵毀壞一切舊文化

級學術權威」的高帽，低聲下氣的向學生交代自己的「反動罪行」。政治語言進入人們日常生活的一切領域。人們必須要說連自己都不相信的話，欺騙別人也蒙蔽自己。一九六六年，一名豬隻飼養員投稿《人民日報》，宣稱「學習了毛主席著作，提高了思想覺悟，明確了一切工作都是為了革命，養豬也是革命工作的一部分」；當時的一封結婚賀信是這麼寫的：

某某同志：

元旦是你舉行婚禮的日子。

我們決定在這個具有新的革命性的快樂的日子裡，親自到你家來，向你以及你最親密的戰友某某同志表示最衷心的祝賀。

「海內存知己，天涯若比鄰。」我們的友誼是在尖銳的，激烈的階級鬥爭中建立的，是經歷了疾風暴雨，驚濤駭浪的嚴峻考驗的。今後不管社會上發生了什麼事，我們都決心同你們以及全體貧下中農團結，戰鬥、困難、勝利都在一起。顆顆紅心向太陽，永遠忠於毛主席。這是我們共同的心情與誓言。

順致無產階級的敬禮！

你的革命戰友某某

一九六七年十二月二十六日 ※

文化大革命掃去了傳統中國文化裡溫柔敦厚的人情味。事隔多年，留日大陸歷史學者李開元回憶那段親身遭遇的過去歲月，給了「張牙舞爪，絕情無法」的八個字評語。

二十一世紀初在大陸火紅的「民國熱」、對台灣「保留了中華文化」、「有禮貌、守秩序」的高度評價，其實也是出於對文革「破四舊」、革命語言鋪天蓋地的一種反思。

二〇一一年底，一部名為《後宮甄嬛傳》的電視連續劇在各地電視台播出，引發大陸、香港、台灣等地的收視熱潮與討論。這部電視劇的歷史背景，設定在清朝雍正年間，但是後宮嬪妃之間那些爾虞我詐、彼此傾軋，皇帝對臣下、后妃的冷酷操弄，被許多文化分析家評論是展露了文革時期人們心口不一、彼此不信任的陰影。

文革其實也影響了它的發起人毛澤東。從受到「排擠打壓」的劣勢裡奮起，建立人民共和國，毛澤東面對現實與他心中理想的衝突，不惜「粉身碎骨」（他自己的用語），發動文化大革命，也要將革命進行到底。但是十年過去，理想無法達成，完全事與願違。

一九七六年七月二十八日，河北唐山發生大地震，二十四萬人瞬間被埋在瓦礫堆下，整座城市夷為平地。北京也感受到劇烈搖晃，但此時的毛澤東已經疾病纏身，動彈不得，只能由警衛緊急移至安全區域；他距離死亡只剩下一個多月的時間，再也無法做出任何反應了。

※轉引自王丹，《中華人民共和國史十五講》（台北市：聯經，民國101年），頁177-178。

穩定與開放的競賽：改革開放後的新局與困境

對許多飽經政治運動磨難的中國老百姓來說，一九七六年在他們的記憶裡，是非常特別的一年。這一年發生的大事之多，令人目不暇給：一月八日，國務院周恩來總理病逝；四月五日，民眾在天安門追悼周總理，要求民主自由，被軍警驅離，是為第一次「天安門事件」，國務院副總理鄧小平被指控是策劃這場活動的「總後台」，再次被打倒；七月二十八日凌晨三時，唐山大地震，二十四萬人瞬間死亡；民間紛傳，這是上天藉著地震示警，「天命」將有異動；九月九日，「紅太陽」毛澤東主席病逝；十月六日，江青等「四人幫」遭到逮捕，文化大革命正式宣告結束。

在這些緊湊發生的大事件裡，真正關鍵的人物其實只有一個，那就是在第一次天安門事件裡再次被打倒的鄧小平。這已經是鄧小平政治生涯裡第三次被打倒了，他被江青等人指為「反革命份子的總代表」，撤銷政府、黨內一切職務，只保留中共黨籍，「以觀後效」。

可是，就是這位第三次被撤銷一切職務的黨員，在一年三個月之後卻一躍成為中國最有權勢的人，「沒有皇帝頭銜的皇帝」，並且在一九八九年實際主導鎮壓第二次的「天安門事件」。也正是在鄧小平掌權期間，中國正式告別革命的年代，不但重新返回國際社會，更奠定走向發展經濟的格局。這些重要的大事，還有中共當代政治、社會、經濟的基本局面，都與這位身形矮小的政治巨人第四次——也是最後一次——重新復出政壇密切相關。這時候，正是一九七七年四月，文革結束之後半年。

革命家告別革命

鄧小平（一九〇四至一九九七），四川廣安客家人，他在十六歲的時候（民國九年，一九二〇），搭船到法國「勤工儉學」（以現在的話說，就是半工半讀、打工賺學費）；白天在工廠做膠鞋工人，晚上就讀夜校。在巴黎，他認識了同樣到歐洲來工讀的周恩來等人，並且加入中國共產黨。

民國十五年（一九二六），鄧小平奉中共中央的指令，轉到莫斯科留學；他進入專為培養中國革命者設立的中山大學，與蔣經國做了八個月的同班同學。回國以後的鄧小平，參加過中共發動的城市暴動與蘇區起義，他是毛澤東游擊戰術與政治路線的支持者。民國二十二年（一九三三），他遭到「國際派」批評，被免去江西省黨委書記的職位，這是他第一次被打倒。

紅軍長征途中，鄧小平在遵義會議裡隨毛澤東而復起。抗戰和戰後的國共內戰，鄧小平在黨內的位置慢慢向上爬升。

一九六七年，劉少奇被毛澤東鬥垮之後，擔任國務院副總理、中共總書記的鄧小平，同樣被當成「走資派」，第二次被打倒。鄧小平本人被免去職務，在紅衛兵批鬥會上，他被迫當眾下跪，坦承「罪行」；稍後被流放到江西一家拖拉機維修工廠裡當工人，他的長子鄧樸方在紅衛兵批鬥時，從四層樓摔下，下半身癱瘓，弟弟鄧蜀平被迫自殺。

一九七五年，在罹患重病的周恩來向毛澤東推薦之下，鄧小平再次復出，擔任國務院副總理、黨副主席兼軍事委員會副主席，主持日常政務。然後，就是一九七六年的「四五事件」，鄧小平第三次被打倒。

在毛澤東晚年重病期間，政府和黨裡的開國功臣們大多都已經被鬥倒，於是，毛一手提拔原來擔任老家湖南湘潭黨委書記的華國鋒（一九二一至二〇〇八）進入中央。鄧小平下台以後，華國鋒升任國務院總理，兼任中共第一副主席（主席是毛澤東）。毛澤東的最後時日，已經沒辦法清楚說話；華國鋒手上雖然握有毛主席親筆所書「你辦事，我放心／有事問江青」的「遺詔」，但他

▲ 中共改革開放的總設計師鄧小平

明白，如果不除去江青等文革掌權派，他只能是傀儡接班人。

毛澤東死後第二十七日，華國鋒聯合毛晚年的衛士，以及能鎮住軍隊的老將葉劍英，以在中南海懷仁堂召開中央政治局會議為藉口，找來江青等人，一舉加以逮捕，史稱「懷仁堂事變」。於是，文革派就此垮台，江青、姚文元、張春橋、王洪文等四人被稱作「四人幫」。動盪十年的文化大革命，到此正式結束。

打倒「四人幫」後的華國鋒，成為中共建國以來，唯一一位身兼中共中央主席、軍委主席、國務院總理三要職於一身的領導人。華國鋒謹遵遺命，想要延續毛澤東的革命路線，他提出「兩個凡是」論：「凡是毛主席作出的決策，我們都堅決維護；凡是毛主席的指示，我們都始終不渝的遵循。」不過，「兩個凡是」論最後不敵一篇名為「時間是檢驗真理的唯一標準」的文章。這篇文

章是復出政壇的鄧小平與支持他的政治盟友，對繼續文革路線的反擊。

鄧小平在一九七八年十一月取得老幹部派與軍方老將的支持，實質上從華國鋒「凡是」派的手裡取得黨、政、軍的實際權力。除了中央軍委主席之外，鄧小平始終沒有出任黨和國家的領導職務。可是，國外的觀察家都注意到，他已經成為中國實質上的統治者了。

一九七九年一月二十八日，鄧小平以國務院副總理的身分訪問美國，當時美國才剛和中國建交，白宮以元首的等級迎接鄧的到訪。這位中共打天下的第一代革命家，自己也飽受各種「革命運動」的摧殘，他即將要向建國以來的革命告別，走上改革開放的道路。

摸著石頭過河去

「時間是檢驗真理的唯一標準」，後來演變成為「實踐是檢驗真理的唯一標準」。這就是改革開放初期的理論依據。

改革開放從農村改革開始，農村改革從實施「土地聯產承包制」開始。

在文革後期，農村的生活水準大為倒退，每人每年分得的口糧，甚至還不如民國初年軍閥混戰時期。中共建國以後，實施土地公有制，收穫大部分要上繳各級「人民公社」；一九七八年十一月二十四日，安徽省鳳陽縣小崗村的十八名農民偷偷聚會，決定私下分田分地，收成全歸自己；安徽省黨委書記默認這種改變，並且將這套辦法上報中央。以後這樣的模式推廣到全國，就成為「聯產承包制」的由來。

「聯產承包制」簡單說，就是土地所有權與經營權分開。國家仍然擁有地權，但是經營權轉到農民手裡，農民也能享有大部分的收成。在這個制度底下，人民公社沒有存在必要，於一九八五年徹底解散。從此，農民可以自己選擇獲利較高的經濟作物，而且保留大部分的收成。勞動力回到生產的正軌上，這是農村改革的第一步。

城市改革相繼而來，改革從開放開始。鄧小平主張「讓（沿海）一部份人先富起來」，實際的辦法是引進外國資金，成立類似台灣加工出口區那樣的「經濟特區」；在計畫、物價控制、勞動工資等管理方面，適度的放權，讓地方施展身手，實施新的、特殊的經濟體制。

廣東省在這一波開放的浪潮裡，扮演火車頭的角色。一九八〇年代陸續成立的汕頭、深圳、廈門、珠海等四個經濟特區，除了廈門在福建省境內，另外三個都位於廣東。在這些經濟特區裡，相關法規鬆綁，可以學習資本主義經濟制度，簡化投資門檻，吸引外商資金。有了廣東的成功示範，福建、海南等地紛紛跟進。

不過，儘管在經濟上放寬，鄧小平對政治的掌控，並沒有隨著經濟而大幅

名稱	開始時間	內容
聯產承包制	1978 年	土地所有權（國家）與經營權（農民）分開
經濟特區	1979 年	沿海城市成立加工出口區，經濟管理適度放權給地方。
四個堅持	1979 年	政治上不能有制度性的變革。

▲ 鄧小平的主要作為

鬆綁。雖然在復出前後，鄧都作了一些支持民主改革風氣的表態發言，但一等到自己在黨內的權力鞏固後，他就發表「堅持社會主義道路，堅持無產階級專政，堅持黨的領導，堅持馬列主義毛澤東思想」的「四個堅持」講話。這「四個堅持」是鄧小平為中國改革開放設下的底線，也就是儘管經濟上可以仿效資本主義市場辦法，但是在政治上不能觸及制度的變革。

可是，就算有「四個堅持」這道緊箍咒，一九八〇年代的中國民間社會，仍然力圖從國家力量全面控制動員的桎梏裡走出來。

當時的中共中央主席胡耀邦（一九一五至一九八九）、國務院總理趙紫陽（一九一九至二〇〇五），兩人都是堅定的黨內民主派，他們對於開放政治尺度的拿捏，也還是「摸著石頭過河」，不斷嘗試，一直到一九八七年，胡耀邦引起黨內保守派的不滿，被迫下台為止。

天安門前風雲急

從一九七七年起，到一九八九年，這十多年的時間裡，改革開放讓經濟有了很大的成長，也喚醒了原來被摧殘壓制的社會自主力量；可是，隨之而來的是體制內嚴重的貪污腐敗，稱作「官倒」。「讓一部分人先富起來」雖然不錯，但先富起來的人沒有成為示範，而且當中有不少還是私相授受、內部利益輸送圖利自己人。結果，經濟改革開放，卻使得社會階級差距不斷拉大，農村與城市、沿海和內陸的貧富落差，也進一步擴大。

從一九八〇年代初期開始，知識分子呼籲民主化、以政治體制改革趕上經濟開放的聲音逐漸出現。而這種要求開放政治的聲浪，引起中共黨內保守派的反撲：他們多半是文革時被打倒、流放的老幹部派，後來成為支持鄧小平復出的黨內盟友；對於政治開放，他們存著很高的戒心。就這樣，雙方都在積蓄能量，等待爆發的時機出現。

一九八九年四月十五日，前中共中央主席、總書記胡耀邦因為心肌梗塞去世，北京青年學生為了追悼他，引發了大規模要求民主開放的學潮。胡耀邦因為長期主張政治開放，在知識分子、青年學生心目中形象一直很好。胡死訊傳出後的當天下午，北京各大專院校就出現悼念胡的大字報和揭帖。四月十七日，北京各大學約六千多名學生，連同數萬名市民群眾，遊行到天安門廣場、人民大會堂前靜坐，提出公正評價胡耀邦政績、懲辦「官倒」、開放報禁等七條要求。

北京大學生的悼念胡耀邦活動，引起知識分子和各地學生聲援，事態仍然平穩，直到四月二十六日《人民日報》的社論刊出，才有新的變化。

這篇代表官方立場的社論，稱呼學生運動是「一場有計畫的陰謀，是一次動亂，其實質是要從根本上否定中國共產黨的領導，否定社會主義制度。」社論刊出前晚，已經透過廣播等媒體播送，激怒了廣場上的各校學生。後來學生採取罷課、靜坐、絕食等激烈抗議手段，都是要求修正這篇社論的論調。當時的北大歷史系學生、學運領袖、後來成為歷史學者的王丹認為，這篇社論是保守派的逆襲，他們將當時擔任國務院總理、黨政治局常委的李鵬推出來，故意激怒鄧小平；而最終的目的，是給當時出訪北韓的總書記趙紫陽「出難題，以便拉他下台。」

六四事件分水嶺

四月二十七日起，超過十萬名學生與百萬以上的北京市民上街遊行，到天安門廣場前抗議前一天的《人民日報》社論，並要求政府推行民主。到五月十八日這段期間，李鵬等政府領導人與王丹、吾爾開希等學生領袖代表數次會面，但因為雙方態度都很強硬，並沒有達成任何實際結論。

五月十八日上午，中共中央政治局召開緊急會議，專門討論天安門前事態發展。與會政治局委員、老將楊尚昆傳達鄧小平的指示，認為「事態正在惡化，性質已經變了，首都不能再這樣亂下去」。下午，在政治局擴大會議上，鄧小平親自出席，發表講話，他認為天安門廣場上的活動，是「反革命性質的暴亂」，主張與學生民眾和平對話的趙紫陽，被罷黜一切黨政職務，遭到軟禁；十九日起，北京實施戒嚴。

二十日晚間，執行戒嚴令的解放軍進城，許多市民與學生上街阻止。五月二十八日，台北、香港兩地的大學生聲援北京學運；三十日，北京八所藝術院校師生製作的「民主女神」像，在天安門廣場矗立起來。

六月三日晚間八點，戒嚴部隊開始掃蕩天安門廣場，在部隊出擊時，民眾與軍隊爆發衝突，軍車上的士兵先是對空射擊示警，但只要遇到扔擲磚塊、叫罵情況，立刻將槍口對準磚石、聲音的來處開火。

到了四日凌晨四點，天安門廣場上還留有一萬餘名不肯撤離的學生；四點三十五分，廣場上燈光乍亮，從人民大會堂湧出大批全副武裝的士兵，以跪射姿勢瞄準學生；遠方長安大街上，裝甲車與坦克一字排開，緩緩朝廣場駛來。學生們終於撤出天安門廣場，沿途紛紛傳來市民、學生被高速行駛的坦克、軍車輾死的噩耗。

在西方記者的鏡頭裡，全世界的觀眾都看見「民主女神」被推倒的那一幕。六月十三日，王丹、吾爾開希等學生領袖二十一人遭到政府通緝。這就是震驚世界的「六四天安門事件」。

關於這次事件裡的全部死亡人數，官方估計是「兩百餘人」；而學運領袖王丹則傾向死亡數字「應當不少於兩千人」。在這一天，許多市民、工人、甚至學校教師，寧可犧牲自己的性命，用身體抵擋軍警的棍棒槍彈，也要保護廣場上的青年學生；許多母親摯愛的孩子在這一天之後，再也沒有回來，她們望眼欲穿，而政府至今沒有給任何說法與解釋。

至於，鄧小平為何會將學生的抗議，使用文革式的語言，將它解釋成一場「反革命暴亂」，最後拍板武力鎮壓呢？

王丹提供了一個可能的解釋：鄧小平親身經歷過文革的批鬥，見識過天真爛漫的青年學子化為「無法無天」的紅衛兵。在他看來，這就是「人民當家作主」的情景。他因此對學生「造亂」懷

▲ 北京六四天安門廣場

有心理恐懼；這可能是他在不必以武力鎮壓的情形下，仍然選擇對學生開槍的原因。

「六四事件」是當代中國歷史走向的分水嶺。在這之前，民間社會復甦的力量，與政府開放政治參與的嘗試，彼此之間不斷在進行磨合與對話；在這之後，中共確立經濟更加開放、政治嚴格控制的底線，而社會與國家的關係，則徹底失去互信基礎，這在今天許多「維權」（即「維護人權」的簡稱）事件裡，人們採取的激烈手段上，可以看見端倪。

新一代領導核心

在政治版圖上，「六四事件」也是中國新一代領導班底權力交接模式重組的起點。「六四」之後，趙紫陽倒台；原來擔任上海市黨委書記的江澤民受到保守派的推薦，一下子成為中共中央總書記、中共中央軍委主席，名義上掌握了黨與軍隊的大權；一九九三年，擔任人民共和國國家主席的老將楊尚昆（一九〇七至一九九八）卸任之後，江澤民更接任了國家主席。

從江澤民起的執政班底，樹立一套模式：執政團隊裡的核心領導人掌握黨（總書記）、政（國家主席）、軍（中共中央軍委）三大要職，與他一同上任、卸任的搭檔，是國務院總理，也就是最高行政首長。在任期結束之後，由下一批團隊上台接手。

二〇〇二年三月，江澤民卸任國家主席，由鄧預先指定的胡錦濤接班，這是中共第一次由繼承人順利接班。執政團隊的權力交替，有如左邊表格：

不過，江澤民這一屆的執政班底，有一個情形與後兩屆不同：當時的鄧小平，仍然具有實質的影響力。前面提過，「六四事件」是中共黨內的保守派拱出李鵬，以學生運動激怒鄧小平，清洗掉黨內主張開放政權一派的政變，真正的目的在於停止改革。

國家主席兼中共總書記	國務院總理	中共中央軍委主席	起迄時間
江澤民	李鵬、朱鎔基	江澤民	江的主席任期從 1989 至 2002 年。1998 年 3 月，朱鎔基接任總理，至 2003 年卸任。江澤民於 2004 年 9 月卸任軍委主席。
胡錦濤	溫家寶	胡錦濤	2003 年 3 月至 2013 年 3 月。
習近平	李克強	習近平	2013 年 3 月起就任。

▲「六四」後核心領導人權力交替表

「六四」之後，仗著「平亂有功」，保守派講話分量加重，政治上大舉反撲，不但重新提倡階級鬥爭，還要問一問「（經濟）改革是姓資（本主義）還是姓社（會主義）」？江澤民不但沒有制止這類保守派的聲浪，甚至還呼應唱和。

結果，在一九九〇、一九九一兩年，本來逐年成長的中國經濟，在國際因「六四」而發起的經濟抵制，以及國內政策趨於保守的情況下，出現嚴重的衰退現象。

這樣的情勢發展，並不是鄧小平所樂見的。再這樣下去，他復出之後走向經濟改革開放的路線，就有全盤被否定的可能。於是，在一九九二年一、二兩個月，「退休人員」鄧小平同志來到武昌、深圳、珠海與上海考察，沿途發表談話，反擊左派言論。

對於江澤民執政團隊而言，鄧小平最嚴厲的警告出現在一月二十五日。這天，他對地方幹部表示：「誰反對改革開放，誰就垮台。」中共中央很快就理解話裡的意思，於是，市場經濟路線，就此確定成為中國未來發展的不二道路；「摸著石頭過河」的鄧小平，成為改革開放的「總設計師」。這種由國家進行「宏觀調控」的市場經濟，被稱作「具有中國特色的社會主義」，特色是在經濟上盡量開放，但是在政治上則層層把關，嚴密管制。

南巡考察的講話，是鄧小平最後一次的公開發言。他在一九九七年二月十九日去世，只差四個多月，就能看見香港的回歸；香港是在鄧小平主政之下，與英國談判取回的成就，它和兩年後交還中方的澳門一樣，同是中共民族主義王冠上兩顆燦爛的明珠。

「一國兩制」港台斥

一九九七年七月一日，香港回歸中國。這顆「東方之珠」從《中英南京條約》之後，一百五十多年來，歷經太平天國、軍閥時期、國共內戰，以及中共建國以後的政治活動，都能置身事外，還成了亂世裡許多人物流亡託身的處所。一九八四年十二月，中國與英國簽署《中英聯合聲明》。英方承認香港地區是中國領土，將在一九九七年移交主權、治權給中方；中方也在聲明裡承諾，不會在香港實行社會主義制度，香港是中國的特別行政區，可以維持資本主義制度和生活方式五十年不變，用鄧小平的話，「馬照跑，舞照跳」；這就是「一國兩制」。

一國兩制也是鄧小平時代企圖解決「台灣問題」所採用的方針。參加韓戰「抗美援朝」，使中共錯過了徹底消滅國民黨的大好機會，之後三十年，雙方隔著台灣海峽（直到今天，中華民國還控制福建沿海的金門、馬祖兩島嶼），持續著軍事對峙的局面。一九八〇年代初期，「解放台灣」轉為「和平

時間	兩岸關係	雙方領導者
1949 年	中華民國政府遷台，中華人民共和國成立。	蔣中正、毛澤東
1950 年	韓戰爆發，中共延遲攻台計畫。	蔣中正、毛澤東
1958 年	八二三炮戰：中共對金門進行砲擊。	蔣中正、毛澤東
1971 年	中華民國退出聯合國，中共成為中國席次代表。	蔣中正、毛澤東
1978 年	鄧小平首次提出一國兩制。	蔣經國、鄧小平
1991 年	兩岸交流機構海基會與海協會成立。	李登輝、鄧小平
1992 年	一個中國原則，九二共識。	李登輝、江澤民

▲ 海峽兩岸關係演進表

統一」。按照鄧小平的構想，「一國兩制」實現以後，中央不派人到台灣，中央政府還要留位置給台灣代表；台灣更可保留自己的軍隊。不過，這樣的安排，在台灣社會接受程度極低；因此到了一九九〇年代，海峽兩岸逐漸轉為經濟、文化交流階段。至於政治議題，只要大陸與台灣都堅持「一個中國」原則，至於這個「中國」，究竟是中華人民共和國，還是中華民國？政治爭議可以先行擱置。這就是「九二共識」，或者稱「九二精神」。從此，「一國兩制」比較少提及了。一九七九年，中共在黨內設置「對台工作領導小組」，一九八八年，在國務院設立部級的台灣事務辦公室（簡稱「國台辦」），從省到線的各級政府，也都設有「台辦」。雙方到目前仍然互不承認，所以官方機構無法直接接觸；一九九一年起，台灣成立「海峽交流基金會」（簡稱「海基會」），大陸也成立「海峽兩岸關係協會」（簡稱「海協會」），其實與國台辦是同一套班底，作為與台灣交涉的機構。海協與海基的談判，曾經因為兩岸政治影響而中斷八年，直到二〇〇八年五月以後，才重新恢復。

二〇一五年十一月七日，新加坡香格里拉大酒店大堂層「島嶼宴會廳」裡，媒體萬頭攢動，相機鎂光燈不停閃爍，這是因為兩岸領導人馬英九、習近平正在此處舉行會談，當時稱為「馬習會」（或習馬會）。這是兩岸實質結束戰爭狀態以來，最高層級的政治會談。

不過，「馬習會」為兩岸政治統合帶來的一絲光亮，實際上是兩岸二十多年來良性交流的臨去秋波。馬英九總統在七個月後即卸任，而二〇一六年一月，主張「抗中（共）保台」的民主進步黨在總統及國會選舉中大獲全勝，代表台灣社會多數民意不但認為北京的多方讓利為「糖衣毒藥」，更有從「反共」轉為「反中」的趨勢。兩岸交流就此進入低盪急凍的時代。兩岸是否能重返和平交流的道路？端看兩岸政治決策者和民眾的胸襟智慧。

二〇一九年六月起，香港因為反對修訂逃犯條例草案而爆發大規模「反送中」運動，數萬、乃至數十萬學生、市民，透過社群網站聯絡串聯，動輒上街頭抗議，是為香港回歸中國以來最嚴重的政治危機。「反送中」運動背後成因複雜，動機眾說紛紜，甚至還有外國勢力介入的確鑿痕跡，一時尚難遽下定論；可是，這次運動反映出香港和內地的諸多矛盾，以及「一國兩制」的不受歡迎。

是和諧還是控制

二〇〇八年八月八日，第二十九屆夏季奧運在北京舉行。透過電視轉播，全世界四十五億人次的觀眾看見二十一世紀的中國面貌：嶄新的「鳥巢」國家體育館、「水立方」游泳館、還有大導演張藝謀執導的開幕儀式裡，三千名儒生裝扮的學生，持竹簡，朗誦《論語》「四海之內，皆兄弟也」；當中國國家主席胡錦濤宣布奧運會正式開幕的同時，一個「和平崛起」的大國印象，就此對全世界傳送展現。一時之間，在這個以「人民共和國」為名的國度，革命似乎已成往事；傳統文化與現代科技，巧妙的結合在一起。這是中國的光明形象。

二〇〇四年九月十九日，中共第十六屆中央委員會第四次全會提出建立「社會主義和諧社會」的目標，要結合儒家思想與馬列主義，打擊腐敗和違法犯罪的勢力，統整未來改革開放的路線方向。

對許多人來說，「和諧」意味著「封口」；「和諧社會」代表國家力量對民間社會的新型態壓抑和控制。中國的食衣住行、喜怒哀樂，社會輿論、藝術創作、社群活動、乃至理財投資，平日看似毫無拘束，實際上仍然要在一個看不見的巨大「鳥籠」裡進行。鳥籠可能很大、很高，但終究還是有範圍、底線。網路世界就是這種「鳥籠式控制」最好的例子：有些台灣網站，在大陸無法連上；谷歌（Google）這位搜尋大神，在內地也不再那麼神，遇到關鍵字詞（比方「六四」），搜尋結果就是令人尷尬的一片空白。在中國，年輕人如不使用「翻牆」軟體，不能登入「臉書」（Facebook）、「IG」（Instagram）、推特（Twitter）等社群網站，但是有願意配合官方規範的「豆瓣網」、「開心網」、「抖音」（Tiktok）、「新浪微博」、「百度」、「微信」等社群網站作為替代。

中共同時一直在建更高的網路防火牆，讓人們不能「翻牆」去看不准看的網站。可是網民卻仍然不斷嘗試翻牆。

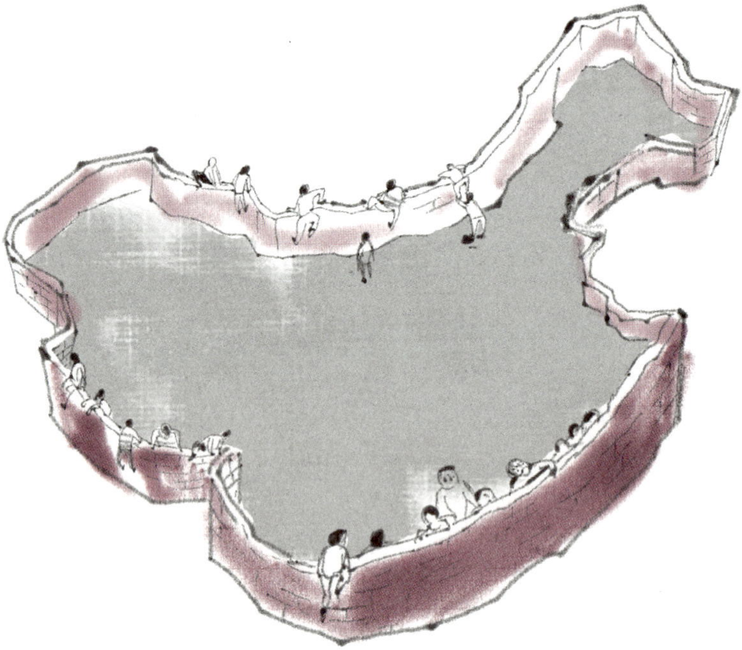

▲ 嘗試翻牆的中國人

這說明人對於知道真相的渴求，及對於逃離控制的渴望，其實是難以完全壓制的。在資訊不斷能從網路的各個角落流洩出來時，有些中共想和諧掉的東西就被挖出來了。二〇一一年七月二十三日晚間八點，浙江甬台溫鐵路發生兩列動車（即高速鐵路列車）追尾撞擊的重大意外，造成四十人死亡，一百七十二人受傷。動車發生事故時，北京中央電視台新聞聯播，不斷放送各式各樣感人的救人事蹟，但網路卻流傳著：出事的動車被就地掩埋，真相也從此入土。

但是國家力量的強大，並非全無是處。二〇一九年十二月首先在武漢爆發大規模社區感染的新型冠狀病毒肺炎（Covid-19）疫情，在隔年造成全球蔓延。面對來勢洶洶的疫情，中共地方衛健官員一開始顢頇被動，試圖掩蓋隱瞞；然而在局面日趨嚴重時，中央斷然介入，宣布武漢封城，湖北封省，接著調動全國資源人力進行防堵，取得相當成果。西方國家初時譏諷中國的極權作法，然而等到這一隻肉眼看不見的小小病毒，在歐美造成嚴重疫情，哀鴻遍野，西方竟不得不起而效顰，學起封城、隔離、限制住居這一套。中共抗疫成功，代表其國家力量仍能在短時間有效調動資源，控制民間社會。

走上鋼索的大國

儘管當代的中國以「大國」、強國之姿矗立於世界，但是在實際上，這個國家面臨著許多課題，未來道路有如走鋼索般如臨深淵。

貪腐是中國面臨的頭號問題。官員貪腐，挪用或盜取公款、接受賄賂，已經嚴重影響政策的推行；既得利益者對經濟弱勢族群的欺壓剝削，甚至動搖地方基層的統治。二〇一二年三月十五日，中共中央政治局委員、重慶市委書記、開國功臣薄一波之子薄熙來，獲得中央免職、開除黨籍的「雙開」待遇，遭到紀律委員會的立案查辦。這就是所謂的「薄熙來案」。在本案中，既有謀殺、毒害，也有貪污、腐敗，令升斗小民眼界大開，嘆為觀止，而且還在繼續發展，一時難以得知事件真相。

中國面臨的第二個課題，是在經濟大幅成長的同時，公民道德的建設仍有相當大的進步空間。改革開放多年來，一味重商只造成一種普遍心態，也就是「只要能賺錢，黑心商品也賣」，造成層出不窮的食衣住行各方面安全問題。這些應該由法令管理的生活安全問題，卻得不到應有保障；人與人產生互信危機，也不信任國家在這方面的控管能力。

習近平執政團隊上台之後，提出「中國夢」，一改前任政府的寬鬆開明作風，外示泱泱大國風範，內部卻加緊意識形態控管，嚴厲打擊貪污、詐騙等可能動搖國家控制的因素。在國際外交層面，又以「一帶一路」取代長期「和平崛起」的發展戰略路線。「一帶一路」引發美國為首的第一世界國家警覺，在資訊科技、戰略能源上採取圍堵策略，和中國針鋒相對。眼看中國的大國崛起美夢即將被抑制撲滅，新冠疫情的出現，卻重創歐美。世界大局，因此又重回競合態勢。

中國在西北面臨新疆維吾爾族的獨立問題，在西藏則有西藏獨立問題，因此又牽涉到西方國家；在東邊海面上，既有台灣問題，與日本在釣魚台、與菲律賓、越南等國在南海諸島上，都有主權爭議。上述這些課題，中共在經濟發展的同時，也必須同時面對，如果處理不好，每一個都足以對其政權產生相當嚴重的衝擊效應。

二〇二一年是中國共產黨建黨百年，人民共和國也已建國七十二年。人民共和國的歷史仍然是進行式。從改革開放、告別革命以後，中國民間社會已經從層層桎梏裡慢慢甦醒。「和諧」所代表的國家控制，與「社會」在各種層縫裡展現出來的野生活力，彼此之間像是一場競賽。究竟這場競賽誰高誰低？國家能不能在失去對社會的控制之前，設計出新的管控方式？民間社會能不能與國家力量達成真正的和諧共存？且讓我們繼續看下去。

卷尾語

以二十一世紀初台灣角度出發的中國史

廖彥博

在開始寫作之前，我知道坊間已經有不少中國通史類的書籍。這些中國史，大部分都是對岸作者的繁體字授權版，論點用語多有差異，大多也只到辛亥革命就終篇；少部分台灣自產的著作，似乎又在「可讀性」與「嚴肅學術著作」之間，選擇了後者。所以，我打算寫一本以二十一世紀初台灣角度出發的中國史，盡量兼採現有的國內外學術研究成果，也不放棄追求通順流暢、簡單好讀。在篇幅上則距離現代（明朝以後）愈近的史事，說得愈詳細。敘述的終點，定在現代（全球新冠疫情後），好讓讀者在拉長時間的縱軸以後，可以接續到自己很熟悉的當代，明白中國歷史與在台灣的我們，具有什麼樣的聯結關係。

這麼說，很容易。但是，一部中國史，上下三千年，該從何說起？說到中國歷史，相信有不少讀者會想起國中、高中（或者讀者這時正在就讀國、高中）時上歷史課的情景：有些時代政權

輪替特別混亂，比如魏晉南北朝、五代十國；有些時代要記得的太多，每項都很困難，比如清末有那麼多的不平等條約。在這本《一本就懂中國史》裡，雖然我仍然注重時間細節和一些特定場景的重建（比如玄武門之變、斧聲燭影之謎），但是更想要告訴讀者的，是中國歷史的長期發展趨勢。

《一本就懂中國史》從三皇五帝的傳說時代開始，結束在人民共和國新執政核心上任、新冠疫情後的新世界局勢。在敘述的時候，我所關心的是國家與社會的關係，也就是政治力量和民間社會的互相影響。換句話說，代表國家的政權力量，怎麼和基層人民產生聯結，而這樣的聯結，經過時間的進程，又發生了什麼改變，導致變形、斷裂？這是我最感興趣的地方。

雖然我已經力求敘述周延，但是在這條歷史長河裡，還是有許多值得一提的歷史人物，在本書裡沒有登場的機會。這些人物，例如孟子、荀子、魯肅、玄奘、程頤、程顥、蘇軾、辛棄疾、陸九淵、于謙、章學誠、魯迅、以及朱德等人，不得不因為篇幅而忍痛捨棄；只有留到日後，再求敘事架構的擴大與補充。

《一本就懂中國史》引用了許多當代和近代歷史學者的觀點與解釋，不過，雖然「站在巨人的肩膀上」，書中如果仍出現資料引用上的錯誤，引述時的差池，仍然應該由我來承擔責任。十多年後回首這本書的寫作，想起當時那段煎熬的歲月，這二十四萬六千多字，算是對這段時光的一個紀念。

二〇二五年五月七日於台北

國家圖書館出版品預行編目資料

一本就懂中國史【修訂新版】／廖彥博著
—— 三版. ——臺中市：好讀, 2025.06
面：　公分，——（一本就懂；10）

ISBN 978-986-178-754-1（平裝）

1.中國史

610　　114005022

好讀出版

一本就懂10

一本就懂中國史【修訂新版】

作　者／廖彥博
繪　圖／Ms.David 陳豢米
總 編 輯／鄧茵茵
文字編輯／莊銘桓
美術編輯／鄧語葶

發行所／好讀出版有限公司
台中市407西屯區工業30路1號
台中市407西屯區大有街13號（編輯部）
TEL:04-23157795 FAX:04-23144188
http://howdo.morningstar.com.tw
（如對本書編輯或內容有意見，請來電或上網告訴我們）
法律顧問　陳思成律師

填寫讀者回函
獲購書優惠卷

讀者服務專線／ TEL：02-23672044 / 04-23595819#212
讀者傳真專線／ FAX：02-23635741 / 04-23595493
讀者專用信箱／ E-mail：service@morningstar.com.tw
網路書店／ http : //www.morningstar.com.tw
郵政劃撥／ 15060393（知己圖書股份有限公司）
印刷／上好印刷股份有限公司
如有破損或裝訂錯誤，請寄回知己圖書更換

三版／西元2025年6月15日
定價／450元

Published by How Do Publishing Co., Ltd.
2025 Printed in Taiwan

ISBN 978-986-178-754-1